HELLO WORLD

Where Design Meets Life by Alice Rawsthorn

「デザイン」が
私たちに必要な理由

アリス・ローソーン＝著
石原薫＝訳

フィルムアート社

ジョンに捧ぐ

目次

【凡例】
・本書は HELLO WORLD : WHERE DESIGN MEETS LIFE by ALICE RAWSTHORN の全訳である。
・書籍名、映画題名は二重カギ（『』）で包んだ。
・訳者注は本文中に角カッコ（［］）で包んだ。
・巻末に新たに訳者あとがきを追加した。

プロローグ

この世界に存在する利用可能なすべての資源を、爆発的に増えつつある人類全体に奉仕させるには、現在の資源利用の単位当たりの効率を高めるような大胆にして急激なデザイン革命を起こすしかない。これはまじないを唱えるだけの政治家ではなく、技術界の果断な革新者に課せられた使命である。

——リチャード・バックミンスター・フラー※1

今まで一度もスマートフォンというものを見たことがないとしよう。どのメーカーや機種でも構わないが、初めてそれを目にしたとき、それが何をするものか想像できるだろうか。たぶん見ただけではわからない。ガラスと金属とプラスチックでできたその薄くて小さな塊には、使い道を示す手掛かりが何もないからだ。

タバコの箱を薄くして縦横をわずかに広げただけのものに、ブルドーザーより大きなパワーがあると思うだろうか。その見た目から、それが電話機やカメラ、インターネットブラウザ、デジタルホームマネジメントシステム、ゲーム機、DVDプレーヤー、音響システム、時計、スケジュール帳、住所録、気圧計、計算機、衛星ナビゲーションシステム、コンパスやその他の無数のものと同じ機能を果たすことが想像できるだろうか。なじみのない人から見れば、スマートフォンのような小さなデジタル機器はまったく得体の知れないものだろう。

これだけの膨大な計算能力をあれだけの小さなスペースに詰め込めるのは、歴代の科学者たちが、最初にデータを格納するトランジスタを発明し、後にそれを小型化していったおかげだ。その努力の甲斐あって、発明された一九五〇年代後半当初は片手で数えられるほどだったトランジスタを、今では小さなマイクロチップに数百万個集積できるようになった。一番小さなスマートフォンでさえ、巨大なブルドーザーのエンジンよりも大きい処理能力（パワー）を持つのはそのためだ。この偉業には科学者たちの勇気、ビジョン、知識、スキルが不可欠だったが、もしデザインというものがなかったら、彼らの成し遂げたことが研究室を離れ、大勢の人々の生活を変えることはなかったかもしれない。

携帯電話などのデザインが語られるときの「デザイン」は、一般的に見た目のことを指しているが、それはデザインにできることのほんの一部にすぎない。分析、視覚化、企画、表現という、私たちがデザインと呼ぶプロセスのおかげで、科学的研究におけるブレークスルーがスマートフォンなどの製品に具体化され、私たちの生活がより楽に、より楽しいものになる。そして、デザイナーや設計者が機器を操作するためのソフトウエアを開発してくれたおかげで、機器にさまざまなタスクを行なわせることができる。時間になったら起こしてくれたり、インターネットで情報を探したり、遠くの人にメッセージを送ったり、音楽や映画を再生したり、自動車やホテルの部屋の鍵を開けたり、何なら、家から何キロも離れた場所から冷蔵庫の中身を補充したり。

スマートフォンを操作するソフトウェアが賢くデザインされていれば、そうしたことすべてを何の苦もなく、すんなりとやってのけられる。なぜなら、迷う間もなく、いつ何をしたらよいかが直感的にわかるからだ。画面に現れる視覚的な手掛かりがどのアイコンをタッチし、どのキーを打てばよいかを教えてくれる。ところがソフトウェアのデザインに失敗したスマートフォンの場合は、そうすんなりとはいかない。苦労して操作できるようになればいいほうだ。最悪の場合、機能してくれない。少なくとも望むようには。どちらにしてもイライラ、不満、場合によっては怒りを覚え、最後は自分の知識のなさを責めるのがおちだ。でもスマートフォンを使えないのは使う人のせいではなく、デザイナーのせいかもしれないのだ。

さらには、デザインの不備によって引き起こされる事態もある。たとえば、アラームが正しく設定できなかったために寝坊したり、タイムリーに留守電が聞けなかったために重要な会議に出られなかったり、メールに気づかなかったために高齢の親戚を危険な場所で待たせてしまったり、重い荷物を担いでホテルの部屋の前まで来て初めて自分のスマートフォンでは鍵が開けられないことが判明したり。その他のさまざまな問題や災難も、スマートフォンがもっとよく考えられてデザインされていたら回避できたかもしれないのだ。

デザインは私たちの生活のありとあらゆる面で力を与えることも奪うこともできる。たとえば、ウェブサイトから必要な情報を素早く簡単に見つけられるだろうか。案内表示に従って行きたい場所に行き着けるだろうか。購入するものの倫理的・環境的側面に満足しているだろうか、それともその影響が気になるだろうか。新しく買った靴を履くと、力や自信や魅力を得たように感じるだろうか、それとも靭帯が痛み、踵が腫れ、不安定で情けない気分になるだろうか。そして最近買ったクルマは、すごく気に入って買っただろうか、それとも一番マシと思って選んだだろうか。あまりに多くの人が苦しい生活の中でやりくりしているときに、履き心地の悪い靴や使い方のわからないスマートフォンの文句を言うのがフェアだというわけではないが、挙げ連ねたらきりがない問題の数々は、デザインが良くも悪くも私たちの生活に与える影響の大きさを表している。

デザインは、賢く使えば、喜びや選択肢、力、美しさ、快適さ、品性、感受性、思いやり、信念、野心、安心、繁栄、多様性、仲間意識をはじめ、さまざまなものを与えてくれる。だが悪用すれば、無駄や混乱、屈辱、恐怖、怒り、それに危険さえも招く。人は一人としてデザインの影響を受けずにいることはできない。なぜならデザインは、この世界に遍在する要素であり、自覚はなくても、私たちがどのように感じ、行動し、人からどう見えるかを左右するものだからだ。日常生活の他の側面、たとえば芸術や文学、演劇、映画、ファッション、スポーツ、音楽などは、関わりを持つかどうかを自ら決めることができる。人によって、人生に欠かせない喜びの源泉だという人もいれば、多少興味がある程度か救いがたいほど退屈に感じる人もいる。幸い、どれにどの程度（深く、浅く、またはゼロ）関与したいかを自由に決めることができる。しかし、どうあがいても、デザインから逃れることはできない。せいぜいその影響が自分たちにとってプラスなのかマイナスなのかを見極める努力をするくらいだ。それができるようになるためには、デザインを理解する必要がある。それも徹底した理解であればあるほどいい。

この本は、デザインが今、そして今後、私たちの生活に与える影響について考察している。「HELLO WORLD」という題名にしたのは、新しいプログラム言語がデザインされ、正常に動作するたびにコンピュータ画面に最初に現れる言葉だからというのが理由の一つだ。プログラマーが一つの言語(スマートフォンの使い勝手の決め手にもなる)を開発する作業を終えると、最も基本的で、それがだめならすべてだめというプログラムを使って動作試験を行なうのが通例だ。ほとんどのプログラマーが同じテストプログラムを使用する。それは一九七〇年代初頭にニュージャージー州にあるベル研究所(トランジスタを発明した)の研究員、デニス・M・リッチーが開発したもので、※2 画面に「hello, world」を映し出すことしかしない。それでも毎年のように、大勢のプログラマーが自分の努力が報われるのかどうかを確かめるために、固唾をのんでその言葉が現れるのを待っている。しかし、このタイトルを選んだ理由はもう一つある。それは、デザインが持つ力や私たちに与える影響を雄弁に語る言葉だからだ。

デザインは複雑で、ときにとらえどころのない現象だ。時代ごとに異なるコンテキストの中で異なる名目、意味、目的を得て劇的に変化してきたが、その本質的な役割は、私たちが周囲で起こっていることを理解し、それを自分たちのプラスにできるように手助けしてくれる「変化の担い手」であることに変わりはない。デザインの作業は、その一つ一つが何かを変えようとする試みだ。何百万人もの人々の生活を変えることを意図したものもあれば、一人の人にささやかな変化をもたらすものもある。それを体系的に行なう。科学、技術、文化、政治、経済、社会、環境、行動など、どのような種類の変化であれ、それが後ろ向きや破壊的なものではなく、前向きなプラスの変化として世の中に受け入れられるようにすることが最良のかたちであり、デザインにはそれができる。

デザインというプロセスは、その名称で呼ばれるようになるずっと前から存在していた。人は、自分の暮らしや環境を変えようと思ったとき、たとえば先史時代、肉食動物から身を守るために洞窟を掘ったり、槍の先端部分を改良するときも「デザイナー」になった。本能的にそうしたのだ。けれど、それは産業化時代の到来で一変した。デザインが商業的なツールとして見なされるようになったからだ。そのレッテルの下でもデザインは、すばらしい業績を残した。何十億もの人々をより安全に、健康に、賢明に、幸せに、優しくした。情報デザイナーは世界を案内してくれたし、コミュニケーションデザイナーは世界のことを教えてくれた。航空機のデザイナーは、変わった形の金属製機械の中の椅子に体を固定すれば、そのまま山と海を越えて何千マイルという距離を飛ばされた後、ほぼ希望どおりの場所で降ろされるということを信じさせてくれた。ファッションデザイナーは、本意であれ不本意であれ私たちを楽しませてくれた。そしてソフトウェアデザイナーやプロダクトデザイナーのおかげで、ほんの数年前までＳＦだった技術の数々を日常的に利用できている。

しかし、その一方で、デザインは矮小化され、誤解され、誤用されてきた。決まってスタイリングと混同され、座り心地を無視した高価な椅子や、ヒールが高すぎてグラグラする靴のことだと勘違いされる。有用性の疑われるものを買わせる誘惑の術という決まった役を演じさせられ、挙げ句に、そのモノはすぐに飽きられて他の有毒なゴミと一緒に膨れ上がる埋め立て処分場に捨てられる。恵まれない人々を貧困から救い出すためではなく、先進国のわがままな消費者の快楽やぜいたくのためにあると思われている。

この本は、そうした誤った考えを払拭し、さまざまな分野でかつて経験したことのないスピードとスケールと激しさで重大な変化が起こりつつある中、デザインが今後私たちの生活により深い、より意味のある貢献をすることができるかどうかを探る。科学技術の進歩は加速している。自然環境の危機が深まり、貧富の差が広がっている。前世紀に社会を統制してきた社会政治システムは崩壊しつつある。私たちの日常における物や物の流れは一〇年前とは劇的に変わっており、この先一〇年で再び変わるはずだ。私たちが望んでいた生き方や持っていた価値観の多くは意味をなさなくなるだろう。

こうした変化は、デザインに重い課題を突きつける。ナノテクノロジー、スーパーコンピューティング、バイオミミクリー、超分子化学といった分野でのブレークスルーや、スイスの大型ハドロン衝突型加速器やチリ北部の大型電波望遠鏡で働く物理学者たちが今後発見する事柄を、どうすれば最大限活かせるのだろうか。ストレスや危険、費用、自然破壊を減らす新しい輸送形態を開発することだろうか。私たちが購入する商品のデザイン、製造、試験、輸送、販売そして最終的な廃棄のどの過程についても、罪悪感を持つ理由がないようにすることだろうか。パワーを増し続けるコンピュータが放出する膨大なデータを生産的に利用することだろうか。３Ｄプリンタをはじめとするデジタル生産技術についてそうすることだろうか。地球の周りを高速で周っている何千万という数の宇宙ゴミを回収することだろうか。崩壊した社会保障制度を再建することだろうか。コンピュータウイルス対策だろうか。持たざる多くの人の手に残らず、持てる人の手に余る資源配分の悲惨な格差を是正することだろうか。

　デザインはこうした問題を解決する万能薬ではない。それには程遠い。が、その解決のために私たちが自由に、ただし理性的に、使うことのできる最も強力なツールの一つだ。私たちがデザインについて知れば知るほど、その力を十分に活用できる可能性は高まる。そのための第一歩として、まずはデザインとは何なのかを理解するところから始めよう。

1　Martin Pawley, Buckminster Fuller: How Much Does the Building Weigh? (1990; London: Trefoil Publications, 1995), p. 12. マーティン・ポーリー『バックミンスター・フラー（デザイン・ヒーローズ）』（渡辺武信、相田武文共訳、鹿島出版会、１９９４年）

2　Elizabeth Flock, 'Dennis Ritchie, Father of C Programming Language and Unix, Dies at 70', Washington Post, 13 October 2011, http://www.washingtonpost.com/blogs/blogpost/post/dennis-ritchie-father-of-c-programming-language-and-unix-dies- at-70/2011/10/13/gIQADGNbhL_blog.html; Steve Lohr, 'Dennis Ritchie, Trailblazer in Digital Era, Dies at 70', The New York Times, 13 October 2011, http://www.nytimes.com/2011/10/14/technology/dennis-ritchie-trailblazer-dies-at-70.html

1

デザインとは何か

デザインとは何か

デザインをすることは職業ではなく、一つの姿勢である。

——ラズロ・モホリ＝ナギ※1

戦を行ない、敵の鼻を明かし、楯突く者を打ちのめし、敵を恐怖に陥れることに関しては、嬴政（えいせい）は必要な能力をすべて持っていた。彼に厳しい評論家が主張するほど、嬴政は血に飢えた残忍な暴君ではなかったかもしれないが、並外れて狡猾で意志が固く、機知に溢れていた。そしてこの資質は、無名の秦王朝を歴史上最も強力で永続的な帝国の一つである中国に変身させた彼の偉業に欠かせないものだった。

紀元前二四六年に秦王に即位したとき、嬴政は一〇代前半だった。※2 しかし、政治上のライバルの裏をかき、領土を完全に掌握するまでそれから一〇年近くかかった。一〇年半後には、秦より豊かで強力に見えた周辺国をすべて征服していた。その軍事クーデターは、嬴政の軍が最弱の隣国を攻撃して滅ぼしたのを皮切りに始まった。次の戦では、逃げると見せかけて待ち伏せし、追ってきた敵軍を襲って征服した。三国目は、黄河を堰き止めて敵国の首都を水攻めにし、降伏に追い込んだ。最後の戦では、秦の支配者が守りを固める前に嬴政軍が首都に奇襲攻撃をかけ、敗北を認めさせた。

無慈悲さ、軍事力、戦術力、外交的策略はどれも嬴政の役に立った。情報網の巧みな管理、恐るべき武器、厳しい訓練を受けた射手、剣士、騎兵も同様だった。だが、彼にはもう一つ自在に使える重要な資質があった。それは、軍事歴史家がしばしば見過ごすが、どの時代の野心的な武将にも欠くことのできなかった、デザインに対する類い稀な理解だ。

嬴政の軍事的勝利には、それを決定づける多くの要素があったが、中でも重要なのは軍が使用した武器のデザインだ。彼が将軍になりたての頃、軍の運命は、ほとんどが自分の意に反して徴兵された農民によって構成された、数十万の歩兵の総合力に委ねられていた。この無邪気な兵士らを訓練し、武器を有効に使用できるようにすることが、軍事作戦の成功に不可欠だった。

武器のデザインはすべて嬴政の指揮の下に改良された。最適な大きさ、形状、各部の素材、製造方法が選定され、同じタイプの武器がどれも決められた規格を満たすようにあらゆる努力が払われた。秦軍は千年以上にわたって青銅槍を使用していたが、短く幅広な刃に変えられた。戟（げき）「鎌形の武器」のデザインも見直された。刃に四つではなく六つ穴を開けることによって、刃がより安全に固定され、戦の狂乱のさなかに緩まないようにした。

秦軍の弓と矢の変更もさらに重要だった。嬴政の時代、射手はあらゆる戦闘の結果を決定づける非常に重要な存在だったが、武器はたいてい手で作られ、仕様もばらばらだった。戦闘中に矢を使い果たした場合、別の射手の矢を自分の弓で放つのは一般的に不可能だった。同様に、射手が殺されるか負傷した場合、残った矢は他の射手の役に立たなかった。また、弓が壊れた場合も、その射手の矢が無駄になる可能性が高かった。弩(ど)(十字弓)のようなもっと複雑な武器にも同じ問題があった。武器の問題で射手が効率的に戦うことができず、軍の前進が妨げられるという結果を呼んでいた。

嬴政軍は弓矢のデザインを標準化することによって問題を解決した。矢の柄は、正確に同じ長さとし、先端部はつねに同じサイズと形状の三角柱に作られた。長弓と弩の部品は共通化され、このようなデザインの規格化が厳格に遂行された。官品の武器は、誰がどの工房で製作したかがわかるように烙印を押された。自分の作った武器が不良品と判断された場合、職人は罰金を払わされ、問題が再発した場合はさらに厳しく処罰された。製品に対する工房の集団責任意識を醸成するために、同僚や上司もすべて処罰された。[※3] 言うまでもなく、嬴政軍の効率性は大幅に増し、そこまで機略のない敵は悲惨な目に遭わされた。嬴政とその臣民が武器のデザインを改良した厳密さは、何世紀も経て、アップルやサムスンのような企業のデザインスタジオで繰り返されている。デザインチームは、前任チームよりも多用途で速く軽くてスマートな新しいデジタル機器を、より安く生産するための効果的な方法を見つけようと努力している。

紀元前二二一年、帝国を設立し、自らの名を始皇帝、つまり「中国の最初の皇帝」と改めた嬴政は、臣民の生活のさまざまな側面に権力を及ぼした。貨幣、度量衡、法、文字の統一を行なった。[※4] こうした変更によって、日常生活に秩序が生まれ、さまざまな地域の人と取引しやすくなったことで経済が活性化した。それらはまた、新しく皇帝の臣民となった人々を説得する上で象徴的な重要性を持っていた。彼らの多くは戦で敵として戦い、そうした戦で家族や友人を失っていた。その人々に対し、それらは巨大な領土の中にあっても個人的な利害をもたらした。たとえば貨幣。農家や大工も、新しい貨幣を使用するたびに、自分が新しい、ダイナミックな帝国の一員であることを自覚させられ、先見の明を持つ創国者・支配者に感謝するに十分な理由となった。

新しい国家のアイデンティティーを強化するため、秦の始皇帝は、最も裕福で有力な臣下らに強制的に先祖代々の家を捨てさせることで地域社会との絆を断ち、秦の首都、咸陽（かんよう）に移住させた。何百もの宮殿が建てられたが、始皇帝が自分のために建てた豪奢な宮殿群は、星座と同じ並びに配置され、中国だけでなく宇宙全体を支配する支配者として自らの存在を誇示した。[※5] このような虚飾は、歴史を通して、病的なまでに自己中心的な支配者が自分の力を誇示し、臣民の目をくらませ、萎縮させるために用いる常套手段だが、秦の始皇帝のやり口はとりわけ壮大だった。彼は自分の偉業を中国全土の山に刻ませ、どんな遠くの国民にも自らの権力と実績を知らしめた。

このように秦の始皇帝は、デザイン戦略をよく心得ており、私たちが今デザイン思考と呼んでいるものを存分に発揮した。自分の権力を安泰なものにするためにすべきことを見極め、さらにその結果を国民に伝える手段として活用した。彼のデザインの戦略的利用と、ナイキをはじめとする企業のアイデンティティープログラムの成功例や、バラク・オバマの大統領選挙キャンペーン時のコミュニケーション活動でデザインが果たした役割との間には類似点がある。中国の最初の皇帝もまた自己表現の媒体としてデザインを利用し、それが彼を有名にした最も大きな特長だった。

秦の始皇帝は、彼の直近の祖先と同じように、生者と死者は同じ社会に属していると信じ、死を悪霊による攻撃と見なし恐れた。彼は、必死に死を免れようとし、不老不死の薬草があるとされた蓬萊、瀛洲（えいしゅう）、方丈の神話の島々を見つけるために中国の東の海へ遠征を派遣した。遠征が失敗に終わると、始皇帝は、もし自分が死ななければならないのならば、少なくとも来世を放縦に過ごそうと決めた。彼の祖先は皆豪華な墓を建てたが、始皇帝は、自分の絶大な権力と地位を反映する、より一層壮大なものを作ることを決意した。そして現在の臨潼の近くにある驪山（りざん）の斜面に五〇平方キロメートル以上にわたる広大な地下宮殿と大きな墓室の建設を命じた。井戸を掘削していた地元の農家が一九七四年に偶然その遺跡を発見した。※6

秦の始皇帝は、彼の祖先と同じように、生きているときと同じ廷臣や下僕、戦士が、死後も自分の世話をし続けることを強く要求したにちがいない。従者が自分とともに死ぬことを期待していただろう。好きなペットや馬、動物コレクションの中のお気に入りたちのように。だが、死後の側近のほとんどは青銅や木や陶器で作られたそれらのレプリカだった。死後の自分を楽しませることを意図したものも多かったが、彼は何よりも死後の世界で自分の身の安全を守ることにこだわっていた。自分が仕掛けた戦争の被害者が死んだ自分に復讐することを恐れた。墓室の西側の数坑には、精巧に細工された青銅製の戦車と馬の騎兵隊があった。

それぞれが半等身大で、金や銀の装飾品で飾られ、二トンを超える青銅で作られている。墓室の東の三坑には、彼の墓を歴史上最も有名な遺跡の一つにしたもの、つまり、軍隊をなす七〇〇〇体の等身大の兵俑があった。死んだ皇帝を守るために本物の刀、短剣、戟、弩で武装している。

陵墓とその中身を作るために、何十万人という作業者が驪山へ連れられ、そのうち一〇〇〇人以上が兵俑の製作に専従した。その製作には、秦軍の兵器のとき以上に洗練されたデザイン標準化システムが必要だった。人形はそれぞれ、ひも作り、板作り、型による成形、手による細部の装飾を行なうことによって、決まった仕様に作られた。作業は厳しく長時間にわたったため、多くの労働者が現場で死亡し、そこに葬られた。※7

秦の始皇帝は、生きている間にデザインを使ってきわめて効率よく富と権力を蓄積したのと同じように、デザインを利用して空想の死後の世界を作り、生前と変わらぬ輝かしい死後を迎えようとした。それは現実的な目的も果たしている。このようなとてつもなくぜいたくな墓陵の造営は、彼の権力の大きさを雄弁に語る証であり、神として配置を決めた宮殿群、山の碑文、帝国の新しい貨幣と同じようにその権力の増強に効果的だった。しかしそれはまた彼の想像の内面世界を形に表したものであり、中国初の皇帝が自分をどうとらえ、歴史に自分の名を残そうとしたかを表現するものでもあった。そしてそれは、オリンピックの開会式や北朝鮮のアリラン祭、パリのグラン・パレで開催されるシャネルの精巧なオートクチュールショーなど、現代のデザインスペクタクルの前兆でもあった。

紀元前三世紀の始皇帝や臣民にとって、デザインはどのような意味を持っていたのだろうか。少なくとも現代的な意味で言えば、おそらく何の意味も持っていなかっただろう。「デザイン」という言葉は古代ローマに遡り、ラテン語の「designare」という動詞に由来し、「印をつける」「トレースする」「描写する」「計画する」「悪事を働く」といった意味で使われていた。秦の始皇帝がそのデザインの能力で評価された可能性は非常に低いが、彼は類い稀な厳格さと創意工夫で、一連の思考や行動にさまざまな異なる解釈を与えるという、私たちがデザインと呼ぶものを実践していた。そしてデザインは、彼のキャリアのあらゆる段階、つまり最初は異常に野心的な若将軍、後に史上最も裕福で最も強力な支配者の一人となった彼の成功に決定的な役割を果たした。しかし後世のアップルやシャネル、ナイキ、バラク・オバマのキャンペーンアドバイザー、独裁的な北朝鮮などのデザイン戦術家とは異なり、秦の始皇帝は、まったく本能的にデザインの偉業を思いつき、実行していた。

始皇帝が君臨するずっと前や後にデザインに携わった人も、同じように無意識のうちにそうしていた。アメリカの工業デザイナー、ヘンリー・ドレイファスが一九五五年の著書『百万人のデザイン』に書いているように、「深い歴史の闇の中で、原始人は水を飲もうとして本能的に自分の手を器の形にして水溜まりから水をすくって飲んだ。指の間から水がこぼれた。やがて彼は柔らかい粘土でボウルを作り、固まるのを待ち、それを使って水を飲んだ。取っ手を取り付けてカップを作った。縁を一カ所ピンチで挟み、水差しを作った」[※8]。ドレイファスの描いた喉の渇いた穴居人がボウルをカップに変え、さらに水差しに変えようとしたとき、彼は本能のままに動いていた。水を無駄にせずに水が飲める方法を見つける必要があった。若い嬴政がより致命的な武器を作る必要を認識したのと同じだ。中世の大工や鍛冶屋がすでにあるものを複製するのではなく、たとえばもっと丈夫で優美なものを作りたいと願えば、彼らもまた、事実上デザイナーとして行動した。自分の船の索具に手を加えた船乗りや、自分が使う農具や、土地を守るために立てた柵を改良した農家も同じだ。

オックスフォード英語辞典による「デザイン」の最初の定義は一五四八年に遡る。「示す」「指示する」という意味の動詞として登場した。まもなく他の解釈も登場する。一五八八年には「目的」や「意図」を表す名詞として使用されるようになった。その五年後にはもっと複雑な役割を引き受けている。つまり、「何かをやろうとして頭の中に構想した計画や方法、行動によって実行されるアイデアの予備的な概念」だ。[※9] こうした初期の意味は今も残り、年月を経て新しい意味も登場した。一般的な定義もあれば、より厳密な定義もある。

長い歴史を持つ言葉はどれも時とともに定義され直してきた。その時代に支配的な考え方、商業的なご都合主義、予想外の災害などさまざまなものが反映される。それでも「デザイン」ほど曖昧な意味を持つようになった言葉も珍しい。いろいろな意味を持たされた分だけとらえどころがなくなっている。新しく加わった解釈と古い解釈とが微妙に共存しているからなおさらだ。デザイン史を研究するジョン・ヘスケットは、「デザイン」を定義することの難しさ、もしくは不可能さを「愛」のそれにたとえている。[※10] どちらの言葉にもレイヤーがいくつもあるため、文脈によって違う意味に取れるという。「愛」が、思いやりから生涯の献身、奔

先史時代の巧みなデザイン
マルタ島　ハジャーイム神殿の巨石

石灰岩の砦
アイルランド　ゴールウェイ湾　イニシュマン島

空積みの石垣
マサチューセッツ州　マーサズヴィニヤード島　チルマーク

空積みの石垣
スコットランド　シェットランド諸島

放な欲望、破壊的な妄執までさまざまなものを指すように、「デザイン」は、ある人にとっては技術上のディテール、別の人にとっては百万ドルの椅子、また別の人にとっては人生を変えるような技術革新、たとえば機能的で手の届く義足を意味する。宇宙の一部がチャールズ・ダーウィンの説明する進化という有機的なプロセスによってではなく、「インテリジェントデザイナー」が練り上げた合理的なシステムによって創造されたと信じるネオ創造論運動のメンバーにとっては、生命の起源を説明するものだ。[※11]

デザインが表す意味について明確なコンセンサスが存在しない期間が続く限り、デザインはますます混乱や固定観念の犠牲になる。この問題の発端は一六世紀にある。その頃にデザインは純粋に一般用語であることをやめ、建築家やエンジニア、造船家や職人によって、自分の考えた物をどのように製作すべきかを詳細に説明する図面や、図を表す限定的な言葉として使われるようになった。ジョルジョ・ヴァザーリが一五五〇年の著書『芸術家列伝』の調査のためにフィレンツェのレオナルド・ダ・ヴィンチのスタジオを訪れたとき、「水車や縮絨機やエンジンのデザイン」や「中央に『レオナルドゥス・ヴィンチ・アカデミア』という言葉が入ったこれらの微細かつ複雑なデザインのすばらしい版画」があったと記録している。[※12]

このような「デザイン」は、建築家やデザイナーが自分の思い描いたとおりのものが出来上がるように、製作する職人に手引きとして渡したものだった。この役割は十分に明快なように思えるが、それからしばらくしないうちに、そうした「デザイン」から作られたものだけでなく、そのデザインに表現されているアイデアの背景にある思考プロセスを表す言葉としても使われるようになった。ジョン・ヘスケットは、この語源のもつれをこのように総括している。「デザインとは、デザインを生みだすためにデザインをデザインすることである」[※13]。滑稽に聞こえるかもしれないが、文法的に正しく、適切な文脈で使えば正確に事実を表している。そして、まるでこれが十分に紛らわしくなかったかのように、「デザイン」の定義は、産業化時代に再び再定義されることになる。

一七世紀初頭、ダ・ヴィンチや彼の同業者が使用していたデザインや生産の委任システムに近いものを中国の景徳鎮周辺の磁器メーカーも採用した。彼らは、ヨーロッパに東洋の磁器を輸出するビジネスを確立し繁栄した[※14]。数十年後、フランスの「太陽王」ルイ一四世は、宮殿の室内装飾品を製作するために設けた王立工場に同じようなプロセスを導入した。その中で最も有名なのが、タペストリーや家具を作ったゴブラン家の工場であり、画家シャルル・ル・ブランは、同工場の非公式のチーフデザイナーの役割を買って出た[※15]。

ルイ一四世と彼の強力な財務総監、ジャン＝バティスト・コルベールの両方の個人的なお気に入りだったル・ブランは、やがてゴブランの責任者に就任し、その仕事を自分の美学の影響を宮廷に及ぼす一つの方法としてとらえていた。ゴブラン織工場には数百人の職人が雇われ、ル・ブランや他の芸術家が用意した詳細な図面や模型に基づいて完成品を製作した。国王とコルベールにとって、工場製品の出来映えの良さは、ルイ一四世が世界で最も偉大な生ける君主であり、計り知れない歴史的重要性を持つ人物であることをフランス国民に知らしめるための戦略の一つだった。その数世紀前に、秦の始皇帝が臣民に与えようとしていた印象とまったく同じだった。国民に畏敬の念を持たせるためのルイ一四世の家具の効果は、彼の宮殿、庭園、馬、武器、衣服、フランス全体に建立された彼の彫像、その他彼自身と彼の治世のすべての視覚的表現のすばらしさによって補強された。[※16]

デザインの戦略的利用が印象的な国王とコルベールだったが、製造工場でのデザインの実践的な役割はそれ以上に大きな影響力を持っていた。一七〇〇年後半に産業革命が始まると、同じ仕様、一貫した品質で、膨大な量の製品を製造する効率的な方法を必要とした新しい工場で、ゴブランシステムが大規模に実施された。秦が軍の武器でやったことと同じだ。最前線にいたのはイギリスの実業家で、スタッフォードシャーの陶器製造所で作られる製品の開発を自ら監督していた、ジョサイア・ウェッジウッドだ。[※17] 彼の成功を見て、他のメーカーが彼のやり方を真似した。それが今、私たちの知る工業デザインのプロセスになっている。

現代のデザインは、産業化によって定義された。分野や職種ごとに分類され、デザイン戦略家やデザインコンサルタントといった誰でも簡単に手をつけられる仕事が生みだされた。デザインを分類することで、明快になったかのような錯覚が生まれたが、デザインは産業という文脈でも、他と負けず劣らずわかりにくい。ウェッジウッドの花瓶に使用する場合と、電車のように大型で機械的に複雑なものの開発で使用する場合とを比べられるはずがない。また、鉄道輸送を構成する他の要素のデザインとも比較することはできない。線路、橋、トンネル、駅、案内表示、地図、時刻表、切符、信号機、信号システム、鉄道会社のビジュアルアイデンティティー、駅員や作業員の制服などなど。もしくは他の領域、たとえば健康、教育、戦争、ファッション、レジャー、都市計画、飛行機、自動車、コンピューティング、宇宙探査などとも。そしてさまざまなデザイン分野の多様すぎる仕事内容を考えてみよう。紙、鉛筆、待ち針、はさみ、布や縁飾りといった道具を使うオートクチュールのファッションデザイナー、航空宇宙デザインチームが働く研究所の、よくわからないが高性能なスーパーコンピュータや風洞試験。

厳密なデザインの意味や、どのように使われるかは、プロジェクトの規模、技術的な複雑さ、法的制約、政治の影響の受けやすさ、それからミーティングでエンジニアのほうがデザイナーよりも声が大きいかどうかといったランダムな要因、企業、業界、国や時代によってまちまちだ。ある状況で「デザイン」と呼ばれるものが別の状況では「スタイリング」「エンジニアリング」「プログラミング」「アートディレクション」または「企業戦略」と呼ばれることもある。そして、商業に関係のないところでは、直感的なデザイン行為が機知や良識（コモンセンス）と見なされる場合も多い。これは別に驚くには当たらない。デザインの大きな多様性、あらゆる状況に適応する能力は、その最大の強みの一つだ。だが、産業で果たしてきた役割の一貫性のなさは、さらに多くの誤解を生んできた。

その一つが、スタイリングや装飾といった役割への格下げだ。これほどデザイナーを怒らせることはない。いまやデザイン純粋主義者に「スタイル」は禁句だ。だが、メディアや広告キャンペーンの中で「デザイン」が取り上げられるときは、たいてい「スタイル」と同義語に扱われる。これはある程度までは避けられない。スタイリングは、デザインが持つさまざまな領域の中で、人が最も自信を持って意見することのできる部分だからだ。とくに、それを支える工業デザインのプロセスはあまりに複雑で技術的に込み入っており、素人は口出ししようという気すら起こらない。一八世紀後半のジョサイア・ウェッジウッドの顧客の中で、食器の製造に使われた粘土の性質を分析した人はほとんどいなかっただろうが、食器の花柄や独特の青色には本能的に反応したのだろう。ちょうど私たちが、新しいコンピュータやデジタル機器を見て、そのOSが一定の水準に達しているかどうかや、そのメーカーが遠く離れた下請け業者に従業員を公平に扱わせているかどうかよりも、外観が好みに合っているかどうかのほうが自信を持って語れるのと同じだ。それにスタイリングは、工業デザインの中で他に誰も自分の手柄にしようと思う人がいない分野でもある。デザインは他にも企業戦略、エンジニアリング、持続可能性、コミュニケーション、ブランディング、生産計画、調達、社会的責任などに貢献できる。それはデザインに限らず財務やマーケティングなど他部門も同じだが、そうした部門はその手柄をデザインと共有することを嫌うことが多い。

もう一つの誤解は、デザインを単なる商業的なツールと見なしていることだ。一九〇〇年代前半、革命後のロシアで構成主義が台頭し、「新しい生活のための新しいもの」を生み出し、より良い世界を構築する手段として工業デザインを歓迎した。[※18] オランダのデ・ステイルやドイツのバウハウスで活躍したモダニズムの先駆者たちも、同様の使命感で工業デザインをとらえていた。ところが二〇世紀後半になると、デザインは商業的な役割を担わされることが一般的になった。しかもそれを非常に首尾よく行ない、個々の企業だけでなく、経済全体を豊かにした。戦後のイタリアでは、新しい世代の実業家が才能ある若手デザイナーと手を組んだ。デザイナーのほとんどは、カスティリオーニ兄弟、カルロ・モリーノ、エットレ・ソットサスのように建築家出身か、ジョー・コロンボ、エンツォ・マーリ、ブルーノ・ムナーリのように芸術家出身だった。彼らはともに魅力的で独創的な製品を生みだし、消費者はそうした「イタリアライン」に余分にお金を払った。[※19] イタリアの「ラ・ドルチェ・ヴィータ（甘い生活）」という魅惑的なイメージによってフィアット車、ベスパのスクーター、エスプレッソマシン、カスティリオーニがデザインしたフロス社の照明器具、ソットサスがデザインしたオリベッティ社のタイプライターなどが何百万台と売れた。イタリアの戦後復旧の原動力となっただけでなく、以来一九六〇年代の日本から今日の中国や韓国に至るまで、「デザインは付加価値を与える」が合い言葉となり、経済を拡大するための常套手段となった。「良いデザインは良いビジネスを生み出す」と、IBMの元社長トーマス・J・ワトソン・ジュニアが一九七三年にペンシルベニア大学大学院ウォートン・スクールで行なった講演で述べている。[※20]

知識人でさえ、デザインについてしばしば商業寄りの物言いをした。文化史家のレイナー・バンハムは、二〇世紀後半で最も影響力のあるデザインコメンテーターの一人だった。彼は、消費文化や始まったばかりのポップムーブメントとデザインとの関係を分析した一連の優れた本を残している。[※21] フランスの哲学者、ロラン・バルトやジャン・ボードリヤールの著書は、彼のデザイン観の影響を受け、消費者製品の根底にある意味と象徴性を解明している。[※22] ドイツのジグマー・ポルケやハンス・ハーケ、アメリカのエド・ルシエ、イギリスのリチャード・ハミルトンなどの芸術家も、デザインを鋭く問う作品を制作した。

いつの時代にもこれに代わるデザインアプローチはあった。商業的利用を拒絶し、生活の質を向上させるために使おうというアプローチだ。ワトソン・ジュニアがウォートンで講演をした同じ年、マサチューセッツ工科大学（ＭＩＴ）のデザイナーやプログラマーのグループが「ビジュアル言語ワークショップ（ＶＬＷ）」を立ち上げた。その研究成果は、私たちが今スマートフォンやコンピュータの画面で見るデジタル画像に大きな影響を与えている。このグループの中にミュリエル・クーパーがいた。当時四〇代後半で、ロバート・ヴェンチューリ、デニス・スコット・ブラウン、スティーブン・アイゼナワーの一九七二年のポストモダニズム本『ラスベガス』などの本の印象的なカバーデザインで知られたグラフィックデザイナーだ。[※23]

クーパーは、一九六七年にＭＩＴの同僚、ニコラス・ネグロポンテが教えていたクラスをたまたま通りかかり、コンピュータに遭遇した。そして画面にコード化されたデータが表示されるのを見て面食らった。「私には何のことだかさっぱりわからなかった」と振り返っている。[※24] 困惑した彼女だったが、その経験から、デジタル画像にも印刷されたグラフィックのような表現力と魅力が必要なことを確信した。当時、コンピュータはプログラマーの聖域だったが、彼女とともにＶＬＷを設立したロン・マクニールもプログラマーだった。クーパーはマクニールの協力を得て、当時は技術の問題と見られていたものに「デザインソリューション」を用いることを提唱した。彼女は一九九四年に亡くなるまで、オフィスの傍らで居眠りする愛犬の黒いプードル「スキ」とともにＶＬＷで働き、才能あるソフトウェアデザイナーを数多く輩出した。ジョン・マエダもそのうちの一人で、ミュリエルが押しの強い男性に議論を挑まれるとわざと机の上に脚を挙げる戦術に出たと振り返っている。「ミュリエルの時代は、男がタフでした。それで『私はもっとタフになるわ』と言って、男たちに態度で示していました」[※25]。

ワトソン・ジュニアが講義を行なったのは、ちょうどアメリカのデザイン界のもう一人の異端児、リチャード・バックミンスター・フラーが構想した「世界デザインサイエンスの一〇年」の終わる頃だった。「バッキー」の愛称で広く知られていた彼は、長く難解なことで有名な講義を通じて、一九二〇年代から環境に配慮したデザインを擁護していた。講義では、彼の持論である普遍的なパターン、四面体の驚異、Jello-O［インスタントゼリーの商標］の栄養価にも触れた。ある講義は、「私が知っているすべて」というタイトルで四二時間続いた[※26]。バッキーはあまりに多才だったため、『ニューヨーカー』誌は一九六六年の彼のプロフィールで、「エンジニア、発明家、数学者、建築家、地図製作者、哲学者、詩人、宇宙進化論者、包括的なデザイナー」と紹介した[※27]。各分野の人々からは認められず、変人扱いされた。最も大切にしていた水上都市と空飛ぶ車などの構想はポシャったが、非常用シェルター「ジオデシックドーム」は、二〇世紀で最も成功した人道的デザインに挙げられている。木材の切れ端、金属片、古着や毛布、その他利用可能なものを使って、どんな厳しい天候、どんな地形にも作れる簡易ドームは、絶望的状況に置かれた世界中の何十万人もの人々に切実に必要な避難場所を提供してきた。「最小から最大」を生み出すことがバッキーの優先目標であり[※28]、一九六五年から一九七五年まで続いた「世界サイエンスの一〇年」は、次の世代の「包括的なデザイナー」、つまりより公平で生産的な人類の未来を計画することに仕事人生を捧げる、自分のような人[※29]を育成することを意図していた。

バックミンスター・フラーも、ミュリエル・クーパーも、自分が成し遂げたことを言い広めてくれるような広報部隊を持っていなかった。二人の後に続く流れとなった直感的デザインの勢力も、同じく無名だった。人々にデザインの商業的効果を思い出させることで利益を得ていた人々とは違った。これまでのクライアントにどれだけ効果をもたらしたかを訴えて新しいクライアントを獲得しようとするデザインコンサルタント。過去の自分のデザイン決定でどれだけ儲けたかを証明することが昇進の近道だと思っている企業幹部。経済再生の壮大な主張をしようとチャンスをうかがっている政治家。デザインマネジメントコースへの関心を高めようとしているビジネススクールの教授。「デザイン」に関するメディア報道が偏っていても不思議はない。ロンドン北部のイケアのオープン初日、四五ポンド［約七〇〇〇円］という破格のソファをめぐる買い物客同士の殴り合いのけんかで救急車九台と指揮統制車一台が出動した事件や、iPhoneの新機種発売日、北京のアップルストアの外で何時間も待っていた大勢の人々に、スタッフや顧客の安全を考えて店を開けないという決定が伝えられると、怒った群衆が店の窓に生卵を投げつけた事件。そうした報道にメディアは集中しがちだ。[※30]

意図しているわけではないだろうが、そのような報道は、うさんくさい、嘘つき、ずる賢い、信用できないといったデザインのイメージをさらに悪化させている。デザインは、一七〇四年からすでにオックスフォード英語辞典によって「狡猾な工夫」や「ある企てを犠牲にして作られた別の企て」と、説明されていた時点で邪悪のレッテルを貼られていた。同辞典の最初の「デザイナー」の定義には、その役割に対する二つの非常に異なった解釈が含まれている。「デザインまたは計画する人」と、否定的な意味では、「陰謀者、策士、密通者」。[※31]「have designs on ~（~をものにしようと狙う）」の「~」がもしあなたやあなたの大事にしているものだったら、警戒するのは当然だ。「designer」という単語を形容詞として使用する場合も同じように相反する意味に解釈できる。「デザイナーソファ」「デザイナーホテル」「デザイナーシュー（靴）」と呼ばれるものは、あなたの見方次第で、いいものだから高くても進んで買おうと思うか、ぼったくりだと思うか、どちらかだろう。

そして予想されるとおり、デザインはスタイリングで人を騙しているだけ、としばしば誤解され、否定されてきた。そのような不当で陳腐な固定観念は、デザインの建設的な素質を見えなくし、デザインに対する認識を歪曲させた。危険なのはそうすることによって、私たちの生活のさまざまな分野でデザインの価値が証明される機会を奪いかねないことだ。医療にたとえれば、もし病院が身体的な問題は扱うが心理的な問題は扱わないとした場合、そのサービスはきわめて不十分なものになり、患者を不必要に苦しめることになる。デザインにも同じことが言える。もし政府や企業、銀行、教育者、NGOなどが、デザインは速い車や写真写りのいいドレスを作る役にしか立たないと思えば、デザインの果たせる役割はそれに尽き、他の課題に取り組むときに見過ごされる危険がある。これまでソファやスマートフォンに絡んだ騒ぎの原因ぐらいにしか理解されていなかったとしたら、バックミンスター・フラーが訴えた環境や人道的な大義にデザインが建設的に寄与できるかもしれないことなど思いつくはずがないのだ。

ありがたいことに、それも変化しつつある。まず、新世代のデザイナーたちが商業デザインの枠を打ち破り、バッキーの「包括的デザイナー」の生まれ変わりとしての役割を演じている。サステナビリティー、そして経済発展や社会サービスの向上などの人道的な課題に優先的に取り組んでいる。アメリカのデザイナー、ナサニエル・コルムの場合、入口は商業デザインだったが、「金メッキの備品を探して回る」ことに嫌気がさし、以来、ボランティアネットワーク「Architecture for Humanity（ＡｆＨ、人類のための建築）」の教育プログラムの運営と、ＡｆＨのハイチでの震災復興活動計画立案のサポート、ニューメキシコ州とアリゾナ州のナバホ族のための送電線網を利用しない持続可能な高齢者向け住宅の建設に全時間を費やしている。学生時代に、モロッコのベルベル人コミュニティーや、モンタナ州とノースダコタ州の部族集団と一緒に働いた経験が、今の人道支援の取り組みのきっかけになっている。コルムは、サンフランシスコにあるＡｆＨのオフィスを拠点に、軍仕様のコンピュータ（耐衝撃性、防水性があり、車に引かれても潰れずに動き続ける）を装備してノマドな生活を送っている。[※32] 同じように、イギリスの社会科学者、ヒラリー・コッタムは、アフリカの世界銀行が行なった都市の貧困に関するいくつかのプロジェクトに取り組んだ後、「この時代の大きな社会問題に対処する」ことを理念とする「パーティシプル」というソーシャルデザイングループを設立した。パーティシプルは、デザイナーと他の分野の専門家がチームを組み、地方自治体や政府と協力して高齢化や貧困、犯

罪、不寛容や差別など急務の社会問題に対処する方法を計画し、提案している。[※33]

パーティシプルなどで働くデザイナーたちは、そのような取り組みをする機会を与えられている。私たちが直面している社会的、生態学的、政治的、経済的課題が非常に深刻になっていること[※34]、そうした問題に従来の方法では対処できなくなっていることから、実験的に、デザインを含む新しいアプローチを取り入れようとする動きが高まっている。そしてデザインのやり方にも根本的な変化が起こっている。

従来、モノや空間や画像といった有形のものか、ソフトウェアなどの無形のものかにかかわらず、デザインはデザインが生みだしたものによって評価されてきた。今では、デザインプロセスそのものが価値を有すると見なされ、「デザイン思考」というかたちでますます戦略的、組織的な問題に活かされるようになってきた。アメリカのデザインエンジニア、デヴィッド・ケリーが一九九一年に作った「design thinking（デザイン思考）」という言葉は、デザイナーが問題点を見極め、水平思考を使ってスマートな解決策を探り、その結果を他の人に認めさせるために（ときに無意識のうちに）身につけるスキルを指している。[※35] 秦の始皇帝は、デザイン思考に非常に近いプロセスを展開して、新たに自分の支配下に入った国民に権威を見せつけ、国家意識を植え付けた。ジョサイア・ウェッジウッドも陶器事業の拡大を計画したときに同じことをした。壊れやすい陶器を馬車に載せて一八世紀のでこぼこ道を走らせるのではなく、水上輸送するために運河を建設した。[※36] ウェッジウッドが陶器製造所の新製品を開発しながら身につけた本能的なデザインスキルが、そうした大胆な投資判断を行なう際のビジョンと自信につながったと解釈しても罰は当たらないだろう。

デザインプロセスをその伝統的な成果物から解放することにより、デザイナーに備わった強みがより広範囲の課題に活かせるようになった。デザイン思考は、IDEOのような企業によって商業用のツールとして活かされている。IDEOは、もともとはシリコンバレーの企業向けに技術製品を開発するために一九九一年にケリーらがカリフォルニア州パロアルトに設立した会社だが、今では銀行に新しいタイプの口座を提案したり、医療機関に患者のケアを改善するためのアドバイスなども行なっている。[※37] また、デザイン思考は、公共分野にも欠かせないものになっている。すべてのソーシャルデザインプロジェクトに活かしているというパーティシプルだけでなく、マンチェスター市の戦略に携わるグラフィックデザイナーのピーター・サヴィルにも欠かせないものになっている。一九八〇年代にジョイ・ディヴィジョンやニューオーダーといったバンドのレコードジャケットのデザインで有名になったサヴィルは、不動産開発や隔年の文化イベント「マンチェスター国際フェスティバル」などさまざまな面で市議会に助言している。ジョイ・ディヴィジョンのアートワークを手掛けたときと同じ思考プロセスを用いることが多いという。[※38]

これは実際にはどんなことを意味するのだろうか。緊急性の高い、ある問題について考えてみよう。現状に代わる、より安全でコストのかからない、クリーンでストレスの少ない道路交通システムが必要とされている。従来のデザインソリューションであれば、新しい形態のエコカーを開発することになる。それでも環境被害をかなり軽減する役に立つかもしれないが、問題がすべて解決するわけではない。そうするには道路自体や交通管理に関するあらゆる面のデザインに根本的な変更が必要だ。たとえば乗り合いや、クルマから自転車への乗り換えの奨励、交通量の一日を通しての分散、そのためのガソリン代や道路通行料、駐車料金の変動制の導入も一つの選択肢だろう。最近まで、このような取り組みでのデザイナーの役割は、経済学者や政治家、社会科学者、心理学者、統計学者や企業戦略家が決めた指針を説明するリーフレットやウェブサイトをデザインすることぐらいだったが、将来的には、パーティシプルやピーター・サヴィルが行なっているように、意思決定に影響を与えることもできるだろう。

デザイン思考の持つ可能性を過大評価するのは愚かなことだが、その価値はすでに実証されており、今後も実証され続ければ、従来のデザインへのアプローチに代わるものとして、ますます活用されていく可能性がある。デザインプロセスの専門的な側面を取り除いたことによって、デザイン以外の分野の人々がデザインの、そしてデザイナーがその人々の作業に参加しやすくなった。デザインプロセスを開放することにより、デザイン思考は、産業革命前の時代のデザインを特徴付けていた機知や創意工夫といった本能的な特性を取り戻したのだ。

一九六〇年代で最も影響力のあった建築分野の展覧会の一つに、一九六四年にニューヨークの近代美術館で開かれた「Architecture Without Architects（建築家なしの建築）」がある。歴史家、バーナード・ルドフスキーのキュレーションにより、橇（そり）の住宅や断崖住居など、建築家以外の人が設計した建物が取り上げられた。[※39] 中国の芸術家で政治活動家のアイ・ウェイウェイは、二〇一一年に韓国で開催された光州デザインビエンナーレでの展覧会「Un-Named Design（無名のデザイン）」でこれに似た現象を紹介した。プロのデザイナーではなく、科学者やハッカー、農民や活動家によるデザインプロジェクトを特集した。コンピュータウイルスのプログラミングコード、中国の農家がバスケットボールから作ったバケツ、香港のホームレスの男性が金属製のケージをシェルターにしたもの、義足、「アラブの春」のカイロでの反政府運動計画などが取り上げられた。[※40]

義足は除いてもよいかもしれないが、どれも従来ならば「デザインされたもの」とは見なされなかったものばかりだ。だが、それぞれの開発においてデザインプロセスの要素は認識できる。バスケットボールを生まれ変わらせた農家の発想、カイロの抗議を計画するために必要だった戦略的能力に対する賞賛は励みにはなるものの、この展覧会は、そうした取り組みを「デザイン」と呼ぶことで何が得られるのか、という疑問を提起する。何といっても、デザインとコモンセンス（良識）の境目は微妙であり、理論的には、独創性や先見の明あるあらゆる活動をデザインと呼ぶことはできる。そうすることで結果（作品）がよくなるのなら、そうする理由もあるかもしれない。

その効果が得られる可能性はある。「無名」展の無名デザイナーたちがもし、自分のやったことにデザイン的な側面があったと気づいていたとしたら、彼らはもっと時間とエネルギーを注いだだろうか。そのためにもっと厳密な計画を立てただろうか。または想像を超えるすばらしいソリューションを思いつくためにもっと自分を追い込んだだろうか。カイロの抗議計画では、政治問題や地元の地理に対する知識、そして活動家仲間の士気を高める能力が最も重要だっただろう。そうだとしても、もっと仔細に考えられていたならば、それだけ成功の可能性や、参加者の逮捕やそれより悪い事態を回避できる可能性が高まったのではないだろうか。

私たちの日常の活動に同じ考え方を当てはめた場合、生活のさまざまな面に即興的なデザインの要素がある。たとえば食。レシピに従って料理した場合、できたものを「デザインした」とは言えない。なぜなら、型通りに作っただけで、デザインに不可欠な「変化」の要素がないからだ。一方、レシピから外れたり、途中でアレンジを加えたりして即興した場合は、その料理を「デザインした」と言うことができる。このプロセスを「デザイン」と呼ぶことによって、料理の味が良くなるなど、何かプラスの変化が生まれるかどうかというと、その可能性はある。食材の選び方、それぞれが持つ特徴について知り、調理道具を使いこなせることのほうが大事だろうが、もし調理の際にもっとデザイン要素を気にかけていたら、もっと魅力的な料理ができていたかもしれない。もっと大胆な味の組み合わせを試したり、見栄えよく盛りつけたりしたかもしれない。

デザインは、もっと柔軟な定義を与えても、「売るため」以外の可能性を認識しても、あまりわかりやすくはならない。むしろ、すでに確立されていた役割に、さらに複数の新しい役割が加われれば、よけいに曖昧になる可能性がある。しかし、デザインは本質的には変わらない。より小型でユーザーフレンドリーなスマートフォンの開発、炭素排出量を削減する野心的かつ高尚なプロジェクト、家を失った人のための簡易シェルター。デザインは、これまでつねにそうであり、これからもそうであるように、私たちが自分のニーズや希望に合う生活を組み立てる上で役立てることのできる変化の担い手であり、私たちの生活に良くも悪くも巨大な影響を与えるものだ。

デザインの多面的な理解を促すには、デザインの持つ可能性を無視し続けることがいかに危険かを考えることが最も効果的かもしれない。一例として、犬のブリーディング（繁殖）がある。何十年にもわたり、無秩序、無配慮にさまざまな犬種の交配を操作してきた結果、悲劇的な事態がもたらされている。一八一五年のイギリスには、公認犬種は一五しかなかったが、今では四〇〇以上あり、そのうちの一五〇については公式の犬種団体がある。[※41] 犬種の中には、実用的な目的のために作られたものがある。忠実なダルメシアンは、もともとクロアチアのダルマチア山岳地域の番犬だったが、一八世紀のイギリスで馬車犬として流行した。勇敢なレイクランドテリアは、湖水地方の荒涼とした谷で害獣駆除のために作出された。元気のいいジャックラッセルは、トランプが原型だ。トランプは、白と黄褐色の小さなテリアでキツネをおびき出す名手だった。一九世紀初期のオックスフォードで、そのすばらしさに感銘を受けた狩り好きの飼い主、ジョン・ラッセル牧師が、トランプのような犬をもっと作ろうと繁殖を始めた。[※42] 一方、その容姿を理由に作られた犬種もある。一般的に、愛嬌があり、市場性の高いものが多い。たとえば、極小の「ティーカップ」チワワや、大きな頭と赤ちゃんのような顔をした間抜けなブルドッグ。幸い丈夫な犬種もあるが、気質ではなく外観的な理由で近い遺伝子同士を掛け合わせているため、残念ながら遺伝的な弱みを持つ個体が多い。[※43]

頭蓋骨に対して大きすぎる脳を持つキングチャールズスパニエルは、最も憂慮すべき例の一つだ。バセットハウンドは偏執性妄想、ドーベルマンピンシャーはナルコレプシー（発作性睡眠）に罹りやすい[※44]。ブルドッグは、呼吸器疾患、皮膚感染症、神経疾患、目や耳の障害など数多くの健康上のリスクがある。個々の犬の健康への影響があまりに深刻になっているため、近親交配によって生まれた子犬の登録を認めないケンネルクラブもあり、責任あるブリーダーはとくに弱い犬種の健全なバージョンを作ろうとしている[※45]。そこまである犬種を根本からリデザインしようと思った人はいなかった。そして童顔のブルドッグや超小型チワワの流行に乗って金儲けをしようとした不謹慎なパピーミルのオーナーを含めても、健康状態の悪い、平均寿命の短い病弱な犬を作出して意図的に犬たちを苦しめようと考えたブリーダーがいたとは考えにくい。が、実際にはそうなってしまっている。犬の遺伝子操作は、変化の結果がデザインされなかった、つまり計画の不備や、予測を誤ったときに起こりうる悲劇的な例の一つだ。このプロセスに、デザインに備わった能力や先見の明を活かすことはできるだろうか。獣医学や動物学などの必要な知識と組み合わせれば、という条件つきで、できると思う。ただし、そこに自称デザイナーが関与する必要があるかどうかは別の問題だ。

1 László Moholy-Nagy, *Vision in Motion* (Chicago, Ill.: Paul Theobald, 1947), p. 42.

2 Robin D. S. Yates, 'The Rise of Qin and the Military Conquest of the Warring States', in Jane Portal (ed.), *The First Emperor: China's Terracotta Army* (London: British Museum Press, 2007), p. 31.

3 同右 *Ibid*. pp. 42–50.

4 Michael Loewe, 'The First Emperor and the Qin Empire', in Portal, *The First Emperor*, pp. 75–8.

5 Hiromi Kinoshita, 'Qin Palaces and Architecture', in Portal, *The First Emperor*, pp. 84–5.

6 Jessica Rawson, 'The First Emperor's Tomb: The Afterlife Universe', in Portal, *The First Emperor*, pp. 118–29.

7 Lukas Nickel, 'The Terracotta Army', in Portal, *The First Emperor*, pp. 158–79.

8 Henry Dreyfuss, *Designing for People* (New York: Simon & Schuster, 1955), p. 14. ヘンリー・ドレフュス『百万人のデザイン』（勝見勝訳、ダヴィッド社、１９５９年）

9 William Little, H. W. Fowler and Jessie Coulson, *The Shorter Oxford English Dictionary on Historical Principles*, vol. 1, ed. C. T. Onions (Oxford: Clarendon Press, 1987), p. 528.

10 John Heskett, *Toothpicks & Logos: Design in Everyday Life* (Oxford: Oxford University Press, 2002), p. 5. ジョン・ヘスケット『デザイン的思考――つまようじからロゴマークまで』（菅靖子、門田園子共訳、ブリュッケ、２００７年）

11 「インテリジェントデザイン」という言葉は、長年科学者たちがさまざまなかたちで無造作に使っていたが、１９８９年にアメリカの高校生向けの教科書『*Of Pandas and People: The Central Question of Biological Origins*（パンダと人類について――生物の起源に関する核心的な問題』（Percival David and Dean H. Kenyon 共著、Foundation for Thought and Ethics in Texas 発行）に登場した。この本で著者らは、宇宙の一部は、チャールズ・ダーウィンが説明する有機的な進化の過程ではなく、「インテリジェントデザイナー」の構想した合理的なプロセスによって創られたというネオ創造論を唱えた。ネオ創造論者のほとんどは、「インテリジェントデザイナー」はキリスト教の神だと信じている。また、中には現在の科学が対象とする範囲は狭すぎる、超自然現象も対象とすべきだと主張する信奉者もいる。反対の立場の批評家からは、超保守的な変人たちと批判されている。

12 Giorgio Vasari, *Lives of the Artists: Volume I* (1550; London: Penguin Books, 1987), pp. 256–7. ジョルジョ・ヴァザーリ『芸術家列伝』（１～３巻）（平川祐弘、小谷年司共訳、白水社、２０１１年）、『美術家列伝』（１・２巻）（亀崎勝訳、大学書林、１９９８年）など。縮絨機とは、毛織物を作る過程で使用する機械。生地を繰り返し洗浄して油、ゴミなどの不純物を取り除いた後、収縮させる。

13 原注10に同じ。Heskett, *Toothpicks & Logos*, p. 5.

14 Timo de Rijk, *Norm = Form: On Standardisation and Design* (Den Haag: Foundation Design den Haag; Gemeentemuseum Den Haag; Uitgeverij Thieme Art b.v., Deventer, 2010), pp. 32–5.

15 Ian Thompson, *The Sun King's Garden: Louis XIV, André Le Nôtre and the Creation of the Gardens of Versailles* (London: Bloomsbury, 2006), p. 125.

16 Peter Burke, *The Fabrication of Louis XIV* (New Haven, Conn.: Yale University Press, 1992), pp. 51–8. ピーター・バーク『ルイ14世——作られる太陽王』（石井三記訳、名古屋大学出版会、2004年）

17 Alison Kelly (ed.), *The Story of Wedgwood* (1962; London: Faber and Faber, 1975), p. 18.

18 Margarita Tupitsyn, 'Being-in-Production: The Constructivist Code', in Margarita Tupitsyn (ed.), *Rodchenko & Popova: Defining Constructivism* (London: Tate Publishing, 2009), p. 13.

19 Penny Sparke, *Italian Design: 1870 to the Present* (London: Thames & Hudson, 1988), pp. 10–14.

20 'Icons of Progress' (2011), IBM, http://www.ibm.com/ibm100/us/en/icons/gooddesign/

21 Reyner Banham, *Design by Choice*, ed. Penny Sparke (London: Academy Editions, 1981). レイナー・バンハム『建築とポップ・カルチュア』（岸和郎訳、鹿島出版会、1983年）

22 Roland Barthes, *Mythologies* (1957; Frogmore, St Albans: Paladin, 1973) ロラン・バルト『神話作用』（篠沢秀夫訳、現代思潮新社、1967年）; Jean Baudrillard, *The System of Objects* (1968; London: Verso, 2005) ジャン・ボードリヤール『物の体系——記号の消費』（宇波彰訳、法政大学出版局、2008年）.

23 Robert Venturi, Denise Scott Brown and Steven Izenour, *Learning from Las Vegas: The Forgotten Symbolism of Architectural Form* (1972; Cambridge, Mass.: The MIT Press, 1977). ロバート・ヴェンチューリ、デニス・スコット・ブラウン、スティーブン・アイゼナワー『ラスベガス』（石井和紘、伊藤公文共訳、鹿島出版会、1978年）

24 Janet Abrams, 'Muriel Cooper: Biography by Janet Abrams', AIGA website to mark the award of the 1994 AIGA Medal to Cooper, http://www.aiga.org/medalist-murielcooper/; reprinted from 'Flashback: Muriel Cooper's Visible Wisdom', *I.D. Magazine* (September–October 1994).

25 ジョン・マエダとのインタビュー、2007年8月。Alice Rawsthorn, 'Muriel Cooper: The Unsung Heroine of On-screen Style', *International Herald Tribune*, 1 October 2007.

26 'Everything I Know', Buckminster Fuller Institute, 6 March 2010, http://bfi.org/about-bucky/resources/everything-i-know

27 Calvin Tomkins, 'In the Outlaw Area', *New Yorker*, 8 January 1966, in K. Michael Hays and Dana Miller (eds), *Buckminster Fuller: Starting with the Universe* (New York: Whitney Museum of

American Art, 2008), p.180.

28 Martin Pawley, *Buckminster Fuller: How Much Does the Building Weigh?* (1990; London: Trefoil Publications, 1995), p. 122. マーティン・ポーリー『バックミンスター・フラー（デザインヒーローズ）』（渡辺武信、相田武文共訳、鹿島出版会、１９９４年）

29 原注27に同じ。Calvin Tomkins, ‘In the Outlaw Area’, in Hays and Miller, Buckminster Fuller, pp. 198–9.

30 Mark Oliver, ‘“Slowly but steadily, madness descended”’, *Guardian*, 10 February 2005, http://www.guardian.co.uk/business/2005/feb/10/money.uknews; Sharon LaFraniere, ‘All iPhone Sales Suspended at Apple Stores in China’, *The New York Times*, 13 January 2012, http://www.nytimes.com/2012/01/14/technology/apple-suspends-iphone-4s-sales-in-mainland-china-stores.html

31 原注9に同じ。Little, Fowler and Coulson, *Shorter Oxford English Dictionary on Historical Principles*, p. 528.

32 ナサニエル・コルムとのインタビュー、２０１０年７月。Alice Rawsthorn, ‘A Font of Ideas from a “Nomadic” Humanitarian Architect’, *International Herald Tribune*, 2 August 2010, http://www.nytimes.com/2010/08/02/arts/design/02iht-design2.html

33 Participle, http://www.participle.net/

34 たとえば、米国シビル・エンジニアリング（土木工学）学会は、毎年「レポートカード」を発行している。飲料水、エネルギー、危険廃棄物、道路、学校、交通などアメリカの公共インフラ15項目の状態評価をしている。２００９年版にはC評価が4項目、D評価が11項目あり、損害を修復し、インフラを目的に沿う状態にするために次の5年間で２兆２０００ドルの国内投資が必要だと算出している。

35 Tim Brown, *Change by Design: How Design Thinking Transforms Organizations and Inspires Innovation* (New York: HarperCollins, 2009), pp. 6–7. ティム・ブラウン『デザイン思考が世界を変える――イノベーションを導く新しい考え方』（千葉敏生訳、早川書房、２０１０年）

36 Jenny Uglow, *The Lunar Men: The Friends Who Made the Future, 1730–1810* (London: Faber and Faber, 2002), p. 112.

37 IDEO, http://www.ideo.com

38 ピーター・サヴィルとのインタビュー、２０１２年２月

39 Bernard Rudofsky, *Architecture Without Architects: A Short Introduction to Non-Pedigreed Architecture* (1964; Albuquerque: University of New Mexico Press, 1987) バーナード・ルドフスキー『建築家なしの建築』渡辺武信訳、鹿島出版会、１９８４年）The Museum of Modern Art, Press Archive, 10 December 1964, https://www.moma.org/ docs/press_archives/3348/releases/MOMA_1964_0135_1964-12-10_87.pdf?2010

40 ‘Gwangju Design Biennale 2011’, http://gb.or.kr/eng/gdb/. アイ・ウェイウェイは、光州デザインビエンナーレの芸術監督の一人とし

て「Un-Named Design」展を企画したが、２０１１年４月、中国当局に逮捕され、無期限に拘束された。彼の拘束中、キュレーターのブレンダン・マクゲトリック率いるコラボレーターグループが展覧会の準備作業を継続した。２０１１年６月に釈放されると、アイは翌日からプロジェクトに復帰した。しかし、中国政府は、その夏の展覧会設営の監督と、２０１１年９月のビエンナーレ開会式への出席をアイに求めるビエンナーレ主催者の度重なる要請を拒否した。

41 Steve Jones, *Darwin's Island: The Galapagos in the Garden of England* (London: Little, Brown, 2009), pp. 146–8.

42 'A Short History of the Dalmatian' from the American Kennel Club's *The Complete Dog Book* (1992), posted on the Dalmatian Club of America website, http://www.thedca.org/dal_hist_by_akc.html; Ron Punter, 'Origin and History of the Lakeland Terrier', Lakeland Terrier Club, http://lakelandterrierclub.org.uk/profile.htm; 'Who was Parson Jack Russell?', 'History of the Breed' section of the Jack Russell Terrier website, http://www.jack-russell-terrier.co.uk/breed/who_was_jack_russell.html

43 Benoit Denizet-Lewis, 'Can the Bulldog Be Saved?', *The New York Times Magazine*, 22 November 2011, http://www.nytimes.com/2011/11/27/magazine/can-the-bulldog-be-saved.html

44 原注41に同じ。Jones, *Darwin's Island*, pp. 81–3.

45 原注43に同じ。Denizet-Lewis, 'Can the Bulldog Be Saved?'

2

デザイナーとは何か

> 2. What is a designer?

デザイナーとは何か

人はみな、デザイナーである。われわれが日がなしていることはほとんどデザインだ。なぜならデザインはすべての人間の活動の基本だからである。

——ビクター・パパネック[※1]

エドワード・ティーチの容姿は、どこをとっても最高に恐ろしく見えるように計算されていた。重いコート、頑丈なブーツ、威圧的な帽子は背の高さを強調した。顔を覆い隠すひげは、一八世紀前半、最も残忍かつ成功した海賊の一人として彼を有名にしたあだ名、「黒ひげ」の由来だ。船を襲撃するとき、ティーチは肩から拳銃を数丁下げ、帽子の下で導火線に火をつけて相手を威嚇した。[※2] 一七二四年の『海賊列伝——歴史を駆け抜けた海の冒険者たち』の中で、著者のチャールズ・ジョンソンは、「これ以上の恐ろしい地獄のような怒りはないと思わせる人物」と彼を描写している。[※3] そして最後のとどめは、船旗に描かれたドクロとその下の斜めに交差した骨の不気味なマークだった。

当時、他の海賊も同じ理由でそのモチーフを旗に使った。襲撃する相手を怖がらせて降伏させるためだ。海賊旗は、その前から何世紀にもわたって威嚇戦術の一環として利用されていたが、それぞれ違うものだった。一六〇〇年代後半、外海で大暴れしていたスコットランドの海賊、ウィリアム・〝キャプテン〟・キッドはよくフランス国旗を掲げ、獲物を安心させておいて、その間に準備を整え、船を襲った。同じ時代のイギリスの海賊、ヘンリー・エイブリーは、金のシェブロンを四つあしらった紋章（山形紋）の旗で貴族を装い、相手の目を欺いた。しかし一八世紀に入る頃には、数年続いた戦争が終わり、ヨーロッパに平和な時代が訪れた。植民地貿易が栄え、ニューヨークは密輸品の売買で儲かる闇市場として浮上した。海賊業があまりに儲かったため、抜け目のない黒ひげやウェールズのバーソロミュー・ブラックバート・ロバーツは、できるだけ効率よく働きたいと考えた。彼らは貿易を真剣なビジネスととらえ、船もそのように動かした。つまり、なるべく貴重な弾薬を無駄にせず、被る犠牲を最小限にして短時間で襲撃を完了する。襲う船の乗組員を威嚇して迅速な降伏に追い込むのは、賢明な戦略だった。そしてそのために、自分たちがいかに残忍かつ無慈悲になれるかを旗に示すというすばらしい方法を思いついた。※4

海事歴史家は、ドクロマークがいつから海賊行為の一般的な象徴とされるようになったのか、なぜその旗が「ジョリー・ロジャー」と呼ばれるのかは正確にはわからないというが、そのマークが与えるイメージは自明だ。何世紀にもわたって多くの文化で死を象徴してきたそのモチーフは、船員たちの出身地や無法者かどうかに関係なく、即座に理解されたはずだ。最も古い目撃情報は、一七〇〇年七月にイギリス海軍艦「プール」

のジョン・クランビー艦長が、大西洋のカーボベルデ諸島沖で捕らえたフランスの海賊船の旗に描かれたドクロだった。[※5] その初めて見る、血も凍るような効果的な旗のうわさは、海賊などの国際的な貿易を通してあっという間に広がったのだろう。それからすぐに頻繁に目撃されるようになった。

ジョリー・ロジャーは、意図したメッセージを明確に伝えるだけでなく、カスタマイズできる柔軟性も備えていた。軍艦プールが追ったフランスの船の旗には、ドクロマークだけでなく砂時計も描かれ、残された時間が少ないことを相手に示唆していた。他にも短剣や骸骨、槍などを加えた海賊がいた。ブラックバートの旗の一つには、二つの頭蓋骨が描かれ、彼が復讐を誓った敵をそれぞれ表していた。[※6]

数世紀を経て、ジョリー・ロジャー発祥の物語は、現代のコミュニケーションデザインのお手本のようでもあり、読み書きもほとんどできなかった掟破りの海賊たちが採用した恐怖の象徴は、今日のコーポレートロゴの先駆けのようにも思える。使用者がどう見られたいのか（海賊の場合、非常に怖いということ）を正確に伝えている。ちょうどBP社がディープウォーターホライゾンの悲惨な原油流出事故にもかかわらず、ヒマワリマークで環境に配慮した思いやりのある企業であることを示そうとし、プラダのバッグや箱に印刷された王冠とクロスの「貴族ふう」の盾が、同社が一世紀以上にわたって高級品を作り続けてきたことを念押しするのと同じだ。[※7] こうした現代の企業ロゴの開発にははるかに多くのお金、調査、時間、経営資源が投じられるが、その機能は一七〇〇年代前半にドクロが果たしていた機能と変わりない。

「デザイナー」と聞いて黒ひげやブラックバートを思い浮かべる人はあまりいないだろう。たいていの人は、渋いしかめっ面を決め込んで雑誌の表紙に写っている伝説的なデザインヒーロー（まれにヒロイン）の一人を挙げるにちがいない。たとえば、一九四〇年代後半にロンドンのペンギンブックスのデザイン責任者だったドイツのグラフィックデザイナー、ヤン・チヒョルトのような人物を想像するかもしれない。彼は「ペンギン構成ルール」を策定し、全社員がそれに従うよう指示した。チヒョルトは、印刷業者が質より量を優先することを疑い（彼らは一文字いくらで支払われていた）、プレス機の周りをうろついて自分の指示がきちんと守られているかどうかを確認した。誰かが意見しようものなら、ドイツ語訛りを強調して理解できないふりをした。小説家のドロシー・L・セイヤーズが、彼女の翻訳したダンテの『神曲』に彼が（自分自身のルールに違反して）装飾的なアスタリスクを加えたことに反対したとき、チヒョルトはこう言い返した。「マスターは、彼自身のルールであっても破ることが許される」[※8]。

デンマークの家具デザイナー、ヴェルナー・パントンも同じように厳格だった。スイスの実業家、ロルフ・フェールバウムが一九六〇年代後半に自邸の内装のデザインを依頼したとき、パントンは自分のカラー理論を実践するチャンスだと考えた。「ヴェルナーは、『黒の部屋と赤の部屋と金色の部屋とオレンジの部屋を作ります』と言った」とフェールバウムは振り返る。そしてこのデザイナーが壁や床だけでなく、家具を含めその部屋のあらゆるものをその色にすると言っていたのだとまもなく気づく。フェールバウムが、カップなどを部屋から部屋へ移動することは許されるのかと冗談めかして聞いたところ、パントンは唖然としてこう言った。「カラースキームを台無しにするつもりですか？[※9]」。

そしてもう一人、フィンランドで最も有名な二〇世紀の建築家で家具デザイナー、アルヴァ・アアルトも独特の個性を持っていた。一九五〇年代と六〇年代にヘルシンキを出発するフィンランド航空の乗客は、アアルトの遅刻のおかげで出発が遅れることに慣れっこになった。フィンランド航空が同国の大統領以外に決まってフライトの出発を遅らせた唯一の人物だといわれるアアルトは、つねに飛行機の出発予定時刻の数分後にタラップを上がった。最初キャビンクルーたちは、アアルトを時間厳守しない人なのだと思っていたが、まもなく別の理由があることがわかった。彼の「遅い」搭乗の前に、彼を載せた車が空港の周りを回っているのをフィンランド航空の従業員が何度か目撃していた。空港に早く着きすぎたアアルトは、到着を遅らせるように運転手に指示していた。堂々の入場を果たすために。

面白い逸話ではある(嫌がらせを受けたペンギンの印刷業者、パントンのクライアント、フィンランド航空のフライトアテンダントでなければ)。けれども、全能のデザインヒーローのイメージはつねに幻想だ。[※10] デザイナーは、一般的に、どんなに有名なデザイナーでもチームの一員として仕事をし、そのチームは他のチームと共存しなければならず、その仕事でどれだけの成果を出せるかは、多くの制約を受ける。デザインプロジェクトの進捗は数知れぬ要因によって妨げられる。同僚やクライアントや取引先の望まざる介入、予算、人的ミス、予測不能で制御不能な突然の変更。個々のデザイナーのビジョンが最終的にどの程度完全に実現されるかは、本人の性格的な強さ、説得力と運の組み合わせによって決まる。全体的に、デザイナーの役割は、一般に考えられている以上に曖昧であり、秦の始皇帝やブラックバート、無数の無名デザイナーが証明しているように、専門家に限定されない。そのための訓練を受けたりそれを業としていなくても、私たちが「デザイン」と呼ぶ変化のプロセスを考えたり、実行したりする人は誰でも自分をデザイナーと呼ぶ資格がある。

しかし、絶対的なデザインヒーローの神話は驚くほど尾を引いている。その端緒は、陶芸家が自分の作った壺に作者印を刻んで識別した古代ギリシャに遡る。一般的に彼らは、今のデザインに期待されている「変化のための知的な工夫や素質」ではなく、彼らが美的に優れていると考えた作品に対する手柄を求めた。当時、他のデザイン行為はほとんど気づかれることも記録されることもなかったため、とっくの昔に忘れ去られている。わずかに知られているものは、一般的に別の理由で記憶されている。悪名高い泥棒として知られる黒ひげやブラックバートは、ダニエル・デフォーのような作家によって、またダグラス・フェアバンクスやエロール・フリン、ジョニー・デップといった映画スターによって勇敢な冒険者として美化される幸運に恵まれた。[※11]

一六世紀、エリザベス王朝のイングランドで「リトルジョン」として知られた大工、ニコラス・オーウェンもそんな一人だ。彼は、仕事の美しさや出来映えではなく、コンセプト力で注目された最初の職人の一人だった。プロテスタント政権下、敬虔なカトリック教徒だったオーウェンは、宗教的迫害を恐れながら暮らしていた。彼は大工としての腕前を生かして、仲間のカトリック教徒をかくまうために家々の壁の内側に「司祭の隠れ場」を建設した。聖職者たちは、ときには数日間そこに留まらざるを得なかった。誰にも見つからないように夜間にだけ仕事をしていたオーウェンは、隠し扉を追加し、食事を届けられるようにした。非常

マンチェスター大学で製作されたコンピュータ
実働モデル Mark I　1948 年

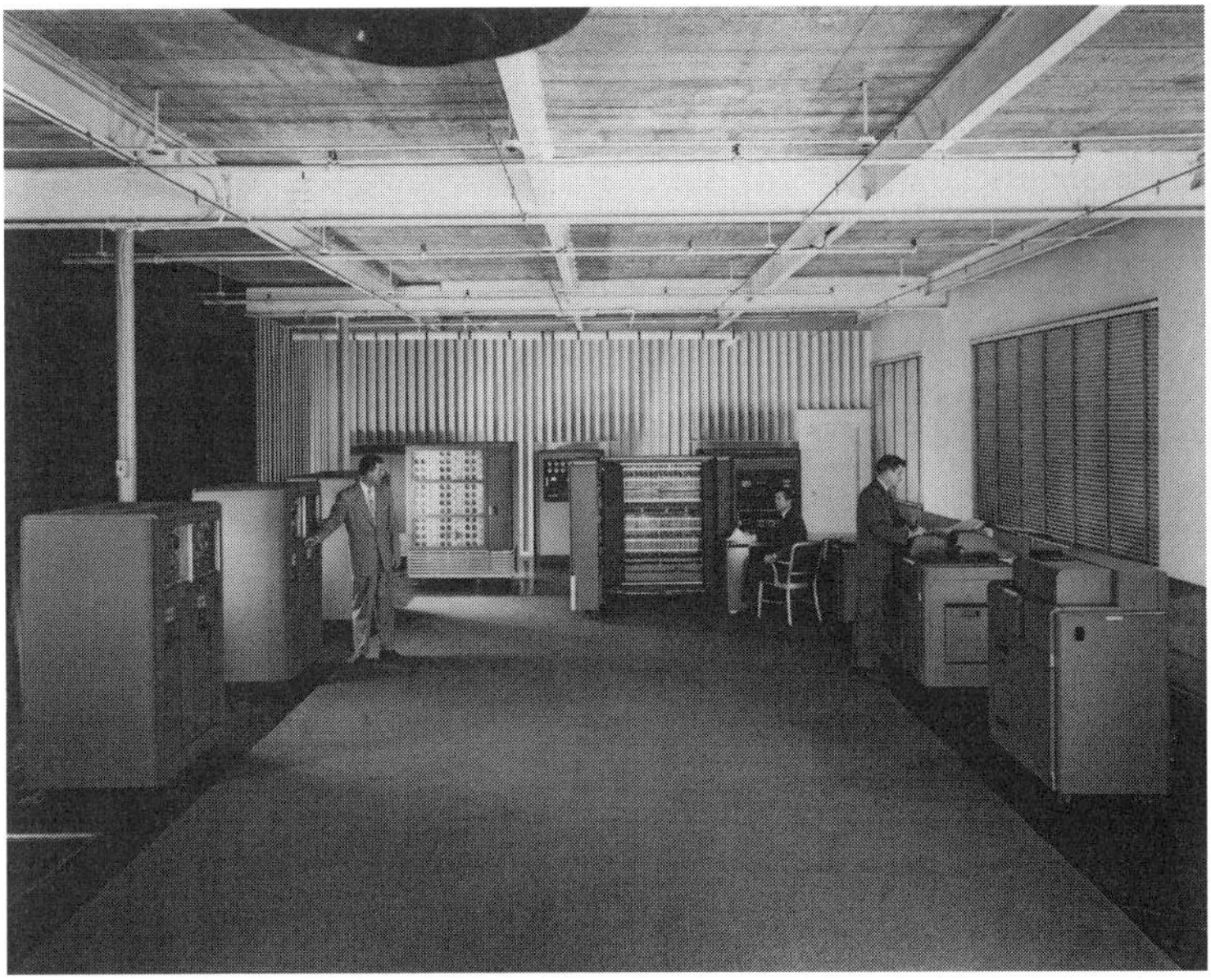

IBM 701　1950 年代のメインフレームコンピュータ

IBM 701 の生産　1950 年代のメインフレームコンピュータ

IBM System/360
1960 年代のメインフレームコンピュータ

Apple iPad mini　2013 年

時には木製のパネルに小さな穴を開け、そこに管を通して逃亡者の口にスープが滴り落ちるようにした。また、床板や壁板の回転扉の背後に巧みに入口を隠した。オーウェンは、一五八〇年代以降何十もの「隠れ場」を構築した。もっと多いかもしれないが、あまりに賢く隠したため、まだ発見されていない可能性がある。最後には、彼自身が隠れなければならなくなり、自ら作った巣の一つ、ウスターシャーのヒンドリップホールで食を断たれ、逮捕された。[※12] オーウェンは、近くに隠れていた高齢の司祭から注意をそらすために自首したと考えられ、仲間のカトリック教徒を裏切ることを拒み、ロンドン塔で拷問を受け死亡した。[※13]

他の初期の「デザイナー」の中には、オーウェンのように、そのおもな偉業によって歴史家が彼らの人生の別の側面を探求したことによって初めてデザインの腕前が明るみになった「よろず修繕屋」もいる。その代表例が一八世紀のアメリカの政治家、政治理論家のベンジャミン・フランクリンだ。彼は、空気を暖めて室内温度を一定にするフランクリンストーブを考案した熱心なアマチュア発明家だ。また、薄暗い中でも文字が読みやすくなる最初の二重焦点レンズとされるものや、高い棚から本を取り出すためのハサミのような仕掛け[いわゆるマジックハンド]もデザインした。[※14]

同様に、アメリカの第三代大統領、トーマス・ジェファーソンは、回転機能を加えた肘掛け椅子で一七七六年の独立宣言を起草した。ジェファーソンは、バージニア州シャーロッツビル近郊の私邸、モンティセロのデザインに徹底的に関わり、自らによる技術革新を導入している。その中には、暖炉の中に隠されたダムウェイター（小型エレベーター）がある。ワインの入った瓶をセラーの片側から引き上げ、もう片側から

空き瓶を下ろした。また、時分だけでなく曜日も記録する時計を考案した。[※15]

デザインの歴史におけるもう一人の名脇役は、一九世紀のイギリスの博物学者、チャールズ・ダーウィンだ。彼はケント州にある自邸、ダウンハウスの書斎用に車輪付き椅子を作った。[※16]ウィリアム四世様式のアームチェアの木製の脚を、鋳鉄製のベッドの脚に付け替え、キャスターを取り付けた。現在、大勢の人が日常的に使用しているキャスター付きオフィスチェアの前身に乗って部屋中を移動し、研究助手が机の上に並べた何列もの標本を見て回った。[※17]

これらのよろず修繕屋の「有名人」が自分の発明を改良していた傍らで、デザイナーの役割は工業化によって形式化されていった。一つのものを大量に作ることができるようになると、個々のものが確実に同じ仕様で製造されるようにする必要があった。その機能を果たすために工業デザインのプロセスが開発され、それを実行するデザインの専門職が誕生した。シャルル・ル・ブランは、ゴブランでの仕事によって、この意味での最初のデザイナーの一人だった。[※18]その後を継いだのは、一八世紀前半のドイツでマイセンのために繊細な磁器の置物を作った彫刻家たちだった。[※19]そしてその役割は、一七〇〇年代後半、スタッフォードシャーの陶器製造所のジョサイア・ウェッジウッドによって結晶化した。

代々窯業を営む一家に生まれたウェッジウッドは、一〇代から修行を積んだ後、トーマス・ウィルドンの窯に入った。ウィルドンは、彼より年上で経験もあり、作業ごとに作業者グループを分けて製造を行なうという革新的な方法を取り入れていた。[※20] ウェッジウッドは、修行を通して、陶器の形を作るモデリングで才覚を現し、後に自分の工房で、おもに地元の少年たちである見習いモデラーの訓練を監督した。その中には、父親もウィルドンの下で働いていたウィリアム・ウッドや、ウェッジウッドの最も優秀なモデラーになったウィリアム・ハックウッドなどがいた。[※21] ウェッジウッドが陶器に絵付けする芸術家も自分で選んでいたことを考えると、彼の工場でどのような製品を作るかを決める上で彼の個人的な好みが非常に重要だったことがわかる。

科学に魅せられたウェッジウッドは、つねに新しい材料、釉薬、生産技術を試し、バーミンガムのルナー・ソサエティのメンバー仲間と結果を議論した。ルナー・ソサエティは、知性あふれる地元の科学者や実業家の交流団体で、化学者のジョゼフ・プリーストリーやエンジニアのジェームズ・ワットなどがメンバーにいた。[※22] ウェッジウッドはまた芸術や建築にも強い関心を示した。彼の製品に適用できるアイデアの源泉となる可能性ももちろんあった。ウェッジウッドが事業を始めた頃最も人気だった装飾のスタイルは華美なロココ調だったが、彼は、それがすぐに当時流行していたスコットランドの建築家ロバート・アダムの抑制された新古典主義の美意識に取って代わられることに気づいていた。一七六三年、ウェッジウッドは、アダムの建築にヒントを得て、シンプルでエレガントな形の精陶器に、釉薬をたっぷりかけた光沢のあるクリーム色のディナーセットを生みだした。国王ジョージ三世の妻、シャーロット王妃の注文を受けると、彼女に敬意を表してそれを「クイーンズウェア」と命名した。[※23]

五年後、ウェッジウッドは、彼のキャリアを通して最も野心的な任務を引き受ける。それはロシアの女帝、エカテリーナ大帝がサンクトペテルブルク近くの蛙の住む湿地に建てた夏の宮殿で使用する五〇人用のディナーセット、「フロッグサービス」の製作だった。エカテリーナは、それをすべてクイーンズウェアで作り、それぞれに緑のカエルとイギリスの風景を描くように注文した。ウェッジウッドは、画家やイラストレーターをイギリス全土に派遣し、一〇〇〇を超える森や川、湖、丘や城などの伝統的な景色に加え、運河や製鉄所など工業的なイギリスの一面も描かせた。ほとんどの作家は紙の上に描いたが、一人だけカメラの前身であるカメラオブスキュラを使用していた。※24

ウェッジウッドの評判が高まるにつれ、ジョージ・スタッブス、ジョセフ・ライト、ジョン・フラックスマンといった有名な芸術家が彼の仕事を引き受けるようになった。※25 彼らは「デザイナー」と紹介されたが、その役割はおもに絵のような風景や図を描く装飾に限られ、それをモデラーが模写した。モデラーは、ウェッジウッドとともに、形状、材質、仕上げや製法の選択などデザイン上の重要な決定を下した。※26

ジョサイア・ウェッジウッドの会社のような企業の活力をスリリングに感じた流行の先端をいくロンドン市民は、こぞってイングランド北部とミッドランドにある繁忙の工場を見学した。一七八〇年代には、彼の無地の陶器に絵付けをすることが、歌やピアノや刺繍とともに、女性社交家の優雅なたしなみとされた。「芸術的」な社交家の中には、彼の工場で製造される製品をデザインさせてほしいと懇願する者もいた。ウェッジウッドは、マールボロ公爵の娘、ダイアナ・ボークラーク、そしてその裕福な母が彼の上客だったエマ・

クルーなど、数人にそれを許した。抜け目のないマーケターである彼は、彼女らの才能と同じくらいそのパブリシティ価値に振り回されたかもしれないが、ある一人の名士、王室の廷臣であるテンプルタウン男爵と結婚したスタイリッシュなアマチュア画家、レディー・エリザベス・テンプルタウンの作品は、驚くほど成功した。彼女は、古代ギリシャ神話やゲーテの詩からヒントを得た家庭内の感傷的な光景、おもに母親が子どもをあやしたり、幸せそうに家事をしている姿を専門に描いた。彼女が手掛けたウェッジウッド製品がよく売れたため、ライバルメーカーが競って真似した。これが陽気なレディー・テンプルタウンを最初の女性工業デザイナーと呼ぶにふさわしい功績となった。[※27]

工業化の流行はすぐに廃れた。一八〇〇年代前半には、何百万人という労働者とその家族が田舎を捨て、報酬はよくなったが、騒々しい不潔な工場で危険な仕事をし、農村の貧しい生活と引き換えに、都市の惨めな暮らしを手に入れていた。かつては工場見学にいそいそと出かけていた社交界や知識人は、製造を、気分をスカッと引き立たせるものではなく、汚くて無情で破壊的なものと見なした。まれに一九世紀の芸術や文学に登場する工業化は、一般的に悪者扱いされていた。メアリー・シェリーの小説『フランケンシュタイン』で、理想主義の科学者、ビクター・フランケンシュタインが自分の発明した「クリーチャー（生き物）」によって脅かされる物語は、科学技術を無制限に信じることに対する警告的な説話だ。[※28] 一八二〇年代にロンドンで舞台化されたとき、シェリーの感性豊かな文章は、反産業怪奇メロドラマに作り直され、「クリーチャー」は「モンスター」に変わっていた。[※29] ジョージ・エリオットの『ミドルマーチ』では、一八三〇年代前半、静かな田舎町の近くに鉄道が建設されることになったという噂がドロシア・ブルックやその隣人に同じような反応を引き起こした。[※30] 同様に、エリザベス・ギャスケルの小説『北と南』のヒロイン、マーガレット・ヘイルは、家族とともにイングランド南部の美しい村から北部の意味深な名前のダークシャー（Darkshire）郡の工業都市ミルトンに引っ越したとき、その荒廃と喧騒にぞっとしている。[※31] 芸術家たちは、工業にかかわる仕事への初期の熱意を失い、製造業者に製図工を雇わせ、製品の仕様を描かせ、それをエンジニアやモデラーに読み込ませ、作らせた。しかし、新しい「デザイナー製図工」は賃金が安く、訓練不足、雇用主にほとんど影響をもたらさなかった。ほとんどの場合、本で見つけた昔の形やモチーフをコピーするだけで、仕事の質はしばしば疑わしかった。イギリスの建築家、A・W・N・ピュージンの一八三六年の本『コントラスト』のタイトルページには、「六つのレッスンで学ぶデザイン――ゴシック、ギリシャ古典主義、折衷様式」「ときどきデザインできるオフィスの使い走り」というパロディー広告が書かれていた。[※32]

アメリカのベンジャミン・フランクリン、イギリスのロバート・ピールなどの政治家、フランスの社会改革者、フランソワ・アレクサンドル・フレデリック・ド・ラ・ロシュフーコー＝リアンクールは、デザイナーの訓練を改善し、その能力を促進するよう政府に働きかけた。フランスは、デザイナーとエンジニアを教育するエコール・デザール・エ・メティエ［現・国立工芸学校］の全国ネットワークを設立し、国内メーカーの成果を一連の見本市、万国博覧会で見せびらかすことによって先陣を切った。[※33] 他の国も、独自のデザイン学校の開設と、より大規模で野心的な博覧会（国内博覧会）の開催によって互いを凌ごうとした。そして一八五一年、その盛り上がりは最初の国際博覧会、ロンドン万国博覧会で最高潮に達した。[※34] 六〇〇万人が水晶宮に群がったという。水晶宮は、特別に建設され、完全に成長した木が何本かすっぽり収まるほど巨大なガラス構造で、その中に感嘆すべき一〇万点以上の品が展示されていた。世界最大のダイヤモンド、サミュエル・コルトの海軍向けリボルバーのプロトタイプ、八〇ブレードの「スポーツマンナイフ」、「マン・オブ・スチール（鋼鉄の男）」ロボット、世界最初の公衆トイレなど。[※35] チケットの売り上げは、学校や博物館を建てる用地を近くのサウスケンジントンに購入するために使われた。その中には、後にロイヤル・カレッジ・オブ・アートに改称したNational Art Training School、そして一八五七年にオープンし、水晶宮の展示品が多数コレクションに含まれるヴィクトリア&アルバート博物館もある。[※36]

芸術家のウィリアム・モリス、美術評論家のジョン・ラスキン、アーツ・アンド・クラフツ運動のメンバー仲間が工業化を下品で商業的としてはねつけ、伝統的なクラフツマンシップへの回帰を擁護すると、再び潮目が変わった。このような批判は、一部は俗物根性によるものだった。工場製品のおもな消費者は新富裕層の中産階級だ。彼らは、貴族を連想させる複雑に細工された鋳鉄やパピエマシェ（張り子）製品のレプリカを強烈に欲しがった。[※37] その頃には、モリスやラスキンの愛する手工芸品は、金持ちの道楽か、貧困者の最後の手段であることが多かった。貧困者は、既製品を購入する余裕がないため、自分で作るしか選択の余地がなかったからだ。

モリスは、モリス・マーシャル・フォークナー&Co改め、モリス&カンパニーという彼の装飾会社で、自分の主張を実行した。エドワード・バーン=ジョーンズやフォード・マドックス・ブラウンなどの芸術家の友人の協力を得て、家具や調度品をデザインし、厳選された職人や工房に製作させた。そして、彼らが「The Firm」と呼んでいた自社で製品を販売した。[※38] 工業界の水準を高めようと、その中で仕事をすることを選んだデザイナーもいる。クリストファー・ドレッサーは、そのためにもともとの植物学者としてのキャリアを棄てている。ドレッサーは、多くの同業者のように特定の会社に雇用されたり、モリスのように事業を立ち上げたりせず、自分のスタジオで別々のメーカー向けに家具や壁紙、陶器、織物などの製品をデザインした。彼はまた、デザインに関する広範な著書を手掛け、日本の美意識について影響力のある研究成果を発表している。彼の知識と情熱は、彼の作品、とくに金属製品に反映された。[※39] シンプルなスタイルと造形美を持つ彼の製品は、大量生産の経済性と、製品を作る人々の技能に対する深い理解を反映していた。

工業化が進むにつれ、多くのデザイナーが雇われ、要求はどんどん厄介なものになり、その役割は不動のものになっていった。デザインチームは大きくなり、階層的になった。デザインと、その他のエンジニアリングなどの分野との間の歴史的な責任区分が正式なものとなり、競合する陣営が力関係をめぐってぶつかり合うと、摩擦はエスカレートした。デザイン教育の質が向上し、ドイツのバウハウスのような進歩的な学校の影響は、構成主義に対する情熱をデザイナーに注入し、仕事に対してもっと知的に野心的になることを奨励し、デザインの商業的需要の先を考え、社会的・政治的変化を起こすツールとして、自己表現の手段としてデザインを扱うよう奨励した。

一部のデザイナーは、ドレッサーのように、商業的な文脈の中でこの目標を達成しようとした。一九〇〇年代初期にＡＥＧのデザインチームを率いたピーター・ベーレンス。このドイツの家電メーカーは、思慮深い、賢明なコーポレートデザインのテンプレートを作り上げ、それを後にペンギンのヤン・チヒョルト、ＩＢＭのエリオット・ノイエス、ブラウンのディーター・ラムス、そして最近ではアップルのジョナサン・アイブが採用した。

他のデザイナーは、因習打破を追求した。第一次世界大戦中、軍に奉仕するまで心から構成主義を信じていたハンガリーのカリスマ芸術家、ラズロ・モホリ＝ナギもその中の一人だった。戦後、彼はハンガリーを逃れ、ウィーンとベルリンでダダイズムグループに参加し、看板屋に電話で指示を与え製作させる「電話絵画」シリーズを制作した。一九二〇年代半ば、モホリはバウハウスの教師になり、影響力を発揮した。工業に対する期待を込めて工場労働者の赤いオーバーオールを身につけ、学生から「ホーリー・マホガニー」という愛称で呼ばれた。その後ベルリンに戻り、同胞のジョージ・ケペッシュとともに写真や映像を使った実験的作品を制作した。一九三〇年代半ばに、ケペッシュとともにナチスドイツを去り、オランダ、イギリス、そして最後はアメリカへ避難した。[※40] どこへ行っても、モホリは必ず「ライトスペースモジュレーター（光空間変調器）」を持っていった。それは彼が組み立てた電気仕掛けの機械で、それによって作り出される光と影のプールを使って研究していた。見た目が奇妙だったため、税関を通すために「ロボット」や「噴水」「ヘアードレッサー」などさまざまに説明している。[※41] モホリにとって、デザインの実践は「職業ではなく姿勢」であり、デザイン自体が、社会のあらゆる領域に浸透する総合的な媒体だった。「デザインのあらゆる問題は最終的に一つの大きな問題、『design for life（生きるためのデザイン）』になる」と彼は書いている。「健全な社会では、この生きるためのデザインは、あらゆる職業の人がそれぞれの役割を果たすことを奨励する。なぜなら、彼らの仕事にどれだけ関連づけされているかで文明の質が決まるからだ[※42]」。

一九四六年のモホリの死後、ケペッシュが研究を続け、視覚理論に関する自著で二人の考えを広めた。[※43] 彼はまた、教師としてその考えを普及させた。最初に教えたブルックリン・カレッジの教え子の中にはソール・バスがいた。彼は、アルフレッド・ヒッチコックやスタンリー・キューブリック、マーティン・スコセッシの映画のタイトルシークエンスで、それを見る大勢の人々に彼らの前衛的な理論を紹介した。その後のマサチューセッツ工科大学では、同僚にミュリエル・クーパーがいた。ケペッシュが同大学に設立したCenter for Advanced Visual Studiesは、世界中の芸術・技術プログラムのロールモデルとなった。一九二〇年代のベルリンで彼とモホリが始めた実験は、今日の私たちの生活を満たすデジタル画像の目まぐるしい流れの中に脈々と受け継がれている。[※44]

しかし彼らや、クーパー、バッキー・フラーのような先取的なデザイナーの最大努力にもかかわらず、大衆のデザインに対する認識は、二〇世紀の前半と後半に最も目立って活躍した二人のデザイナーの華やかな人格に大きく影響される。両者ともクリストファー・ドレッサーと同じく「雇われガンマン」のようなフリーランスでフランス人、伝統的なデザインヒーローの役割をすすんで果たした。

最初にやって来たのはレイモンド・ローウィだった。五〇ドルの貯金と第一次世界大戦での兵役で授かったクロワ・ド・ゲール勲章を携え、一九一九年にフランスからアメリカ行きの船に乗った。百貨店のメイシーズ、サックスのウィンドウデザイナー、『ヴォーグ』誌のファッションイラストレーターとしてスタートした後、工業デザイナーとしての地位を確立した。ローウィは(彼のチームとともに)、グレイハウンドバスやラッキーストライクのタバコのパッケージ、コールドスポット冷蔵庫、コカ・コーラのボトル、シェルとエクソンのロゴなど、実にさまざまなものを手掛けた。一九四九年には、工業デザイナーとして初めて『タイム』誌の表紙を飾った。線画で描かれたローウィの顔を、彼がデザインした何百もの製品の一部が囲っていた。[※45]

尊大な態度、小粋なスーツ、よく日焼けした顔にきれいにトリミングされた口ひげのローウィは、自分のPRを徹底して行ない、無数のインタビューを受け、彼の人生と仕事についての書籍を数冊出版し、その中で臆面もなく有名人の友人やクライアントの名前を持ちだした。絵に描いたような例がある。エアフォースワンのデザイン変更について話し合うためにジョン・F・ケネディ大統領にホワイトハウスに招待された。大統領執務室で大統領は秘書に向かって、自分とローウィの「邪魔をしないように」と指示をしたという。[※46]また、スイス生まれの建築家、アルベルト・フレイの設計によるパームスプリングスのモダニズム建築の豪奢な自邸の新築祝いパーティーでの話。近所に住む映画スター、ウィリアム・ホールデンが服を着たままプールに落ちると、歌手のトニー・マーティンが後を追い、次いでその日のホストも飛び込んだ。[※47]「その仕事で生計を立てたいと思う以外は、いいやつばかりだった」と、ローウィは自分自身と仲間の工業デザイナーについて語っている。「型破りなマインドで、機能的に、安全に、質的に、視覚的に、製品を改善することによって、われわれは消費者に、その美意識に、国に貴重な何かを貢献していると信じるほど単純だった」。[※48]

超多才でマスコミ向きのフリーのデザイナーという役をローウィが作りだしたとしたら、それを完成させたのがフィリップ・スタルクだ。彼は一九八〇年代、パリのカフェ・コストのためにデザインした椅子で、ポストモダニズムのいたずら者として名を挙げた。その椅子は、一九〇〇年代初頭のウィーンのコーヒーハウスで使われていた椅子の脚を、通常の四本ではなく三本にして模倣した遊び心溢れるデザインだ。[※49]当時、スタルクは、椅子の後ろの脚が二本ではなく一本になれば、ウェイターが足を引っかける回数が半分に減ると語った。[※50]以来、椅子から転げ落ちる不運な犠牲者からの苦情にもかかわらず、スタルクは、三本脚を自分の椅子のデザインのトレードマークにした。その後も同じ調子で、ルイ一五世スタイルの椅子のプラスチックバージョンや、小人の形をしたスツール、ベレッタ拳銃やAK-47ライフルのリアルなレプリカにランプを取り付けた不自然で不気味な照明などをデザインした。イギリスの子ども向けコミック「ザ・ダンディー」の主人公でミートパイが好物のヒーロー、デスパレート・ダンそっくりに逞しく髭面の彼は、フランス語訛りの英語でメディアに取り入った。あるときは、飛行機のシートベルト着用のサインが切り替わる数分の間に椅子をデザインしたことを自慢した。また、彼が仕事をしていた都市のほとんどすべてでハーレーダビッドソンが自分を待っていると公言したこともある。何年もの間、スタルクはデザインに飽きたと言い、ときどきそのようにデザインしていたが、彼の最高の仕事は元気と機知に溢れていたため、残念なことだった。その後、彼はサステナブルデザインの擁護者として再生しようとしたが、同時に宇宙旅行のベンチャーのクリエイティブディレクターの役を引き受けたり、彼のベストセラー（だが、残念ながら非生分解性）のプラスチックチェア「ルイ・ゴースト」のさらに多くのバリエーションを生みだしたりした。※51

彼とローウィはデザインヒーローというよりデザインショーマンだったが、パントンとチヒョルトの揺るぎない型にはまっており、デザイナーに対する従来どおりの期待を混乱させることはほとんどなかった。むしろ自分の仕事の商業的側面を好んでいた。※52「私はかつて、工業デザインは顧客を満足させ、クライアントを儲けさせ、デザイナーを多忙にすると言った」とローウィは、彼の研究論文兼回顧録『インダストリアルデザイン』で述べている。「私は今でもこれを言い得て妙だと思っている」。※53

もし彼とスタルクが伝統的なデザイナーの典型だとしたら、今のデザイナーは、そのステレオタイプとどこが違うのだろうか。目立ちたがり屋のフランス人たちほど金持ちでも有名でもないが、同じような仕事の仕方を選んでいるため、今のデザイナーの多くも彼らとあまり違わない。決定的な違いは、今のデザイナーには、他にもいろいろな役割があり、そこから選択できるということだ。ナサニエル・コルムのような活動家や冒険家、またはヒラリー・コッタムのような社会改革者となって、環境、政治、人道的な大義を追求することができる。[※54]「作家(auteur)」となって、実用や商業目的ではなく、知的探究を目的とした概念的なプロジェクトで自己表現手段としてデザインを展開したり、またはロラン・バルトやジャン・ボードリヤールが著作で行なったように、今増えつつあるクリティカルデザイナーとして、自分の作品を通してデザイン文化を批評することもできる。あるいはまた、かつてはデザイナーではなく、科学者の聖域だった医学研究、スーパーコンピューティング、ナノテクノロジーなどの専門分野にどっぷり浸かることもできる。

その取り組みの原動力が共感、怒り、好奇心、何であったとしても、今後はデジタルテクノロジーが仕事に欠かせないものになる可能性が高い。たとえば、二〇〇八年に商業デザインの仕事を辞め、カリフォルニア州にある実家のダイニングテーブルを拠点に、一〇〇〇ドルの貯金でプロジェクトHという人道主義のボランティアデザイナーネットワークを立ち上げたエミリー・ピロトン。一年目が終わる頃には、プロジェクトH(humanity 人類、habitat 生息地、health 健康、happiness 幸福のH)は、ヨハネスブルク、ロンドン、メキシコシティ、アメリカの六都市にボランティア「支部」を持つまでになり、世界中の学校に教材を、アフリカの農村地域にきれいな水を提供している。ピロトンは、ノートパソコン一つで一人でプロジェクトHをスタートさせ、ボランティア、資金提供者、共同運営者をかき集めた。その後、ソーシャルメディアネットワークや共感を示すウェブサイトなどへの投稿を通して活動の知名度を高めていき、ノースカロライナ州の貧しい農村地域で始めた高校のデザインコース「スタジオH」という実験的試みで同じ作業を繰り返している。[※55]

コッタムのパーティシプルのようにデザインを戦略的に展開するソーシャルデザイングループにとって、デジタルテクノロジーは、コミュニケーションツールとしても、また賢い公共サービスを提供するために膨大で複雑なデータを必要な精度で分析する手段としても不可欠だ。[※56] 従来のたとえば高齢者や長期失業者向け社会サービスがそうだったように、全員に標準パッケージを提供して資源を無駄にするリスクを犯す代わりに、パーティシプルは、データベースをまとめ、個々が必要とするサポートの種類を特定し、それを使ってその後の進捗をモニターし、必要に応じて修正を加える。このような高度な分析なしでは、同じ情報を高速処理するために大勢の人を雇わなければならないが、そんなことをしたら新しいサービスは、時間的にもコスト的にも非現実的なものになってしまう。[※57]

プロジェクトHのように、パーティシプルも独自に指針や計画を設定している。政治団体や慈善団体から委託されるのを待つのではなく、自分たちが活動したい領域を特定し、焦点を絞った調査に基づいて行動計画を立案する。その後、その計画を可能性のある資金提供者やパートナーに売り込み、その中から最も生産的な協力者と思われる相手を選定する。広がりを見せる他のデザイン領域にも同じような起業家精神が見られるようになっている。[※58] そしてそれがかつて商業的な役割に限定され、上司やクライアントからの指示に従わなければならなかったデザイナーに長い間欠けていた自律性をつかめるかどうかを決定づけるものになっている。[※59]

同じように他の分野との密接な関係も重要だ。パーティシプルのプロジェクトは通常、デザイナーが率い、従来のデザインプロセスの構造に従うが、参加メンバーは、デザイナーもいれば、経済学者、統計学者、エスノグラファー（民族誌学者）、人類学者、心理学者、コンピュータープログラマー、ビジネススペシャリスト、社会科学者（コッタム自身のように）もいる。IDEOも、デザイン思考を商業分野で適用するときに同様のアプローチを採用し、デザイナー、行動科学者、エンジニア、心理学者などの専門家を集めたチームが作られる。[※60] デザイナーは、新しいテクノロジー分野に対応するときなど、プロジェクトによっては自分と異なるスキルを持つ人々の知識や経験を借りる必要がある。デジタル書籍における最も興味深い技術革新のいくつかは、グラフィックデザイナーではなく、アニメーターや映画製作者によるものだ。[※61] 同じことが、持続可能な社会を創造することによって、私たちが責任ある生活を送るように後押しするデザイナーの取り組みにも当てはまる。そうした作業の多くは専門家の科学的なインプットなしでは不可能だ。アメリカの風景建築家ウィリアム・マクダナーが「ゆりかごからゆりかごへ（Cradle to Cradle）」という持続可能なデザインと生産のシステムを開発するにあたって、ドイツの化学者マイケル・ブラウンガートと組んだ理由はここにある。[※62] デザイナーがこのような課題に継続して取り組むとすれば、デザインヒーロー独りではなく、チームプレイヤーとして行なっていく可能性が高いだろう。

将来的には、もっと「デザインヒロイン」がこうした動きに参加してもいいだろう。歴史的に、デザイン界は男性社会で、デザイン史の本が白人男性と数人の日本人男性の顔でいっぱいなのはそのためだ。進歩的なはずのバウハウスでさえ開校当時、女性は陶芸や織物しか勉強できなかった。成功した女性デザイナーは最近まで比較的まれであり、その多くがカップルで活躍していた。アメリカのプロダクトデザイナー、レイ・イームズとその夫チャールズ、そしてドイツのインテリアデザイナー、リリー・ライヒとその恋人で建築家のミース・ファン・デル・ローエ。[※63]残念なことに、彼女たちはしばしばその男性パートナーの影に隠れて目立たなかった。哀れなレイ・イームズは、一九五六年にNBCのテレビ番組「ホーム」で、恩着せがましく次のように紹介され屈辱を味わった。「こちらはイームズ夫人です。チャールズが椅子をデザインするときに、彼女がどんなふうにお手伝いしているのかお話しいただきます[※64]」。

一九二七年、二三歳のシャルロット・ペリアンがパリのル・コルビュジエに雇ってもらおうとその建築事務所を訪れたとき、「うちではクッションの刺繍はしてないから」と門前払いを食らった。後日、彼はパリのサロン・ドートンヌ展[公募美術展]でペリアンがデザインした家具一式を見て、その場で彼女を雇った。[※65]彼女は一〇年間彼のスタジオで働き、彼のいとこで共同設立者のエドゥアール・ジャンヌレの恋人になった。その後、独立して成功した。だが、ペリアンは数少ない例外だ。二〇〇六年にニューヨークのスミソニアン・クーパー・ヒューイット国立デザイン博物館から、アフリカ系アメリカ人デザイナーとして初めて功労賞を受賞したチャールズ・ハリソンも同じだ。その五〇年前、小売のシアーズローバックのデザインの仕事に応募したとき、ハリソンは同社には黒人の雇用に対する暗黙の方針があると言われた。彼は商業デザインコンサルタントに雇い入れられ、そこでシアーズの仕事を何度か手掛けた。五年後、ハリソンはシアーズの社員として雇われ、三〇年以上そこで働き、チーフデザイナーになって、売れ筋商品を開発した。[※66]ペリアンと同じように、彼は希望の持てる前例を作った。以来、デザインという職業は、性別、民族、地理の面で多様になってきている。新しい領域へのデザインの拡大は、将来の発展を加速させるだろう。なぜなら「部外者」は、参入障壁が少なく、彼らを閉めだすような確立した慣例のない新しい分野で活躍しやすいからだ。[※67]

職業が開かれると、デザインプロセスも開けてくる。その一つの触媒となるのが、人気が高まりつつあるオープンソースによる開発だ。一九七〇年代にデニス・リッチーと彼の仲間によって開拓され、デザインプロジェクトの進展に応じて、さまざまな人が各段階を精査し批評できるようになった。[※68] もう一つは、ヤン・チヒョルトの時代のようにデザイナーに「師匠」の役を任せるのではなく、私たち「一般人」が自分のためにデザインしたいという欲求がますます高まっていることだ。まったく一から作ることもあれば、すでにあるものをカスタマイズする場合もある。ＤＩＹデザイナーがベンジャミン・フランクリンのストーブやチャールズ・ダーウィンのキャスター付き椅子の現代版を披露する「メイカーフェア」が世界中で開催されている。[※69]

二〇〇七年に最初の iPhone が発売されるや否や、ハッカーは無許可アプリをダウンロードする方法を見つけた。最終的にアップルは世論の圧力に屈してそうしたアプリを Apps Store で販売できるようにし、その見返りとして収益のうちの大きな割合を自分のものにした。やがて、毎月一億以上のアプリが販売されるようになったが、そのほとんどが独学プログラマーによるものだ。[※70]

カスタマイズ熱も一向に冷める気配はない。それどころか、デジタル生産技術の進歩とともに加速するだろう。たとえば３Ｄプリンタ。きわめて高速かつ正確なため、個別製品や一人一人のニーズに合わせた製品を追加コストなしで作れるようになる。いずれ各地域や村に一台置かれて、昔の鍛冶屋のように、地元住民や企業のために新しいものを作り、古いものを修復するようになるだろう。[※71] これらの技術が正しい目的のために使われるようにするのは、伝統的な役割である変化の担い手としてのデザイナーの重要な課題だ。そのためには、デザイナーではない私たちをデザインプロセスに参加させ、デザイナーと私たちとの関係を生産的に再構築する必要がある。

デザイナーの役割を演じる人がどんどん増えていった場合、プロのデザイナーはどうなるのだろうか。消滅するのだろうか。それともその影響力が徐々に薄れていくのだろうか。デザイナーがその価値を証明すればそうはならない。この点で、デザインは心理学に似ている。人は自分を独学の心理学者と考えるのが好きで、基本的な心理学的手法を用いて他の人の行動や動機を直感的に判断していることが多い。観察眼と運があれば、その判断が正しいこともあるかもしれないが、自分で心理学を勉強したり、プロとして長年積み上げた経験や知識を活用することができれば、その洞察力は確実により鋭敏なものになる。プロのデザイナーが黒ひげや秦の始皇帝、ニコラス・オーウェンなどの「にわか」デザイナーに太刀打ちできる独創性と機知を持ち続ける限り、デザインにもほぼ同じことが言える。

1 Victor Papanek, *Design for the Real World*: Human Ecology and Social Change (1971; Chicago, Ill.: Academy Chicago Publishers, 1985), p. 3. ヴィクター・パパネック『生きのびるためのデザイン』（阿部公正訳、晶文社、１９７４年）

2 キース・リチャーズとともに、黒ひげは、「パイレーツ・オブ・カリビアン」シリーズのジョニー・デップ演じるジャック・スパロウのスタイリングのロールモデルになったと言われている。

3 Captain Charles Johnson, *A General History of the Robberies and Murders of the Most Notorious Pyrates* (1724; London: Conway Maritime Press, 2002). チャールズ・ジョンソン『海賊列伝——歴史を駆け抜けた海の冒険者たち』（上下巻、朝比奈一郎訳、中央公論新社、１９８３年）

4 ドックランズ博物館（ロンドン博物館別館）海事史キュレーター、トム・ウェアラムとのインタビュー、２０１１年４月。

5 Jamaica Rose and Michael MacLeod, *A Book of Pirates: A Guide to Plundering, Pillaging and Other Pursuits* (Layton, Utah: Gibbs M. Smith, 2010), p. 137.

6 原注４に同じ。Interview with Tom Wareham, April 2011.

7 BP Global, http://www.bp.com/; Prada, http://www.prada.com/

8 Jeremy Lewis, *The Life and Times of Allen Lane* (London: Penguin Books, 2006), pp. 244–5.

9 ロルフ・フェールバウムとのインタビュー、２０１０年２月。Alice Rawsthorn, 'A Dash of Color at Vitra's Eclectic Site', *International Herald Tribune*, 15 February 2010, http://www.nytimes.com/2010/02/15/arts/15iht-design15.html

10 建築家も同様に尊大だった。たとえばフランク・ロイド・ライト（アイン・ランドの小説『水源』を映画化したキング・ヴィダー監督の１９４９年作品『摩天楼』でゲーリー・クーパーが演じた誇大妄想症の建築家、ハワード・ロークのモデルとされる）。彼のいとこ、リチャード・ロイド・ジョーンズは、ライトが１９３０年代に設計したオクラホマ州タルサの自邸、ウェストホープの屋根が壊れたとき電話で文句を言った。「くそっ、机の上に水が漏っているぞ、フランク」とロイド・ジョーンズは訴えた。するとライトはこう答えた。「リチャード、机を動かしたらいいじゃないか」。Meryle Secrest, *Frank Lloyd Wright: A Biography* (New York: Alfred A. Knopf, 1992), p. 372.

11 イギリスの小説家、ダニエル・デフォーは、１７１９年の小説『*The King of Pirates*』(London: Hesperus Classics, 2002) で、ヘンリー・エイブリーの海賊業をかなり美化して描いている。ダグラス・フェアバンクスは、１９２６年の無声映画『ダグラスの海賊』で威勢のいいタイトルロールを演じ、エロール・フリンも１９３５年の映画『海賊ブラッド』のタイトルロールを演じた。ジョニー・デップは、２００３年以降、フランチャイズ映画『パイレーツ・オブ・カリビアン』でジャック・スパロウ船長として主演。

12 John Cooper, *The Queen's Agent: Francis Walsingham at the Court of Elizabeth I* (London: Faber and Faber, 2011), pp. 144–5. ヒンドリップホールは、敬虔なカトリック教徒だったアビントン家

の住まいだった。現在は西マーシア警察の本部となっている。

13 ニコラス・オーウェンは、１５３５～１６７９年の間に処刑されたイングランドとウェールズの40人の殉教者の一人として１９７０年に教皇パウロ六世によって列聖された。その勇気、無私無欲、数多くのローマカトリック教徒の命を救ったことを讃え、聖者の列に加えられた。

14 Robert Grudin, *Design and Truth* (New Haven, Conn.: Yale University Press, 2010), p. 107.

15 ジェファーソンは、機械いじり好きが高じてデザインや製造に関心を持つようになり、政治活動にもその影響が及んだ。１７８０年代前半、若い外交官としてパリに滞在中、彼はルブランと呼ばれる鉄砲工が所有経営するマスケット銃の工房を訪れた。ルブランは、マスケット銃を交換可能な同一の部品で作るという進歩的な製作方法を開発していた。ライバルらが彼のやり方を追及するようフランス当局に詰め寄ったため、当局と衝突したが、彼の工房に関するジェファーソンの報告書がアメリカの製造業に与えた影響は大きかった。Henry Dreyfuss, *Designing for People* (New York: Simon & Schuster, 1955), p. 21; John Heskett, *Industrial Design* (London: Thames & Hudson, 1980), p. 50.

16 チャールズ・ダーウィンの実家「ダウン(Down) ハウス」は、ケント州ダウン(Downe) 村にあった。郵便局は、村の名前に「e」をつけたが、ダーウィンは同じにはしなかった。Steve Jones, *Darwin's Island: The Galapagos in the Garden of England* (London: Little, Brown, 2009), p. 2.

17 Jonathan Olivares, *A Taxonomy of the Office Chair* (London: Phaidon, 2011), p. 17.

18 Peter Burke, *The Fabrication of Louis XIV* (New Haven, Conn.: Yale University Press, 1992), p. 58. ピーター・バーク『ルイ14世――作られる太陽王』（石井三記訳、名古屋大学出版会、２００４年）

19 マイセン工場は１７１０年にザクセン選帝侯、アウグスト2世によってドイツのアルブレヒト城に設立された。アウグストは、中国からヨーロッパに輸入された精巧に細工された磁器を見習おうとし、金細工職人のヨハン・ヤコブ・イルミンガーら宮廷の職人に工場で作る器や絵をデザインするよう指示した。その他の陶器はそこで採用された無名の職人がデザインした。'Our tradition', Meissen, http://www.meissen.com/en/about-meissen®/our-tradition

20 ウェッジウッドが弟子入りした頃には、トーマス・ウィルドンはすでに陶器のろくろづくり、削り、モデリング、絵付けといった特定の作業ごとに作業者をわけることによって、工場での生産を組織化する新しい方法を試していた。１７００年代前半に中国の磁器産業で同様のシステムが用いられており、徐々にヨーロッパでも採用され始めていた。スコットランドの経済学者、デイヴィッド・ヒュームは、１７３９年の著書『人間本性論』で分業の利点を分析し、彼の同胞アダム・スミスも１７７６年の著書『国富論　国の豊かさの本質と原因についての研究』で分業の重要性を再確認している。ウェッジウッドは、１７５８年に小さな工場を借りて自分の陶器製造所を開くと、ウィルドンの実験的なアイデアを数多く導入した。

21 Jenny Uglow, *The Lunar Men: The Friends Who Made the Future, 1730-1810* (London: Faber and Faber, 2002), pp. 49–52; 'William

Hackwood', Wedgwood Museum, http://www.wedgwoodmuseum.org.uk/learning/discovery_packs/___/pack/2182/chapter/2415

22 原注21に同じ。Uglow, *The Lunar Men*, pp. 349–54.

23 Alison Kelly (ed.), *The Story of Wedgwood* (1962; London: Faber and Faber, 1975), p. 18.

24 'Frog Service', Victoria & Albert Museum, http://collections.vam.ac.uk/item/O8065/plate-frog-service/

25 原注23に同じ。Kelly, *The Story of Wedgwood*, p. 34.

26 最も才能豊かなモデラーは、ウェッジウッドとともに細かい細工が施されたアンティークのレプリカに取り組み、自分の腕を磨いた。彼らが最も苦労したのは、ウェッジウッドが１７８６年にポートランド公爵から借りた古代ローマのカメオガラスの花瓶、バルベリーニ花瓶の複製を作成することだった。正確に再現するのに４年間かけて特別な材料や生産技術を開発した。公爵へのお礼を込めて「ポートランド花瓶」と名付けられたその花瓶は、今でもウェッジウッドの最高傑作の一つと考えられている。ウェッジウッドはモデラーに敬意を払い、とくにハックウッドに心服した。「ハックウッドは、小さな細かい仕事の仕上げにかけては右に出る者はいない」と彼は１７７４年に書いている。２年後、「ハックウッドがあと５、６人いたら」と述べている。'William Hackwood', Wedgwood Museum.

27 原注21に同じ。Uglow, *The Lunar Men*, pp. 325–6.

28 メアリー・シェリーは、彼女の１８１８年の小説の主人公、ビクター・フランケンシュタインを、科学実験を通して（グロテスクな）人間に身体的に似ている部分のあるクリーチャーを作り出した理想主義の医学生として描いている。小説はその後、そのクリーチャーが言語、感情、共感、脆弱性、伴侶の必要性、道徳的良心、魂に関して人間の能力を共有しているかどうかを探る。フランケンシュタインは、オークニー諸島に第二の研究室を設置し、クリーチャーのために花嫁を作ろうとするが、途中で気が変わり、彼女を破壊する。クリーチャーは、悲しみのあまり激怒し、復讐としてフランケンシュタインの友人クラーベルとその妻エリザベスを殺してしまう。その後、クリーチャーは北極へ逃げ、それをフランケンシュタインが追うが、後者はそこで死ぬ。クリーチャーは氷の海に消え、再び姿を見ることはなかった。Mary Shelley, *Frankenstein: Or, the Modern Prometheus* (1818; London: Penguin Classics, 2003). メアリー・シェリー『フランケンシュタイン』（森下弓子訳、東京創元社、１９８４年）など

29 Richard Holmes, *The Age of Wonder: How the Romantic Generation Discovered the Beauty and Terror of Science* (London: HarperPress, 2008), pp. 334–5. １８２０年代だけで、フランケンシュタインはロンドンで５つの作品に舞台化されている。

30 George Eliot, *Middlemarch* (1874; London: Penguin Classics, 1985). ジョージ・エリオット『ミドルマーチ』（工藤好美、淀川郁子共訳、講談社、１９９８年）

31 架空の街ミルトンは、エリザベス・ギャスケルが夫のウィリアムと子どもたちとともに暮らし、成人後の人生の大半を過ごしたマンチェスターをモデルにしている。ダークシャーは、近くの郡、ランカシャー州をモデルにしている。Elizabeth Gaskell, *North and*

South (1855; Harmondsworth: Penguin Classics, 1987), p. 96. エリザベス・ギャスケル『ギャスケル全集 4 北と南』（日本ギャスケル協会監修、朝日千尺訳、大阪教育図書、２００４年）

32 原注15に同じ。Heskett, *Industrial Design*, p. 19.

33 同右。*Ibid.*, pp. 183–4.

34 Martin P. Levy, 'Manufacturers at the World's Fairs: The Model of 1851', in Jason T. Busch and Catherine L. Futter, *Inventing the Modern World: Decorative Arts at the World's Fairs*, 1851–1939 (New York: Skira Rizzoli International, 2012), pp. 34–49.

35 'The Great Exhibition', British Library, http://www.bl.uk/learning/histcitizen/victorians/exhibition/greatexhibition.html

36 'National Art Library Great Exhibition collection', Victoria & Albert Museum, http://www.vam.ac.uk/content/articles/n/national-art-library-great-exhibition-collection/

37 Richard Sennett, *The Craftsman* (London: Allen Lane, 2008), p. 112.

38 Fiona MacCarthy, *The Last Pre-Raphaelite: Edward Burne-Jones and the Victorian Imagination* (London: Faber and Faber, 2011), pp. 128–32.

39 'About Dresser', Victoria & Albert Museum's microsite for the 2004 exhibition 'Christopher Dresser: A Design Revolution', http://www.vam.ac.uk/vastatic/microsites/1324_dresser/whoisdresser.html. クリストファー・ドレッサーは、金属製品の品質の高さ、とくにバーミンガムのHukin & Heath、Elkingtons、シェフィールドのジェームズ・ディクソンなどの企業向けに製作したものが高く評価された。

40 Achim Borchardt-Hume (ed.), *Albers and Moholy-Nagy: From the Bauhaus to the New World* (London: Tate Publishing, 2006), pp. 163–7.

41 Sibyl Moholy-Nagy, *Moholy-Nagy: Experiment in Totality* (New York: Harper & Brothers, 1950), pp. 64–7. シビル・モホリ＝ナギ『モホリ＝ナギ――総合への実験』（下島正夫、高取利尚共訳、ダヴィッド社、１９７３年）

42 László Moholy-Nagy, *Vision in Motion* (Chicago, Ill.: Paul Theobald, 1947), p. 42.

43 ジョージ・ケペッシュが視覚理論について書いた本の中には、György Kepes, *Language of Vision*, published in 1944 (New York: Dover Publications, 1995), ギオルギー・ケペッシュ『視覚言語――絵画・写真・広告デザインへの手引』（編集部訳、グラフィック社、１９８１年）および「Vision + Value」という題名で６巻にまとめられた１９６５〜１９６６年のエッセイがある。

44 Jennifer Bass and Pat Kirkham, *Saul Bass: A Life in Film & Design* (London: Laurence King, 2011); György Kepes (ed.), *György Kepes: The MIT Years, 1945–1977* (Cambridge, Mass.: The MIT Press, 1978).

45 *Time*, 31 October 1949.

46 Raymond Loewy, *Industrial Design* (London: Faber and Faber, 1979), p. 25.

47 Adèle Cygelman, *Palm Springs Modern: Houses in the California Desert* (New York: Rizzoli International, 1999), pp. 38–49.

48 原注46に同じ。Raymond Loewy, *Industrial Design* (London: Faber and Faber, 1979), p. 36.

49 Olivier Boissière, *Starck®* (Cologne: Benedikt Taschen, 1991), pp. 84–7.

50 Charlotte and Peter Fiell, *1000 Chairs* (Cologne: Taschen, 2000), p. 570. シャーロット・フィール、ピーター・フィール『1000チェア』（タッシェンジャパン、２００１年）

51 'Louis Ghost', Starck, http://www.starck.com/en/design/categories/furniture/chairs.html#louis_ghost

52 ビクター・パパネックは、『生きのびるためのデザイン』で、レイモンド・ローウィやヘンリー・ドレイファス、ハロルド・ヴァン・ドーレン、ノーマン・ベル・ゲデスを含む同時代のアメリカの著名な工業デザイナーは皆、最初は劇場の舞台セットや百貨店のウィンドウディスプレイのデザインからその世界に入ったと指摘し、反論している。

53 原注46に同じ。Raymond Loewy, *Industrial Design*, p. 8.

54 ナサニエル・コルムとのインタビュー、２０１０年７月。Alice Rawsthorn, 'A Font of Ideas from a "Nomadic" Humanitarian Architect', *International Herald Tribune*, 2 August 2010, http://www.nytimes.com/2010/08/02/arts/design/02iht-design2.html; for Hilary Cottam, see Participle, http://www.participle.net/

55 エミリー・ピロトンとのインタビュー、２０１１年10月。Alice Rawsthorn, 'Humanitarian Design Project Aims to Build a Sense of Community', *International Herald Tribune*, 24 October 2011, http://www.nytimes.com/2011/10/24/arts/24iht-design24.html

56 ヒラリー・コッタムは、２００７年にデジタルテクノロジーを専門とするヒューゴ・マナセとパーティシプルを設立した。

57 ヒラリー・コッタムとのインタビュー、２０１２年１月。

58 一例として、Processingを開発したアメリカのデザイナー、ベン・フライとケーシー・リアスの作品がある。Processingは、データの危機に対する解決策を提供する新しいコンピュータプログラミング言語。デジタル情報を甘美な、絶えず変化するデジタル画像に可視化する。デニス・リッチーらは、ベル研究所で考案したコンピュータプログラミング言語の配布をハイテク企業に頼ったが、フライとリアスは、自分たちのウェブサイトでリリースした。http://www.processing.org/

59 スイスのデザイン理論家、フランソワ・ブルクハルトは、デザイナーの役割が商業的なものに限定される限り、自分自身の役割を追求する能力が制限されると述べている。「彼らは、現実的な変化をもたらすことができる圧力集団となるには、好ましい地位にいない。なぜなら彼らは単なる従業員であり、ほとんど自主性を与えられない会社で働いているからである」。François Burkhardt, 'Design and "Avantpostmodernism"', in John Thackara (ed.), *Design After Modernism: Beyond the Object* (London: Thames & Hudson, 1988), p. 147. ジョン・サッカラ編『モダニズム以降のデザイン——ものの実体を超えて』（奥出直人、桝山寛、藤原えりみ共訳、鹿島出版会、１９９１年）に収録。

60 Tim Brown, *Change by Design: How Design Thinking Transforms Organizations and Inspires Innovation* (New York: HarperCollins, 2009), p. 13. ティム・ブラウン『デザイン思考が世界を変える——イノベーションを導く新しい考え方』（千葉敏生訳、早川書房、２０１０年）

61 一例は、アニメーションスタジオ、ピクサーで働いた後、ルイジアナ州シュリーブポートに Moonbot Studios を共同設立したウィリアム・ジョイス。同社の『*The Fantastic Flying Books of Morris Lessmore and The Numberlys*』などのインタラクティブブックが絶賛されている。; http://www.moonbotstudios.com/. 'Moonbot Studios Launches in Louisiana', uploaded on to YouTube by louisianaeconomicdev on 12 April 2011, http://www.youtube.com/watch?v=0ueBGHtOkyQ

62 Michael Braungart and William McDonough, *Cradle to Cradle: Re-making the Way We Make Things* (2002; London: Jonathan Cape, 2008). マイケル・ブラウンガート、ウィリアム・マクダナー『サステイナブルなものづくり——ゆりかごからゆりかごへ』（吉村英子監修、山本聡、山崎正人、岡山慶子共訳、人間と歴史社、２００９年）

63 リリー・ライヒの業績は、彼女の愛人、ミース・ファン・デル・ローエとの密な協力関係の影に隠れてしまっている。１９３８年にミースがアメリカに移住した後、ベルリンに残っていた彼女は第二次大戦で自分のスタジオを爆弾の襲撃で破壊されてしまう。終戦の２年後、ライヒは61歳でこの世を去った。ミースが亡くなる１９６９年には、ライヒの存在はほとんど忘れ去られ、彼女の作品のほとんどがミースのものと見なされていた。

64 'America Meets Charles and Ray Eames', from NBC's *Home* show, presented by Arlene Francis and broadcast in 1956; uploaded on to YouTube by hermanmiller on 23 November 2011, http://www.youtube.com/watch?v=IBLMoMhlAfM

65 Esther da Costa Meyer, 'Simulated Domesticities: Perriand before Le Corbusier', in Mary McLeod (ed.), *Charlotte Perriand: An Art of Living* (New York: Harry N. Abrams, 2003), pp. 36–7.

66 Megan Gambino,'Interview with Charles Harrison',*Smithsonian Magazine*,17 December 2008, http://www.smithsonianmag.com/arts-culture/Interview-With-Intelligent-Designer-Charles-Harrison.html

67 アメリカでは現在、ほとんどのデザイン学校の学生の半分以上を女性が占めている。アメリカや他の国でも、デザイン職のトップに立つ女性は男性より少ないが、影響力のある女性デザイナーの数は世界的に増えている。プロダクトデザインではヘラ・ヨンゲリウス、インテリアではイルゼ・クロフォード、グラフィックではポーラ・シェア、ソフトウェアではリサ・ストラウスフェルドが特筆に値する。また、民族の多様性、とくにアフリカ系アメリカ人のデザイナーで進歩が見られる。スティーブン・バークスは家具デザイン、ゲイル・アンダーソンはグラフィック、ジョシュア・ダーデンはタイポグラフィでそれぞれ第一人者である。しかし、北米やヨーロッパでデザインを勉強したがる10代の黒人は比較的少ない。それは、ロールモデルの不足によって抑止されている可能性があり、それよりも、現実的に成功のチャンスが期待できる分野でのキャリアを追求していることが考えられる。しかし心強いことに、アフリカやアジアにデザイナーが増えている。ウガンダのサンガ・モーゼスとインドのプーナム・ビール・カストゥーリはどちらも貧困緩和と起業家精神の醸成を約束するサステナブルデザインプロジェクトを手掛けている。女性が活躍しているデザイン領域の一つは、比較的最近のソフトウェア分野である。20世紀後半におけるデジタル画像のパイオニアには、ミュリエル・クーパーの他、リリアン・シュワルツ、ベラ・モルナー、バーバラ・ネシムなどがいる。他にもヒラリー・コッタムとエミリー・ピロトンは、ソーシャルデザイン領域のリーダーであり、ネリ・オックスマンとデイジー・ギンズバーグは、デザインと科学の関係を再定義する最前線にいる。

68 デニス・リッチーは、同僚のケン・トンプソンとベル研究所で開発したＵＮＩＸコンピュータのオペレーティングシステムのデザインに尽力した。ＵＮＩＸは、のちにフリーオペレーティングシステム、Linux のオープンソース開発に影響を与えた。Steve Lohr, 'Dennis Ritchie, Trailblazer in Digital Era, Dies at 70', *The New York Times*, 13 October 2011, http://www.nytimes.com/2011/10/14/technology/dennis-ritchie-programming-trailblazer-dies-at-70.html

69 カイロで開催された「メイカーフェア・アフリカ」の展示品の中には、自動駐車場、省エネ交通信号機、そしてバックミンスター・フラーが愛したダイマキシオン・カーに酷似した人力車両があった。http://makerfaireafrica.com/about/

70 Walter Isaacson, *Steve Jobs* (London: Little, Brown, 2011), p. 501 ウォルター・アイザックソン『スティーブ・ジョブズ』(井口耕二訳、講談社、２０１１年); 'Apple's Mac App Store Downloads Top 100 Million', Apple, http://www.apple.com/pr/library/2011/12/12Apples-Mac-App-Store-Downloads-Top-100-Million.html

71 'The Third Industrial Revolution', *Economist*, 21 April 2012, http://www.economist.com/node/21553017

3

よいデザインとは？

>3. What is good design?

よいデザインとは？

趣味のいいゴミも、所詮はゴミ。

――レイナー・バンハム[※1]

同時代で一、二を争う人気講演者だったウィリアム・モリスは、人前に出ると意外なほど緊張した。彼は、一八〇〇年代後半にイギリス全国で何百回と講演し、その中で芸術、デザイン、政治、教育、文明の本質、ビザンチンの織物やアッシリア王宮殿の歴史について考えを発表した。モリスは、どの講演にも万全の準備で臨んだ。罫線の引かれたノートに一語一句書きだし、それをしつこく見直してもまだ、演台に立つと懐中時計をいじったり、体重を右足にかけたり、左足にかけたりする姿を、家族や友人が心配そうに見守った。そして終わった後も、聴衆は話を理解できなかったのではないか、不満を感じているのではないか、と妻のジェイニーへの手紙に不安な気持ちを打ち明けている。[※2]

しかし、講義の内容にはもっと自信があった。たとえば一八八〇年に「生活の美」という敬遠したくなるようなテーマで話をした。ゴシックの建築と文学の簡潔な比較、続いて産業革命といわゆるヴェネチアのサン・マルコ寺院再建の文化的影響に関する痛烈な分析など、美術史を急ぎ足で語った。また、講演の論旨を「万人に当てはまる黄金律」と称して次のように言い切った。「どう役に立つかわからないもの、美しいと思わないものを家に置かないこと[※3]」。

役に立ち、美しい。モリスのおかげでこの二つの言葉は、それ以来デザイナー、デザイン理論家、デザイン史家によって夢中で議論されることとなった。彼の講演のタイトルは今ならば、生活の美ではなく、よいデザインとは何か、といったものになるのだろうが、それを正確に定義するのは、彼の時代よりも今のほうがいっそう難しくなっている。ニューヨーク近代美術館のデザインキュレーターは、一九三八年から一〇年間、彼らが最高のモダンデザインと考えるものをアメリカ国民に提示する展示会を開き続けた。それが基礎となり、一九五〇年にシカゴ・アテナイオン博物館で「グッドデザイン賞」が誕生した。[※4]戦後ヨーロッパでも、イギリスの「グッドデザイン」、イタリアの「ベルデザイン」、ドイツの「グーテフォルム」など、デザインを擁護するさまざまな政府出資機関がこれに続いた。今ネットで「good design」と検索すると、シカゴの賞の現代版、その他のデザイン賞、雑誌やウェブサイトがいくつも出てくる。どの時代においても、いくつかの特徴が組み合わさったものを「よいデザイン」と呼ぶが、どのような特徴が相対的にどれだけの重要性を持ち、それぞれがどのように互いに反応を起こすかは、時代とともに大きく変わってきた。現在はどうなのだろうか。

時代を超えて優れたデザインの本質の一つに数えられていることがある。それは、そのものが持つ機能をきちんと果たさない限り、デザインに価値はない、ということだ。プラトンは、紀元前三九〇年という大昔に言っている。「すべての製造物、生物、行動の美徳、美しさと正しさは、それが作られた目的との関係においてのみ評価される」[※5]。つまり、目的に合っていること、モリスの言葉を借りれば、役に立つことが重要だ。ただし理論的に有用なだけでは不十分であり、よいデザインであるためには、実際に役立ち、または使いやすくなければならない。

しかし、そうではないデザインの例が恐ろしいほどたくさんある。複雑きわまりない携帯電話、故障する券売機、座り心地の悪い椅子、判読できない書体、有毒物質だらけの「リサイクル可能」な材料、一番トラブると困るときにトラブる信頼性の低い車、747型ジャンボジェット機のコックピット並みにボタンのついたテレビのリモコン。私たちは毎日そういうものに、運が悪ければ複数回出くわしている。

目的に合わなかったデザインの、背筋も凍るような事例がある。ベトナム戦争でアメリカ軍の標準小銃だった初期モデルのM-16だ。北ベトナム軍とベトコンの勢力は、自動小銃AK-47を装備していた。一九四九年以来、ソ連軍によって使用され、元米海軍将校従軍記者C・J・シバースが著書『The Gun』に書いているように、「これまでで最も数多く作られ広く普及したライフル」だった[※6]。AK-47のデザイン物語は、プロパガンダの目的でソ連当局によって美化されたが、最終的な公式の説明によると、一九四一年、戦車兵だったミハイル・カラシニコフ軍曹が負傷し、その療養中に地元の工房で試作機を開発した。数年に渡る試験と多数の改良後、ＡＫ－47は近代銃の手本になり、開発者に因んでカラシニコフと命名された。それまでの自動小銃より軽く、信頼性の高いＡＫ－47は、接近戦で素早く発射することができ、弾丸が小さいため一人の兵士がたくさん運ぶことができた。ガタガタと大きな音を立てる可動部品でできていたが、極度の高温や低温に強く、騒然とした中で雑に扱われても耐えられた。ベトナム戦争中、北ベトナム軍とベトコン兵の役に立っただけでなく、一九五〇年代に製造された最も初期のモデルの中には、その丈夫さのあまり、現在も戦闘で致命的な威力を発揮しているものもある。[※7]

一九六〇年代初期にベトナムでの対立がエスカレートすると、アメリカ軍はさらに多くの軍隊を送り、武器を備蓄した。一九六三年、新しい銃がＡＫ－47に勝ることを期待して一〇万丁以上のＭ－16が発注されたが、期待は外れた。シバースによれば、Ｍ－16の試験は端折られ、最終仕様は現場経験がほぼ皆無の人々によって決定された。その結果できたライフルは、ＡＫ－47よりも狙いは正確だったが、それ以外の点に欠陥があった。中でも決定的だったのは、発射後に作動不良が頻発したことだ。そしてそれが起こると、空の弾倉を外すのに手間取った。より効率的なＡＫ－47で武装していた北ベトナム軍と戦う米軍兵にとって深刻な問題をもたらした。シバースは、一九六七年春のケサン近くの戦闘について、出身地の地元新聞に記事を寄せたある海軍兵士の言葉を引用している。「信じられないかもしれませんが、われわれを殺したのは、ほとんどわれわれ自身のライフルです」。仲間の海兵隊員、砲術軍曹クロード・エルロッドは、北ベトナム軍兵士の死体の横にＡＫ－47を見つけ、その後のベトナムでの従軍中それればかり使っていた。大佐にソ連の武器を使っている理由を求められたエルロッドは、こう答えた。「機能的だからであります[※8]」。

AK－47が「目的に合う」という条件をクリアし、初期のM－16がクリアできなかったのはそのためだ。戦闘で信頼できないライフルが、よいデザインのはずがない。同様に、判読できないサインシステムもよいデザインとは呼べない。OSが複雑すぎて使いにくいスマートフォン。長時間座っていられない椅子。他にどんなメリットがあろうが関係ない。そのサインが美しいタイポグラフィーで書かれ、そのスマートフォンが市場のどの機種よりも多機能を誇り、その椅子がどれほどすばらしく見えても。他の点でどれほど印象的であっても、求められる役割を果たしていない。芸術家のドナルド・ジャッドが書いているように、「椅子が機能的でなかったら、ただの芸術品だったら、何の意味もない[※9]」。

反対に、他の基準をクリアしていなくても、有用であれば、優れたデザインと呼べる可能性がある。たとえばグーグルのロゴ。デザイン純粋主義者には嫌われる傾向があり、そうされる理由はわかりやすい。鮮やかな色とぎこちない文字で「Google」と綴った同社の標準ロゴは幼稚に見える。オリジナルのロゴは、グーグルの創業者の一人、セルゲイ・ブリンが、スタンフォード大学でコンピュータサイエンスを学んだ友人、ラリー・ペイジと一九八八年に事業を始めたときにデザインした。翌年、それをスタンフォード大学時代の友人でグラフィックデザイナーのルース・ケダルが依頼を受けて精緻化した。書体はスリムになり、最後についていた軽快な感嘆符がなくなったが、派手な色と素人っぽいふざけたスタイルは残された。この頃には、特別な出来事の記念に、通常のロゴを一時的にカスタマイズされたものに置き換える「doodle（落書き）」も導入された。

最初のdoodleが登場したのは、一九九八年、ブリンとペイジが休暇をとり、ネバダ州ブラックロック砂漠でのバーニングマン・フェスティバルに参加したときだった。二人は、ホームページに「不在」のメッセージを掲示する代わりに、グーグルの二番目の「o」の後ろに、お祭りの儀式で焼かれる木製の彫像をイメージした小さな木の棒を描き、自分たちの行き先を示唆した。[※10] 以来グーグルは、サンクスギビング、ハロウィーン、アースデイ、聖パトリックの日から、月食、大型ハドロン衝突型加速器の運転開始、マーズ・ローバー（火星探査車）の着陸、主要なスポーツイベントや、ジェーン・オースティン、アンディ・ウォーホル、チャールズ・ダーウィン、アイスクリームサンデーの誕生日まであらゆるものを祝うために何百ものdoodleを掲載している。どれも日常のロゴと同じく、子どもっぽいゆるいスタイルで描かれている。ジャクソン・ポロックのは彼の「ドリッピング（垂らし）」技法で書かれ、アイザック・ニュートンのは、リンゴが木から落下するアニメーションつきだった。[※11]

人を面映くさせるのもdoodleの機能の一つだ。doodleの一番の目的は私たちをグーグル好きにさせることだ。そのためのきっかけとして、グーグルが今でも共同創業者たちがバーニングマン・フェスティバルに出かけていくようなクールでフレンドリーな企業なのだということを伝えるのは効果的だ。とくに、グーグルほど大きく、影響力のある企業がそのような印象を伝えるのは普通は非常に難しい。doodleはその日、

R・バックミンスター・フラーとジオデシックドームの模型
ブラック・マウンテン・カレッジにて　1948 年

ラズロ・モホリ=ナギ　シカゴにて　1945 年

ジョージ・ケペッシュ
マサチューセッツ工科大学にて　1971 年

ミュリエル・クーパー
マサチューセッツ工科大学にて　1977 年

人々の目に目新しいものを提供しながら、同時にグーグルがどのようなものに心惹かれるのかをほのめかし、そうすることで目的を果たしている。ではその興味の対象とは何だろうか。これまでのdoodleから判断すれば、科学、文学、現代美術が好きだが、ワールドカップやアイスクリームサンデーを楽しめないほどにお高くは止まっていない。グーグルは、こうした一切を「ほのめかし」によって伝えている。あからさまに言うより説得力がある。人は、自力で発見したと思えるものをより信じる傾向があるからだ。

グーグルの通常のロゴもdoodleも、その見た目のぎこちなさがもっともらしく見えてくるから不思議だ。普通、人は、グーグルに限らず、強大な多国籍企業が自社について語ったことは疑いたくなるものだ。巨大企業や、企業が高額で雇うアドバイザー連中にやり込められるのはご免だと思っている。コーポレートアイデンティティーがめったに功を奏しない理由はそこにある。それを見て私たちは本能的に不審に感じ、その感覚がまちがっていないことが多い。加えて、ロゴなどの視覚的なシンボルを解読する力を身につけた私たちは、洗練されたものほど疑わしく感じるようになっている。グーグルのロゴのぎこちなさがとても賢い理由がここにある。これほど不器用な会社に、人を操ることなどできるはずがない。グーグルのコーポレートアイデンティティーは、その美的な欠陥のおかげで優れている。なぜなら、その機能を果たそうとする努力を妨げるのではなく、助けているからだ。

一方、有用性だけでは優れたデザインと呼ぶには十分でない例もある。それは、便利さだけでなく、別の何かも期待されている場合だ。本のカバーがこのカテゴリーに入る。本のページを保護しなければならないのは当然だが、もしそれしかしなかったら、そのカバーはよいデザインだと呼ばれる資格がない。本当にデザインのよいジャケットとは、その本が提供しようとするものを的確に集約し、人に読みたいと思わせるものだ。映画のタイトルやクレジットにも同じことが言える。キャストやスタッフの名前だけでは本当に基本的なことしかわからない。二〇世紀後半にジョージ・ケペッシュの教え子、ソール・バスが考案したような、本当によくデザインされたタイトルシークエンスは、その映画を見たいと思わせるだけでなく、見る経験を高める。[※12] バス以前、映画のクレジットにはキャストとスタッフの名前だけが流れ、ストーリーが始まるまで閉じていた幕に投影されていた。バスが一九五五年の映画『黄金の腕』のオープニングに作ったアニメーションシークエンスがあまりに意表をつくものだったため、監督のオットー・プレミンジャーは、上映前に幕を開けてから映写技師が投影を始めるように、映画のフィルム缶にメモを添付したほどだった。[※13] バスは、それから何十もの映画のタイトルシークエンスをデザインした。一九五八年のヒッチコックのスリラー映画『めまい』のオープニングでは、カメラが女性の顔、次に目にズームインし、画面が血に染まるとその目に恐怖を表すスパイラルが現われた。[※14] スコセッシの一九九五年の映画『カジノ』のオープニングクレジットシークエンスでは、ダンテが地獄に落ちるように、ロバート・デ・ニーロの身体がラスベガス・ストリップの不気味なネオンの間を落ちていくさまを表した。[※15] バスのクレジットを見て心の準備ができたおかげで、人々はその後に起こることに、より感情的に、鋭敏に反応できるようになった。

彼が巧みに考案し、作り上げた映画クレジットを、単なる「優れたデザイン」から「すばらしいデザイン」

に押し上げたものは、歴史を通してデザインのもう一つの重要な要素である、人を引きつけるインパクトに他ならない。今でも、とくにコミュニケーションの媒体として、非常に大きな影響力を持っている。バスがデザインしたヒッチコックの『スリラー』のオープニングシークエンスが予感やサスペンスを伝えるのと同じように、赤十字の記号は、人々の注意を喚起し、危険に対して警告し、同時に敬意と協力を訴える。[※16]だが一方で、デザインの、ある伝統的な要素が徐々に重要ではなくなってきている。それは、美しさだ。

美しさは、長い間、まさに機能性と同じように、優れたデザインに欠かせないものと考えられていた。ウィリアム・モリスは、一八〇〇年の講演でそう明言しているし、その半世紀以上後、近代美術館の展示会「グッドデザイン」では、当初重要な基準として「優れた外観」と「進歩的なパフォーマンス」を挙げている。[※17]だが、見た目が魅力的とはとても言えないが成功しているデザインプロジェクトは、グーグルのCI以外にもある。たとえばポストイット。有用性と創意工夫では高得点だが、視覚的にはイマイチ、とくにもともとの尿黄色はいただけない。[※18]それに、においや手触りなど他の魅力も何もない。

美しいことに問題があるわけではない。むしろ、美しいデザインは生活に喜びを与え、ときには元気づけてもくれる。デザインは、この領域をアートから引き継いだのだという主張がある。デザインの視覚的要素が非常に洗練されてきたこともその理由としてある。デジタル技術のおかげで、さまざまな分野のデザイナーが、今では表現力と精度の高い仕事ができるようになった。まだ「コンピュータ」が何百万ドルもする、うるさくて扱いにくい機械を詰め込んだ巨大な部屋を意味していた一九六〇年代に、もしアップルのiPadができたとしたら、またはそのスクリーンに複雑なデジタル画像を映し出したとしたら、どんなに奇跡的なものに見えただろう。

その主張はまた、芸術の役割の変化も反映している。何世紀もの間、人は芸術に美しさを求めてきたが、モダニズムの誕生以来、芸術は、合理的に分析できないために理解し難い、人間の生活の破壊的、恐るべき、または曖昧な側面を探り、挑戦的で挑発的であることが求められるようになった。サイ・トゥオンブリーやルチオ・フォンタナの官能的な作品が証明しているように、単に美しい絵画や彫刻を見て陳腐さを感じないでいることは、不可能ではないが難しい。それよりも、フィスカース社のガーデニングツールの見事なプロポーションや滑らかな表面を胸を張って称賛することができる。なぜならそのコテや熊手が視覚的・官能的に魅力的である上に、有用であることを知っているからだ。その部分がなかったとしたら、その見せかけの美を手放しで堪能することはないだろう。

しかしまた、他の基準はクリアしても、美的な欠陥のために優れたデザインとは見なされないものもある。その一つの例は、二〇一二年ロンドンオリンピックのロゴだ。[※19] 機能的には、長所がいくつかある。視認性が高い、記憶に残る、どんな媒体にも対応できる汎用性がある(印刷用の静的ロゴ、スクリーン用の動的ロゴ)、色を変えたり新しいマークを獲得したりしてコンテクストに合わせてカスタマイズできる。こういうと聞こえはいいが、実際にロゴを見れば、それがどのような理由で視認性が高く、記憶に残りやすいのか、わかってもらえるだろう。醜いタイポグラフィーといびつな形のおぞましいロゴなのだ。ナチスの卍、「ザ・シンプソンズ」の長女リサ・シンプソンがひわいな行為をしている姿にたとえる批評家もいる。[※20] そしてその汎用性は立派だが、どのバージョンも出来がひどく、作った意味がない（唯一、数年前にロンドン東部に貼られていた、数字の2、0、1、2をそれぞれS、H、I、Tに置き換えた非公式のチラシは賞賛に値する）。[※21]

もう一つ、デザインにおける美に固有の問題は、そのような判断がつねに主観的なものであるということだ。ロンドン２０１２のロゴが好きな人もいるかもしれないし、ポストイットの尿色が好きな人も一部にはいるかもしれない。何かを見て視覚的によいと感じるかどうかを決めるのは非常に簡単だ。食べ物の味が好きか嫌いかを直感的に感じるのと同じように、本能的にわかっている。なぜそう感じるかを解明することのほうが難しく、デザインが機能を満たしているかどうかを判断することのほうがはるかに簡単だ。つねにではないが、性能は定量化できることが多いからだ。見た目に対して感じたことをなぜ感じたかを説明することのほうが難しい。

しかし、わかりやすいケースもある。ほとんどのコンピュータのフォントメニューに含まれ、本書［原書］で使用している二つの書体、アリアルとヘルベチカの間の美学的な差異がその一例だ。どちらも、文字の端に装飾的なハネのないサンセリフフォントと呼ばれるものだ。一見すると非常によく似ているため、互いにまちがわれることも多い。一九八二年に登場したとき、アリアルはヘルベチカのコピーに見られた。ヘルベチカは一九五七年から使われており、ニューヨーク地下鉄の案内表示や、アメリカンアパレル、ＢＭＷ、

3M、アメリカン航空などの企業ロゴでおなじみのフォントだ。[※22] しかし、それぞれのフォントの文字を細かく見ていくと、二つの間の違いは歴然としてくる。

アメリカのグラフィックデザイナー、マーク・サイモンソンが行なった両者の比較分析が優れている。それによれば、ヘルベチカはアリアルの何倍もディテールが洗練されている。ヘルベチカの「a」は、テール（尾）がゆるやかに湾曲し、ボール（楕円の曲線部）が最初にステム（垂直線）につながる部分も同様だが、アリアルにはない。また、ヘルベチカでは、「t」の頂点、「C」や「S」のストロークの末端は完全に水平だが、アリアルではやや傾斜している。さらに彼は、ヘルベチカの「G」のステムには、下に小さなスパー（髭）があり、カーブがそこに流れ込んでいるのに対し、アリアルの「G」にはどちらもないと指摘している。[※23] 言い換えれば、ヘルベチカの文字のほうがアリアルに比べて複雑な構造をしている。そのディテールの差はあまりに小さいため、サイモンソンがしたように、各文字を拡大して精査してみないとわからないほどだ。そのどちらかの書体を使用する何百万もの人々のうち、そのことに気づくほど細かく見る人はごくわずかだろう。それでも、こうしたささやかな違いがヘルベチカをアリアルよりも優れたデザイン例の一つにしている。どちらも可読性が高く、機能的には二つのフォントにほぼ差はないが、美学的にはヘルベチカのほうが優れている。[※24]

問題は、デザインの視覚的側面に対する判断がもっと複雑であり、デジタル技術の影響でそれがさらに助長されていることだ。私たちが日々パソコンやスマートフォンの画面に映るピクセル化された画像の情報やエンターテイメントを消費し続けるにつれ、私たちが世界を見る見方はスクリーンの中でも外でも変わってきている。現実世界にある一本の通りを見た後、次にそれを写真で、映画のスクリーンで、テレビで、コンピュータで、スマートフォンで見ると、一つずつがずいぶん違って見えるはずだ。

もっと微妙な影響というのもある。私たちが現実の生活の中で見て使用するものの多くは、デジタルな方法でデザインされている。つまりデザイナーがコンピュータのファイルを印刷業者やメーカーに送っている。このプロセスは、完成したものの見栄えに劇的な影響をもたらす。一九九〇年代の製品デザインに多用された滑らかな楕円の「ぼやけた」形状は、精密なデザインソフトウェアなしでは不可能だった。データ視覚化の未来的な形も、レム・コールハース、SANAA、ファーシッド・ムサヴィのような建築家の建物の形も、3Dプリンタなどの新技術によって作られる新しいジャンルのものの形も同じだ。デジタルテクノロジーは、ものの見た目だけでなく、それを好きか嫌いかも、自覚しているかどうかに関係なく、変えつつある。

ある一般消費者向け製品のメーカーがこの現象の分析に乗り出した。さまざまな年齢やコンピュータの習熟度の人々がさまざまな製品にどう反応するかを調べた。製品の半分はデジタルな方法でデザインされ、残りは従来の方法で開発されたが、参加者には伝えず、ただ、それぞれの外観を好きかどうかを質問した。製品がどのようにデザインされたかは、コンピュータをほとんど使用していない人の反応に影響がなかったが、インターネットやゲームに費やす時間の長い技術寄りの被験者には大きな影響があった。彼らが好きだと回答したものはほぼすべてデジタルな方法でデザインされたものだった。彼らはなぜだかわからなくても、本能的にそちらを好んでいた。

デジタル技術の影響のとらえどころのなさは、視覚的に魅力的なデザインに対する私たちの曖昧性の理由の一つだが、理由は他にもある。一つは軽薄さへの恐れだ。環境保護や倫理的な問題といった道徳的な側面がますます重要になっているこの時代、ものの美的な側面を味わうことに違和感を覚えるのも当然だ。ものの見た目を気にすることが浅はかなことのように感じられるからだ。そして、私たちは美しさに対してますます懐疑的になっている。この時代、格安な整形手術や、映画などの驚異的なデジタルエフェクト、写真のデジタルレタッチなどによって偽物と現実との区別がますますつきにくくなっている。

従来の美の固定観念に対抗することでこれに対応しようとしているデザイナーもいる。その方法として、不完全なものや無常のものに喜びを見いだす日本の侘び寂びの概念に似た、「ジョリーレイド（いわゆる美人ではないが魅力的な女性）」的な特徴をデザインに取り入れている。[※25] ドイツのプロダクトデザイナー、コンスタンチン・グルチッチの作品は、一見不格好か、醜くさえ見えるが、じっくり眺めれば眺めるほど魅力的に見えてくる。その鈍いエッジやぎこちない形状の基にあるロジックが感じ取れる。これは、グルチッチが最初から最終的なイメージを持つのではなく、製品がどのように使用されるかを視覚化しながらデザインを進めているからだ。彼はボール紙でラフモデルを組み立て、調整しながら、より快適なスツールや簡単に使えるエスプレッソマシンなどをデザインしている。モデルが完成すると、その寸法をコンピュータに入力し、ディテールを詰めていく。[※26] 彼の製品の魅力は、見た目ではなく、スツールに腰掛け、もたれかかったときに、その奇妙な輪郭が実はしっくりくることに気づいたときに感じるあたたかみにある。

オランダのデザイナー、ヘラ・ヨンゲリウスも、意図的に欠陥を与えることで同様の効果を得ている。ソファの張り地につけた奇妙なボタンやミスマッチな色、滑らかな表面が期待されるディナープレートにつけた小さな凹凸などが見る人を「だまし」、時間をかけて愛着を感じるようになったアンティークや家宝や記念品を連想させている。彼女は、この偽造によって「完璧」な製品よりもユーザーとの親密な関係を築くことができると考えている。ヨンゲリウスはまた、作品の手触り、肌触りを高める工夫や努力もしている。[※27] こうした官能性は、デザインの持つ強力な側面だが、なぜそれに惹かれるかは、人が視覚的に何かに惹かれる理由を説明するよりもさらに難しいかもしれない。そのための語彙も限られている。

デザインプロジェクトへの姿勢やデザインが周囲に与える影響に関係した抽象的な側面をかかげるデザイナーもいる。イギリスのデザイナー、ジャスパー・モリソンと日本のデザイナー、深澤直人は、このアプローチを「スーパーノーマル」という造語で説明する。スーパーノーマルな製品は、有用で、適切で、控えめで、丈夫で、長持ちし、モリソン曰く「いい空気を発する」。彼と深澤が例として選んだものの中には、ビックのボールペン、フィスカースのはさみ、クリケットの使い捨てライターなどがある。[※28] 二人はまた、一九二〇年代に日本で民藝運動を始めた作家の柳宗悦を父に持ち、その考え方を体現した日本の工業デザイナー、柳宗理の作品を数多く取り上げている。民藝運動は、産業革命以来、日本で見過ごされてきた手作りの日用品のシンプルで堅実な美を称賛している。このような特質は、美学的あるいは官能的な魅力を持つものと同様の効果を持ち、それを見たり使用したりするたびに私たちに本能的な喜びを与えてくれる。

必須ではないが、よいデザインのもう一つの要素は、独創性だ。モリソンと深澤のスーパーノーマルな製品の多くが実証している。それらの製品に斬新さはないが、それ以外の不滅のデザイン的利点を持っている。また、独創性それ自体には価値はない。3Mの社員で科学者、スペンサー・シルバーは、一九六〇年代にそれまでにない新しいタイプの接着剤を発明したとき、そのことを痛感した。その接着剤は、一枚の紙のように軽いものを滑らかな表面にくっつけることはできるが、その状態が永続するほどの粘着力はなく、好きなときに剥がすことができた。しかし会社から市場性のある機能を見つけるよう促されたにもかかわらず、研究チームはその接着剤を何に使うべきかを考え出すことができずにいた。一九六八年、3Mの別の科学者、アート・フライが教会の聖歌隊で歌いながら偶然に答えを思いついた。彼は賛美歌集の必要なページに紙切れをはさんでいたが、それがいつも落っこちてしまうことに苛立っていた。そこで、粘着性はあるが弱いシルバーの接着剤を思い出し、それを使って剥がせる栞を作ることを会社に提案した。[※29]フライがこのひらめきを得るまで、シルバーの接着剤は無意味に斬新だった。それをポストイット付箋紙の接着剤として利用することにより、貴重な技術革新と優れたデザインの事例ができあがった。ただ、尿色の黄色い紙を使用するという、3Mの残念な判断があった。

独創性は、よいデザインになくてはならない条件ではないが、最も人を引きつける要素の一つになることがある。デザインが最も人を魅了し説得する力を発揮するのは、世の中に新しいものを紹介するときであることが多い。初めて大量生産された椅子。最初の自転車。最初の自動車。最初の飛行機。最初の高速列車。最初のメインフレームコンピュータ。最初のパーソナルコンピュータ。最初の電気自動車。最初の深海無人探査機。デザイン史の中で最もスリリングなエピソードの多くは「最初」で満たされている。

その「初めて」は目立つものである必要はない。一九九〇年代半ば、イギリス生まれのタイポグラフィーデザイナー、マシュー・カーターがマイクロソフトのために開発した画面に適した書体シリーズは、地味だが印象的な例だ。それまでコンピュータで使用されていたフォントは、もともと印刷して読むようにデザインされており、個々のピクセルによって構成されるデジタル文字は、インクの流れるようなストロークよりもかなり粗く、画面で見たときに必ずしも読みやすくなかった。カーターは、印刷用文字をデジタルに変換する際の問題点を洗い出すことから始め、次にそれを解決する方法を探った。画面上で最も頻繁に混同されやすい文字は、iとjとlと数字の1だった。彼はそれぞれを余計なディテールのない、できるだけシンプルなスタイルにし、最初の書体の一つ、サンセリフのヴァーダナをデザインする際には、文字の間隔にとくに気を遣った。そのセリフ版、ジョージアにも同じ原則を適用したが、文字の中でもとくに数字のセリフが団子になり、もっと問題だった。そこでカーターは、数字の高さに変化をつけることによって、それぞれの数字の違いを強調し、問題を解決した。セリフ字体のジョージアは、3、4、5、7、9がベースラインより下に下がり、6と8がベースラインよりも上に上がっている。※30 こうしたディテールは、画面表示を重視した新しいフォントの判読性を高めただけでなく、美的なインパクトも高めた。

ここまでのところで言えば、よいデザインは、役に立たなければならず、美的に好ましいか、独創性があるかはどちらでもよいということになる。しかし、役に立つことと並んでもう一つ欠かせない要素があり、それは誠実という言葉で表現できる。この言葉が道徳的で古い印象を与えるとしたら、それはそのように意図したからだ。正直、明瞭、律儀、良識、健全、清廉など誠実を構成する特質は、プラトンの「ソクラテスの対話篇」以来、「よいデザイン」の議論の中心となっている。誠実でない限り、デザインプロジェクトは、いかに便利で美しく、革新的であってもよいものと判断することはできない。「よいデザインは、世界との正直かつ効果的な関わりを可能にする」とアメリカの哲学者、ロバート・グルーディンが、著書『Design and Truth』に書いている。「よいデザインが真実を伝えるとしたら、悪いデザインは嘘を伝える。それはおおかた権力の獲得や乱用に何か関係した嘘である[※31]」。

誠実さは、デザインの目的と、それをデザインまたは製作する人の目的をはじめとして、デザインのあらゆる側面に関係する。AK-47は、機能を満足させるという点では恐しいほどに効果的だが[※32]、人間の命を奪うようにデザインされたものをよいデザインと見なすことは到底できない。

よいデザインには、象徴的な誠実さも必要だ。センスは悪いが、グーグルのdoodleにはそれがある。それが描くスポーツ、美術、科学的なブレークスルーなどの題材は、同社の従業員によって選ばれ、純粋に自分たちの興味を反映しているからだ。これとは対照的に、BPの緑と黄色のヒマワリふうロゴにはそれがない。BPは二〇一〇年にそのマークを採用し、ブリティッシュ・ペトロリアムという古い社名を捨てた。

石油産業に対する環境保護の圧力が高まっていた頃で、環境に配慮する責任ある企業としての立場を打ち出そうとした。二〇一〇年のメキシコ湾での爆発事故など、ＢＰが環境災害に関係したとき、必ずそのヒマワリのロゴが誠実さで不適切だと揶揄されるが[※33]、それも当然だろう。

構造的な誠実さも重要だ。しょっちゅう操作不能に陥ったＭ－16ライフルのように、過度に脆かったり信頼性の低いものは、この条件をクリアできない。ショー受けはいいが丈夫でも快適でもない椅子は、誠実さに欠けるあまり、デザインが悪いどころか、ドナルド・ジャッドに言わせれば「何の意味もない」。そうした椅子のように、ただ見せるためだけに作られた製品は、誠実とは言えない。たとえば、イタリアの照明会社フロスのために、フィリップ・スタルクがデザインした銃のランプ[※34]。構造的に安定し、目的に合っており、申し分なく部屋を照らしてくれるが、ベレッタやＡＫ－47をモデルにランプベースを作ったこと自体、センセーショナルだ。ランプを販売するために、武器というタブーを商売に利用するのは、誠実な行為ではない。建築家に高さも追求することを求めたドバイのブルジュ・ハリファなどの超高層ビルにも同じことが言える。上からの眺めを楽しみたい観光客や、記録破りの建造物を注文したことを自慢したい市職員に好評で、景観にアクセントができたかもしれないが、よいデザインと呼ぶには大げさすぎる。『Design and Truth』の中で、ロバート・グルーディンはローマの聖ピエトロ大聖堂に対して同じような非難を向けている。一六〇〇年代前半、パウロ五世はローマ教皇の力を顕示する記念碑として、ドナート・ブラマンテとミケランジェロによる大聖堂の優美なデザインを台無しにして、世界最大の教会に拡張させた[※35]。

誠実さにはまた、環境上、倫理上のデザインの責任も含まれる。生態系の危機の原因や最終的な影響について、科学者たちはまだ議論の最中かもしれないが、状況があまりに酷く、見て見ぬ振りをできる人はいない。また自分の買うものがどのような広範な意味や影響を持つかを知らないと言い切れる人もいない。あるデザインプロジェクト――またはその考え方、開発、製造、輸送、販売、最終的な処分方法――に倫理上または環境への影響に関して罪悪感ならずとも不快感を覚える何らかの理由がある場合、そこに誠実さがあると考えることはできない。よって優れたデザインとは認められない。私たちは、環境や他者に害があると疑われるものから、喜びを得られるはずがない。

ありふれた製品を一つ例にとってみよう。エスプレッソ用のカフェポッド［適量のコーヒー粉を詰めたパック］がある。この密封された小さなポッドを使えば、グラウンドコーヒーよりもまちがいなく効率的に速くエスプレッソが作れ、出来上がりも一定で後片付けも楽だ。だが、いくらカフェポッドが好きな人でも、小分けのパックや、さらにそれが入った箱などパッケージの多さには賛成できないのではないだろうか。量的に過剰なだけでなく、中にはリサイクルできないものもある。言い換えれば、カフェポッドの機能的な強みは、環境面での弱点と誠実さの不足によって帳消しにされる（個人的には、従来の方法でエスプレッソを作るほうが楽しいので、喜んでポッドが提供する信頼性を捨てて、グラウンドコーヒーのそそる香りと、待ち時間のワクワク感をとる）。

また、世界で最も有名な椅子のデザインメリットの是非を問い直したほうがいい。世の中で最も多く目にされ、使われている椅子がある。それは、歴史的に重要なデザイナーによるものでも、オークションの人気スターデザイナーによるものでもなく、一九八〇年代から製造されている重さ二キロ半のポリプロピレンの単一成形品で「モノブロック」として知られるプラスチック製の安価な椅子だ。[※36] いくつ作られたかは誰も知らないが、一度それとわかれば、そこかしこで見かけるようになる。駐車場や工事現場の隅に置かれ、台風やハリケーンなどの自然災害の残骸に混じって浮き、イラクのアブグレイブなどの軍事刑務所であったとされる残虐行為や、テロ組織か退陣させられた独裁者の逮捕などのニュース映像の背景に現れる。

外観はけっして魅力的ではないが、モノブロックには、デザイン上いくつかの長所がある。安価であるだけでなく、コンパクトで持ち運びでき、重ねられ、防水性で簡単に汚れを拭き取れる。つまり、責任あるデザイナーが称賛する機能的な特徴の多くを誇るが、同時に、環境面では深刻な欠陥を持ち合わせている。ポリプロピレンは壊れたら直すことができない。その上、生分解性ではないため、今後数十年にわたり、埋立地は不要になったモノブロックの残骸で埋め尽くされる運命にある。エスプレッソ用カフェポッドと同じ理由で、モノブロックをよいデザインと見なすことはもはやできない。

環境や倫理に関する怪しげな主張がなされたときにも、デザインの誠実さは失われる。たとえば、ロンドンのスーパーマーケットで売られているバナナのパッケージに誇らしげに書かれた「オーガニックパッケージ」の文字。[※37] 再生材や再生可能な材料かどうか以前に、なぜバナナのために材料を無駄使いするのだろうか。バナナの皮はそれ自体が完璧な天然のパッケージだ。果実を保護し、食べたいときに簡単に除去でき、食べた後は短時間で安全に分解する。無駄に包装することはばかげた行為だが、「オーガニック」を謳って得点を稼ごうとするのは不正直な行為だ。

過剰包装のバナナも、エスプレッソ用カフェポッドも、修理不能・再生不能のモノブロックチェアも、環境の問題としては単純明快だ。しかし、デザインプロジェクトのほとんどは、その生態学的、倫理的影響を評価することが難しい。それは多くの問題をはらみ、意見が対立しているからだ。一人の人間の確信――または許容できる妥協の範囲――はしばしば相手側の論点だったりする。たとえばトヨタのプリウスは、ガソリンエンジンと電池の両方によって駆動する初の量産ハイブリッド車だ。[※38] 他のほとんどの車よりガソリンの消費が少なく、それがセールスポイントになっている。プリウスに乗ることで罪悪感が消えただけでなく、環境に配慮した責任ある選択をしたという確信で高尚な気分になる人もいれば、それに反論する人もいる。もっと省エネな車があるのにハイブリッド車を選んだといって、プリウスのドライバの無責任さを批判する。また、プリウスのバッテリーとそれに使われる材料の環境への影響については昔から議論されている。プリウスに乗ることに罪悪感を感じるべきか。それは質問する相手によって答えが変わってくる。

デザインの使われ方や、その文脈の誠実さの問題もある。ここでも、それがその点以外では申し分のない製品の汚点になる可能性があり、まさに二〇世紀デザインの二つの象徴的な椅子、「Egg」と「シリーズ7」が辿った運命だった。[※39] その二つの椅子は、もともとデンマークの建築家、アルネ・ヤコブセンが、一九五〇年代に彼の設計したコペンハーゲンのSASロイヤルホテルの家具としてデザインしたものだったが、その後、デンマークの家具メーカー、フリッツ・ハンセンにライセンス供与され生産された。どちらの椅子もインテリジェントデザインの優れた例だ。その曲線美は、ル・コルビュジエやミース・ファン・デル・ローエのスタイルを和らげたものとしてヤコブセンが支持した有機的モダニズムの北欧スタイルの典型だった。彼の椅子は、それまで見たことがないという意味で十分に印象的だったが、突出するほど奇をてらっていない。さりげないスタイルのおかげで驚くほど息が長い。一九五〇年代、七〇年代、九〇年代と、有機的に洗練されたそのスタイルが人気だった時代には未来的と評価された。何より、どちらの椅子も高級感はあるが高慢ではなく、堂々としていながら威圧的でない現代的なエレガンスを醸し出している。アルネ・ヤコブセンの名前を聞いたことがない人にも、一目で「よい」とわかるデザインだ。

数年前、フリッツ・ハンセンは、数千脚のEggとシリーズ7をマクドナルドに売ることに同意した。ヨーロッパ圏のファーストフード店の座席として使用するためだ。マクドナルドは、好みにうるさくなった顧客に対応してイメージアップを図ろうとしていた。それには説得力のある方法で店舗をもっと魅力的にする必要があった。その同社に、アルネ・ヤコブセンの非の打ち所のないデザインの椅子を導入すること以上に良い方策があっただろうか。正しいことをしたと主張することもできる。たとえビッグマックやフィレオフィッシュにがっつくためであっても、優れたデザインを体験する機会が多くの人に与えられるのはよいことだ、という考え方もできる。しかし、フリッツ・ハンセンにとってはリスキーな行為だ。二つの椅子はそれでも現代的な高級イメージを維持できるのか、それともロナルド・マクドナルドやマックマフィン、マックナゲットのイメージが付いて回るのか。

だが、マクドナルドはそこでやめなかった。本物のフリッツ・ハンセンの椅子を設置した後、元のデザインの著作権がすでに切れていたイギリスなどの国の店舗に、安価なレプリカを作って補充することにした。※40 マクドナルドはその後、ヤコブセンのデザインに「インスパイアされた」という新しい椅子を外注したが、それはまるで本物のパロディのようだった。フリッツ・ハンセンが二度とマクドナルドに商品を提供することはなかった。このような敵対的な方法でヤコブセンの椅子を利用したマクドナルドは、せっかく多額のお金をかけて手に入れたはずの価値をそれらから奪い、よいデザインの模範例を、デザインの誠実さが奪われる危険性を訴える訓話に変えてしまった。

1 Reyner Banham, 'H.M. Fashion House', *New Statesman*, 27 January 1961.

2 Fiona MacCarthy, *William Morris* (1994; London: Faber and Faber, 1995), p. 418.

3 William Morris, *Hopes and Fears for Art* (London: Longmans, Green and Co., 1919).

4 Edgar Kaufmann Jnr, *Good Design* (New York: Museum of Modern Art, 1950).「Good Design Awards（グッドデザイン賞）」は、カウフマンJr.によって創設された。カウフマンは、ニューヨーク近代美術館の最初の「Good Design」展をチャールズ・イームズ、レイ・イームズ、エーロ・サーリネン、ジョージ・ネルソンらのデザイナーとともに企画実行した。

5 Plato, *Early Socratic Dialogues* (1987; London: Penguin Classics, 2005). プラトン『ソクラテスの弁明・クリトン』（久保勉訳、岩波書店、１９６４年）など

6 C. J. Chivers, *The Gun: The AK-47 and the Evolution of War* (London: Allen Lane, 2010), p. 9.

7 同右 , pp. 143–200; Max Hastings, 'The Most Influential Weapon of Our Time', *New York Review of Books*, 10 February 2011, http://www.nybooks.com/articles/archives/2011/feb/10/most-influential-weapon-our-time/

8 原注６に同じ。Chivers, *The Gun*, pp. 313 and 335.

9 Donald Judd, 'It's Hard to Find a Good Lamp' (1993), http://www.juddfoundation.org/furniture/essay.htm. このエッセイは、もともと展示会カタログ『*Donald Judd Furniture*』(Rotterdam: Museum Boijmans van Beuningen, 1993) に掲載されていた。

10 'Doodle History', Doodle 4 Google, http://www.google.com/doodle4google/history.html

11 'Doodles', Google, http://www.google.com/doodles/finder/2012/All%20doodles

12 Jennifer Bass and Pat Kirkham, *Saul Bass: A Life in Film & Design* (London: Laurence King, 2011), pp. 9–11.

13 'Saul Bass Title Sequence – The Man with the Golden Arm (1955)、２０１０年９月１日にMovie Titlesによってユーチューブに投稿。http://www.youtube.com/watch?v=sS76whmt5Yc. *The Man with the Golden Arm* was directed by Otto Preminger and produced by Otto Preminger Films, Carlyle Productions.

14 'Vertigo Start Titles', VISUALPLUS 1 によって ２０１０年８月４日に投稿。 http://www.youtube.com/watch?v=5qtDCZP4WrQ. Vertigo was directed by Alfred Hitchcock and produced by Paramount Pictures, Alfred Hitchcock Productions (uncredited).

15 'Casino (1995)opening title', reklamtuning によって ２０１０年９月20日にユーチューブに投稿 , http://www.youtube.com/watch?v=HMva00IO0zA. *Casino* was directed by Martin Scorsese and produced by Universal Pictures, Syalis DA, Légende Entreprises,

De Fina-Cappa.

16 American Red Cross, http://www.redcross.org/

17 原注4に同じ。Kaufmann Jnr, *Good Design.*

18 最初のポストイットにあの黄色が選ばれた理由には2説ある。一つは、それがポストイットのメーカー、3Mの本社で色について議論していたときにあった紙の色だったというもの。もう一つは、3Mが当初の主要な購買者を法律事務所と想定しており、アメリカのリーガルパッド（法律用箋）と同じ色にすることにしたという説。

19 London 2012 Olympics, http://www.london2012.com/

20 ロンドン2012ロゴの初期バージョンも機能的に批判されていた。2007年にロゴが発表されると、テレビで動画版のロゴを見て発作をおこしたてんかん患者が数人いた。'Epilepsy Fears over 2012 Footage', BBC News, 5 June 2007, http://news.bbc.co.uk/1/hi/6724245.stm

21 'Alternative London 2012 Olympic Games Logo Video', Artealeeによって2007年6月12日に投稿。http://www.youtube.com/watch?v=EJSsRILZpRg

22 ヘルベチカは、スイスのミュンヘンシュタインにあったハース活字鋳造所でマックス・ミーディンガーとエドゥアルト・ホフマンがデザインした。1957年に発表以来、近代で最も影響力のある書体の一つになった。アリアルは、1982年にMonotype Typographyによって開発された。デザイン純粋主義者には癪に障るが、コンピュータではヘルベチカよりもアリアルを使う人のほうがはるかに多い。デザインの品質としては劣るが、最近までアリアルのほうが普及していたことによる。

23 Mark Simonson, 'How to Spot Arial', Mark Simonson Studio (February 2001), http://www.ms-studio.com/articlesarialsid.html

24 Mark Simonson, 'The Scourge of Arial', Mark Simonson Studio (February 2001)http://www.ms-studio.com/articles.html

25 *In Search of Wabi Sabi with Marcel Theroux*, Part 3, BBC4, first broadcast 16 March 2009, http://www.bbc.co.uk/programmes/b00kvr8m

26 コンスタンチン・グルチッチとのインタビュー、2006年8月。Alice Rawsthorn, 'Utility Man', *The New York Times Style Magazine*, 8 October 2006, http://www.nytimes.com/2006/10/08/style/ tmagazine/08tutility.html

27 Louise Schouwenberg (ed.), *Hella Jongerius: Misfit* (London, NewYork : Phaidon, 2010).

28 Naoto Fukasawa and Jasper Morrison, *Super Normal: Sensations of the Ordinary* (Baden, Switzerland: Lars Müller Publishers, 2007).

29 'Inventor of the Week Archive: Art Fry & Spencer Silver, Post-it® notes, MIT School of Engineering, http://web.mit.edu/invent/iow/frysilver.html

30 マシュー・カーターへのインタビュー、２００６年６月。Alice Rawsthorn, 'Quirky Serifs Aside, Georgia Fonts Win on Web', *International Herald Tribune*, 10 July 2006, http://www.nytimes.com/2006/07/09/style/09iht-dlede10.2150992.html

31 Robert Grudin, *Design and Truth* (New Haven, Conn.: Yale University Press, 2010),p.8.

32 原注６に同じ。Chivers, *The Gun*, pp. 25–6.

33 Raffi Khatchadourian, '*The Gulf* War: Were There Any Heroes in the BP Oil Disaster?', *New Yorker*, 14 March 2008, pp. 36–59.

34 Flos, http://www.flos.com/int-en-Home

35 原注31に同じ。Grudin, *Design and Truth*, pp. 15–17.

36 Arnd Friedrichs and Kerstin Finger (eds), *The Infamous Chair: 220°C Virus Monobloc* (Berlin: Gestalten, 2010).

37 バナナの生分解性パッケージは、アーキテクチャー・フォー・ヒューマニティの共同主宰者、キャメロン・シンクレアが２０１０年１月にスイスのダボスで開かれた世界経済フォーラムの年次総会で「サステナビリティーのためのデザイン」が議論されていたとき、サステナブルを試みたが失敗したデザインプロジェクトの例として取り上げた。Alice Rawsthorn, 'Debating Sustainability', *International Herald Tribune*, 31 January 2010, http://www.nytimes.com/2010/02/01/arts/01iht-design1.html

38 トヨタのプリウスは、１９９７年に日本で、２００１年に世界各国で発売された。'History of Toyota Prius', Nunofos によって２００９年１０月３０日に投稿。http://www.youtube.com/watch?v=NCtGshT0OpA

39 シリーズ7は１９５５年、Eggチェアは１９５８年にアルネ・ヤコブソンによってデザインされた。Charlotte and Peter Fiell, *1000 Chairs* (Cologne: Taschen, 2000), pp. 345–6. シャーロット&ピーター・フィール『１０００チェア』（タッシェンジャパン、２００１年）

40 Jumana Farouky and Julian Isherwood, 'A Seating Problem at McDonald's', *Time*, 11 October 2007, http://www.time.com/time/business/article/0,8599,1670431,00.html

4

よいデザインが大事な理由

> 4. Why good design matters

よいデザインが大事な理由

事故、災害、危機。システムに不具合が生じると、人はデザインが持つ驚くべき力、影響力、効力をいっとき意識する。事故は、現実の生活に、実際に起きていることに、そして根底にあるシステムのデザインにいかに依存しているかを人に気づかせる瞬間だ。

——ブルース・マウ、Institute Without Boundaries[※1]

二〇〇三年二月二八日、警報が発令された。ハノイのフランス病院が異常に侵襲性の高いインフルエンザ様のウイルスが確認された患者について、世界保健機関（ＷＨＯ）の現地事務所に通知したのだ。その患者はジョニー・チェン、上海在住のアメリカ人ビジネスマンだ。二日前に香港からハノイに到着すると同時に搬送されたその小さな個人病院は、その奇妙な病気が鳥インフルエンザの一種ではないかと疑った。ＷＨＯは、調査のため、感染症の専門家であるカルロ・ウルバニ医師を派遣した。ウルバニは心配のあまり数日間病院に寝泊まりし、スタッフの支援、感染対策、チェンの状態の記録に当たった。

ウルバニの勧告に基づき、三月九日、ベトナム政府はフランス病院を隔離し、病気を封じ込めるための緊急対策を必死に講じた。そしてWHOは、重症急性呼吸器症候群、略してSARSの発生を知らせる世界規模の警報を発令した。SARS——その前年の秋に中国で発生し、恐るべき速度でアジア全域に広がっていた侵攻性で伝染性の高い、しばしば死に至る病気である。チェンの死から数週間以内に三七カ国で検出され、わかっているだけでも死者は一〇〇〇人近くにのぼった。その中にはチェンの処置に当たったウルバニ医師と医療チームも含まれる。[※2]

SARS厳戒体制の中、あるアメリカ企業のシニアデザイナーが新製品の試作の最終段階に立ち会うため、下請工場のある中国に飛ぶことが予定されていた。彼はそうした訪問を年に数回行ない、一、二週間滞在するのが常だった。長年の研究開発の成果であるその新製品は大ヒットが目されており、同社の財務予測もそれに応じて設定されていたため、今回の訪問はとくに重要であった。だが問題があった。アメリカも各国同様、SARS感染を恐れて国民にアジア旅行を控えるよう勧告していた。同社の保険会社は、デザイナーや同行者の補償を拒否し、他の保険会社にも引き受け手はなかった。彼が中国に渡り、デザインプロセスを完了させないと、新製品の完成が間に合わないが、いつになればSARS警報が解除されるのか見当もつかない。感染の拡大を阻止し、パンデミックを防ぐためにどれだけの時間がかかるのか、あるいはそれが可能なのかさえ誰にもわからなかった。

どうしてもそのプロジェクトを日程どおりに終わらせたかった同社は、飛行機をチャーターして、デザイナーが生活と仕事をするための自宅兼デザインスタジオに仕立てた。飛行機はデザイナーを乗せて中国に飛び、工場に最も近い空港の滑走路に「駐車」した。試作品、構成部品、ツール、試験機、その他必要なものを運び込むための管理体制が敷かれた。それらは、機内の人間に感染の危険がないよう、外科用の密封容器に入れて届けられた。デザイナーは新製品を評価し、テレビ会議ソフトを使って工場の試作チームと気になった点を話し合い、修正案を伝えた。彼は一歩も外に出ないまま一〇日間機内にとどまり、帰国した。

彼はなぜそこまでしたのだろうか。プロとしての誇り、会社への忠誠心、あるいは自分の職業人生の数年間をその開発に捧げたプロジェクトを予定どおりに完了させたいという意志、それとも単なる意地だろうか。一〇日もの間、世間から切り離され、飛行機の中という安全ではあるがとても快適とは言えない環境に身を置く決意を促したのは、そのどれかかもしれないし、全部かもしれない。一方、彼の雇用主がなぜそれほどの労力と費用をかけてまで新製品のデザインを確実に満足のできるレベルに到達させ、期限に間に合わせる必要があったかを理解するのは簡単だ。カネである。デザインプロジェクトを予定どおりに終えれば儲けが大きく、その反対なら儲けが大きく減ってしまうからだ。

カネ。よいデザインが大事な理由としては、夢も希望もないかもしれないが、説得力のある理由ではあり、歴史的にもずっとそうだった。だが、デザインが大事な理由は他にもたくさんある。そのユビキティ(遍在性)からいって当然だ。生活のあまりに多くの場面であまりに大きな力を発揮しているデザインの良し悪しいかんで、人は幸福や成功を謳歌できることもあれば、不幸や失敗やもっと悪い目に遭わされることもありうる。

デザイン史を研究するジョン・ヘスケットは、かつてどちらも「人間であることを定義するもの」として、デザインを言語になぞらえている。[※3] 言語と同じように、デザインは避けようのないものであり、デザインとの関係——自分に伝えられたことを理解し、自分の考えや感情、欲求を表現できる度合い——は、人がどのように世界とかかわり、世界が人とかかわるかを決定づける上で計り知れない影響がある。デザインと健康との間にも同じような類似点がある。それについてどれだけ深く考えるか考えないかにかかわらず、健康状態の良し悪しは、人の生活の質を大きく左右する。健康であれば活力が沸き、成長もできるが、不健康は、衰弱、苦痛、ときには命取りになることもある。丈夫な体と優秀な遺伝子に恵まれた人も、人生のある時点で何かしら体を悪くしてしまうことがある。この運命を逃れることのできる人は少ないが、潜在的な問題に早く気づき、食べる物を選び、運動するなどの予防措置を取り、適切な治療を選択するなど、受けるダメージを軽くするためにできることはたくさんある。デザインにもまったく同じことがいえる。

よいデザインが個人に与える影響について考えてみよう。エイミー・マリンズは、アメリカの女優、モデル、アスリートであり、一九九六年ジョージア州アトランタで開催されたパラリンピックでは、一〇〇メートル、二〇〇メートル、走り幅跳びの三種目で世界記録を更新した。[※4] 生まれつき両脚の腓骨欠損のため、一歳の誕生日に両脚の膝下を切断した。下肢を残した場合、残りの人生を車椅子で過ごさなければならないが、切断すれば義足で歩けるようになると両親は宣告された。問題は、マリンズのように一九七〇年代後半から

シリコン製の義足を履いたエイミー・マリンズ

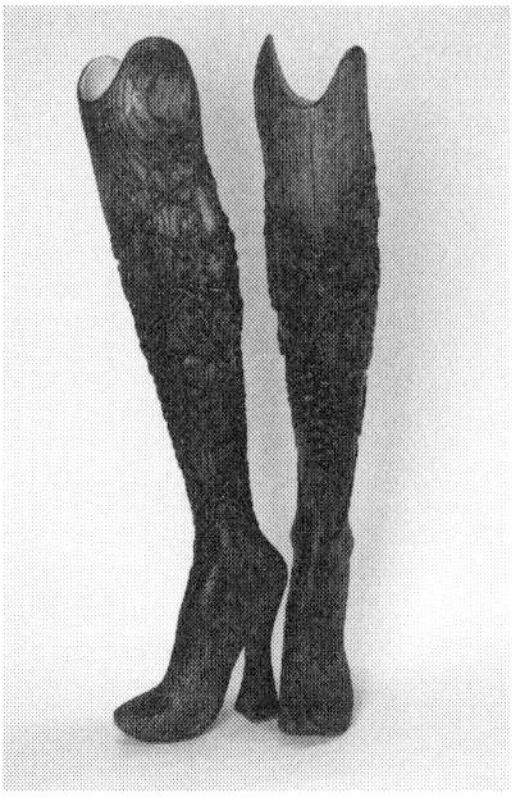

エイミー・マリンズが1999年にアレキサンダー・マックイーンのファッションショーで履いた木製の義足

マシュー・バーニー監督の2002年作品『クレマスター3』で幻想的な義足を装着したエイミー・マリンズ

八〇年代にアメリカで育った人には、その何十年も前から変わらない、恐ろしく粗末なデザインの義肢しかなかったことだ。

「最初の頃に使っていた義足は、竹馬に毛が生えたようなものでした」と彼女は振り返る。「木材・プラスチック複合材でできていて、膝の両側に鋲があり、ゴム製の足が金属ボルトで脛（すね）に留めてありました。弾力性がなく、歩くときに残肢の数箇所だけに全体重がかかり、そのせいでよく水ぶくれができました」。義足を太ももに留めるためのレザーストラップも同じように苦痛だった。

「死ぬほどきつく縛らないといけないので、うっ血するんです。その結果、残肢は、ほとんど感覚がないところとすごく敏感なところができました。脚を切断した人で車椅子を選ぶ人が多いのは、この最初の痛みのひどさに適応できないからです[※5]」。

ペンシルベニア州の小さな工業都市アレンタウンで育ったマリンズのような、スポーツ好きで外向的な子どもには、当時の義足は絶望的なほど向いていなかった。ボールを蹴ったり、飛び込み台の上でこすれたりすると、「つま先」が壊れやすく、義足をつけての水泳も、木材が腐敗したりボルトが錆びるため厳禁だった[※6]。「でも子どもでしたから、七月の暑い日に水に入らない法はありません」。やがてポリプロピレン製の防水の義足を与えられたが、浮力がありすぎて、水に飛び込むや水面へ押し戻されたため、父親が足首に穴を空けてくれた。「どの義足も必ず父の作業場に持ち込まれて、何かしら切ったり刻んだりされました」。最悪だったのは、木が割れたときだった。「ゲーム中にすねにボールが当たったんです。もちろんそのときは痛くなかったし、ほんのわずかなひびが入ったことに誰も気づかなかったんです。半年後、音楽の授業で動き回っていたんです。ツイストを踊っていたんですね。すると恐ろしい破裂音がして、子どもたちは泣き叫ぶし、先生はピアノの前で失神。私はただ両親に死ぬほど怒られる、と思いました。義足に保険を使うのは、本当に大変なことでしたから」。

一六歳のとき、マリンズの義足は木材から織炭素繊維に変わった。とりあえず痛みが減り、動きやすくなった。「初めてつけたときは、まるで雲の上を歩いているようでした。木の義足がどれほど試練だったか初めて気づいたんです。何しろそれまでそれしか知らなかったんですから」[※7]。新しい義足になり、まったく痛みがなくなったわけでも、苦労がなかったわけでもない。それに見た目がひどかった。「いわゆる外装は、気味の悪い高密度発泡ウレタンでできていました。男女兼用で『白人用』と『それ以外』の二色から選べました。『白人用』は、見たこともないようなおぞましい桃色。一〇歳を過ぎて初めて自分以外の下肢切断者に会いましたが、自分とその人たちが同類だという認識はなかったです。髪が同じブロンド、という程度の感覚です。自分が人と違うことはわかっていましたが、他の人にだって人と違うところがありましたから。私が義足をつけるのは、友だちがコンタクトレンズを入れるのと何ら変わりないと思っていました。でも、ロンドンのマダム・タッソー蝋人形館でスーパーモデルのジェリー・ホールの人形を見たとき、『人形のためにこれだけ皮膚に腱や筋肉の感触を表現し、色や形を正確に再現できるなら、人間のためにもっとまともな義足を作ってくれればいいのに』と思ったことを覚えています」[※8]。

高校時代、スポーツで活躍したマリンズは、ワシントン州ジョージタウン大学に入ると、さまざまな陸上競技大会に出場し、下肢切断者として初めて全米大学競技で戦った。彼女が実験的なデザインの義足を試し始めたのもこの頃だった。まず一九九五年には、今ではアスリートの義足の標準仕様となっている、チーターの後肢をモデルにした炭素繊維織物製のスプリント用義足を彼女が初めて装着した。マリンズは、それをつけて一九九六年のパラリンピックに出場した。「すばらしい義足でした。でも競技場を出れば、またあの気持ち悪い発泡ウレタンに覆われた義足に戻るんです。あの義足はヒールのない整形外科用矯正靴を履く前提で作られたものですが、構わず三センチのヒールを履くんです。ティーンエイジャーでしたから、少し前につんのめる感じで腰や膝に負担がかかっても我慢しました。かっこ良く見せたかったんです。誰かに言われたことがあります。『見た目を気にするなんてみじめだ。下肢切断者であることを受け入れなさい』って。『受け入れる』という言葉はすごくショックでした。義足に機能以上のものを求めることを恥ずかしがったり、恥じたりするつもりなどありませんでしたから」。

それ以来マリンズは、義肢装具士、バイオメカトロニクス（生態機械工学）エンジニア、アスリート、アーティストやデザイナーとともに、自分が欲しいと思う義足を協力して開発し、義足のデザイン的な欠陥を克服するために努力してきた。今では一四足の義足を持ち、そのうち九足を定期的に使用している。ニューヨークの自宅で日常的に使用するのは、実用的で快適な炭素繊維織物製の「衝撃吸収」義足だ。「それで公園を走ったり、フードマーケットへ出かけたりすると、子どもたちが寄ってきて聞くんです、『空は飛べる？』『そこのところにロケットブースターをつけたら？』って」[※9]。

人間の脚そっくりに見えるように作られた義足もある。一九九七年以来、マリンズは、イギリス南部のドーセット整形外科で義肢装具士、ボブ・ワッツが彼女のために作ってくれるシリコーンの義足を使っている[※10]。見た目は驚くほど本物そっくりで、彼女の好きな長さや形に作られ、靴のかかとの高さに合わせて足が傾斜している。一番高いヒールは一〇センチある。できるだけリアルに見せるために、ワッツはシリコーンの「肉」に静脈やあざなどの小さな欠陥を加えているが、新しい義足を老化させるために、静脈を追加しようとしたとき、マリンズは一線を引いた。「だめだめ！ そんなことしないでって言ったんです」[※11]。

空想的な義足も開発している。ファッションデザイナー、アレキサンダー・マックイーンにファッションショーのモデルを頼まれたときは、明らかに人造物だとわかる装飾的な木製の義足を共同でデザインし、職人がトネリコを彫って完成させた[※12]。芸術家のマシュー・バーニーとともに、彼の映画『クレマスター3』の彼女の役のために、超現実的な義足をいくつか考案した。透明なガラスの義足や、チーターのすらっとした毛皮の後肢のレプリカは、マリンズを神秘的な生き物に変身させた[※13]。「人間らしく見える義足が人間らしく見えない義足よりも望ましいという考えは持たないでほしいんです。下肢切断者が一定の基準を満たさないといけないような気持ちにさせられるのは逆行することだと思うんです。私は自分のカーボン製の義足が結構気に入っていて、美的な選択肢としても望ましいものだと思います。他の人にも、多様な美的選択肢の中から自分で選択することで、自信を持ってほしい。ソファやiPadにもたくさんの選択肢があるのだから、義足のような身近なものにも同じくらい選択肢があってもいいはずです」。

マリンズは、当初のひどいデザインの義足によって制約を与えられるリスクよりも、むしろ自分のありのままの美しさ、スポーツへの情熱、演劇性を高めることのできる義足を作ってもらうことによって、より速い、強い、背の高い、そして風変わりな自分になることを選んだ。ある晩、彼女が持っている中で一番長くてエレガントな義足に一番高いハイヒールを合わせてニューヨークのパーティーに登場した彼女を見るや、友人が大真面目に言った。「エイミー、そんなのずるいわ！」[※14]。

今後、技術が進歩するにつれて、ますます機能的で多用途で魅力的な義足ができることをマリンズは期待している。革新が期待される重要な箇所は関節部であり、マサチューセッツ工科大学のバイオメカトロニクスグループの責任者で、アメリカ人エンジニアのヒュー・ハーが率いる研究チームは、生物の足首の動きを真似た電動式の義足を初めて開発した。[※15] マリンズの最初の電動式義足はハーが作っている。「おかげで膝や腰への衝撃を我慢しなくてよくなり、前以上に筋肉系の働きがよくなりました」[※16]。

マリンズ同様、ハーも両脚を切断している。熱心な登山家であるハーは、一〇代の頃に登山事故で両脚の膝から下を失った。友人とともにニューハンプシャーの氷に覆われた渓谷で猛吹雪に遭い、身動きが取れなくなった。彼もまた、不満足な義足で苦労し、バイオメカトロニクス分野での研究成果をより機能的な義肢のデザインに活かしてきた。電動式の足首の義足を開発する前に、膝で同じようなブレイクスルーを実現しただけでなく、自分専用の義足も開発している。事故後、ハーは再び山に登ることだけでなく、フリークライミングの競技会に参加し続けることを決意し、それを実践するための特殊な義足をデザインし製作した。

フリークライマーは、ロープやハーネスなどの保護具を使わないため、登山者の安全が本人の体力や俊敏性、登山能力、不屈の精神に完全に依存する、非常に危険で、原理上両下肢切断者には不利なスポーツだ。事故以前、熟達したフリークライマーだったハーは、自分の生まれ持った優れた能力を増大させる新しい義足をデザインした。その特殊な義足は、次の高さまで体を引き上げたり下ろしたりするために必要な長さに正確に伸縮させることができる。脚の長さは、必要に応じて片方ずつ変えることができる。もう一つの利点は、義足の先端が人間の足よりもはるかに小さいため、普通なら足が掛からないような狭いくぼみや割れ目にも、足場を確保することができることだ。この登山用の義足があまりによく出来すぎているため、事故後、彼に同情的だった仲間のフリークライマーの中には、一転して「不公平な優位性」を理由に、ハーの競技参加の禁止を主張した人もいる。[※17]

その工夫に富んだ義足は、個人にとって――この場合、意志が固く、臨機の才と想像力に溢れ、自力で事に当たろうとする人々にとって――よいデザインがいかに大事かを教えてくれる説得力のある事例だ。自らの生活に欠かすことのできない構成部品、つまり歩き、走り、泳ぎ、飛び、踊り、山を登るために必要な義足が持っていたデザイン的な欠陥を見出したエイミー・マリンズとヒュー・ハーは、それに優る代替手段を得るために必要な行動を取った。何百万という人々が、世界中の義肢のデザインの底上げに貢献してきた二人の努力の恩恵を受けている。その業績には勇気と、逆境から立ち直る力が必要だったが、少なくとも二人には問題の原因を特定できたという利点があった。つまり、元の義足のデザイン的な欠点だ。デザインは、知らず知らずのうちに人々の生活に影響をもたらしていることのほうがはるかに多い。そのため、デザイン不良によって引き起こされた問題に対処することが余計に難しくなるのだ。

サッカーのワールドカップを例に取ろう。観戦者数の多さによって世界で最も人気のあるスポーツイベントであり、感情に及ぼす影響は計り知れない。喜びや高揚感、落胆、怒りその他過激な感情は、恋に落ちたり、仕事でヘマをしたときのような幾分かしこまった状況では表に出さないのに、なぜ人はサッカーの試合ではおおっぴらにしてもよいと感じるのか、その理由を心理学者が説明している本がたくさん出ているくらいだ。ワールドカップ中にそうした過激な感情が高まるのは、国の威信がかかっているからであり、昔ながらの忠義が試され、新しい形の忠誠が生まれるからだ。

ワールドカップをはじめ、あらゆるスポーツイベントの基本は、フェアプレーの重視だ。かかっているものの大きさ故に、すべてのチームが等しく勝利するチャンスを与えられ、どのプレイヤーも等しく扱われることが不可欠だ。この原則を守るための手段は、おもに大会のルールと審判の采配だが、大会を構成する諸々の要素のデザインも関係してくる。たとえば、ワールドカップごとに開発される公式ボール。チューリッヒに本拠を置く大会の主催団体、国際サッカー連盟（ＦＩＦＡ）は、四年ごとにドイツの会社アディダスに新しいボールの開発を委託している。多額の費用を支払ってオフィシャルサプライヤーの権利を得ているアディダスは、新しく開発したボールを何億人もがテレビで見、その多くが買ってくれることを知っているのだ。

ワールドカップの公式ボールは、フェアプレーのために、いつどこで蹴られても、コンディションに関係なく、まったく同じようにふるまうことが要求され、特定のチームに不当に有利に働くことがあってはならない。では、いったいどんなまちがいが起こりうるのだろうか。丸い物体を特定の大きさや形状にデザインすることがどれほど難しいことなのだろうか。サッカーボールは、表面が滑らかでまん丸なほど、選手のキックどおりに反応しやすいことをデザイナーは知っている。また、重量が変動しないように、試合中にできるだけ水分を吸収させないようにすることもわかっている。しかし、どんなボールをデザインするかを考えるのは簡単なほうだ。それを製造することのほうが難しい。球体の複雑な物理的特性は、航空機やＦ１レーシングカーの空気力学よりも解明されていないからだ。[※18]

何十年もの間、ワールドカップの公式ボールを含むほとんどのプロ用サッカーボールは、一九世紀後半の原型デザインに従い、一八枚の革製パネルを縫い合わせて作られてきた。一九六六年にイギリスで開催されたワールドカップでは、テレビ視聴者が増えるにつれ、白黒テレビではボールがはっきり見えず、試合の流れを追えないと訴える人が続出した。これをきっかけに、ＦＩＦＡはテレビ向きのボールのデザインをアディダスに求めた。そうして作られたのが、黒い五角形のパネル一二枚と白い六角形のパネル二〇枚から成るテルスターだ。一九七〇年のメキシコ大会で初めて使用されると、テレビではっきり見えると好評を博し、以来サッカーボールのデフォルトデザインになっている。テルスターは、デザインの力、つまりデザインには実際的な問題を解決し、幸福感を増大させることによって人々の生活を向上させる力のあることを示す、称賛すべき事例の一つだ。ワールドカップの試合の流れをはっきりと追うことができるようになった世界中の何百万人ものサッカーファンに大きな喜びを与え（少なくとも自分のチームが勝ったとき）、その友人や家族がテレビのお粗末な画質のせいで怒りと文句を浴びせられるリスクを取り除いたのだ。

アディダスは、四年ごとにワールドカップの公式ボールを開発し続けているが、結果は成否入り交じっている。一九八二年スペイン大会のタンゴ・エスパーニャは大失敗だった。ボールが蹴られると、継ぎ目に嵌めこまれたラバーが擦れて剥がれたため、途中でボールを交換しなければならない試合がいくつもあり、そのたびにプレイの流れが中断され、選手、監督、大会関係者、スタジアムの観客、テレビの視聴者全員を苛立たせた。その一方、一九九四年アメリカ大会のクエストラはすばらしかった。新開発のポリウレタンフォームコーティングによって飛行スピードを増し、得点しやすいボールだったことはほぼまちがいない。[※19] 二〇〇六年ドイツ大会のチームガイストも同様の効果を持っていた。一四枚のパネルを伝統的な手縫いではなく、熱技術によって接着し、凹凸が少なく耐水性に優れたサーフェスを実現した。長距離から強く蹴ることができたため、ストライカーに好評だった。開幕戦でドイツがコスタリカと戦ったとき、ドイツのミッドフィールダー、トルステン・フリンクスが三二メートルのロングシュートを放ち、見事なゴールを決めた。最初はまっすぐ飛び、最後の一〇メートルで右に鋭く曲がった。[※20] しかし、ゴールキーパーは、このダイナミックな新ボールをあまり歓迎しなかった。不満の一つは、その滑らかさゆえにボールが不規則に動くこと。もう一つは、ボールが軽すぎて、よく手から滑り落ちることだ。それでもクエストラ同様、チームガイストがワールドカップのゲームをよりスピーディーで刺激的なものにしたことは確かだ。[※21]

タンゴ・エスパーニャ、クエストラ、チームガイストのデザインはまちがいなくそれぞれのワールドカップに影響を与えたが、必ずしもフェアプレーの原則を損なうものではなかった。ボールの特異性は、個々の選手を同等に有利または不利にしたからだ。二〇一〇年の南アフリカ大会の公式ボール、ジャブラニは、それ以上に大きな物議を醸した。大会が始まるや否や、ゴールキーパーからボールが不規則に曲がり、滑り、回転するという苦情が出始めた。問題はボール自体ではなく、試合が行なわれた南アフリカの都市、とりわけヨハネスブルグとケープタウンの間の著しい高度と気圧の差に対するボールの反応にあった。後者よりも高い高度にある前者では、ボールは曲がりにくく、より高く飛ぶ傾向があった。

もう一つの異常は、標準的なゴールシュートのボール位置が、両都市の間で最大ボール二個分変わる場合があり、ゴールキーパーはボールの飛行経路を予測しにくかった。連続した試合のために場所を移動する場合はとくに顕著だった。その場合には、ゴールキーパーがボールの着地点を推測できる確率が格段に下がった。[※22]これは理論的には、試合と試合の間に高度が変わったチームは、それがなかったチームよりも大幅に不利な立場にあり、そのような変化の影響を受けにくいボールを作らなかったことはフェアプレーを侵害したことになる。

ワールドカップの公式ボールの幸運と不運は、人々が気づかないうちにいかにデザインの影響を受けているか（この場合、何百万もの人々が情熱を傾けるイベントの結果を歪める可能性）だけでなく、いかに成功したデザインよりも失敗したデザインに気づきやすいかも示している。クエストラのスピードやチームガイストのパワーのおかげで増えた得点のチャンスをボールの手柄だと認めたストライカーが何人いただろうか。一人もいない。それに比べ、ゴールキーパーたちは、チームガイストが滑りやすく、ジャブラニが不安定だとすかさず文句を言った。そのゴールキーパーたちが、キャッチに失敗してボールを落としたのかもしれないとか、勝利を収めた得点者がボールの癖のおかげでゴールが決められたと認めるだろう、などというつまらない考えは捨てよう。

スポーツスタジアムやテレビの向こうで起こっていることではなく、直接的にデザインの影響を受ける場合にも、同じ原則が当てはまる。デザインの偉業の多くは気付かれない。あまりに出来がよいと意識されず、人は自分で問題を解決したり、何らかの進歩を遂げたと自分自身を祝福する。デザインの最も重要な機能の一つは、人の行動を統制することだ。正しい方向に導いたり、不可解なデジタル機器を操作できるようにしたり、危険から身を守ったりする。最終成果物のデザインがよい場合、その使い勝手は複雑性が排除され、直感的であるため、それについて考える必要がないのだ。

たとえばチューリッヒ空港。昔からこの空港ではまったく道に迷わないことや、落ち着いた雰囲気があることに驚かされていた。そもそも空港はそうあるべきだが、実際には珍しい。これは建築がそうさせているのではない。ガラスと鋼鉄でできた建物は、よくある空港のそれだ。ロケーションも特段変わっていない。すべては空港の案内表示の成せる業だったのだ。

その案内表示は、特別スタイリッシュなわけでも目立つわけでもないが、つねに見つけやすく、理解しやすかった。文字や数字には、鮮明な書体が使われ、喫茶店を表すナイフ、フォーク、スプーンなど、図記号は白地に黒で瞬時に認識できた。案内表示が猛吹雪のごとく目に飛び込んでくるロンドンのヒースロー空港やニューヨークのJFKといった他の国際空港と違い、チューリッヒ空港のターミナルビルには案内表示はそれほど多くないのに、行き先を確認したいときにいつもそこに現れるように感じた。

その案内表示は、ルエディ・リュエックという一人のスイス人グラフィックデザイナーが四〇年近くかけて作り上げたものだ。※23 チューリッヒのオペラハウスや近くのバーゼル空港の案内表示もデザインしたが、彼の傑作は何といってもチューリッヒ空港だ。※24 リュエックは、新しい技術や空港のレイアウト変更に合わせて案内表示を定期的に更新したが、色や記号や書体は変えなかった。リュエックが一九七二年に作った原型があまりによく考えられていたため、変える必要がなく、あっても微調整で済んだのだ。

私は、リュエックのデザインシステムに巧みに導かれ、いつも心地よさを感じていた。そう感じたのはきっと私だけではないだろう。だが、賢く考え抜かれ、絶妙に配置された案内表示に気づく人がどれだけいるだろうか。ほとんどいないにちがいない。それでもこのようなデザイン例は、よいデザインが持つ価値と、人々の生活をよい方向に向かせるその能力を示す輝かしい証拠だ。リュエックの案内表示のおかげで、人は曲がるべき角を通り過ぎたり、まちがった方向に延々と歩き続けたり、もっと悪い場合には飛行機の時間に間に合わなかったりしたときの怒りやイライラを感じずに済んでいる。しかし人は、ミスを防いでくれるものの価値にはなかなか気づかないものだ。そうしたもののデザインに不備があったときに初めて人はその重要性に気づく。

空港のサインデザインのせいで道に迷いそうになったり、判読できない時刻表のおかげで列車を逃したり、紛らわしい道路標識が読み取れずに曲がる場所をまちがえたり、レイアウトがごちゃごちゃしていて、何をどの欄に記入するのかがわからず、書き損じた用紙を捨て、また最初から書き直したり、コンピュータで何かしようと思っていたのに、どれだけキーを押してもやり方がわからず諦めたり。そんな経験を幾度したことか。悪いデザインがいかに有害かを実証することで、人がいかによいデザインに依存しているかを思い知らされる。標識や時刻表や書式がわかりやすかったら、コンピュータの操作が簡単だったら、そのことに気づいただろうか。もしそうだったとしても、求められた機能を問題なく果たしたというだけで、優れたデザインとして際立つことはないだろう。だが、悪いデザインは避けようがない。たとえ問題の原因が取るに足らないと思われる場合であっても、深刻な影響を及ぼす場合があるからだ。

二〇〇〇年、フロリダ州パームビーチ郡の米国大統領選挙の投票用紙に、取るに足らないと思われたデザインミスが見つかったときがまさにそうだった。[※25] 二〇〇〇年一一月七日、地元有権者は自分の投票所に出向くと、大統領候補一〇名全員の名前が書かれたパンチ式の投票用紙を手渡された。その中には、民主党のアル・ゴア副大統領と、共和党のジョージ・W・ブッシュの最有力候補も入っている。用紙を機械に挿入し、自分が選んだ候補者の名前の横の四角いミシン目の中にパンチ穴を開ける仕組みだ。正しく事が運べば、該当する候補者名の隣が小さな四角状に抜かれ、その形の紙くず（「チャド」と呼ばれる）が取り除かれる。ところが選挙当日、そのとおりにはならなかった。

その障害となったのは、一つには、パームビーチ郡の投票機の中に故障しているものがあり、チャドが完全に除去されなかったことだ。穴の空き方が不完全だったり、まったく空かなかった場合は、票を数える選別機によって無効票と見なされる可能性が高かった。この問題は、機械の故障によるものだったが、もう一つの問題は、投票用紙のデザインに関係する。選挙の準備段階で、パームビーチ郡の選管責任者だったテレサ・ルポアは、フロリダ州の他の郡やアメリカ各地の多くの郡のやり方に従い、一〇人分の候補者名をすべて一つのページに記載した場合、文字が小さくなりすぎて高齢の有権者が読めなくなることを心配した。投票用紙のデザインに対してよくある苦情の一つだ。ルポアは解決策として、「バタフライバロット（蝶型投票用紙）」と呼ばれる、見開きの両サイドに候補者名を分けて記載することにより、読みやすい大きな文字で印刷できるようにした。

ルポアの対応は、誠意以外の何ものでもなかった。[※26] この変更を当初は他の委員やパームビーチ郡の有権者も賢明だと思ったことだろう。だが、投票日当日、大勢の民主党員が新しいレイアウトがわかりにくく、アル・ゴアに投票するつもりが超保守的な改革党候補、パトリック・J・ブキャナンの名前の横にパンチ穴を空けてしまったと不安を訴えた。そうなってしまったことは驚くには当たらない。投票用紙の左ページの二番目に記載されていたゴアの名前は、右ページに記載されていたブキャナンのほぼ真向かいに当たり、有権者がパンチすべき穴は、中央に隣同士に並んでいた。また、混乱して二カ所穴を空けてしまい、票を無効にしてしまったと主張する有権者もいた。[※27] つまるところ、まちがった候補者への投票分と、無効になった分とで、最終的な集計は歪められていたのだ。

公平性と民主主義を守るには、選挙結果ができる限り正確でなければならないことは言うまでもないが、二〇〇〇年の米国大統領選のように、全国的にもフロリダにおいても接戦である場合には、正確性がなおいっそう重要になる。開票の結果、あまりの接戦だったため、翌日再集計されることが発表された。フロリダ州法では、得票差が投票数の〇・五パーセント未満の場合は、再集計することが定められている。最初の集計では、ジョージ・W・ブッシュが投票数六〇〇万票のうちわずか一七八四票の差でアル・ゴアを上回っていた。再集計は、大統領選のような重要な選挙ではつねにドラマチックだが、今回はとくにそうであった。全国投票が大接戦だったため、最有力候補のうちフロリダを制したほうが大統領になることが決まっていたからだ。[※28]

再集計は手集計によって行なわれたため、少なくともパームビーチ郡の故障していた投票機が犯したミスは一部修正されたはずだ。だが、パット・ブキャナンのどの「支持者」が本当はアル・ゴアに投票するつもりだったのかや、無効票となった投票用紙のどの穴が正しいものだったのかを判断できたはずはない。パームビーチ郡の粗末なデザインの投票用紙のせいで、いったいいくつの票が意図しない候補者に入り、いくつの票が失われてしまったのか、正確に判断することは不可能だ。[※29]

わかっていることは、パームビーチ郡は民主党の牙城であるにもかかわらず、パット・ブキャナン（そのあまりに右翼的な政策に、ウィキペディアは彼を「超保守主義者」と呼んでいる）が三七〇四票という、フロリダ州の保守系を含む他郡での獲得票数の三倍もの票を獲得したこと。[※30] そして彼自身も彼のアドバイザーも無意味だと考えたのだろう、彼は一度もパームビーチ郡で遊説を行なっていなかった。民主党の現地当局は、紛らわしいデザインレイアウトのせいでブキャナンに奪われた三〇〇〇票で、アル・ゴアは十分すぎるほどジョージ・W・ブッシュを破り、大統領に就任できたはずだと主張した。

二〇〇〇年一一月七日、パームビーチ郡の有権者がフロリダ州の他のすべての郡と同じように一ページの投票用紙を与えられていたら、ジョージ・W・ブッシュではなく、アル・ゴアが第四三代アメリカ合衆国大統領になっていただろうか。その可能性はある。そしてアル・ゴアが勝っていたら、歴史は違っていただろうか。それはまちがいない。よいデザインとは、それほど大事なのだ。

1 Bruce Mau and the Institute Without Boundaries, *Massive Change* (London: Phaidon, 2004), p. 6.

2 Brigg Reilley, Michel Van Herp, Dan Sermand and Nicoletta Dentico, 'SARS and Carlo Urbani', *New England Journal of Medicine*, 15 May 2003, http://www.nejm.org/doi/full/10.1056/NEJMp030080; Elisabeth Rosenthal, 'The Sars Epidemic: The Path; From China's Provinces, a Crafty Germ Breaks Out', *The New York Times*, 27 April 2003, http://www.nytimes.com/2003/04/27/world/the-sars-epidemic-the-path-from-china-s-provinces-a-crafty-germ-breaks-out.html

3 John Heskett, *Toothpicks & Logos: Design in Everyday Life* (Oxford: Oxford University Press, 2002), p. 9. ジョン・ヘスケット『デザイン的思考　つまようじからロゴマークまで』（菅靖子、門田園子共訳、星雲社、２００７年）

4 Aimee Mullins, http://www.aimeemullins.com/Notes.php

5 エイミー・マリンズとのインタビュー、２０１２年３月

6 義足の「つま先」について、エイミーは「本当の指ではなく、足の形に象られた比喩的表現」と描写した。

7 原注5に同じ。エイミー・マリンズとのインタビュー、２０１２年３月

8 マダム・タッソー蝋人形館で人形を見たときのことをマリンズはこう語っている。「ここで重要なのは、タッソーの人形に施された仕事の質なんです。皮膚に表現された腱や筋肉の感触、美しさを再現するための色や形の正確さは義足づくりにはなく、そうしたディテールへのこだわりは人間にも大きな利益をもたらすはずなんです。マネキン人形は、人間の基本的な形になっているだけで、脚といってもアキレス腱や足指やふくらはぎはありません。そして標準仕様の義足は、昔も今もそれを模倣しているんです」。

9 原注5に同じ。エイミー・マリンズとのインタビュー、２０１２年３月

10 'Aimee Mullins Returns to Dorset Orthopaedic', http://www.dorset-ortho.com/aimee-mullins-returns-to-dorset-orthopaedic/

11 原注5に同じ。エイミー・マリンズとのインタビュー、２０１２年３月

12 エイミー・マリンズは、ロンドンで開催されたアレキサンダー・マックイーンの一九九九年秋冬プレタポルテ（既製服）コレクションのファッションショーでモデルを務めた。

13 マシュー・バーニーの映像作品『クレマスター３』は２００２年に公開された : http://www.cremaster.net/crem3.htm

14 原注5に同じ。エイミー・マリンズとのインタビュー、２０１２年３月

15 'Hugh Herr', MIT Media Lab, http://www.media.mit.edu/people/hherr; MIT Media Laboratory Press Archive, 'Powered Ankle-Foot Prosthesis', http://www.media.mit.edu/press/ankle/

16 原注5に同じ。エイミー・マリンズとのインタビュー、2012年3月

17 Graham Pullin, *Design Meets Disability* (Cambridge, Mass.: The MIT Press, 2009), p. 33. 南アフリカのアスリート、オスカー・ピストリウスは、エイミー・マリンズ同様、生まれつき両脚の膝下の腓骨がなく、似たような非難を受けたが、彼の場合、義足が不公平な優位性に当たらないことを証明した。特注のJ形炭素繊維下腿義足Flex-Foot Cheetah を装着していたピストリウスは、切断者ではない選手と競う400メートルへの出場を禁止されたが、それを覆すことに成功。2012年ロンドン・オリンピックでは、切断者として初めてオリンピック出場を果たした。その義足によって「ブレードランナー」「脚のない最速の男」と呼ばれる。Michael Sokolove, 'The Fast Life of Oscar Pistorius', *The New York Times* Magazine, 18 January 2012, http://www.nytimes.com/2012/01/22/magazine/oscar-pistorius.html

18 David James とのインタビュー、2006年6月。Alice Rawsthorn, 'A Quest for Perfection for the Most Basic Thing: A Ball', *International Herald Tribune*, 26 June 2006, http://www.nytimes.com/2006/06/25/style/25iht-dlede26.2045652.html

19 クエストラの1994年W杯での飛行スピードは、1990年大会の公式ボールよりも5%速かったことが報告されている。Andy Coghlan, 'World Cup Players Face a Whole New Ball Game', *New Scientist*, 9 July 1994.

20 Roger Cohen, 'Germany Opens World Cup with Goals Galore', *International Herald Tribune*, 9 June 2006, http://www.nytimes.com/iht/2006/06/10/sports/IHT-10cup.html. チームガイストが影響したもう一つの例は、対アメリカ戦でのチェコ共和国のトマーシュ・ロシツキーの2ゴールのうちの最初のゴールのスピード。Jere Longman, 'U.S. Is Routed by Czech Republic in World Cup', *The New York Times*, 13 June 2006, http://www.nytimes.com/2006/06/13/sports/soccer/13soccer.html

21 原注18に同じ。David James とのインタビュー。Rawsthorn, 'A Quest for Perfection'.

22 Steve Haake とのインタビュー、2010年6月。Alice Rawsthorn, 'Design and the World Cup: Best and Worst', *International Herald Tribune*, 27 June 2010, http://www.nytimes.com/2010/06/28/arts/28iht-design28.html; Steve Haake and Simon Choppin, 'Feeling the Pressure: The World Cup's Altitude Factor', *New Scientist*, 4 June 2010, http://www.newscientist.com/article/mg20627635.800-feeling-the-pressure-the-world-cups-altitude-factor.html

23 ルエディ・リュエックは、2011年に逝去。

24 'Ruedi Rüegg', Members, Alliance Graphique Internationale, http://www.a-g-i.org/2147/members/regg.html

25 'Contesting the Vote: Excerpts From Vice President's Legal Challenge to the Results in Florida', *The New York Times*, 28 November 2000, http://www.nytimes.com/2000/11/28/us/contesting-vote-excerpts-vice-president-s-legal-challenge-results-florida.html

26 Marcia Lausen, *Design for Democracy: Ballot and Election Design* (Chicago, Ill.: University of Chicago Press, 2007), p. 11.

27 Ford Fessenden, 'The 2000 Elections: The Ballot Design', *The New York Times*, 10 November 2000, http://www.nytimes.com/2000/11/10/us/2000-election-ballot-design-candidates-should-be-same-page-experts-say.html; Don Van Natta Jnr and Dana Canedy, 'The 2000 Elections: The Palm Beach Ballot: Democrats Say Ballot's Design Hurt Gore', *The New York Times*, 8 November 2000, http://www.nytimes.com/2000/11/09/us/2000-elections-palm-beach-ballot-florida-democrats-say-ballot-s-design-hurt-gore.html

28 David E. Rosenbaum, 'The 2000 Elections: Florida; State Officials Don't Expect Recount to Change Outcome', *The New York Times*, 8 November 2000, http://www.nytimes.com/2000/11/09/us/2000-elections-florida-state-officials-don-t-expect-recount-change-outcome.html

29 パームビーチ郡は結局、２０００年の大統領選で、４・１％もの票を複数投票によって無効とした。これは全国平均の４倍に当たる。

30 'Pat Buchanan', http://en.wikipedia.org/wiki/Pat_Buchanan; Van Natta Jnr and Canedy, 'The 2000 Elections'.

5

なぜダメなデザインが多いのか

> 5. So why is so much design so bad?

なぜダメなデザインが多いのか

値段の安い本のデザインをよくしない理由が私にはわからない。よいデザインも悪いデザインもかかるお金は同じなのに。

――アレン・レイン[※1]

一日の始めに、今日はひどいデザインを作ろうとか、そこそこのデザインにしておこうなどと考えるデザイナーには、未だかつてお目にかかったことがない。

デザインは、良く言えば、高尚な仕事だ。世の中をより良くしようとする責任を自らに課している。すべてのデザイナーが省エネカーや世界の最貧困層の子どもたちに読み書きを教える教育ソフトの開発といった英雄的なプロジェクトに携われる才能や運を持っているわけではない。歯磨きチューブのデザイン変更や、搾取的な利益目標を掲げる未公開投資会社に買収されたメーカーの洗濯機の生産コストを下げるような退屈な仕事に、長年の訓練と心に秘めた夢を捧げることになる人が多いのが冴えない現実だ。それでも人をがっかりさせるようなものを作りたい人はいないと思う。

それはなぜだろうか。そんなにひどいデザインばかりじゃない、と思う人は、買い物サイトやショッピングセンターを見てみてほしい。ありがたいことに、すべてではないが、そこで目にする多くのものがいわゆるよいデザインの特徴をまったくか、まったくと言っていいほど備えていない。特別役に立つとか、欲しくなるとか、責任を果たしているものは少なく、たとえそうした美点を備えていたとしても、それ以外の美点の欠如によって相殺されている。見た目が悪いか、機能的でないか、二番煎じであるか、無駄が多い。病的なまでにスタイリングにこだわったクルマ、論理的でないサインシステム、読み取れないタイポグラフィー、不可解な取扱説明書、大げさなコーポレートロゴマーク、不要にエネルギーを食うものや安全にリサイクルできないもの。ダメなデザインの例は、恐ろしいほどどこにでもあり、よいデザインよりはるかに多く、必ずしも悪くはないが、ありきたりで、よいとは言えないデザインのさらに多いこと。

それはデザインに限ったことではなく、他のあらゆるものにも同じ問題が起こっていると反論する人もいるだろう。ゲルハルト・リヒター［ドイツの画家。一九三二〜］の技巧に、デビッド・ハモンド［アメリカの演劇家。一九四八〜］の雄弁さに、アイ・ウェイウェイ［中国の現代美術家。一九五七〜］の勇気に、イザ・ゲンツケン［ドイツの芸術家。一九四八〜］の鋭さに、ローズマリー・トロッケル［ドイツの芸術家。一九五二〜］の折衷主義に対抗できる芸術家がどれほどいるのか。ごくわずかだろうが、それは理由にはならない。美術史は、駄作を無視し、優れた作品だけを讃える。それと同じ傾向がデザインにもあるだけだ。しかし、もし標準以下を目指すデザイナーなどいないこと、そしてデザイナーとともに働く人も同じであることを認めるとするならば、なぜ彼らは思ってもいないことをしてしまうのだろうか。

クルマを例に取ろう。多くの人が購入するマイホームの次に高額な商品であるにもかかわらず、デザインがひどいことが私には不思議でしかたがない。不格好な外観、けばけばしい内装、座り心地の悪いシート、人を苛立たせる複雑きわまりないダッシュボード、環境配慮に関する説得力のない説明、挙げだしたらきりがない。一九〇八年、T型フォードで画期的な大量生産システムを開発し、一九五五年には、ロラン・バルト[フランスの思想家]が「女神」を意味するフランス語「la déesse」という愛称で呼んだ※2シトロエンDS19※3のような華麗なモデルを世に送り出した業界が、何とも落ちぶれたものだ。

私たちドライバーがクルマに投じた感情やお金に見合うだけの見返りを得たと言えるためには、それが自分の所有物の中で最も魅力的なものの一つになっていなければおかしい。そうかといって、新しいモデルの開発に十分な投資がされていないわけではない。むしろその逆だ。自動車業界は、毎年研究開発に何億ドルも投じる。私たちに新車を買わせようとして。ならばなぜ、自動車選びにこれほど妥協を強いられなければならないのか。そしてなぜ、それだけ気前良くお金をかけているのに、DS19という年代物の至高の美しさに匹敵するほどの省エネが実現されないのだろうか。

その理由の一つは、言うまでもないが、何であれ良いデザインを作ることは難しいということ。自動車のように複雑な構造を持つものならなおさらだ。デザイン要素の一つとして、車のボディを考えてみよう。エンジンやサスペンション系を守り、同時にルーフを支えられる強度が必要だ。そうした機能要件を満たした上で、フォルムに磨きをかける。面と面が交差する箇所の処理には細心の配慮を要する。それが違う材料同士である場合も多い。

さらに、クルマの形状は一般的に目の錯覚の連続だと言われる。表面上、真っすぐに見えるラインは、実際には真っすぐに見えるようにデザインされた曲線か、数学者がスプライン曲線と呼ぶ自由曲線だ。単純な曲線に見えるものも、ほとんどスプライン曲線だろう。そして、車体のシンメトリーに見える部分は、そう見えるようにわずかに変えているはずだ。これらをこなすのも大変だ。

さらに、そうしてできた車体は、渾然とした安全性規準にきっちりと適合しなければならない。自動車の他の部分も。カーデザイナーに好きなデザインのクルマを聞くと、沈んだ表情で、厳格な安全規制ができる前のクルマを答える人が多い。DS19やランボルギーニ・ミウラは、一九六〇年代、イタリア人デザイナーのマルチエロ・ガンディーニがランボルギーニのエンジニアリングチーム仲間と開発した。最初は、空いた時間に有志で趣味の仕事として取り組んでいた。[※4]

どの分野のデザイナーもそれぞれにわだかまりや複雑さを抱えている。ヘルベチカがアリアルに比べて精緻な書体であることは前に述べた。エイミー・マリンズのスプリント用義足やヒュー・ハーのフリークライミング用義足がいかに精密な機能要件を求められるかにも触れた。そうしたデザイン課題がどれほど厳しく困難なものであっても、それに真っ向から取り組むのがデザイナーの仕事であり、自動車であれ何であれ、デザイン不良を技術的な複雑さのせいにするのはただの言い訳にすぎない。

デザインがだらしない理由は、デザイン文化やどんな人がプロのデザイナーになるかにも関係する。幸い、ル・コルビュジエがシャルロット・ペリアンを解雇し、チャールズ・ハリスンがシアーズのデザインチームからアフリカ系アメリカ人は採用しないと言われてから、進歩はしている。[※5] だが、デザインはいまだに欧米中心の専門分野であり、卓越したデザイナーのほとんどは男性で白人だ。本当に優秀なデザイナーが必要とされているが、デザインコミュニティーが社会全体を反映したものにならない限り難しい。それまでデザインの質は低迷し続ける。

デザイナーが多様性を欠くことによる弊害は他にもある。プロのデザイナーによく見られる自己言及だ。「自分以外のデザイナーのためにデザインをする」症候群、つまり自分のデザインのユーザーではなく、他のデザイナーの称賛を浴びることを目的にしている人が多い。デザイン全体に特有のことだが、とくに学生の時分、他のデザイン学生から孤立した専門課程で学び、卒業後も同類のスペシャリストらと仕事をするカーデザインやファッションでとりわけ顕著だ。

カーデザイナーは、門外漢にはわからない専門用語で話す傾向がある。刷毛で掃いたようなライン、実際にはあり得ない大きなホイールなど誇張したプロポーションやスタイリングに凝りすぎたディテールなど、スケッチのスタイルも似ている。大学時代や仕事場で同じ世界のお仲間に囲まれて過ごすため、他のデザイン分野や顧客の嗜好に影響を与える動きに疎くなるのだ。ファッションデザイナーにも似たような問題がある。付き合いがスタイリストやカメラマン、編集者相手の閉鎖的なものになることが多い。ファッションコレクションを見て、着られるものがないことを不思議に思ったことはないだろうか。パーティーの後、高すぎるヒールを履いたせいで、痛みで足を引きずりながら歩いている女性を見たことや、自分がそうなったことはないだろうか。私はある。履いて歩くことよりも、他のデザイナーやスタイリストに評価されたいという馬鹿げた考えで選ぶからだ。幸い、異常に高いヒールを履きたいがために鎮痛剤を飲んでいたと言われる、あるフランス人ファッション編集者ほど愚かしくはない。

もう一つの問題は、デザインの領域によって重視されるものとされないものがあることであり、それが結果としてマイナスに働くことがよくある。たとえば、自動車のデザインもコンピュータのデザインも、長い間エンジニアリングに支配されてきた。当然と言えば当然だ。自動車で最も重要なものは性能であり、スピードや安全性や信頼性で目を見張る進歩を遂げたのは、それを重視してきたおかげだ。だが、エンジニアリングに注目するあまり、見た目やユーザービリティといったデザインの他の面がおろそかになるのは問題がある。同様にコンピュータにも信頼性が必要だが、本当にあれほどの数のコンピュータを見分けのつかないそっくりなプラスチックケースに入れる必要があるのだろうか。それに操作方法があまりにわかりにくい。きっとエンジニアがひねり出した新機能に目をくらまされたデザイナーや企業が、自分たち同様、顧客も乗せられると思ったのだろう。調査をすれば、コンピュータの機能をフルに使う人が滅多にいないことぐらいすぐにわかったはずなのに。

障害者向けの製品の場合は、さらに大きなダメージにつながることもある。この分野では、昔からエンジニアや医療出身のデザイナーが多い。[※6] 車椅子や補聴器、義足などの利用者に尋ねれば、そうした製品に対する不満を嫌というほど聞かされるだろう。その最たる原因は、デザインが人間的側面に配慮していないことだ。ちょっとしたデザインミスに怒りを覚えることがある。[※7] 社会学者のトム・シェイクスピアは、腕や脚の成長が抑制される遺伝子による病気、軟骨無形成症患者だ。長年、役に立たない「福祉用具」を次々と使わされてきたが、本当に重宝した、棒の先端の金属製部品を手元で操作して、床や高い棚にある物を掴む器具「いわゆるマジックハンド」が、偉そうに「ヘルピングハンド（手助け）」という名であることを知り、何より腹が立ったという（シェイクスピアは自分のを「ザ・グラッバー（ひっつかむもの）」と命名し直した）。[※8]

デザイナーの仕事の仕方が、とくに商業的な意味で問題になることもある。デザイナーは、一般的にチームを組織している。理論的に考えれば、それぞれのメンバーが自分の強みを発揮し、メンバー同士で弱点をカバーすることにより、全員を足し合わせた以上の相乗効果が発揮できるはずだ。だが、一つのプロジェクトでそれぞれが別の役割を担当すると、デザインプロセスが分断化されすぎて、最終的な一貫性が失われる可能性がある。ウエブデザインの場合、ナビゲーションは「ユーザーエクスペリエンス」のスペシャリスト、美的要素はグラフィックデザイナー、サイトの構造はデベロッパーというふうに分業されるため、とくに問題だ。

商業デザインには、マーケティングや財務、営業、エンジニアリングなど他のメンバーとの交渉がつきものだ。相手は、成果に対する既得権利は持っているものの、デザインに対する情熱や理解はほとんど持っていない可能性がある。稟議のたびに批評され、オリジナリティーやイノベーションには不利な状況だ。その次には消費者フォーカスグループにかけられ、さらに状況は不利になる。新商品の開発や古くなったものの修正にかかる投資はあまりに大きいため、まちがった選択は財政的にも、評判という意味でも高くつく可能性がある。企業のデザイン文化が保守的で、結果的に似たような商品が増えるのも不思議はない。

才能あるデザイナーは、こうした障害を乗り越えることができるが、それは、生まれ持った才能と外交的スキル、意志の強さを総動員し、妥協への圧力をはね除け、企業の官僚制の中でうまく舵を取り、自分の考えを押し通せた場合だけだ。チャンスさえ与えられないデザイナーも多い。外部コンサルタントのデザイナーともなると、クライアントに売り込んだ提案のその後に関して、まったくと言っていいほど力が及ばないこともある。最も影響力のある社内デザイナーでさえ、このプロセスを厳しいと感じている。二〇世紀後半の黄金時代、ブラウン社のデザイン部門の責任者だった、かの有名なディーター・ラムスはかつて、「デザイナーは、半分心理学者でなければならない」と言った。もっとも、彼は「いいコニャックを買って一緒に飲めばエンジニアリングチームを口説くことができると気づいてからは、仕事が少し楽になったとも言っている。[※9]

才能があり、駆け引きが上手で、意志が固くとも、デザイナーはクライアントか雇用主の忠実な擁護に恵まれない限り、勝ち残りをかけてことごとく戦わねばならない。残念ながら、そのように恵まれることは滅多にない。ラムスが手掛けたブラウン製品は、親身になってくれた経営陣、アルトゥールとエルヴィン・ブラウンの支援がなくても同じように並外れたものになっていただろうか。たぶんそうはならなかっただろう。ジョブズ亡き後のアップル製品はどうだろうか。今後わかるだろう。商業デザインのほとんどの成功例は、優秀なデザイナーのみではなく、見識ある経営者の力による。「『次なるiPodを作ってくれ』と言い放つクライアントは数知れないが、それを聞いたデザイナーたちが『それなら次なるスティーブ・ジョブズを用意してくれ』と（小声で）つぶやくのも同じくらい耳にしている」とIDEOのティム・ブラウン社長は記している。[※10]

企業によるデザイン擁護の最もすばらしい例の一つとして、ロンドン交通局がある。二〇世紀前半、フランク・ピックがデザインプログラムを率いていた。法律を学んだピックは、一九〇六年、ロンドン地下鉄に副議長秘書として採用され、一九三三年にロンドン旅客輸送公社が設立されると、その社長に就任した。ピックは、交通網のあらゆる面が高品質でなければならないと主張し、デザインも例外ではなかった。マン・レイ、グラハム・サザーランド、エドワード・マクナイト・カウファー、ポール・ナッシュといった画家にポスターのデザインを委託した。ラズロ・モホリ＝ナギも、ロンドン経由でシカゴに向かう途中の短い滞在中に依頼を受けた。[※11] モホリはまた、当時地下鉄の駅に設置された最新式のエスカレーターの利用を用心深いロンドン人に勧める小冊子も作っている。地下鉄網が新興の郊外へ拡張され、迷路化する中、若い製図工のハリー・ベックが乗客向けの案内としてダイアグラム式の路線図を考案したのもピックの監視下だった。そして、今もロンドン地下鉄に使われている赤、白、青の円形シンボルの生みの親であるタイポグラフィーデザイナー、エドワード・ジョンストンを採用したのもピックだった。[※12]

Studio H による実験的なデザイン課程
ノースカロライナ州ウィンザーのバーティー・アーリー・カレッジ高校

Develop
Prototype

Build
Pencils
72 Colored Pencils

Farmer's

ピックは、自分が思いついたデザインプロジェクトが効果を発揮するには、その遂行やメンテナンスが周到でなければならないと気づいた。そのために、仕事後や週末に地下鉄網の隅々まで乗車し、すべてが満足の域に達しているかどうかを確認して回った。どんなに些細なことでも異常があれば書き留め、翌日駅長に連絡書を飛ばして、剥がれかけたポスターの片付けや、座席のほつれの修繕を指示した。残念なことに、フランク・ピックや、時代は異なるがジョサイア・ウェッジウッド、ブラウン兄弟、そしてスティーブ・ジョブズのような人は稀有だ。デザインに対する理解という点で、彼らに匹敵する上級管理者は非常に少なく、その結果、雇われデザイナーが乗り越えるべき障害をさらに増やし、デザイナーにさらなる重圧をかけている。

善意のデザインプロジェクトが非効率的な組織によって阻害された、警鐘となるような事例が一九六〇年代から七〇年代、同じく公共交通機関であるニューヨーク市地下鉄にある。同地下鉄の案内表示は、別々だった路線が度重なる合併によってつながれた継ぎ接ぎの交通網を反映し、種々雑多なスタイルやサイズの寄せ集めだった。その煩雑さは、一九五七年のデザイン企画提案書「迷路からの脱出——ニューヨーク市地下鉄旅客情報改善計画および嘆願の書」というタイトルからもわかる。にもかかわらず、市交通営団が行動に移したのは一九六六年になってからで、ようやくユニマークというデザイングループにサインシステムの見直しを依頼した。ポール・ショーの著書『Helvetica and the New York City Subway System（ヘルベチカとニューヨーク市地下鉄網）』は、案内表示を製作していたバーゲンストリートサインショップが提案内容を無視し、まちがって解釈するのを見てゾッとするユニマークのデザイナーたちの様子を振り返っている。直前に行なわれたストライキで火の車だった市交通営団は、ユニマークが製作工程を監督する費用を負担できないとして、それを許可しなかった。その後折れたが、案内表示をバーゲンストリートサインショップが製作し、同社がすでに持っている書体を使用することに固執した。それによって、ユニマークが選んだフォント、ヘルベチカは除外され、代わりに似ているが精度の落ちるスタンダードミディアムが選ばれた。それだけでなく、同営団は、既存の案内表示を全部差し替えるだけのお金もなかった。そのため、前よりはましになったものの、別のごちゃ混ぜ状態になった。一九七〇年代、ユニマークが新しいデザインシステムを導入したときも同じ問題が再発し、ニューヨークにお似合いのモダンでくっきりとした書体、ヘルベチカがようやく地下鉄に採用されたのは、一九八九年になってからだった。※13

一つの企業にとどまらず、業界の悪い経営慣行によってデザイン品質が危険にさらされるのはなお悪い。たとえば、ファッション業界。金融や食品など他の業種で経営スキルを磨いた人が企業トップにいることが多く、驚くほど短期間でチーフデザイナーやクリエイティブディレクターを雇ったり解雇したりする業界だ。中にはファッションの仕組みを本当に理解し、個々のデザイナーの個性に配慮するトップもいる。だが、他のビジネスにはまちがいなく効果的かもしれないが、どう考えてもファッション界には向かない経営手法や財務ルールを押しつけようとするケースがあまりに多いのだ。

経験不足、近視眼、頑固さは、どんなビジネスでも問題だが、ファッション界ではとくに大きなダメージを与えやすい。それぞれのレーベルのチーフデザイナーは、多ければ毎年二〇以上ものコレクションの発表を強いられる。さらに、コレクションの度毎に自分のブランドに対するビジョンを塗り替えることを求められ、その結果が公開審査にかけられるという過酷なサイクルにがんじがらめにされる。二〇一〇年のアレキサンダー・マックイーンの自殺や、翌年パリのバーでユダヤ人差別発言のため逮捕され、クリスチャン・ディオールから停職処分を受けるに至ったジョン・ガリアーノの神経衰弱も、そうしたプレッシャーの影響があったのかもしれない。※14

ガリアーノのとった行動はどんな状況であれ許されるわけではないが、彼の脆弱症やマックイーンの悲劇的な死は、デザイナーがいかに傷つきやすい立場にあるかをまざまざと知らせる。気まぐれな性格や過激な行動といったデザイナーの神話さえもがブランドの魅力に数えられるからなおさらだろう。そんな中でも順応し、活躍する強靱なデザイナーもいる。カール・ラガーフェルトは、業界では「カイザーカール（カール大帝）」として知られる。自分の能力をさまざまな企業に売り込み、ライバルを阻んできたその逞しさを表している。彼はその間も、二〇〇四年にプラダに売却し、翌年引退するまで自分の会社のビジネスとデザインの両方を仕切っていた。しかし、ほとんどのデザイナーが、親身になってくれる有能な経営者のサポートを必要としながら、見つけられないでいる。ファッション業界で大きな成功を収めるクリエイティブと商売人のコンビは、公私ともにパートナーであることが多い。イヴ・サンローランは自分のファッション会社を、一九六二年に当時恋人だった元美術品商、ピエール・ベルジェと立ち上げ、ミウッチャ・プラダのビジネスパートナーは、夫のパトリツィオ・ベルテリだ。それ以外のファッションブランドは、管理者としては有能かもしれないが、創造性に欠けるか、予測のつかない業界の動きや、気まぐれなデザイン気質を理解できるほど器用ではない人間がトップに立つことの弊害に、一様に悩まされている。クビを切り続ければお金がかかり、評判を落とすばかりでなく、互いに心に傷を負う。そのどれもが洋服のデザイン品質を損ねる。

ファッションに限らずどの業界でも、マネジメントがいくらよくても外部要因によって台無しにされるデザインプロジェクトはある。とくに企業の乗っ取りや経済的混乱、コモディティの価格や為替の変動、政変といった予測不可能な出来事によって。※15 優れたデザインも、業界内の力関係に悩まされることがある。携帯電話の使い方がわかりにくいと感じる理由の一つには、携帯電話の通信事業者の影響がある。通信網の規格と互換性のある基本ソフトを使うよう携帯電話機メーカーに莫大な圧力をかけている。メーカーはそれに従わない限り、携帯電話の通信事業者に製品を売ってもらえない可能性がある。そのため、ユーザーの使い勝手よりも、電話事業者に歩み寄った基本ソフトになりがちだ。スティーブ・ジョブズは、電話事業者の影響力と、アップルには直しようのないサービスの不備をユーザーがアップルのせいにする可能性を心配し、iPhoneでの市場参入を数年遅らせたと言われている。アップルは、電話事業者の要求に従うことを拒否し、ユーザーが直感的に使用できるインターフェースデザインの手本をiPhoneで示した。残念ながら、そのようなことができる勇気のある会社は少ない。無意識のうちに自分自身の首を絞めている可能性がある。

「変更のための変更」は、よくある落とし穴だ。野心はあるが不安な経営者はとくにこれに陥りやすい。与えられた役職で何とか実績を残そうと、必要かどうかや求められているかどうかも考えずに、手っ取り早く何かを大きく変えようとする。企業がそれまでのすばらしいデザインプロジェクトを捨てて価値のないものに置き換えるという不可解な意思決定をしてしまう理由がまさにこれである。宅配会社ＵＰＳが、一九六一年にポール・ランドがデザインしたすばらしい「プレゼント」ロゴ（リボンがかけられた荷物を同社の伝統的な盾マークの上に配置した）を捨て、あるデザインブロガーがいみじくも「黄金のバーコード頭」と評した、デジタルエアブラシで描かれた当たり障りのない盾マークに変えてしまった理由が他に説明できるだろうか。[※16] そしてシトロエンが、その創業者で偉大なるエンジニア、アンドレ・シトロエンの発明したヘリンボーンギア（歯車）をモデルにした逆Ｖ字を、個性のないデジタルな「染み」に変えてしまった理由がほかに考えられるだろうか。[※17] こうした企業の経営者は、新しいシンボルのほうがデザイン的に優れ、古いシンボルよりも企業価値を雄弁に語ってくれる、と思っているのかもしれないが、もしそうならそれはまちがっている。ファッションデザイナーのエディ・スリマンがイヴ・サンローランのクリエイティブディレクターとなって最初にした変更は、プレタポルテのコレクションを「サンローラン・パリ」に改名したことだった。一九六〇年代初頭にイラストレーターのカッサンドルが同社のために描いた美しいイニシャルのシンボルを変えたときも同じだ。もしスリマンがファッションコレクションに自分のビジョンを押しつけていたことを証明したかったのならば、それには成功したが、自分を衝動的な人間として印象づけるという犠牲を払った。[※18]

似たような事態の別形態として、「デザイナー病」と呼ぶべきものがあり、市場で急激に売上を伸ばした製品が標的になりやすい。一例として、エスプレッソマシンがある。かつては、実用一本やりの純粋なエンジニアリング製品だった。ところが、スターバックスが「消費者は自宅でアイススキニーフレーバードラテを作りたがっている」とキッチン家電メーカーを説得すると、たちまち各社から怪物のようなエスプレッソマシンが続々と世に送り出された。まさにキッチンのSUVだ。デカい、大げさ、むだが多い、やり過ぎ。

同じく危ういのが、機能は一応果たすが、もう伸び代を使い果たしてしまった昔ながらの製品だ。たとえば、トースター。人は何世紀もの間、棒やフォーク、ナイフや刀にパンを刺し、火で炙ってパンを焼いていた。一八〇〇年代後半には、古の発明家らが鉄線を熱してパンを焼く電気仕掛けの機械を作った。だがそれには、鉄線が溶け、突然炎上しやすいという落とし穴があった。トースターのデザイン黄金時代は一九〇〇年代初頭、機械がより安全で信頼性の高いものになった頃だ。パンが自動的に飛び出すトースターは、一九一九年、ミネアポリスで働いていたチャールズ・ストライトという熟練工が発明し、その後特許を取得した。七年後に「モデル1-A-1」という名で両面一度に焼ける初のタイマー付きトースターが発売された。[※19]

以来、トースターはモデル1-A-1にそっくりなものが使われている。機能の向上は見られるが、安全で省エネになり、多少パン屑が飛び散りにくくなったくらいだ。そのためデザイン革新は、専らスタイリングに向けられるようになった。ロンドンのオックスフォードストリート沿いのデパートに並んでいるトースターを見る限りにおいても、デザイナーやメーカーがデザイナー病に罹っていることはまちがいない。

たとえば、デロンギの「アイコナトースター」。なぜ国際宇宙ステーションにある一番複雑なものよりもボタンやダイヤル、レバーを必要としているように見えるのだろう。ボッシュは何を思ってその「プライベートコレクショントースター」のてっぺんに、小さなヘリポートみたいなものを取り付けたのだろう。また、マジミックスは、私たちが「ビジョントースター」でパンが焼かれ、よもやパン屑が蓄積する様子までそのガラス越しに眺めていられるほど時間を持て余しているとでも思ったのだろうか。これらに負けず劣らず突飛なのが、その名前にもかかわらず、一九三〇年代のライオンズコーナーハウス［各階がレストランやカフェ、フードコートだったロンドンのアールデコ調の商業ビル］の残骸から回収されたかのようなスタイルが非常に時代遅れな、デュアリット社の「ニュージェネレーション」。未来派の香りを好む人は、どうぞご自由にボダム社の「ビストロ」を支持してもらってよいが、その不可解な筐体はキッチンよりも大型ハドロン衝突型加速器［高エネルギー物理実験を目的とする巨大施設］の中がお似合いのような気がする。そこそこ魅力的で出しゃばらないトースターが欲しいと思っているなら、「厳しい」の一言に尽きる。

スタイリングが過剰になりやすいもう一つの製品が、椅子だ。先史時代の洞窟にあるちょうどいい形の巨石、中世の搾乳スツール、君主、教皇、暴君の王座など、人間はつねに座るものを必要としてきた。そして椅子は、昔からデザイナーにとって最高のキャンバスだった。最新の材料や生産プロセスを使うのに十分な大きさがあり、デザイナーやメーカーが実験を躊躇するほど大きくはない。また、大量に生産すれば複雑な技術を使っても見合い、限定版や現品限りにして手の込んだ工芸技法や貴重な素材にこだわって手作りすることもできる。「真に独創的なアイデア、つまりデザインにおける革新、素材の新しい用途、家具を作るための技術的発明は、すべて椅子をその最も重要な表現手段としているようだ」と、アメリカの家具デザイナー、ジョージ・ネルソンは一九五三年に書いている。[※20] 残念ながら、椅子が次々と作られるにつれ、それらが独創性か重要性のどちらかを備えている可能性は着実に小さくなっている。毎年、ミラノ家具見本市で新しい椅子が何百と発表されるが、差別性や革新性を持ったものはほんの一握りにすぎない。残りはほとんどが必死に注目を集めようとして、過剰なスタイルに走ったものばかりだ。

デザインは、それを使用する環境が変わる場合にも注意が必要だ。自分の仕事や作品が環境の変化によってどんな影響を受けるかを予測しなかった場合や、それを修正するための効果的な措置を講じなかった場合、それがデザイナーの落ち度・責任になる場合がある。その両方の罪に問われるのが、たとえばウェブデザイナーがジョージアのようなデジタル書体の美しさを、アップルの最先端のコンピュータを使ってクライアントに誇らしげに見せた場合だ。マックユーザーより他のPCユーザーのほうが圧倒的に多い。同じフォントを他のPCで見たら、見え方は大きく異なり、エレガントさがかなり落ちることを指摘していない。

デザイナーに非がない場合もある。アディダスのデザインチームは、二〇一〇年ワールドカップ南アフリカ大会のためにできうる限り最良の公式ボールを作ることに懸けた自分たちの努力が、高度と気圧が劇的に異なる都市でトーナメントを開催するというＦＩＦＡの決定によって阻まれることを知っていたにちがいない。[※21] 何しろ同じような条件の違いが過去一九七八年のアルゼンチン大会の公式ボールの性能にも影響を与えていたからだ。このときの標高差も同じように激しかった。ジャブラニのデザイナーは、同じ問題の再発を防ぎようがなかった。というのも、それほど劇的に異なる高度と気圧を高速で移動するボールの動きを調整する方法がまだ科学的に解明されていなかったからだ。非は、FIFA関係者にあった。高度の問題を認識しているべきだったし、高度による違いを最小限にするために、大会日程を調整するべきだった。

しかし何と言っても、デザイナーがデザインプロジェクトを台無しにするケースがあまりに多い。ときに判断ミスがある。たとえば、アフリカで水を遠くまで運ぶための装置を考えた、善意に溢れるが見当違いのデザイナーのように。それは、逆浸透を利用したドラム形の携帯浄水器だった。汚れた水を高圧で膜でろ過することにより浄化する。ここまではいい。問題は、何ガロンもの汚水を時間と労力をかけて何キロも転がし、ようやくたった数リットルのきれいな水を抽出できることだ。

こだわりのないデザイナーもいるようだ。彼らはまちがってもSARSの恐怖の中、試作の最後の詰めとはいえ、すすんで数週間747でキャンプをしたりしないだろう。私が使っている電動歯ブラシ、ブラウン社の「オーラルBソニックコンプリート」を例に取ろう。これを買ったのは、友人に奨められたからだ。その友人は、二、三カ月間使った後、かかりつけの歯科医に、十分きれいだから歯石除去や研磨の必要はない、と言われたという。お墨付きだ。私のソニックコンプリートも、歯をきれいにすることに関しては同じくらい信頼できることがわかったが、デザイン上の長所はそこまで。見た目は手抜き、形は無骨、色の組み合わせもよくない、タイポグラフィーはお粗末で、シルバーのディテールが安っぽい。また、素材の組み合わせがちぐはぐなため、手触りも奇妙に感じる。

それでも私は、ポストイットやグーグルのロゴの原理に則して、この歯ブラシの機能の高さ故に、そうした欠陥に目をつぶってもよいと思っているが、環境への配慮のなさは、どうしても見過ごせない。問題その一、製品が入っていた箱が中身よりもかなり大きかった。箱は大きいほど、貨物コンテナに収まる数が少なくなり、それだけ多くの飛行機、船、トラックが必要になり、多くのガソリンを消費する。問題その二、箱の中の空きスペースに詰めるポリスチレン系の緩衝剤は、生分解性でもなければ、リサイクルも容易ではない。そしてソニックコンプリートがその寿命を終えたらどうなるか。そこで問題その三。ブラウン社が責任を持ってそれを処分するための規定をしているかというと、していない。取扱説明書には、「あなたの国が指定する適切な収集場所」へ持っていけという漠然とした提案が書かれている。最後に、問題その四。ソニックコンプリートで一日二回、各二分間、二週間歯を磨くために、一六時間充電しなければならない。一分使用するのに一七分充電する計算だ。とてもエネルギー効率がいいとは言えない。

私の歯をいかに真珠のように白くしてくれるとわかっていても、こうした厄介な欠点のせいで、ソニックコンプリートはよいデザインの候補から外れる。これをデザインしたデザイナーは、ある朝目を覚まし、心に決めたのだろうか。見た目や持ったときの感触が悪く、充電に異常に長い時間がかかり、最終的に、必要な埋め立て地を、すでに化石燃料を浪費した有毒性のあるパッケージが占有することになる電動歯ブラシをデザインしようと。おそらくそうではないだろう。が、やっていることはそういうことなのだ。

1 ［ペーパーバックで知られるペンギン・ブックスの創刊者］ Jeremy Lewis, *The Life and Times of Allen Lane* (London: Penguin Books, 2006), p. 89.

2 フランス語の「D」と「S」の発音がちょうど「女神」を意味するフランス語「déesse」のように聞こえる。Roland Barthes, 'The New Citroën', in his *Mythologies* (Frogmore, St Albans: Paladin, 1973), pp. 88–90.

3 Penny Sparke, *A Century of Car Design* (London: Mitchell Beazley, 2002), pp. 20–21 and 187. シトロエン DS19は、一九五〇年代初期、イタリア人デザイナーのフラミニオ・ベルトーニとフランス人エンジニアのアンドレ・ルフェーブル率いるチームによって開発された。一九五五年、パリ・モーターショーでお披露目された。シトロエンは、その日の終わりまでに一万二〇〇〇台受注した。

4 原注3に同じ。

5 Esther da Costa Meyer, 'Simulated Domesticities: Perriand before Le Corbusier', in Mary McLeod, *Charlotte Perriand: An Art of Living* (New York: Harry N. Abrams, 2003), p. 31. 2006年、チャールズ・ハリスンは、ニューヨークにあるスミソニアン・クーパー・ヒューイット国立デザイン美術館から Lifetime Achievement Award（功労賞）を授与された。 Megan Gambino, 'Interview with Charles Harrison', 17 December 2008, http://www.smithsonianmag.com/arts-culture/Interview-With-Intelligent-Designer-Charles-Harrison.html

6 Graham Pullin, *Design Meets Disability* (Cambridge, Mass.: The MIT Press. 2009), p. 45.

7 勇気づけられる例外もある。メガネだ。視覚異常のための矯正器具から、目が悪くなくてもかけたくなるオシャレなアクセサリーに変貌を遂げた。インタラクションデザイナーのグラハム・プリンは、2009年の著書『*Design Meets Disability*』をロンドンの眼鏡ブランド「カトラーアンドグロス」の「カトラー氏とグロス氏」に捧げている。

8 トム・シェイクスピアとのインタビュー、2009年6月。Alice Rawsthorn, 'Crafting for the Body and Soul', *International Herald Tribune*, 7 July 2009, http://www.nytimes.com/2009/

9 ディーター・ラムスとのインタビュー、2006年11月。Alice Rawsthorn, 'Reviving Dieter Rams' Pragmatism', *International Herald Tribune*, 12 November 2006, http://www.nytimes.com/2006/11/12/style/12iht-design13.html

10 ティム・ブラウン『デザイン思考が世界を変える――イノベーションを導く新しい考え方』（千葉敏生訳、早川書房、2010年）

11 'In Praise of ... Frank Pick', *Guardian*, 17 October 2008.

12 Ken Garland, *Mr Beck's Underground Map* (Harrow: Capital Transport Publishing, 2008).

13 Paul Shaw, *Helvetica and the New York City Subway System: The True (Maybe) Story* (Cambridge, Mass.: The MIT Press, 2010).

14 Suzy Menkes, 'Alexander McQueen, Dark Star of International Fashion', *International Herald Tribune*, 11 February 2010, http://www.nytimes.com/2010/02/12/fashion/12iht-mcqueen.html; Suzy Menkes, 'Galliano's Departure from Dior Ends a Wild Fashion Ride', *International Herald Tribune*, 1 March 2011, http://www.nytimes.com/2011/03/02/business/global/02galliano.html

15 そのような予想せぬ変化は、悪い結果をもたらすこともあれば、良い結果をもたらすこともある。建築から一つ例をとれば、１９９０年代、ロシア政府が突然チタンの輸出を増加させる決定を行なうと、チタンの価格が急激に下落したため、アメリカの建築家、フランク・ゲーリーは、突如としてビルバオ・グッゲンハイム美術館をチタンで覆うことが可能になった。チタンは、バスク地方の太陽の光にとくに映える美しい金属で、ゲーリーの建築はその利点を余すところなく活かしている。しかし、コモディティの価格変動の影響がマイナスに働く場合も多い。１９６０年代、フィンランドの建築家、マッティ・スローネンは、移動型プレハブ式住宅「フトゥーロ」を一〇〇戸近く販売した。ヘリコプターで空輸され、昔のＵＦＯの形に似た楕円体に組み上がる。フトゥーロが大好評だったため、強化プラスチックでさらに大型の移動型住宅のラインナップをデザインした。ところが、１９７３年のオイルショック後、その材料の価格が高騰したため、彼のデザインは製造コストが高くなりすぎ、フトゥーロプロジェクトは頓挫した。

16 Steven Heller, *Paul Rand* (London: Phaidon, 1999), pp. 188–9; Michael Bierut, 'The Sins of St Paul', *Observatory: Design Observer*, 31 January 2004, http://observatory.designobserver.com/entry.html?entry=1847

17 'Brand Identity', Citroën, http://www.citroen.co.uk/home/#/about-us/history

18 １９６０年代に創業者でデザイナーのイヴ・サンローランが採用したある名にヒントを得たこの新しいブランド名は、同社のプレタポルテコレクション用にのみ採用された。カッサンドルが描いたＹＳＬのイニシャルシンボルは、香水や化粧品などの他の商品用に残された。イヴ・サンローランは、１９６６年、当時新しかった同社のプレタポルテコレクションを従来のオートクチュールラインと区別するために、「サンローラン・パリ」というブランド名を考えた。同社はその後、プレタポルテ用に「リブ・ゴーシュ」という別のブランド名を採用した。エディ・スリマンは、プレタポルテコレクションからカッサンドルのシンボルをなくすことに対して猛批判を浴びた。Jess Cartner-Morley, 'Yves Saint Laurent to be Renamed by Creative Director Hedi Slimane', *Guardian*, 21 June 2012, http://www.guardian.co.uk/fashion/2012/jun/21/yves-saint-laurent-renamed

19 １９１９年に自動ポップアップ式トースターの特許申請をした後、ミネソタ州スティルウォーターにある工場で機械工として働いていたチャールズ・ストライトは、Waters Genter Company を共同設立し、モデル１-Ａ-１を生産した。

20 George Nelson, *Chairs* (New York: Whitney, 1953), p. 9.

21 スティーブ・ハーケとのインタビュー、２０１０年６月。Alice Rawsthorn 'Design and the World Cup: Best and Worst', *International Herald Tribune*, 27 June 2010, http://www.nytimes.com/2010/06/28/arts/28iht-design28.html?ref=arts; Steve

Haake and Simon Choppin, 'Feeling the Pressure: The World Cup's Altitude Factor', *New Scientist*, 4 June 2010, http://www.newscientist.com/article/mg20627635.800-feeling-the-pressure-the-world- cups-altitude-factor.html

6

なぜ誰もが第二のアップルになりたいのか

> 6. Why everyone wants to ‘do an Apple’

なぜ誰もが第二のアップルになりたいのか

まるで別の惑星からやってきたようでしょう。もちろんいい惑星ですよ、デザイナーが優秀なね。
——スティーブ・ジョブズ、一九九八年、初代iMac披露。[※1]

会社を去る前、辞任するCEOは全社員に向けて別れの電子メールを送った。その中には、同社が直面する最も深刻な問題が五つ挙げられていた。「一、キャッシュおよび流動性不足。二、製品品質の低下。三、実行可能なOS戦略の欠如。四、責任や規律を欠いた企業文化。五、細分化、手を広げすぎている」。

一九九七年七月にギル・アメリオが書いたものだ。アップル社の財政再建に三年間身を粉にして取り組んだ仕打ちが、七月四日の祝日に役員会議室で起こったクーデター、そして追放だった。彼の後継者はスティーブ・ジョブズ、一九七六年に共同設立した会社を一〇年後にクビになった男だ。新しい同僚との初めての会合で、ジョブズは「この会社のどこが悪いのか教えてくれ」と言った。が、はなから答えなど期待していなかった。その後、誰よりも先にこう答えたからだ。「どうしようもない商品ばかりだ！」[※2]。

二〇一一年八月二四日、がんとの長い闘いを経て、ジョブズがアップルのCEO辞任を宣言した頃には、そんな面影は同社にもその製品にもなかった。アップルの株価は高騰し、一時は株式市場で世界一価値のある企業になったこともある。ジョブズ辞任のニュースは世界中の新聞紙の一面を飾った。ネットは、そのニュースを残念がる人やジョブズの業績を讃える人のツイートやブログ記事やフェイスブックの投稿で溢れた。「一つの大企業そして産業がここまで一人の個人に支配され、しかも成功したことは珍しい」と『ニューヨークタイムズ』紙は公然と称賛した。「彼が与えた影響は、アップルの最初の二〇年間の基幹製品で象徴的なパーソナルコンピューターにとどまらない。アップルはここ一〇年で、iPodによって音楽産業を、iPhoneによって携帯電話ビジネスを、iPadによってエンターテインメントとメディアの世界を塗り替えた。ジョブズ氏は、顧客が何を求めているかはわかっている、と何度も大きな賭けに出ては、それが正しかったことを証明した※3」。

二〇一一年一〇月五日、ジョブズ逝去のニュースは、さらに大きな悲しみで迎えられた。世界中のアップルストアに弔問客が詰めかけ、持ち寄った花やキャンドルやリンゴ（そのほとんどに同社のロゴと同じように一口齧った跡があった）を即席の「iShrine（神棚）」に供えた。店の窓は、彼の死を悼み偉業を讃えるメッセージが書かれたポストイットで埋め尽くされた※4。中国の各地に誕生した、本物のアップルTシャツや名札のレプリカを身につけたスタッフのいる、公認ストアとまったく同じレイアウトの偽アップルストアにまで、店の前にiShrineができていた※5。『エコノミスト』誌の訃報記事は、「技術の才、戦略的展望、デザインに対する鋭い眼識、そして強力な個性を備えた類い稀な人物」と称賛し、ジョブズを「世界で最も崇敬されたCEO」と呼んだ。[※6]

彼が亡くなったのは、ウォール街占拠を掲げた反資本主義運動家たちが、ウォール街近隣のザコッティ公園を占拠し始めた数週間後だった。この運動を皮切りに、その後急速に企業や金融のエリートらの強欲や腐敗、無能力などに対する世界的な抗議運動が広がっていく。そこへ来て、アメリカで最も影響力があり、その報酬が過剰だと時おり非難され、同僚の幹部から羨望以外の声も聞かれた経営者の一人である。しかし、彼の会社の製品を買った人たちからは、心から感謝された。[※7]

ジョブズが目を光らせる中、アップルは一つではなく複数の産業でアルファ（支配的な最優位）ブランドになった。優れたデザインによって、人々が他社製品よりも高いお金を払っても買いたいと思うようなものづくりをした。そして企業は口々に「アップルと同じことをやりたい」と言うようになった。だが、消費者が待ちこがれ、ライバルがこぞって真似する製品をデザインし、スターの座に着いた企業は、もちろんアップルが初めてではない。

歴史的に、きわめて特別なものと見なされてきたために、それを所有または使用する人の間に大きな威信を植え付けてきたものがある。古代ローマでは、元老院議員以上の地位を持つ人しか、ある種の紫色で染めた服を身につけることができなかった。中国の王朝時代で黄色を着ることが許されたのは、皇帝自身だけだった。中世ヨーロッパにおいては、特定の色の服を着る権利が「ぜいたく禁止法」と呼ばれる法律で定められ、年を経る毎に複雑になっていった。一六世紀には、商人がますます金持ちになることに不安を覚えたイギリス貴族がヘンリー八世国王にぜいたく禁止法を強化させた。アーミン（シロテン）やクロテン、ミニヴァー（オコジョ）の毛皮は貴族しか身につけることができず、なぜかわからないが、幅広の靴も同様だった。騎士より低い位の人間は絹のシャツを着てはならない。紫は国王のための色で、金の生地もそうだったが、公爵や侯爵は身につけてもよいことになっていた。新富裕層となったチューダー王朝の商人たちは、法律をばかにして従わなかったが、分を超えた服装を怪しまれると道で呼び止められ、問題の品は罰として没収された。[※8]

そうした処罰も、富みが広く分散されたため年々執行が難しくなり、産業革命後、中産階級が拡大し、苦労して手作りされたものではなく、大量生産されたものを含め、人々がさまざまな選択肢の中から選べるようになってからは不可能になった。それまでは、ことの他上質か希少な材料に職人技が組み合わさった一点ものが一般的に最良のものだと考えられていた。それを手に入れるために必要なのはお金であり、そこに権力が加わる場合もある。工業化は新しいジャンルのアルファ製品を生みだし、消費はより民主化したように見えた。つまり、魅力的で非常に高品質なだけでなく、大量に作ることによって、誰でもとは言わないまでも、少なくとも最富裕層よりずっと多くの人に手が届くようになった。こうした製品は、その所有者や社会の違いを物語った。なぜなら価格や品質だけでなく、購入者の個人的な嗜好も製品を買う決め手になったからだ。

工業製品で最初のアルファ製品といえば、ジョサイア・ウェッジウッドが一七六三年に発売した「クイーンズウエア」という釉薬をたっぷり用いた光沢のあるクリーム色のシンプルな陶器のディナーセットだ。当時最高の技術を誇ったクイーンズウエアは、ウェッジウッドの科学的実験の成果であり、彼の革新的な工場経営とロバート・アダムの新古典主義建築に対する情熱の賜だった。そのプレート、ボウル、カップ、ソーサー、ソースポートは、イギリスのシャーロット王妃、ロシアの女帝エカテリーナといった王族のみならず、学校の先生や小売店主が使用した最初の大量生産品の一つだった。[※9] ウェッジウッドの新たな顧客となった裕福な中産階級にとって、彼の製品を買うことは、貴族の価値観をお金で手に入れられる魅力的なチャンスだった。レイディー・テンプルタウンとその夫のようにロバート・アダムに邸宅を設計してもらう[※10]ことはできなくても、アダムスタイルのソースボートを買うことはできた。ちょうど今の人が本当は『ヴォーグ』誌で見た高級なバッグやドレスが欲しいけど、プラダの香水やセリーヌのサングラスを買って満足するみたいなことだ。

飲食のための器というだけでなく、ウェッジウッドの陶器は、産業化が古き良きものを破壊するのではなく、より上質でより啓蒙的な社会を生み出すのではないかという前向きな期待感も示唆していた。ドイツ・ロマン主義の詩人ノヴァーリスは、ウェッジウッドの日用陶器をゲーテの詩になぞらえた。「彼（ゲーテ）がドイツ文学のためにしたことをウェッジウッドはイギリスの美術界のためにしている。イギリス人らしく、良識ある経済的かつ上品なセンスを持っている[※11]」。それから丸一世紀後、イギリスの芸術批評家ハーバート・リードが一九二四年に陶芸研究家バーナード・ラッカムと共同執筆した『English Pottery（イギリスの陶磁器）』にその魅力を次のように書いている。「ウェッジウッドは、用途にぴったり合うと同時に、正確に無限に複製できるように形状を考え抜いた最初の陶器職人だった……徹底して実用的であることを原則とし、多くが……今もスタンダードな形として使われ続けている。蓋の収まりが良く、注ぎ口は機能的で周囲を汚さず、花瓶は倒れる心配がなく、最小の要素で最大の効果を得ようとしているのが随所に見てとれる[※12]」。

同様の特徴の多くが一九世紀のアルファ製品にも当てはまる。ドイツの家具製作者、ミヒャエル・トーネットが一八五〇年代に発明し、五人の息子たちと経営する現チェコ共和国のコリッチャイヌの工場で製造していた曲木椅子だ。この頃、トーネットは木製家具職人としてすでに四〇年近く働き、自分の会社を潰さないための資金繰りとその発明の特許取得に奔走していた。ジョサイア・ウェッジウッドと同じで生まれは卑しかったが、その業で熟達し、やがてそれを改革することによって成功したたたき上げの人だ[※13]。

トーネットは、技術的な実験を重ねた結果、滑らかな曲線と強度を両立させた曲木形状の製造方法を発見し、比較的安く速く大量に作れる単純な家具のスタイルを考案した。コリッチャイヌに場所を移すことで安い労働力と近隣の森林からの木材、そしてヨーロッパ各地への輸送ルートを確保できた。そうした利点を最大限に活かすために、息子らとともに、家具の構成部品を極限まで減らし、工場では規格大量生産方式を導入して、曲げ、カット、蒸し、磨き、艶出し、包装などの分業体制をとった。

トーネットのデザインは、一八六〇年に発表された「No. 14」、「コンシューマーチェア」の異名を持つダイニングチェアで絶頂を極めた。No. 14は、一枚の板から手作りされたトーネットの「No. 8」をベースに大量生産モデルとしてデザインされ、改良が重ねられた。一八六一年には、無垢材の曲木で生産されるようになった。これは、パーツ同士を接着剤ではなくネジによって接合できるということ、つまりは現在の組立式家具と同じように、買った人が組み立てられるということを意味した。当時、椅子は完成品として工場や職人の工房から出荷されるのが普通だったが、トーネットは、No. 14のパーツを数脚分まとめて木枠の箱にコンパクトに詰め、客先へ送り、そこで組み立てさせることができた。それが大きなメリットとなった。次のステップは、一脚を作るためのパーツの数を減らすことだった。一八六七年には、曲木六本、ネジ一〇個、ワッシャー二個でNo. 14を作ることが可能になった。[※14] そのため、安いボトルワイン一本とほぼ同じ、たった三フローリンという値段で作れるようになり、クイーンズウエア同様、貴族だけでなく学校の先生にも手が届く製品となった。

しかしこうしたことも、No. 14に魅力がなかったら、意味をなさなかったはずだ。産業革命から一世紀近く経ち、アーツ・アンド・クラフツ運動が勢いを増し始めた頃、人々が工業の力に気づき、それを利用しようとしながらも、露骨に工業的に見えるものに対して厳しい目を向けるようになっていた時代にぴったりのスタイリングだった。No. 14は紛れもなく工場で生産された製品だった。曲線は、機械の助けを借りなければ成形できないほど正確性を要したが、感覚的には都会ふうというより田舎の素朴さがあり、木のフレームの光沢や、籐を編んだ座面もその印象に一役買っていた。言い換えれば、双方の「いいとこ取り」がNo. 14だった。懐かしい手作り木製家具を彷彿とさせる視覚的要素が十分ありながら、あの流線的な曲げ木の曲線に機械の力を借りているということは、従来の手作り家具よりも強度があり丈夫に違いないことが予想できた。

同様に重要なのは、No. 14には昔も今も、使う喜びがあることだ。軽量でコンパクトなため、さっと持ち上げて移動させることができる上、使い込むほどに味が出る。木の色は年を経る毎に濃く深みを増し、ネジや接着剤は緩む。これが起こると、椅子のフレームがわずかに弛み、椅子にもたれたときにちょうどいい具合に体が落ち着くような感覚がある。こうした色や構造のささやかな変化によって、一度に大量に生産されたものというよりも、一脚一脚がまるでその人のためにデザインされたかのように感じられる。それが、No. 14が持ち主にとって特別な椅子となる所以なのだ。※15

こうした点すべてによってNo. 14は爆発的に売れた。需要が多すぎて、すぐにコリッチャイヌでは間に合わなくなったため、五〇キロ離れたビストリチェに新工場が建設され、その後第三工場もできた。一八六五年には、年間一五万個の家具を生産し、そのほとんどがNo. 14だった。No. 14は、カフェや劇場、病院、教会、学校、刑務所などで使われ、ウィーンの生活文化の一部になっていた。ヨハネス・ブラームスがこの椅子に座って作曲し、ヨハン・シュトラウスのオーケストラ団員たちがこの椅子に座って宮中舞踏会で演奏した。

トーネットは、新たなデザインの開発や工場建設によって拡大し続けた。それは家具の注文に応えるためだけでなく、製造のあらゆる側面をコントロールできるようにするためでもあった。社屋に使用するネジやレンガさえ自作した。一八九〇年代後半には、従業員のための住居、従業員や家族のための学校や図書館、保育所、そして給与として支給される社内通貨で代金を払える小売店などを作った。[※16]

No. 14の魅力は驚くほど長持ちした。まったくの工業製品でも、まったくの民芸品でもなく、どちらの要素も少しずつ持っているところが簡単に廃れなかった理由かもしれない。一九〇〇年代初め、レーニンはこの椅子に座り、机で書き物をした。ル・コルビュジェとピエール・ジャンヌレが、一九二五年にパリで開催された装飾芸術（アール・デコ）国際博覧会で、設計したモダニズム建築の内装に使用する椅子を探していたときも、結局No. 14を選んだ。「この椅子が、この大陸とアメリカの両大陸で何百万脚と使われていることは立派なことだと思う」とコルビュジェは書いている。「そのシンプルさは、人間の体と調和するフォルムを抽出したものだからだ[※17]」。

ハーバート・リードとバーナード・ラッカムが称賛したウェッジウッドの普段使いの陶器の「最小の要素で最大の効果」をトーネットの曲木家具が具体化したように、二〇世紀半ばのアルファ製品もル・コルビュジェがNo. 14に見出した「シンプルさ」と調和を引き継いだ。ラジオやレコードプレイヤー、電気シェーバー、フードミキサー、ジューサーなどドイツのブラウン社が一九五〇年代から一九八〇年代初めまで作っていた電気製品だ。

一九二一年、マックス・ブラウンが電子部品メーカーとして創業したブラウン社は、一九五一年の彼の死後、息子のエルヴィンとアルトゥールに引き継がれた。アルトゥールはエンジニアで、新しい技術や材料、生産手法を試すチャンスができたことを喜んだ。もともと医者になりたかったエルヴィンが事業運営を担当することになり、その分野の勉学に勤しんだ。そして一九五四年、バウハウスでラズロ・モホリ＝ナギの生徒の一人だった工業デザイナーのヴィルヘルム・ヴァーゲンフェルトの講義を受けた。※18

ヴァーゲンフェルトは、アメリカのレイモンド・ローウィのような〝シグネチャー［個人を特定できる特徴的な］デザイナー〟が好む様式化されたアプローチをやめ、デザインを企業活動のあらゆる面に組み込むことを提唱した。また、「すべての製品の用途、実用性、耐久性を徹底的に考える賢いメーカー」になるよう企業に訴え、その方法として、「医学や化学の研究所の研究作業と同じように」リサーチ、チェック、クロスチェックという厳格なプロセスを辿ることを勧めた。そうすれば、売らんがための製品よりも実用的で機能的で操作しやすく、見た目も使用感もよい新しいジャンルの製品が結果として生まれると主張した。スタイリング的には、目立たず邪魔にならない外観であるべきだとしたが、最後に、シンプルに見える製品ほど普通は作るのが難しいという忠告を残して講義を終えた。※19

大いに感銘を受けたエルヴィンは、ヴァーゲンフェルトにブラウンのデザインアドバイザーになるよう求めた。その年の終わりには、ブラウン兄弟はヴァーゲンフェルトが有能な若手デザイナー、ハンス・グジェロとともに教鞭を執っていた新設のデザイン学校、ウルム造形大学と協力関係を結んだ。また、社内にデザインチームを作るため、一九五五年初めに、地元紙で社内建築士を募集した。フランクフルトの建築事務所に勤めていた二人の見習い建築士がこの求人広告に目をつけ、互いに応募するようけしかけ合った。そしてそのうちの一人が採用された。当時二三歳のディーター・ラムスである。[※20]

ラムスがブラウンで与えられた初期の仕事は建築プロジェクトだったが、すぐに製品デザインにも関わるようになった。エルヴィン・ブラウン、アルトゥール率いるエンジニアたち、そしてウルムの指導者たちと仕事をしながら、ラムスはヴァーゲンフェルトが講義で挙げたデザイン原則に従ってデザインシステムを創り、実践していった。その新しい体制はまず、ともに熱狂的なジャズファンだったブラウン兄弟がとくに関心を寄せていたオーディオ製品で始まった。とりわけ一九三〇年代のドイツで起こった「スイングキッズ」運動に参加していたエルヴィンは音楽をこよなく愛していた。スイングキッズ運動の担い手だった中高等学校の生徒たちは、ジャズへの愛やスイングダンス、ダンディズムを通して反ナチズムを表明した。わざと髪を伸ばし、ナチスのスローガン「ジークハイル」に対抗して「スイングハイル」をスローガンに掲げていた。[※21]

ブラウン兄弟は、実行面でも心揺さぶられるものがあった。二人は、ブラウンにオーディオ分野で成長するために使える技術があることを知っていた。それは、第二次世界大戦中に考案された軍事通信に関わる先端技術や、トランジスタに代表される最新の技術革新を適用することだ。トランジスタは、それまでの信頼性の低い、大ぶりな真空管と違って小型でパワーがあり、電子製品のデザインを変えることはまちがいなかった。有望な開拓市場もあった。ジャズやロックンロール、その後ポップスの人気が高まり、音楽の好みも変わり始めていた。こうした新しいジャンルには、違うタイプのサウンドが求められる。クラシック音楽よりクリーンでピュアなサウンド。既存のラジオや蓄音機はクラシック音楽を再生することを意図して作られていた。機器にも新しいスタイルが求められる。それまでのオーディオ製品は、中の機械を隠すかのようにアンティークに似せた木彫りのケースが被せてあり、わざと時代遅れに見えるようにしているふうだった。

二〇世紀半ばの消費者たちは、なぜそれほどまでに最新の電気製品を偽アンティークに見せかけたかったのだろうか。一世紀前のトーネットの顧客が工業というものに気後れしていたのと同じように、おそらく彼らもエレクトロニクスに気後れしていたのだろう。ブラウンの巧妙さは、そうした製品の新しいデザイン言語を打ち出したことだった。それは誰が見てもモダンではあるが、使う人のニーズに「チューニング」されているがゆえに、冷たく突き放すような怖さはなく、むしろ触ってみたいと思わせるデザインだった。

新しい言語は、グジェロやウルムのチームの協力を得ながらラムスが初めて最初から最後まで手掛けた製品に現れている。一九五六年に発売された「白雪姫の棺」のあだ名を持つラジオ・レコードプレイヤー「SK4」だ。ヴァーゲンフェルトがデザインした前の製品をモデルにデザインされたSK4は、白く塗装したスチール板のケースにニレ材のサイドパネルを合わせ、アンティーク感のない堂々たる外観を持つ。ボタンやダイヤルはすべて同じ形状とサイズのものが直線に並び、スピーカー孔や換気孔も同様にあしらわれている。そしてその効果を和らげるために、各ボタンの天面をわずかに凹ませ、指を乗せて押す位置をユーザーに示している。最後の一仕上げは、ターンテーブルの蓋だ。透明アクリル製で、アームや操作系を隠さず、はっきりと見せている。※22 後年ラムスは、エルヴィン・ブラウンがこのデザインを自分とハンス・グジェロの功績にしてくれたのを知って非常に嬉しかったと振り返っている。※23 当時、社内デザイナーの、それもこのような若手の仕事を公に評価する企業は稀だった。寛大な意思表示であり、ブラウンがいかにデザインやデザイナーを大事にしていたかの証である。

SK4の冷やかな外観は、その後何十年もオーディオ製品のスタイリングを決定づけたが、ラムスが自分のチームと作った何百という製品に見られるように、ブラウンほど巧みにやってのけた会社はなかった。控えめなスタイリングと絶妙なプロポーション、そして最新の材料の使用により、見た目だけでなく手触りも官能的だった。押しつけがましさはどこにも感じられないのに、まるで何一つ成り行き任せにせず、すべての要素を厳密に計算し尽くしたかのように、批判を寄せつけない暗黙の堂々たる佇まいを醸していた。

同じデザイン要素は繰り返し使われた。ブラウンのオーディオシステムの各コンポは、まったく同じ大きさで作られたため、きれいに積み重ねられて場所を取らず、お金が貯まったときに買い足していける。エッジや角、ボタンはわずかに丸みがつけられ、ブラウン製品に触れ操作する人に心地よさを与えた。天面はSK4同様、ほとんど凹面だ。だが、一九八〇年代にブラウンの電卓に電子ボタンが採用されると、天面を凹面ではなく凸面にした。それは、しっかりと押すことよりも正しい場所を押すことのほうが大事だという理由による。※24

材料の選定はつねに完璧だった。アルトゥール・ブラウンやエンジニアたちは、自社製品の耐久性、外観、手触りを向上させるために絶えず新しい組み合わせや仕上げを考えだした。ブラウンは、ユーザーにとって重要な、製品の目に見えない直感的な側面を評価していた点でライバルたちをはるかに凌いでいた。表面処理やテクスチャー、感覚的あるいは美的な選択の裏に機能的な意図があることが多かった。たとえば、硬いプラスチックと柔らかいプラスチックを組み合わせた電気シェーバー「ミクロンバイオ５」のケースは、濡れた手でも握りやすくしたものだ。[※25]

色は控えめだった。ブラウンの製品のように日常的に使用するものは、長く人々の生活の一部になるため、「背景にとどまり」「どんな環境にもなじむ」ことが必要だという信念を持っていた[※26]ラムスは、白や薄いグレー、黒、メタリック色を好んでベースカラーに採用した。明るい色は、使用者に正しい操作を促すガイダンスに使用され、厳密に体系化されていた。これは、顧客に必ずしもなじみのない新技術を使うことを誇りとする同社にとって重要な問題だ。赤は「切」、緑は「入」スイッチという具合だ。スイッチ、ボタン、ダイヤルの順番でさえ、わかりやすく論理的に定められている。「私は取扱説明書を信用していない。ほとんどの人が読まないことはわかっているではないか」とラムスは言う。[※27]だから製品を一目瞭然のように見せるのだ。

困ったのが製品のグラフィックのデザインだった。一九五〇年代、六〇年代では比較的目新しい領域だ。当時のグラフィックデザイナーは、対象が立体物の場合の知識や経験を持っていなかったし、プロダクトデザイナーにもグラフィック要素をデザインするための知識や経験がなかった。ラムスは対策として、社内デザイナーの一人で、かつて造船会社のデザインオフィスで見習いをしていた頃に多少グラフィックをやっていたというディートリッヒ・ルプスに新設のスクリーン印刷施設を任せた。ルプス率いるチームは、製品グ

トーネットの研磨工程
ビストリチェ　1920年頃

トーネット家具の輸送
ビストリチェ　1920年頃

トーネット家具の倉庫
マルセイユ　1920年頃

ラフィックの品質を高めるさまざまな方法を実験した。このときに使っていたフォントは、常に同じアクチデンツ・グロテスクというヘルベチカの前身で当時使えた中で最もクリアな書体だった。[※28]

ブラウンのデザインピュリスム［特定の形式を重視し、妥協を許さない潔癖な姿勢］を示す私のお気に入りの例は、目覚まし時計のテンプレートだ。秒針は必ず黄色で、アラーム針とアラーム設定ボタンは必ず緑だった。アラーム音はどの機種も同じで、写真を撮るときの針の位置は必ず一〇時八分、秒針は六を指していた。ディートリッヒ・ルプスが考えた最も魅力的に見える時間だっただけでなく、針がつねに同じ位置にあることによって、一瞬見ただけの人にもその画像が記憶に残りやすかった。[※29]

そして、ブラウン製品について書かれた文章で私が一番好きなのは、ソフィー・ラヴェルがディーター・ラムスについて記した二〇一一年の著書に、アップルの工業デザインの責任者、ジョナサン・アイヴが寄せたはしがきだ。「それは白く、そして冷たく重く感じた。表面は堂々として思い切りがよく、清冽で、完璧なプロポーションを持ち、首尾一貫して無理がない。傷や汚れのない表面とそれを作っている素材とが素直に結びついている。最も安い材料ではなく、最も良い材料が使われていることは明らかだ。隠そうとした部分も、ひけらかしている部分も見当たらない。ただ完璧なまでに考え尽くされ、モノとその機能のヒエラルキーにおいてまったく適切である。一見しただけで、それがどういうもので、どのように使えばよいのかがわかる……完成され、的確である印象を受ける[※30]」。

アイヴは、自分が出会った最初のブラウン製品で、一九七〇年代に両親が購入した「ＭＰＺ２シトロマティック」ジューサーについて言及している。だが彼は、自分や仲間がデザインしたアップル製品のことを言っていたのかもしれない。スティーブ・ジョブズにかつて「デザイナーが優秀な別の惑星」から来たと言わしめた製品のことを。[※31] ジョブズは、一九八三年からすでにブラウンに対する崇敬を表明している。アスペンで開かれた国際デザイン会議で「アップルのコンピューターを『ブラウンの電化製品がそうであるように、美しく白く』するつもりだ」と発言した。[※32] その一四年後にアイヴと出会い、互いがラムスに傾倒していたことを知る。その後、二人は二〇〇七年に発売した初代iPhoneの計算機用デジタルキーパッドを、一九七〇年代にラムスとディートリッヒ・ルプスがデザインしたブラウンの電卓「ＥＴ４４」のレプリカとしてデザインし、その崇敬を公にした。以来、iPhoneのどのモデルにも同じインターフェースが使われている。

アップルとブラウンは、デザインの目的を同じくしていただけでなく、両社とも似た価値観を持つ人々が率いていた。エルヴィン・ブラウンもジョブズも、並外れて要求が厳しく、決断力のあるリーダーで、それぞれの時代の反体制文化に染まっていた。一方は、ドイツ・ナチ政権下の不穏なスイングキッズ運動で、もう一方は、一九七〇年代カリフォルニア北部で瞑想・菜食主義・ヨガを実践するマニアックなヒッピー・コミュニティーで。両社は、消費者文化の重大な分岐点で登場した。ちょうどブラウンがデザインによって一般大衆をエレクトロニクスの魔法に振り向かせようとしていたのと同じことを、アップルはコンピューターでした。

アップルは、シリコンバレーの二人の技術オタク、ジョブズとスティーブ・「ウォズ」ウォズニアックによって設立された。二人は一〇代の頃からの友人だ。優秀なプログラマーでハッカーでもあったウォズは、技術の進歩に勤しみ[※33]、ジョブズは、意気軒昂な起業家でデザインに対する天性の理解があった。彼は、カリフォルニアのデベロッパー、ジョセフ・アイクラーが一九五〇年代に普通のアメリカ人の手の届く普通の家を造るという志で建てたモダン住宅で育った。

二人が開発した最初のコンピューター、一九七六年の「アップルⅠ」は、その間に合わせの木の筐体からいって、まるで素人が趣味で作ったマシンだったため[※34]、後継機はもっと洗練させるとジョブズは決意した。「アップルⅡ」では、自分が近くのメイシーズ百貨店で見て惚れ込んだクイジナートのフードプロセッサーと同じ軽量プラスチックを成型したケースを地元のデザイナーに頼んで作らせた。ジョブズは、デザイン料として一五〇〇ドル支払うことに同意したが、二人にその余裕はほとんどなかった。ジョブズの伝記を書いたウォルター・アイザックソンにある同僚が語ったところによると、ジョブズは、筐体の角の形状に何日も苦しんだ上、プラスチックのベージュを特色にするつもりだったにもかかわらず、何千種類もあった標準色のベージュから選ぶよう説得されなければならなかったという[※35]。買いたいと思うほど気に入ったものがないという理由で、家具がほとんどない家に何年も住んでいた男だ。「ケースが本当にカギだった」とジョブズは一九八五年発行の『プレイボーイ』誌のインタビューで話している。「アップルⅡの本当の斬新さは、それが完成品だったということだ。キットではない最初のコンピューターだった[※36]」。

アップルが軌道に乗ると、ジョブズはデザイン史、とくに日本のミニマリズムや近代化運動について研究し始めた。一九八二年には、フロッグのハルトムット・エスリンガーにアップル製品のデザインを依頼し、複雑ではない形状と薄い色を特徴とする「スノーホワイト」デザイン言語の開発を後押しした。[※37] 翌年のアスペンの講演でジョブズは自身のデザイン目標を一言で言い表した。「シンプルにしよう、これ以上ないくらいに」。ただし、シンプリシティーは、アップル製品の見た目のデザインにおいても重要だが、それと同じくらい、使い勝手という意味でも重要なのだと強調した。「デザインで肝心なのは、直感的でわかりやすくなければならないことだ[※38]」。

ジョブズのユーザビリティへのこだわりは、アップルが一九八四年に発売したコンピューター、「マッキントッシュ」を立ち上げると浮かび上がる「Hello」や「Welcome」の文字でもすぐわかる。これに比べ、ＩＢＭのＰＣを起動して最初に現れるのは MS-DOS OS のプロンプト「C:／v」であり、プログラマー以外の人には理解できない。[※39] しかし、ジョブズはときに突拍子もない指示でアップルのエンジニアたちを仰天させた。有名なのは、マッキントッシュの内部のメモリチップを搭載したプリント基板を醜いからといって設計し直させたことだ。マシンの中に埋もれて誰にも見えないと反論されても取り合わなかった。ジョブズは、熱心な日曜大工だった父親のポールが棚一つ作るにも、見えない部分まで出来映えにこだわることを誇りにしていたことを振り返っている。マッキントッシュにファンを内蔵することを許さなかったこともあった。音がうるさく気が散るという理由からだった。ファンなしではオーバーヒートしやすくなるというエンジニアの警告に聞く耳を持たなかったが、残念ながら彼らの言うとおりになり、マッキントッシュには「ベージュ色のトースター」というあだ名がつけられた。[※40]

一九八六年にアップルを追放されたジョブズのこうるささは、彼の新会社NeXTでさらに過激になった。IBMの縞模様のロゴをデザインした著名なグラフィックデザイナー、ポール・ランドに、NeXTのビジュアルアイデンティティーの開発を依頼したが、結局、「NeXT」の「e」に選んだ黄色の色味を巡って論争となった、とウォルター・アイザックソンは書いている。ジョブズはもっと明るい色調を望んだが、敵ランドは、勇敢にも意見を変えることを拒み、こぶしでテーブルを叩きながらこう吠えかかった。「私はこれを五〇年やってきた。人に指図される筋合いはない」。ジョブズは軟化したが、結局また自分の名刺の「Steven P. Jobs」の「.」の位置でランドとぶつかった。ランドは昔の活版のように「P」の右に「.」を置いたが、ジョブズはコンピューター画面に表示されるデジタル書体のように、「P」の曲線の下にたくし込むほうを好んだ。[※41]

一九九七年にアップルに戻ると、ジョブズはイギリス人デザイナー、ジョナサン・アイヴと二人三脚でデザインに対する見方を磨いていった。アイヴはその数年前にアップルに入ったが、ジョブズの下でエルヴィン・ブラウンにとってのディーター・ラムス役を演じて活躍する。一緒にデザインした最初の主だった製品は、一九九八年に発売された色鮮やかなiMac G3だった。派手な青、オレンジ、ピンク、紫のプラスチックケースに収められたマシンは、コンピューターと言えば、ファッションデザイナーが「グレージュ」と呼び、作家のトム・ウルフが「子牛肉色」と命名したグレーとベージュの冴えない組み合わせしかなかった時代には奇怪に映った。[※42] さらなる暴挙は、半透明のプラスチックを使用し、中の機械を見えるようにしたことだ。業界のしきたりからいえば、複雑に絡み合ったコンピューター部品を見た人々は、良くて困惑し、最悪の場合、怖がる。不透明なプラスチックで隠してきたのはそのためであり、戦後、蓄音機やラジオを木製の「アンティーク調」キャビネットのように見せかけたのと同じ発想だ。

それにもかかわらず、そのデザインはまったく理にかなっていた。アップルはiMacを技術に精通した若い『ワイヤード』誌読者世代の消費者に売ろうとしていた。テレビゲームで育ち、仕事でコンピューターを多用し、電子メールやインターネットにますます依存する世代だ。鮮やかな色で、iMacのかわいさ、楽しさ、ファッション性を打ち出す。そして、中身をチラ見させることで、コンピューターというものも、少なくともこんなコンピューターだったら、心配するほど難しくも怖くもないかもしれないと安心させる（一番不満に思っていたアップルのエンジニアでさえ、ジョブズがiMacの中身を外身に匹敵するくらいきれいにしたかった理由がわかったにちがいない）。同じくその気にさせるハンドル。どうぞ持ってくださいと待ち構えている。アイヴが後年説明したように、「あの頃、普通の人にとってテクノロジーはちょっと怖いものでした。怖いと思えば触ろうとしないのが当たり前です。たとえばウチの母など、怖がって触らないでしょう。それならハンドルをつけたらどうだろうか——そう思ったわけです。そうすれば、人間との関係が結べる製品になるのではないか。直感的にわかって親しみやすい。触っていいんだよと語りかけるものになる」。iMacのカラフルなケースを作るには、標準的なコンピューターケースの三倍、一台につき六〇ドルはかかるとエンジニアから聞かされていたにもかかわらず、ジョブズは会社としてこれを承認することを主張した。※43

iMacは商業的成功を収め、ジョブズ＝アイヴデザイン体制下のアップルの復活を世に知らしめた。そしてその後のアップル製品のユーザーフレンドリーさの前例となったが、二人がアップルのビジュアルスタイルを明確にするのはこの二年先である。その突破口となった製品、二〇〇〇年の「Power Mac G4 Cube」は商業的には成功しなかったが、アイヴの個人的なお気に入りだった。ボタン一つない八インチの箱。アイヴとジョブズのシンプル化へのこだわりを究極まで追求した成果だ。スタイル的には Cube は「思い切りがよく、清冽で、完璧なプロポーションを持ち、首尾一貫して無理がない」。アイヴが一九七〇年代に実家にあったブラウンのジューサーについて称賛した特徴そのものだ。※44 白とグレーの冷やかなカラーパレット、シンプルな長方形のフォルムにわずかにRがかったエッジや角、微妙なコントラストを見せる透明と不透明のプラスチック材、欠点のない表面仕上げによって iMac G3は、遊び心と同じくらい精緻さを感じさせた。そうしたスタイリング上の個性的な要素は、アイヴのデザインチームによって iPod、iPhone、iPad などの新しいタイプの製品にも適用されたため、その後のアップル製品に見ることができる。そのビジュアル言語とアップルがあまりに強く結びついていたため、二〇〇一年に iPod が登場したときには、小さな白いイヤホンが見えただけでその製品がカバンやポケットに潜んでいることがわかるくらいだった。

ジョブズ＝アイヴ時代のアップルのデザイン目標は、iPad2の販促用スローガンに凝縮されている。「より薄く、軽く、速く」[※45]。既存製品の新モデルはたいていこの課題をクリアした上で、他の機能を備えている。しかし、何よりも重要な目的は、ジョブズが楽しくてしかたがないという様子で「とんでもなくすばらしい」製品だと言ったように、発売を待ちわびて何カ月も前からいい噂や悪い噂がブログの世界で飛び交い、発売当日にアップルストアに長い行列ができる製品を作ることだった。どうしてアップルにはそれができたのだろうか。

一つには、社内のデザイン、製品開発、エンジニアリング、生産、財務、物流などあらゆる部門が最高の製品を生みだすことを目指していることが挙げられる。分別のある会社なら皆そうすべき単純なことに思えるが、実行している企業はがっかりするほど少ない。どんな企業も異なる部門が一緒になって生産的に働くことが理想的だが、たとえば、エンジニアと財務やデザイナーの要求がぶつかり合うことはよくある。そうした衝突は、どの会社にもある。ほとんどの会社は財務的な問題を優先するが、ジョブズはそうしなかった。それをしないだけの覚悟のある数少ない企業でも、一般的にエンジニアリングチームに製品開発計画を立てさせる。アップルのようなコンピューターや電話機といった技術的に複雑な機器を作るメーカーではとくにその傾向がある。どんなタイプの製品を作るかをエンジニアが決めてからデザイナーが呼び込まれ、それらを魅力的で使いやすいものにする進め方が一般的に多い。

ジョブズは、アップルで再びこのプロセスをひっくり返し、デザインをエンジニアリングに優先させた。

アップルが次にどんなとんでもなくすごい製品を作るべきかを決める最良の立場にあるのは、自分とデザインチームであり、それを実現するために必要な技術を作り出すのがエンジニアの仕事であり、その逆ではないと信じていた。マッキントッシュ開発中、先にケースを承認し、その中に部品を収めるようエンジニアに指示した。アップルでの二度目の登板中、アイヴとの関係が深まるに従い、ジョブズのデザインへの執着は強まっていった。ウォルター・アイザックソンによれば、アイヴ対ジョン・ルビンスタインのバトルでは、たいていアイヴの肩を持った。ルビンスタインは、ジョブズのNeXT時代からの旧友で、一九七七年にアップルに入り、ハードウェア部門の責任者を務めていた。論争のきっかけはたいがいアイヴのエンジニアへの厳しい要求をルビンスタインが批判したときだ。ジョブズはアイヴを昇進させてルビンスタインではなく、自分に直接報告する立場に置いたが、口論は続いた。ついにアイヴが「彼か自分か」の最後通牒を突きつけ、ジョブズはアイヴを選び、ルビンスタインは二〇〇六年にアップルを去った。[※46]

ジョブズは頻繁にアップルのデザインスタジオを訪れた。クパティーノの本社敷地内、インフィニティループ二番地の一階にある同社のデザインスタジオは、窓は色で目隠しがされ、ドアにはカギがかけられている。上級幹部でさえ特別な入室許可が必要だった。ジョブズは例外で、一日に何度か立ち寄った。アイヴやデザイナーとランチを食べながらさまざまなプロジェクトの進捗について話していたと思ったら、その日のうちに再び現れ、各プロジェクトの経過について自分が漏れなく把握しているかを確認した。[※47] 問題が起こると、ジョブズにすぐに報告がいった。彼は、どんなわだかまりも、どんな楽しみな展開も見逃したくなかった。

他のCEOのように、出来上がった提案や試作を吟味するのではなく、開発プロセス全体にわたって意見した。彼の死後にマルコム・グラッドウェルが『ニューヨーカー』誌に書いているように、彼は同時代「最高の手直し屋」だった。[※48]

ジョブズがそれだけ巧みに手直しできたのは、デザインに対する知見があったからに他ならない。他の上級幹部とはまったく対照的だ。「そうしたことを話すための語彙が少ないのです」と彼は二〇〇〇年に発行された『フォーチュン』誌の記事に書いている。「ほとんどの人の辞書では、デザインはうわべ、表面のことです。言わば、部屋をきれいに飾ること、たとえばカーテンやソファの生地のことです。しかし私にとって、それほどデザインの本来の意味からかけ離れたものはありません。デザインは、人間が創造するものの根底にある魂であり、製品やサービスのどこを切ってもそのもの自身を表現するものです。iMac は単にシェルの色や半透明や形状ではありません。iMac の本質的な魅力は、すべての要素がぴったりとはまり合った、極限まで最高のコンシューマー向けコンピューターを目指したことなのです[※49]」。

ジョブズは、製品の使用体験を決定づけるものとしていかにデザインが重要かを認識し、そのデザインで人を怖じ気づかせるのではなく、喜びと自信を与えることを心がけた。「社内ではあまりデザインの話はしません。話すのは、おもに使い勝手のことです」と iPod をデビューさせた一年後に語っている。「ほとんどの人は見た目の違いだと思っていますが、本当は見た目ではなく、使い勝手なのです[※50]」。アップル製品を買おうとしている顧客が直感的に使えると思えなければ、iPodやiPhoneといった新しい製品は買ってもらえない。そのことをジョブズはわかっていた。それ以前の製品だってパスしただろう。「そのためにお客さんはお金を払っている」と彼は『フォーチュン』誌に語っている。「そうした細かい大変なことを全部引き受けて、簡単に楽しくウチのコンピューターを使ってもらうためです[※51]」。iPod のソフトウェアに取り組むエンジニアは、三回のクリックで機能を実行できなかったら、もっと速い方法を見つけるまでジョブズに言われ続けることにほどなく気づくことになる。プロセスの途中で確信が持てないことがあったときも同じことが起こる。楽に操作できなければ満足しない人だった[※52]。

デザイン擁護者としてのもう一つの強みは、ジョブズが「とんでもなくすごい」もの以外は許さなかったことだ。他のCEOの中にも、とくにメディア向けに似たような大げさなことを言う人もいたが、やり遂げた人は少ない。ジョブズは、それによってどんなに不利な立場に追い込まれようとも、信念を貫く勇気、妥協を許さない点で人並みはずれていた。最初のアップルストアのテンプレートがもうすぐ完成するというとき、彼は六カ月の延期を許した。よくあるお店のように決まりきったカテゴリーで商品を分けるのではなく、お客さんが製品をどう使うかを考えて陳列するレイアウトに考え直すべきだと同僚に説得されたからだった[※53]。

同じくらい類い稀なのが、マーケットリサーチや消費者フォーカスグループといった企業の拠り所に頼らずにそうした意思決定をしようとしたことだ。彼は、人々に何が欲しいかを聞いても、彼らがすでに知っていることしか答えない、だから大衆に媚びたつまらないものしかできないのだと固く信じていた。そして、アップルのスーパーコンシューマーに成り代わって、手厳しくも建設的な批評家の役割を演じる自分の能力に絶対の自信を持っていた。「顧客に耳を傾けないわけではありません」と彼は『フォーチュン』誌に語っている。「ですが、この製品のようにおよそ見たことのないものに対して何が欲しいかを聞いても観客はなかなか答えられないのです[※54]」。そしてライバル各社よりも高い価格で製品を売ることを恐れなかった。初代iPodは、三九九ドル。他社のMP3プレーヤーよりもはるかに高いため、その名前は「Idiots Price Our Devices(バカが俺らの機器の値段をつけている)」の頭文字だとブロガーらに揶揄された[※55]。本当にそうだったとしても、高いからといって人々は買うのを思いとどまりはしなかった。

ジョブズの勇気はたいがい好結果を生んだが、裏目に出るときもあった。「Power Mac G4 Cube」や「Mobile Me」データ共有システムがそうだった。彼は「ついていない時期」と社員宛のメールに書いている[※56]。彼とアイヴがエンジニアの助言を無視して失敗したこともあった。二人が固執するように、ヘアライン仕上げのアルミ無垢材をiPhone4のエッジに使えば、アンテナ性能に悪影響が出ると言われていた。そして本当にそうなった[※57]。

こうした挫折も、ジョブズ率いるアップルの勝利に比べれば影が薄い。彼がいなくなった後もその成功を維持できるのかという疑問が浮かぶ。それは大丈夫なのではないだろうか。アップルデザインの大成功は少なくともジョブズと同じくらいアイヴ率いるチームのおかげであり、ジョブズからCEOを引き継いだティム・クックのロジスティクス能力の高さのおかげだ。また、アップルはいずれにしろデザインの優先順位を見直さざるを得ないという議論もある。倫理上、環境上の責任に対する顧客の期待に応えるためだ。ジョブズ時代に弱点とされていたことの一つだ。

目を見張るほど成功したアップルのデザイン戦略だが、ジョブズが亡くなる以前から時代遅れになり始めていた感がある。ユーザビリティの重視がタイムリーだったことを除けば、アップルのデザイン資産、とくに感覚に訴えるプロダクトスタイリングや、ラインナップ間のバランスを慎重に調整しながら送り出してきた一連の「新」機種は、二〇世紀的なデザイン価値観に染まっている。環境履歴に対する批判や、下請け工場で働く人の労働条件や、安全基準に対するクレームへのあからさまな無関心にも同じことが言える。ライバル各社も同様の非難を受けたが、とくにアップルに非難が集中したのは、自他ともに認める業界リーダーとして、他社よりも高い基準を掲げるべきだと考えられたからだった。

通常、アップルのような企業は、顧客に最もアピールすると思われる特性を持った製品を作って販売するコストと、利益予想を比べて投資決定をする。ジョブズ時代の主たる関心事は、性能、スタイリング、使いやすさであり、アップル製品は比較的高かったにも関わらず、これに価格が加わっていた。私たち消費者もiPadやiPhoneのような製品を買うかどうかを決めるとき、同じような計算をする。どれだけ役に立つかや魅力、コストの相対的な利点、そして潜在的な不安点を評価する。そうした要因それぞれの重要度は絶えず変わり、二〇一一年にジョブズが亡くなる頃には、製造の過程で環境にダメージを与えたり、製品を作る作業者への搾取が疑われる製品の購入を思いとどまる人が増えていた。アップルは、ますます重要になるデザイン領域が自分たちに欠けていること、そして企業としての誠実さを疑問視するますます多くの人々を疎外していることがおおっぴらに知られてしまう危険に晒されていた。それまではライバルがデザイン力で劣っていたことが幸運だった。それが今では、他社に先を越されないうちに急いで倫理・環境面での遅れを取り戻さなければならなくなってしまった。※58

それが理由かどうかは別として、もしアップルがつまずけば、デザインブランドとしての支配的地位を失う。ウェッジウッドやトーネットやブラウンも最終的にそうなった。そうなったとして、次に消費者が待ちこがれ、ライバルが真似したがる製品やサービスジャンルを生みだすのはどの企業だろうか。それが誰であっても、アップルの後継者は、過去のアルファデザインブランドを特徴づけてきた多くの性質を共有しているにちがいない。

その一つは、自社製品に情熱を持ち、それがどのように作られ使用されるかを非常に良くわかっている人がトップにいること。ジョサイア・ウェッジウッドもミヒャエル・トーネットも、一〇代の見習いの頃に実務を身につけたが、起業し、業界を改革するビジョンと厚かましさを備えていた。エルヴィン・ブラウンとスティーブ・ジョブズは、技術的な能力では彼らに負けるものの、そうしたスキルを持つ人々を見出す情熱と知識を持っていた。ディーター・ラムスとジョナサン・アイヴはどちらも幼少時代にモノを作る喜びを知った。ラムスは建具職人だった祖父から、アイヴは銀細工師だった父から。アイヴは父が教えていた学校の工房によく連れて行かれたという。ジョブズも家のガレージで父の古いクルマのレストアや日曜大工仕事を手伝っていた。そうした経験から、自社製品に対する誇りや作る喜びを教わり、それが作るものにも現れた。「デザイナーは簡単に実際の対象物から遠く引き離されてしまう」とアイヴは二〇〇九年のドキュメンタリー『Objectified（対象化、客観化）』の中で述べている。「バーチャルにデザインし、リモートでプロトタイプを作り、海外で生産することができるようになった。以前は、階段を下りればそこで物を作っていたのに。その頃の流動的で有機的なものづくりは、今はもうできない[※59]」。手で作られたものに込められた手作りならではの愛情や誇りや純粋な喜びについて書かれた本は多いが、優れたデザインにはそれと同じ特質を工業製品に注入する力がある。

ウェッジウッド、トーネット、ブラウン、ジョブズは、それぞれのキャリアにわたり一貫して起業家としての才、戦略的ビジョン、勇気、完璧主義を発揮してきたが、これらは、優れた製品づくりだけでなく、ビジネスのどんな領域にも重要な特質だ。ジョサイア・ウェッジウッドは、何年も試行錯誤を重ねて自らの高い要求を満たす陶器の製造方法を編み出した。ジョナサン・アイヴは、「すばらしい出来でなければ捨ててやり直す」ことを厭わないことがアップルの最大の強みの一つだとしている[※60]。そこまでの勇気のある企業だけが注目に値する商品を生みだすことができる。

アルファ製品は、求められる機能を果たす以上の意味を使う人に与え、その人の生活に色を添える。象徴的な意味合いを持たせてユーザーとエモーショナルな絆を結ぶことが必要だ。ウェッジウッドのカップ、ソーサー、皿についていえば、それらは産業革命初期に機械化によって生活が文明化することを約束し、その一世紀後、工業は当たり前になったが、侘しさや破壊性も見えてきた頃にトーネットの曲木椅子が同じことをした。ブラウンの凛とした電化製品も、二〇世紀半ばに別のテクノロジーの世代に対して同じ可能性を示し、アップルのデジタル製品もコンピューターで、次いでマルチメディア機器で同じことをしている。

そう考えると、四社とも日常生活に変革をもたらす科学やテクノロジーのブレークスルー期に操業するという幸運に恵まれていた。しかし成功したのは、変革主体・変革手段としてのデザインの本質的役割を全うする知恵と工夫が他社にはなく、彼らにあったからだ。そのイノベーションを人の役に立つ商品か、人に欲しいと思わせる商品か、理想的にはその両方である商品に落とし込んだからだ。電機メーカーはどこも一九五〇年代初頭のトランジスタの発明を有効利用しようと思えばできたが、ブラウンほど巧みにやってのけた会社はなかった。その二〇年後、パロアルトにあるゼロックスＰＡＲＣのエンジニアが可読ＧＵＩの開発に必要な技術を発明したが、アップルがそのデザイン手腕によってその研究成果をコンピューターにパッケージしたことで、初めて人が買いたいと思う魅力的なものになった。

次のアルファ企業も同じことをするだろう。ただし一つだけ確かなことがある。それは、「アップルのようになりたい」とは思わない会社だということだ。アップルは人の真似をせず、断固として自分であり続けたために勝利した。ウェッジウッドもトーネットもブラウンもそうだったし、これからの後継者もそうだろう。

1 'The First iMac Introduction', ２００６年１月、peestandingup がユーチューブに投稿。http://www.youtube.com/watch?v=0BHPtoTctDY

2 Leander Kahney, Inside Steve's Brain (New York: Portfolio, 2008), pp. 15 and 16. リーアンダー・ケイニー『スティーブ・ジョブズの流儀』（三木俊哉訳、武田ランダムハウスジャパン、２００８年）

3 David Streitfield, 'Jobs Steps Down at Apple, Saying He Can't Meet Duties', *The New York Times*, 24 August 2011, http://www.nytimes.com/2011/08/25/technology/jobs-stepping-down-as-chief-of-apple.html

4 'Steve Jobs Shrines around the World – in Pictures', *Guardian*, 6 October 2011, http://www.guardian.co.uk/technology/gallery/2011/oct/06/steve-jobs-apple-shrines-world#/?picture=379996403&index=0

5 Nick Bilton, 'The Rise of the Fake Apple Store', *The New York Times: Bits Blog*, 20 July 2011, http://bits.blogs.nytimes.com/2011/07/20/the-rise-of-the-fake-apple-store/

6 'A Genius Departs', *Economist*, 8 October 2011, http://www.economist.com/node/21531530

7 Alex Williams, 'Short Sainthood for Steve Jobs', *The New York Times*, 2 November 2011, http://www.nytimes.com/2011/11/03/fashion/the-steve-jobs-backlash.html. 中には当然、楯突く者もいた。MikeinOhio は、２０１１年10月６日、ウォール街占拠運動サイトに 'Was Steve Jobs a Good Man or an Evil Corporate CEO and Wall Street Shill?(スティーブ・ジョブズは善人、それとも極悪ＣＥＯ、ウォール街のサクラか）、と投稿しているが、こうした批判をする人は少数派だった。http://occupywallst.org/forum/was-steve-jobs-a-good-man-or-an-evil-corporate-ceo/

8 Alison Weir, *Henry VIII: King and Court* (London: Jonathan Cape, 2001), pp. 186–94.

9 Alison Kelly (ed.), *The Story of Wedgwood* (1962; London: Faber and Faber, 1975), p. 18.

10 エリザベス・テンプルタウンとその夫で、テンプルタウン男爵の称号を受けたクロットワージー・アプトンは、１７８３年に郊外の家のリフォームをロバート・アダムに委託した。その家は、17世紀初頭にアプトン家が購入しアプトン城と改名した、北アイルランドのアントリム郡テンプルパトリックの中世の要塞に建てられた16世紀の城だった。

11 ノヴァーリスは、ゲオルク・フィリップ・フリードリヒ・フライハー・フォン・ハルデンベルクのペンネームだった。*Novalis: Philosophical Writings* (1798; Albany: State University of New York Press, 1977), p. 111.

12 Herbert Read and Bernard Rackham, *English Pottery* (London: Ernest Benn, 1924), p. 26.

13 Andrea Gleiniger, *The Chair No. 14 by Michael Thonet* (Frankfurt am Main: form, 1998), pp. 7–17.

14 Alexander von Vegesack, *Thonet: Classic Furniture in Bent Wood and Tubular Steel* (London: Hazar, 1996), pp. 32–4 and 116.

15 コンスタンチン・グルチッチとのインタビュー、２００８年９月。

16 原注14に同じ。Von Vegesack, *Thonet*, pp. 34 and 36–7.

17 原注14に同じ。*Ibid.*, p. 109.

18 Siegfried Gronert, 'From Material to Model: Wagenfeld and the Metal Workshops at the Bauhaus and the Bauhochschule in Weimar', in Beate Manske (ed.), *Wilhelm Wagenfeld (1900–1990)* (Ostfildern-Ruit: Hatje Cantz, 2000), pp. 12–18.

19 Dieter Rams, *Less but Better* (Hamburg: Jo Klatt Design+Design, 1995), pp. 9–10.

20 原注19に同じ。*Ibid.*, pp. 15–16.

21 Bernd Polster, 'Kronberg Meets Cupertino: What Braun and Apple Really Have in Common', in Sabine Schulze and Ina Grätz (eds), Apple Design (Ostfildern: Hatje Cantz, 2011), pp. 68–9. ザビーネ・シュルツェ、イナ・グレーツ『Apple Design １９９７－２０１１日本語版』（平谷早苗編、株式会社Ｂスプラウト訳、ボーンデジタル、２０１２年）

22 Keiko Ueki-Polet and Klaus Kemp (eds), *Less and More: The Design Ethos of Dieter Rams* (Berlin: Gestalten, 2009), p. 115.

23 原注19に同じ。Rams, *Less but Better*, p. 19.

24 Klaus Kemp, 'Dieter Rams, Braun, Vitsoe and the Shrinking World', in Ueki-Polet and Kemp, *Less and More*, p. 467.

25 Sophie Lovell, *Dieter Rams: As Little Design as Possible* (London: Phaidon, 2011), p. 235.

26 原注19に同じ。Rams, *Less but Better,* pp. 57–8.

27 原注25に同じ。Lovell, *Dieter Rams*, p. 239.

28 原注24に同じ。Klaus Kemp, 'Dieter Rams, Braun, Vitsoe and the Shrinking World', in Ueki-Polet and Kemp, *Less and More*, p. 465.

29 原注24に同じ。*Ibid.*, p. 467.

30 原注25に同じ。Lovell, *Dieter Rams*, p. 13.

31 １９９８年５月６日、カリフォルニア州クパティーノのデアンザコミュニティーカレッジのフリント講堂で初代iMacを披露するスティーブ・ジョブズ。２００６年１月30日にpeestandingupによってユーチューブに投稿された'The First iMac Introduction'。http://www.youtube.com/watch?v=0BHPtoTctDY

32 Walter Isaacson, Steve Jobs (London: Little, Brown, 2011), p. 126. ウォルター・アイザックソン『スティーブ・ジョブズ』（井口耕二訳、講談社、２０１２年）。

33 スティーブ・「ウォズ」ウォズニアックは、スティーブ・ジョブズよりも5歳年上で、シリコンバレーにあるホームステッド高校の先駆的なエレクトロニクスの授業でスター生徒だった。二人とも同じ学校に通ったが、時期は異なる。ウォズの弟は、学校の水泳チームでジョブズと一緒だった。原注32に同じ。*Ibid*., pp. 21–5.

34 Mark Frauenfelder, *The Computer* (London: Carlton Books, 2005), p. 135.

35 原注32に同じ。Isaacson, *Steve Jobs*, pp. 73 and 83.

36 David Sheff, 'Playboy Interview: Steven Jobs', *Playboy*, 1 February 1985, http://www.txtpost.com/playboy-interview-steven-jobs/

37 原注21に同じ。Ina Grätz, 'Stylectrical: On Electro-Design That Makes History', in Schulze and Grätz, *Apple Design*, p. 14.

38 原注32に同じ。Isaacson, *Steve Jobs*, p. 126.

39 原注21に同じ。Thomas Wagner, 'Think Different! Users and Their Darlings: On Apples, Machines, Interfaces, Magic, and the Power of Design', in Schulze and Grätz, *Apple Design*, p. 35.

40 原注32に同じ。Isaacson, *Steve Jobs*, pp. 133 and 186.

41 原注32に同じ。*Ibid*., pp. 220–21.

42 James B. Stewart, 'How Jobs Put Passion into Products', *The New York Times*, 7 October 2011, http://www.nytimes.com/2011/10/08/business/how-steve-jobs-infused-passion-into-a-commodity.html

43 原注32に同じ。Isaacson, *Steve Jobs*, p. 350.

44 原注25に同じ。Lovell, *Dieter Rams*, p. 13.

45 'New iPad 2: Thinner, Lighter, Faster', uploaded on to YouTube by marvinsc on 2 March 2011, http://www.youtube.com/watch?v=iy017Af_V0o

46 原注32に同じ。Isaacson, *Steve Jobs*, pp. 458–9.

47 原注32に同じ。*Ibid*., pp. 344–5.

48 Malcolm Gladwell, 'The Tweaker: The Real Genius of Steve Jobs', *New Yorker*, 14 November 2011, http://www.newyorker.com/reporting/2011/11/14/111114fa_fact_ gladwell

49 Steve Jobs, 'Apple's One-Dollar-A-Year Man', *Fortune*, 24 January 2000, http://money.cnn.com/magazines/fortune/fortune_archive/2000/01/24/272277/

50 スティーブ・ジョブズとジョナサン・アイヴがアップルのデザインアプローチについて議論した２００２年の社内向けビデオクリップ「Apple Steve Jobs on Design」。２０１０年10月16日、DirkBeveridge1340がユーチューブに投稿。http://www.youtube.com/watch?v=sPfJQmpg5zk

51 原注49に同じ。Jobs, 'Apple's One-Dollar-A-Year Man'.

52 原注32に同じ。 Isaacson, *Steve Jobs*, p. 389.

53 原注32に同じ。 *Ibid*., p. 373.

54 原注49に同じ。 Jobs, 'Apple's One-Dollar-A-Year Man'.

55 Brad King and Farhad Manjoo, 'Apple's "Breakthrough" iPod', *Wired*, 23 October 2001, http://www.wired.com/gadgets/miscellaneous/news/2001/10/47805

56 Jacqui Cheng, 'Steve Jobs on MobileMe: The Full E-mail', *Ars Technica* (August 2008), http://arstechnica.com/apple/news/2008/08/steve-jobs-on-mobileme-the-full-e-mail.ars

57 原注32に同じ。 Isaacson, *Steve Jobs*, pp. 344–5.

58 ２０１２年１月の『ニューヨークタイムズ』紙に掲載されたアップルの中国の下請会社数社における労働条件について調べた Charles Duhigg と David Barboza の報告はアップルの倫理的行動に対する議論を呼んだ。 Charles Duhigg, David Barboza, 'In China, Human Costs Are Built into an iPad', *The New York Times*, 25 January 2012, http://www.nytimes.com/2012/01/26/business/ieconomy-apples-ipad-and-the-human-costs-for-workers-in-china.html; John Cassidy, 'Rational Irrationality: How Long Will the Cult of Apple Endure?', *New Yorker Blog*, 20 March 2012, http://www.newyorker.com/online/blogs/johncassidy/2012/03/how-long-will-the-cult-of-apple- last-for.html

59 *Objectified*, directed by Gary Hustwit, produced by Plexi Productions, Swiss Dots (2009).

60 'Apple Steve Jobs on Design', ユーチューブの投稿。アメリカのデザイナー、チャールズ・イームズは妻のレイ・イームズとデザインしたＥＣＳ収納システムに関する映像のナレーションで、「ディテールは細かいことではなく、製品はそれでできている」と述べている。 'Charles Eames', Art Directors Club, http://www.adcglobal.org/archive/hof/1984/?id=245

7

デザインと芸術を けっして混同してはならない理由

> 7. Why design is not – and should never be confused with – art

デザインと芸術をけっして混同してはならない理由

見た目は美しいが、使うと不愉快になるような、生活から切り離された芸術は存在すべきではない。私たちの日用品が芸術的に作られていたら、そして偶然や気まぐれの寄せ集めでなかったら、何一つ隠す必要がない。

——ブルーノ・ムナーリ[※1]

美術品が輸送中に壊れることはよくある。一九六八年、ドイツの展示会場からロンドンのスタジオに戻る途中のリチャード・ハミルトンの作品もその被害に遭った。スタジオに届いたとき、作品は粉々に砕けていた。幸い保険をかけていたが、ドイツの保険会社は補償することを拒んだ。その残骸——引っかき傷のついたアルミと透明アクリル樹脂の破片を紐で縛ったもの——が芸術作品であるはずがない、と。[※2]

その作品が「トースター」というタイトルで、ブラウン社の「HT2」という開口部が一つのトースターの部分的なレプリカだったと聞いて、保険会社がばかにしたのだろう。それは、ブラウンのためにディーター・

ラムスがデザインした非の打ち所のない電気製品に敬意を表して作った作品だった。[※3] ハミルトンは、ラムスを非常に崇敬しており、こう述べたこともある。「サント・ヴィクトワール山がセザンヌにしたように、彼の作る製品は私の心をとりこにした」。最終的には保険会社が折れ、ハミルトンはその作品を作り直した。[※4]「トースター」と懐疑的な保険会社の武勇伝は、芸術とデザインがどのように見られてきたかを警告として表している。リチャード・ハミルトンやディーター・ラムスが追い払いたかったその見方は、今日まで続いている。無数の書がこのテーマを取り上げているが、その中身は六つの言葉と二つの記号に集約することができる。「art=good, design=not so good（芸術はすばらしいが、デザインは芸術に劣る）」。

芸術はデザインよりも知的に優れている、昔からそう考えられてきた。なぜなら、芸術家は思ったことを好きなかたちで表現することができる。その作品も、つねにではないが、自分で作っている。一方、デザイナーには数知れない制約がある。クライアントの要求に応え、特定の機能を満たし、出来上がりをコントロールする能力を放棄して誰かに製作を委ねなければならない。どれをとっても、つまらないコマーシャリズムのために自分の名誉を傷つけていると、一般的に解釈されてもしかたのないことばかりだ。

これはもちろん単純化しているが、いくらかの真実も含んでいる。多くのデザイナーが制約に束縛され、弱い人はそれを克服できない一方で、力のある芸術家は、私たち一般人が表すことのできない感情や考えを発し、与えられた自己表現の権利を行使する。才能のない芸術家はそういうことを一切しないが、それも、平凡な芸術家がコマーシャリズムに迎合するのも、別の話だ。

「art=good, …」は、単純化が過ぎて正しくもないが、怒りを覚えるほど根強くはびこっている見方だ。そのため、デザインは芸術界から「哀れな親戚」のように扱われる。アートとデザインの美術館でデザインを担当するキュレーターが、アート担当のキュレーターに、ドナルド・ジャッドの家具をデザインコレクションに加えるべきだと提案されたという。デザイン担当は、ジャッドはデザイナーとしてよりもはるかに芸術家として名を成しているのだから、当然アートコレクションに入れるべきであり、アートの予算を充てるべきだと応じた。そもそも、才能あるデザイナーが描いた独創性のない絵をアート部門が買おうと思うだろうか。もちろんそうはならない。なぜ芸術家の作品は、自動的にデザイナーの作品よりも文化的価値が高いと見なされるのだろうか。

それは、歴史における芸術とデザインの関係が「art=good, …」という固定観念が示唆するよりもはるかに複雑で変わりやすく、今それがさらに顕著になっているからに他ならない。

もともと芸術とデザインの間に区別はなかった。古代ギリシャでは、同じ「techné」という言葉が両分野だけでなく、すべての工芸、薬学、音楽をさしていた。だからといって古代ギリシャ人がデザインを今の私たちが芸術を評価しているように高く評価していたと考えるのはまちがいだ。なぜならその逆だからだ。絵画と彫刻は卑しい職業とされ、今デザインと呼んでいるプロセスを含む techné のあらゆる理論的形態も同じだった。実用的な用途に使われるもののみが尊敬に値した。プラトンが『国家』の中でしきりに職人を芸術家よりも称賛した理由もそこにある。※5

ルネサンス期、芸術家の社会的地位は上がったが、まだ他の分野の仕事にも携わっていた。一六世紀半ば、ジョルジオ・ヴァザーリは、フィレンツェにあるレオナルド・ダ・ヴィンチのアトリエを訪れたとき、それを目のあたりにした。ヴァザーリは「数多くの建築図面」「ある高さから別の高さに移動するために、山を掘削して楽にトンネルにする方法を示す試作や図面」「レバー、滑車、クランクを使って重いものを持ち上げ、引くための仕掛けの図面」などを見つける。「彼の頭はそうした装置のことでいつもいっぱいだった」と し、「彼の考案や実験の図面は今日の職人の間にも散在している」と書いている。[※6] 同時代の芸術家たちも皆、絵画や彫刻以外の分野に興味を広げていたが、その当時においてさえダ・ヴィンチは群を抜いて多才だった。彼が弟子入りしたアンドレア・デル・ヴェロッキオも建築、金細工、木工細工で有名な芸術家だった。[※7]

それでも一六世紀後半、イタリアに初のアートとデザインの学校ができると、アートとデザインは別々に教えられた。一五六三年、おもにヴァザーリの擁護によってフィレンツェに開校した最古のアカデミア・デル・ディセーニョは、一つの校舎で美術を、別の校舎でデザインを教えていた。一五七七年にローマにできたアカデミア・ディ・サン・ルカ(聖ルカ・アカデミア)では一歩進んで美術に工芸よりも高いステータスを与えた。[※8] 一七〜一八世紀にかけて、パリのアカデミー・デ・ボザール(芸術アカデミー)をはじめ、ヨーロッパ中に美術学校ができると皆それに倣った。[※9] こうした学校は、若い芸術家や建築家を育てる一方で、実務者が重要な問題を議論したり、集合的な関心事を表明するフォーラムとしての役割も果たした。そうすることによって、芸術家や建築家は、社会の中での影響力を増した。とくに伝統的な教育訓練を続け、工房の中で孤立することの多い職人との差は広がっていった。

産業革命直後も、デザインという概念やアートとの関係は進化し続けた。著名な芸術家や美術史家がジョサイア・ウェッジウッドなどのダイナミックな事業に魅了された。力強さと洗練を象徴する工場機械が称賛され、最も印象的なものには賞を与え、人々が吟味できるように「実用的な展示」がされた時代だ。[※10]工業デザインは当時「ファインアート（純粋芸術）」と呼ばれていたものと同じ地位にあると見なされていたとはとうてい言えなかったが、優れたものは知的な深みや独自の魅力があるとは考えられていた。

数十年経つと、工業は初期の高い地位を失っただけでなく、悪魔の烙印を押されるようになった。アーツアンドクラフツ運動による工業化以前のクラフツマンシップの復活は、とくにイギリスとアメリカで長期的な影響を持ち続けた。一八五一年のロンドン万博の主催者は、人々が水晶宮に展示された工業の驚異に魅了されることを期待した。ところが、一〇代の頃両親に連れられて万博を訪れた、後のアーツアンドクラフツの熱烈な支持者、ウィリアム・モリスは、展示物を気に入るはずがない、と入場を拒んだ。[※11]

アーツアンドクラフツ運動は保守的ではあったが、少なくとも異分野を認め合うという期待のもてる前例となった。もっとも、工業化の息のかかったものは何でも拒絶してはいた。一九世紀末のフランスとベルギーで起こったアールヌーヴォーの運動、ドイツのユーゲントシュティル、オーストリアのウィーン分離派は、工業に対してまったく熱心ではなかったが、敵意はなく、同じように折衷主義的（吟味してよいものは取り入れる）だった。ところが二〇世紀前半になると、そうした姿勢は一変した。東ヨーロッパではアヴァンギャルド（前衛的）な芸術家、デザイナー、建築家らが構成主義という旗の下で結託した。ドイツでは、ドイツ工作連盟が結成され、工業デザインの水準を高め、知的議論を生み出すために協働した。

構成主義と工作連盟の影響を受けて、バウハウスの基礎が築かれた。第一次世界大戦が終わった翌年の一九一九年にドイツのワイマールで開校し、新しいタイプのアートとデザインの学校と自らを位置づけたバウハウスは、創立者で建築家のヴァルター・グロピウスが起草した「マニフェスト」に「建築、彫刻および絵画を新たに統一する」ことを謳った。[※12] バウハウスは、現在では、マニフェストに言及されている分野の他、デザイン、パフォーマンス、写真を擁護し、協力してより平等でダイナミックな社会を作ることを学生たちに奨励した進歩的な教育機関と見られている。しかし、実際はすぐにそうした気風が生まれたわけではなかった。グロピウスは広報宣伝の才に長け、彼の努力のおかげでバウハウスは当初から先見性、平等主義、テクノクラシーを発揮していたように今日では認識されている。だが、一九二二年に入学したテキスタイルデザイナーのアニ・アルバースに言わせると、バウハウスは創立当初「かなりごたごたしていた」。[※13]

グロピウス自身もそうだったが、第一次世界大戦をドイツ軍で戦った経験を持ち、まだ肉体的・精神的トラウマから回復していない学生や教員が多かった。当初のスタッフのほとんどが開校から二年のうちに世を去った。女子学生は、織物や陶芸の工房に閉じ込められることに反発した。グロピウスは、近隣住民から学生たちがうるさいとしょっちゅう苦情を言われ、ますます力を強めていたナチ党からは、バウハウスがボル

運搬車、移動作業場として活躍する北京のカスタマイズ三輪車
隠れたデザインの創意工夫

シェビキ破壊分子の温床だとして非難された。しかし、彼にとって最大の問題は、ある教員の影響力の増大だった。それはスイスの芸術家、ヨハネス・イッテンであり、彼はマスダスナンという宗教運動のカリスマ的メンバーだった。緩やかに垂れるローブをまとい、頭は剃り、ニンニク臭を漂わせたイッテンは、菜食主義の効能を学生らに説き、授業の前に必ず呼吸法の練習をさせた。また、芸術に対する本能的、直感的、霊的で、構成主義よりもはるかにアーツアンドクラフツ運動寄りの自分の考えを教え子たちに吹き込んだ。[※14]

権力闘争が続いた後、一九二三年にイッテンは学校を去り、新たに迎えたオーバーオール姿のラズロ・モホリ=ナギに助けられながら、グロピウスはようやく学校をしかるべき方向に向かわせることができた。ナギは、技術に対する情熱で学生たちを奮い立たせた。女子学生は幅広いコースから選択できるようになった。バウハウスは新しいスローガン「芸術と技術：新しい統一」を採用し、教師陣には産業に役立つデザインができる学生を育成するよう奨励した。[※15] 二年後、バウハウスは、グロピウスが設計したデッサウのモダン様式の校舎に移転した。一九二八年にグロピウスが去った後、校長の座はハンネス・マイヤーに引き継がれ、その後一九三〇年にミース・ファン・デル・ローエに引き継がれたが、ナチ党から敵対視され続け、ついに一九三三年、閉校に追い込まれた。それまでの間、二〇世紀の芸術、建築、デザインの著名人がバウハウスで教えたり学んだりした。絵画では、ヨゼフ・アルバース、ワシリー・カンディンスキー、パウル・クレー、テキスタイルではアニ・アルバース、グンタ・シュテルツ、コミュニケーションではヘルベルト・バイヤー、モホリ=ナギ、プロダクトと家具のデザインではマリアンヌ・ブラント、マルセル・ブロイヤー、ヴィルへルム・ヴァーゲンフェルト、パフォーマンスではオスカー・シュレマー、建築ではミース・ファン・デル・ローエ、グロピウスなど。その多くが他の分野のバウハウスメンバーと協働し、友情を深めた。中にはアルバース夫妻のように結婚したカップルもいた。

少なくとも「芸術と技術」時代のバウハウスで教えられていたインクルーシブでコラボラティブな視覚文化の視点は、アートとデザインの教育という点だけでなく、ドイツ国民や他の国の人々のアートとデザインに対する認識という点で強い影響力を持っていた。グロピウスをはじめとする教師陣が国際会議に出席し、世界中から来訪者を学校に迎えたことは無駄ではなかった。その中にはアメリカの建築学生、フィリップ・ジョンソンがいた。彼は、ニューヨーク近代美術館の初代館長、アルフレッド・バーの勧めで一九三〇年にデッサウのバウハウスを訪問した。ジョンソンは母親宛の手紙で「すばらしい。今まで見た中で最も美しい建造物」と興奮気味に書いている。[※16] アメリカに戻ると、バーの誘いを受けて美術館に入り、建築部門の立ち上げを任された。そしてそれが開設されると、大胆にもそこでデザインの展示を始めた。その中の一つが一九三四年の「マシン・アート」という展示会で、ボールベアリング、ギア、ピストン、バネ、ワイヤーロープ、プロペラ、溶鉱炉、深鍋、平鍋などの加工品が持つ用の美を賛美した。バーは、パンフレットの冒頭にプラトンの言葉を引用し、ジョンソンは、女性飛行士アメリア・イアハートを含む「専門家」委員会の委員を指名して最も感銘を与える展示物の選定を行なわせた。バネの断面、船外機のスクリュー、自分で整列するボールベアリングがそれぞれ一位、二位、三位に選ばれた。[※17] どんなに現代的なセンスを持ったアート好きも、そうしたものを美術館で見ることに慣れておらず、ニューヨークの批評家もお高く止まっていた。それにもめげず、ジョンソンは展示物のうち一〇〇点を入手し、それがやがて美術館のデザインコレクションの柱となった。

大西洋の向こう側では、ドイツ人キュレーター、アレクサンダー・ドルナーがハノーヴァーのランデス美術館のディレクターとして、アート、デザイン、建築の関係をそれまでとは異なるアプローチから探ろうとしていた。一九二〇年代半ば以来、彼は同美術館のアーカイブから選んだ作品を使って、特定の時代の文化史を表現する「atmosphere rooms（雰囲気の部屋）」と呼ぶ展示を行なっていた。そのグランフィナーレが「Raum der Gegenwart」つまり、「今日の部屋」であり、そのためにドルナーがモホリ＝ナギに現代のアート、建築、デザイン、演劇、スポーツを垣間みることのできる、没入型の連続した画像と、セルゲイ・エイゼンシュテイン監督の『戦艦ポチョムキン』、ジガ・ヴェルトフ監督の『カメラを持った男』といったソ連の実験的映画を構成させた。[※18]

ドルナーは、一九三〇年代、ロンドンギャラリーのハーバート・リードが主催したロンドンでの画期的なアートとデザインの展示会にも貢献している。展示は、ヘルベルト・バイヤーのグラフィック作品から、モホリ＝ナギをはじめとする構成主義の著名なアーティストに及んだ。一九三四年に『Art and Industry』を書いて反響を呼んだリードは、キュレーター・批評家として、デザインを絵画や彫刻と同じ知的な厳格さで取り扱い、著名な同業者にそうした精神でカタログにエッセイの寄稿を依頼した。ドルナーは、一九三七年の展覧会カタログの中でバイヤーの作品を総括してこのように評している。「彼はその新しいスペースと緊張感の中で、写真、タイポグラフィー、製図を組合わせ、見る人の目を奪い、想像力を刺激し、かつてはまったく不可能だった影響を及ぼす。これが可能なのは、画家であり、商業的な芸術家としてわれわれの世界観を本当に広げてくれる生の人間がここにいるからである[※19]」。

一九三〇年代後半には、ナチの抑圧から逃れるためにドイツを去った多くのバウハウスメンバーが移住先でアートとデザインの学校を作ったりそこで教えたりした。バウハウスの中でも最も有名な教師たちがアメリカで影響力のあるポストに就いていた。グロピウスとブロイアーはハーバード大学、ヨゼフ・アルバースは、アニとノースカロライナのブラックマウンテンカレッジで教えた後、エール大学に着任した。ミースとモホリはシカゴに移住した。ミースは、イリノイ工科大学の建築学部長という要職に、一方のモホリはまずニューバウハウス、次にスクールオブデザインと進歩的な教育施設二校を苦労の末開校した。

渡米後、アルバース夫妻は一九二〇年代のバウハウスの折衷主義の精神を忠実に守った。残念ながら、モホリは一九四六年に志半ばにして他界した。しかし、デザインに対するその実験的なアプローチは、彼の教え子や同僚ら、とくにジョージ・ケペッシュに受け継がれた。アルバース夫妻は、ブラックマウンテンで研究所のような環境づくりに尽力した。そこではロバート・ラウシェンバーグ、ロバート・マザウェル、エレーヌとウィレム・デ・クーニングといった美術家、作曲家のジョン・ケージ、振付家のマース・カニンガムなどが協働した。バックミンスター・フラーは、一九四八年にサマースクールのプロジェクトとして最初のジオデシックドームを製作した。その他の著名なバウハウス出身者たちは年を追う毎に自分の専門分野にますます専念していった。バイヤーはグラフィック、グロピウス、ミース、ブロイアーは建築というように。

それでも、バウハウスのインクルーシブな精神は、もしデザインが第二次大戦後、商業的なメディアとして決定的に特徴づけられなかったら、もっと長続きしたかもしれない。一九四九年の『タイム』誌のレイモンド・ローウィ特集記事の見出し「He streamlines the sales curve（売上グラフも流線型にする）」で賽は投げられた。[※20] そして、戦後のデザインに対する人々の意識は、トーマス・ワトソン・ジュニアの金言「good design is good business（良いデザインは商売に成功をもたらす）」に凝縮されている。このフレーズ自体はまちがってはいなかった。というのも、ワトソンの会社、IBMは、良いデザインが本当にビジネスの役に立つことを証明したからだ。彼は、一九五二年に父の後を継いで社長に就任した。当時は自称デザイン懐疑論者だった。ターニングポイントは一九五五年、オランダにいたIBMの重役からの手紙だった。「トム、これから電子の時代に突入するのに、IBMのデザインと建築は本当にひどいと思う」。それからまもなくしてワトソン・ジュニアはIBMのライバル、イタリアのオリベッティ社のニューヨークにあるショールームを訪れ、その流線型のモダンなインテリアと、自社のマホガニーのパネル壁との違いに愕然とするあまり、オリベッティのミラノ本社を見に行く。その重役の言っていたことが正しかったことを認め、第二次大戦で戦闘機パイロット仲間だった、建築家で工業デザイナーのエリオット・ノイズを採用し、モダンデザインを依頼した。[※21]

一九五六年、ノイズはグラフィックデザイナー、ポール・ランドに新しいコーポレートアイデンティティー（CI）の開発を委託した。このとき以来、ストライプのIとBとMの文字が同社のシンボルとなっている。彼はまた、チャールズとレイ・イームズを招き、人々が科学や技術、数学に夢中になるような展示会のデザインを委託した。その一つが、一九六四年のニューヨーク万博のパビリオンである。[※22] IBMは、賢明な戦後企業のロールモデルとして台頭した。同社のデザインプロジェクトの中には、群を抜くクオリティーによって、直近の商業目標をはるかに超える成果を挙げたものもある。ランドのCIは、タイポグラフィーの形式美を持ち、イームズの映像はデザイン研究およびコミュニケーションという意味で目を見張る作品だった。一九七七年の映画『パワーズ・オブ・テン（一〇の累乗）』は、一つの数字の累乗を使って宇宙の相対的な大きさを一〇分に満たない時間で表した作品で、その明晰さは今も同業のデザイナーだけでなく、科学者や数学者から評価されている。[※23]

それでもトーマス・ワトソン・ジュニアのあの五語の金言は、IBMのデザインアプローチだけでなく、デザイン全般に対する見方を決定づけ続けた。デザインは、その目的、精神、影響がアートの表現性や純粋さとは真逆の商業ツールとしての固定観念がどんどん強調されていった。その結果が「art=good, design=not so good」という認識である。しかし、イームズ夫妻がIBMの仕事で実証したように、例外はあった。多くの業界仲間ががんじがらめにされていた商業的な制約から何らかの方法で解き放たれたデザイナーは、モダンアートの芸術家がアートに対してそうだったように、デザインを知的な探求と自己表現の媒体と見なした。
モホリ＝ナギは、構成主義の考え方を実践してどんな課題に対しても、芸術、デザイン、科学、技術の継ぎ目のない融合を追求することによって、二〇世紀前半の輝かしい先例を作った。「絵画、写真、音楽、詩、彫刻、建築などの芸術にも、工業デザインなどの分野にもヒエラルキーはない。どれも『デザイン』の機能と中身の融合に向けた、同じように効果的な発展である」と書いている。[※24]彼の実験的作品は、ジョージ・ケペッシュの先駆的なデジタル画像作品[※25]を通じて影響を持ち続け、ソール・バスの映画だけでなく、シカゴの学生、ロバート・ブラウンジョンの映画でも大衆市場に紹介された。ブラウンジョンは、一九六〇年代の映画『007／ロシアから愛をこめて』『007／ゴールドフィンガー』のスリリングなタイトルバックのデザインを手掛けた。どちらの映画もモホリ流のフォトモンタージュで始まる。『ゴールドフィンガー』では、金に塗られた女性の体に映画のシーンを投影しながら、その曲線美をゴルフボールでなぞり、ショーン・コネリー扮するボンドが脚線をなぞる。[※26]
戦後イタリアのデザインシーンのスター、アッキーレ、ピエール・ジャコモ、そして当初はリヴィオを含むカスティリオーニ兄弟は、使う人のことを考えたユーモラスでエレガントな一連の大量生産品をミラノのスタジオから送り出した。[※27]トラクターのシートや自転車のシートを使った椅子もある。ミラノから一三〇キロ離れたトリノでは、カルロ・モリーノが地元の職人と組み、バロックやアールヌーヴォー、未来派、モダニズム、バイオモーフィズム、シュールレアリスム、そしてアルプスの高峰にある人寂しいアオスタ谷の町の土着の建築に対する愛情、さらには性、スキー、自動車、航空機、映画、オカルトに対する自らの情熱を反映した非常に独特な家具やインテリアを製作した。依頼主の商業的要求を、依頼主の理解を超える高い質のデザインによってではあれ、満たすことにやぶさかでなかったカスティリオーニ兄弟とは違い、もともと裕福だったモリーノは、自分の好きなものを作る自由があり、デザインを自己表現の媒体以外にとらえたことはなかった。[※28]

この四人は、エットーレ・ソットサス、アレッサンドロ・メンディーニ、ジョー・コロンボ、エンツォ・マーリとともに、ブルーノ・ムナーリの提唱したネオ構成主義の原理に同調した。ムナーリは、日常生活のためにデザインをすることは、商業的役割に委ねるにはあまりに重要すぎるため、芸術的価値観を吹き込むべきだと考えていた。イタリアの日刊紙『イル・ジョルノ』の自分の定期コラムに考えを公表しており、それらをまとめた『芸術としてのデザイン』を一九六六年に出版している。その頃には、ポップアート運動が消費者文化の一貫としてデザインに関わっていたが、それに対するアート界の態度は非常に相反していた。リチャード・ハミルトンや、イヴ・サンローランが自身のポップアート・オートクチュール・コレクションを捧げたアンディー・ウォーホルのように、[※29]デザインと関わりのあった芸術家には、必ずと言っていいほど反対に懐疑的な人がいた。たとえば、自動車を破壊したアメリカの彫刻家、ジョン・チェンバレン。一九七一年のニューヨーク・グッゲンハイム美術館で開催された回顧展で、チェンバレンは、ヴェルナー・パントンがデザインした高価なソファーを偽オマージュふうにリメイクし、彼が感じた気取ったふうなモダンデザイ

ン家具のパロディとしてロビーに展示した。[※30]

多くの芸術家がチェンバレンの皮肉な見方に共感し、コンシューマリズムを拒否し、ポップカルチャーに軽薄な楽観主義を感じて、激しく批判するようになった。その最前線にいたのが、アリギエロ・ボエッティ、ルチオ・フォンタナ、ミケランジェロ・ピストレットなどアルテ・ポーヴェラ(貧しい芸術)のイタリア人メンバーだった。彼らは、ファウンド(見出された)マテリアルやチープな素材を使った意図的に壊れやすい作品を通して、アート市場に対する軽蔑の念を象徴的に表現した。イギリスのアーキグラムやアメリカのアントファーム、イタリアのアーキズームとスーパースタジオなどの前衛的な建築家グループだけでなく、メンディーニなどのデザイナーも彼らの理想を共有した。メンディーニは、一九七四年の《ラッスー》という作品にアルテ・ポーヴェラの精神を取り入れている。台座の上に子どもが描くようなシンプルな椅子を置き、廃工場で上からガソリンをかけて火をつけた。[※31]メンディーニは、椅子が壊れていく様をフィルムと写真に記録した。作品はオブジェではなく、画像だった。

彼はアーキズームとスーパースタジオとともに、急速に拡大しつつあったポストモダン運動の一役を担っていた。ポストモダン運動は、そのタブーを包含することによってモダニズムの知的な仰々しさを批判した。キッチュやニヒリズムもこの流れを汲む。[※32]メンディーニは、一九七〇年後半になると、機能性やコマーシャリズムよりも概念的な役割を持たせたフランボワイヤン様式の家具を作るようになり、ソットサスとともにスタジオ・アルキミアという新しいデザイナー集団を発足した。一九七八年の「リデザイン」シリーズでは、クラシカルモダンの椅子の模造作品を作り、その中にはマルセル・ブロイヤーが一九二〇年代半ばにバウハウスでデザインしたワシリーチェアの背もたれに「雲」がまとわりついているレプリカもある。[※33] アルキミアが打ち出したテーマの多くは、ソットサスや彼がメンフィスグループを結成した若いデザイナーたちによって一九八〇年代前半に大衆市場で売られ、メディアがこぞって取り上げた。一九八一年のメンフィスグループ設立を祝うために、ソットサスは若手メンバーとともに、日本人デザイナーの梅田正徳による、パステル色のボクシングリングの形に建てた〝談話ピット〟、《タワラヤ》で集合写真を撮った。[※34] タワラヤは、最終的にファッションデザイナー、カール・ラガーフェルドのメンフィスの家具だらけのモナコの家に置かれるという最高の地位を得た。

ラガーフェルドがシャネルのためにデザインした初期のコレクションのように、メンフィスの家具は、ポストモダニストの皮肉、模倣、劇場性を反映し、それらはジュリアン・シュナーベルやデヴィッド・サーレ、ロバート・ロンゴ、ジャン・ミッシェル・バスキア、シンディ・シャーマンといった芸術家の作品に見られた。ミュリエル・クーパーが書籍デザインからコンピューターに転向する前にデザインした、初期ポストモダニストの最も重要な著作の一つであるロバート・ヴェンチューリ、デニス・スコット・ブラウン、スティーヴン・アイゼナウワーによる一九七二年の『ラスベガス』の表紙をはじめ、グラフィックデザインも例外ではなかった。[※35] 一九八〇年代前半には、ポストモダニストのグラフィックは、『フェイス』などの雑誌向けにネヴィル・ブロディが描いた挿し絵や、ピーター・サヴィルがジョイ・ディヴィジョンやニューオーダーといったマンチェスターのバンドのためにデザインした象徴的で格調高いレコードジャケットなどを通じて主流の客層に知られるところとなり、後者は、音楽としても、それを買った人にとって同様に意味深いものになった。[※36] 一九八四年、当時一〇代だった芸術家のヴォルフガング・ティルマンスは、ハンブルクのレコード店のバーゲン品コーナーに「ピンクがかった淡いグレーに、解読できないデジタル文字が書かれた変わったレコード」を見つけた。それは、ニューオーダーのシングル「コンフュージョン」で、その前年にサヴィルのジャケットデザインで発売されたものだった。ティルマンは、ウォークマンで聴くためにカセットテープに録音した後、自分の寝室に「芸術作品」としてそのレコードを飾った。「ピーターのデザインには不明瞭さがあり、本来デザインがすべきことをしていなかったところに引かれた。部屋に飾っていたが、その魅力はいつまでも薄れなかった。ニューオーダーの途切れるようなサウンドと共存して、独自の存在を持つようになった」と彼は説明している。[※37]

それでも、一般の人々のデザインに対する認識は、依然として「期待される」商業的役割が支配的であり、その度が過ぎて、イギリスの影響力のある政治科学者、レイモンド・ウィリアムズによって書かれた『キーワード辞典』の一九七五年の初版、一九八三年の改訂版のどちらからも「デザイン」という言葉が省かれていた。「言葉を定義する辞書でも専門化向けの用語集でもない」と謳っているものの『キーワード辞典』は、一九七〇年代から一九八〇年代前半にかけて、文化的に重要とされていた概念の案内書として信頼できる。一九八三年に増補版を出版したとき、ウィリアムズが追加すべきだと考えた言葉の中には、「アナーキズム」

や「人類学」「エコロジー」「エスニック」「解放運動」「セックス」「テクノロジー」「アンダープリヴィリジド(権利を持たない)」などがあったが、「デザイン」はなかった。[※38]

二一世紀が始まる頃までには、デザインは、フランスのキュレーター、ニコラ・ブリオーが打ち出した「関係性の美学」運動の芸術家たちの主要な関心事になっていた。マウリツィオ・カテラン、オラファー・エリアソン、リアム・ギリック、ドミニク・ゴンザレス=フェルステル、カールステン・ヘラー、ピエール・ユイグ、リクリット・ティラヴァーニャなどのメンバーが芸術を芸術家個人がコントロールし、作り上げる完成した作品ではなく、他の人々が参加できる社会的な活動と見なした。彼らが取り上げた課題の多くは、ティラヴァーニャの考案した機能的環境を含め、デザインの要素とそれが私たちの生活に与える影響に絡むものだった。[※39]

他の芸術家もこれに倣った。その手段として、ナイリー・バグラミアン、ライアン・ガンダー、サイモン・スターリングらは、二〇世紀のモダン主義デザイナーの遺産を探り、イザ・ゲンツゲン、クリストフ・ブッシェル、アイ・ウェイウェイ、マーク・レッキーらは、大衆市場向けのデザインが現代の生活にどのような影響を与えるか追究した。心に訴える力強い作品は、デザインの微妙な歴史に対する理解を促し、現在のデザインの問題を議論するきっかけを作った。とくにアイ・ウェイウェイは、二〇一一年韓国光州デザインビエンナーレの美術監督の一人として、移り変わるデザインの定義に関する長い議論に一石を投じた。[※40] 議論は翌年、ドイツのカッセルで開催された「ドクメンタ」まで続いた。その美術監督を務めたキャロリン・クリストフ＝バカルギエフは、今も取り上げられている「芸術」や「芸術家」の概念を問い、その歴史的正統性が終わりに近づいていて、そろそろ別のものに取って代わられてもよいという考えを提起した。※41

こうしたさまざまな動きは、アートとデザインの関係が建設的に再定義されることを予言するはずだったが、ある忌々しい妨害によって、半世紀前の「good design is good business」と同じくらい効果的に、デザインに対するアート界の認識が歪められることになった。つまり「デザインアート」である。

ワトソン・ジュニアの標語と同じように、デザインアートは商業的な現象だった。この言葉は一九九九年、オークションハウスのフィリップスのデザインディレクターを務めるアレクサンダー・ペインが競売にかける現代デザイン作品を呼ぶために考えた造語だ。※42 その意図は言うまでもない。デザイン作品、とくに最近デザインされた家具にも、競売ではなじみ深い絵画や彫刻と同じように価値があることを美術品収集家に納得させるためだ。経済的な意味ではフィリップスのようなオークションハウスにとってはとくに理にかなっていた。それまで、デザイン作品の収集は、ジャン・プルーヴェやル・コルビュジエ、シャルロット・ペリアンなどの二〇世紀のモダニスト家具に集中し、一部の熱烈な愛好家だけが例外的に今のデザイナーの最近の作品を買っていた。それが二〇〇〇年前半には一変し、美術品収集家がコンテンポラリー家具を買うようになっていた。ニューヨークのガゴシアンやトリノのフランコ・ノエロといった商業アートギャラリーは、芸術家だけでなくデザイナーの作品を代理販売するようになり、世界中の都市に現代デザイン専門のギャラリーがオープンした。
「デザイン」といってもたいていは家具をさし、中には本当に面白い作品(造形、コンセプト、技法のいずれかで確立した個性がある)もあるが、実用的でない大仰な作品もある。アート市場が急騰するにつれ、「デザインアート」の値段もそれに従ったが、二〇〇八年の金融危機後の経済不況で、多くの「無邪気な」デザイン収集家が姿を消し、市場はあっという間に崩壊した。最悪だったのは、二〇一〇年五月、アメリカのIT起業家、ハルシー・マイナーが破産前の勢いの良かった時代に入手したアートおよびデザインのコレクションがフィリップスで売りに出されたときだ。品物はすべて彼の債権者によって競売にかけられた。競売品の中には、オーストラリアのデザイナー、マーク・ニューソンが一九八〇年代後半にシドニーの美術学校を出たばかりの頃にデザインした「ロッキード・ラウンジ」というアルミ製のシェーズロング(カウチソファ)もあった。二年前にマイナーが個人的に二二五万ドルで購入し、現存する家具デザイナーの作品として記録を打ち立てたものだった。今回は二〇〇万までしか上がらず、ニューソンの他の二点は売れず、四点目は、伝えられるところでは、彼のギャラリスト、ラリー・ガゴシアンとされる唯一の入札者の手に落ちた。※43
乱高下する価格にもかかわらず、デザインアートの根本的な問題は、アート界のデザイン認識を独り占めしたことによって、デザインの中で最もアート寄りの領域のように見られるようになったことだ。自分の作品の「彫刻的」「芸術的」特徴について延々と語るデザイナーが多かったことも影響した。商業的にはこのとおりだったが、文化的には違った。デザインアートは、絵画や彫刻のように売買されはしたが、その文化的価値に関しては疑問が残る。これという定まった形式や技術革新もなく、考え尽くされた工業デザインの例として知的興味をそそられるわけでもない。アートの世界にも、商業的価値と批評的価値との間に似たような葛藤が存在する。つまり、最高値のつく作品が必ずしも最も文化的価値の高い作品とはいえない。しかし、アート市場は、デザインアート市場の比較にならないほど大きく、成熟しているため、その微妙な差がわかるのだ。また、デザインアートはそこらじゅうにあるように見えるため、デザインアートよりほぼまちがいなく深みがあり、必要とされるデザインの領域を見えなくし、批評の対象となるアートが持つ厳格さや複雑さを持たない底の浅い媒体だという誤ったデザイン認識をいつまでもはびこらせる。うまくすれば、デザインアートのバブルが単なる寄り道だったとわかるときがくるだろう。なぜなら、その栄枯盛衰の間、他のデザイン領域はとくに知的重要度と意味合いにおいて劇的に変貌を遂げたからだ。

芸術とデザインを分けていた重要な違いは、伝統的に自分で自分の作品を作る芸術家に対し、一般的にデザイナーは、特定の会社や技工の専門家である他人に製造を委ねることだった。芸術家は、二〇世紀前半、工業製品を扱ったマルセル・デュシャンの実験的作品を皮切りに、この固定観念から逸脱し始めた。※44 一九六〇年代までには、ドナルド・ジャッド、バーネット・ニューマン、ソル・ルウィットなどが自分の彫刻作品の製作をマンハッタンにあるトライテル・グラッツ社など専門の工房に定期的に外注するようになっていた。同社は、ミース・ファン・デル・ローエのバルセロナチェアの米国メーカーとして最もよく知られた会社だ。

二〇〇〇年前半までには、さらに多くの芸術家が製作を外注した。アメリカのベスレヘムスチール社、次にドイツのPickhan社に委託したアメリカの彫刻家、リチャード・セラのように、ジャッドやニューマン、ルウィットら同様、デザイナーと同じ専門業者を使う人もいれば、カリフォルニア州サンフェルナンドにあるカールソン社やロンドンのマイク・スミス・スタジオといった急速に拡大しつつあった家内工業の美術品製作工房に委託する人もいた。こうした工房は、芸術家の作品の全部または一部を作るだけでなく、特殊な材料や技術の研究開発の役割も担った。自分のスタジオを芸術家だけでなく、建築家、技術者、コンピュータープログラマーなどの多分野のスタッフを抱える研究開発ユニットに変えるオラファー・エリアソンなどの芸術家もいた。製作委託が盛んになったため、『アートフォーラム』誌は、二〇〇七年一〇月に『The Art of Production（製作の技術）』という別冊を発行している。

一方、デザイナーは、デジタル技術を使って自分の作品を構築する過程や、何なら製作の段階まで、よりつぶさにコントロールできるようになった。従来、工業デザイナーは、製品のスケッチや図面を製造者に送り、製造者はその仕様に基づいてモデルを作り、次に生産用のエンジニアリングモデルを作った。CADソフトが発達するにつれ、デザイナーは試作の最終段階まで開発プロセスの主導権を握ることができるようになり、モデル化やプロトタイプ化の際に自分の意図から外れるリスクが軽減されるようになった。少なくとも理論的にはそのはずだ。実際には、デザイナーの意図はなお製造者の要求によって妥協させられ、弱いデザイナーならば譲歩してしまう。だが基本的に、造形や製品が発するメッセージという意味では、これまで以上に表現豊かで複雑なものが作れるようになっている。デジタル技術のおかげで、デザイナーは芸術家になれるのではなく、自分の思い描いたとおりのものを完成させることで、映画監督で評論家のフランソワ・トリュフォーが一九五〇年代に「auteur［オトゥール。作家の意。自分のスタイルを持ち、それに則した作品を撮る映画監督］」と呼んだものになれるのだ。[※45]

オトゥール現象が最もダイナミックに起こったのは、グラフィックデザイン界だった。一九八六年、アメリカのデザイナー、エイプリル・グレイマンは、ミネアポリスのウォーカー・アート・センターからポスターのデザイン依頼を受けた。彼女は、その二年前に発売されていたマッキントッシュで、自分の等身大のヌードを作ろうとしたが、思ったより大変だった。やっとのことで画像を印刷したとき、ファイルがコンピューターのメモリを食いすぎたおかげでもう少しでレーザープリンタが固まってしまうところだった。プリンタ殺しのこのファイルは二八九キロバイト、ちょうど携帯電話で撮ったぼやけたスナップ写真が収まるほどのファイルサイズだ。[※46]当時は無茶な試みに思えたかもしれないことが、今では誰もが（グラフィックデザイナーやプログラマーでなくとも）安いコンピューターでできるようになった。

この頃からグラフィックデザイナーは、作家、プロデューサー、発行者、キュレーター、ブロガー、起業家へと自分の役割を広げるようになった。イギリスの批評家でキュレーターのリック・ポイナーは、二〇〇三年の著書『No More Rules: Graphic Design and Postmodernism』で、デジタル技術がグラフィックデザインのプロセスに与えた影響を調査し、いかに自己表現的な作品づくりを後押ししたかを説明している。[※47] ウォーカー・アート・センターは、二〇一一年の「Graphic Design: Now in Production」展で、ソーシャルメディアやモバイル機器、オンデマンド印刷、ラピッドプロトタイピング、ネット配信が、新しい生産・配信形態の試みや、独自のデザインツールの開発を促している状況を分析した。[※48]

一つの結果として、グラフィックデザインは、視覚的な魅力と構成の複雑さの両方の意味で形式上洗練されている。この本のデザイナー、イルマ・ブームは、香りや手触り、隠れたモチーフ、カラーコード、珍しい製本法や紙、また文章が続くにつれ徐々に小さくなったり大きくなったりする書体などを組み合わせてすばらしいブックデザインを生み出している。意図した効果を得るために、コーヒーフィルターの紙で本を印刷したり、別の本では、エッジを丸鋸で切ったりした。オランダのコングロマリットSHVの歴史を描いた意欲作のデザインと編集には五年もの歳月を費やした。ある角度からページの端を見ると詩の一節が読み取れ、別の角度から見るとチューリップが見えるようにデザインした。本のタイトルは、本を使い込んだ後に初めて見えてくる。二一三六ページからなるその本を読者が順に読み進めるのではなく、拾い読みしてもらえるように、あくまでもノンブルや索引をつけないことに固執した。[※49]

他のグラフィックデザイナーも、新たに見出した自由を利用して、デザインプロセスを知的探求の媒体として扱った。アムステルダムのメタハーヴェンの共同設立者、ダニエル・ファン・デル・ヴェルデンとヴィンカ・クルックは、この作業を「スペキュラティヴデザイン」と命名した。商業的なクライアントの決めた依頼を待つのではなく、自分が興味を引かれた政治や経済現象などの課題を突き止め、自主的にデザインを行なった。たとえば、ある国のビジュアルアイデンティティーや新しい貨幣形態のデザインを買って出た。商業デザインの知的限界には否定的なメタハーヴェンの二人組だが、商業デザインのプロセスややり方に則って作品づくりを行なっている。[※50]

他の領域にも同じアプローチが見てとれる。イギリスのデザイナー、アンソニー・ダンとフィオナ・レイビーは、創作活動を通して、またロンドンのロイヤルカレッジオブアートの教員として、彼らが「クリティカルデザイン」と名付けたものの発展に決定的な役割を担っている。[※51] 二人がおもに手掛けているのは、コンセプチュアルアートや文化史といった専門領域に近い、デザインや消費者文化を批評するコンセプチュアルデザインプロジェクトの構築だ。デザインでは長い間タブー視されていた、人間の不安やノイローゼといったネガティブな感情をテーマとして取り上げることも多い。「不安な時代の脆弱な人間性のためのデザイン」という説明的なタイトルのプロジェクトでは、宇宙人の侵略や核による惨事といった恐怖に対する防御を意図した家具をデザインした。[※52]

クリティカルデザインの考え方を商業的文脈に適用したデザイナーもいる。たとえばマルティィ・ギシェは、スペインの靴ブランド、カンペールのために「必要なかったら買わないで」というスローガンを手描きで書いたキャリーバッグシリーズをデザインした。[※53] この考え方は大量生産目的ではなく、挑発的な意図を持つ小さい規模のコンセプチュアルなプロジェクトに適用されることも多い。ドイツのデザイナー、ユリア・ローマンが牛の背中を象り本物の牛革を張った「Cow」ベンチは、材料となった元の動物のことを考えずには座ることも目を向けることもできない。一つ一つのベンチには、まるでペットのように名前が付けられ、ローマンの母親の名を取った「ヴァルトラウド」もいる。個々の動物は大切にする一方で、名もない家畜は大量に屠殺する人間の偽善を描いた作品だ。[※54] 動物政策に対する人間の曖昧な姿勢は、オランダのデザイナー、クリスティン・メンデルツマもテーマに取り上げている。その著書『Pig 05049』では、一頭のブタから作られた製品を追っている。タバコ、人工心臓、アイスクリーム、コラーゲン注射、クレヨン、ビール、銃弾、不凍液、セルラーコンクリート、タンバリン、ガム、歯磨き粉、本を綴じるために使う糊、そしてもちろんステーキ、チョップ、リブ、ソーセージなど。一方、フランスのデザイナー、マチュー・ルアヌールは、ヘルスケア分野の仕事で人間の不安定さや矛盾を解析している。[※55]

アートとデザインが同じような過程で生み出されるようになってきただけでなく、デザイナーは、作家や運動家の役割を担うことによって、商業デザインという足かせから解放され、芸術家がかつてしていたように自分の作品を自己表現や研究の媒体として利用する権利を行使するようになってきた。そうして出来上がったものはアートと同じだろうか。それともデザインではなく、むしろアートと定義されるべきだろうか。

私はそのどちらも違うと見ている。第一に、クライアント企業から与えられた商業的な目的であれ、デザイナーの知的好奇心であれ、デザインには必ず指定の機能がある。その機能は必ずしも実用的な目的や商業的価値を持つ必要はない。政治的なメッセージを伝えるためであっていいし、デザイナーの研究目的であっても構わない。国家の社会的、文化的、政治的アイデンティティーの脱構築は、ＩＢＭのような多国籍企業のコーポレートシンボルの改良とはまったく違うことのように思えるかもしれないが、どちらも求められる機能を果たす。芸術作品ももちろん機能的であってもよいが、デザインと違ってそうである必要はない。それが両分野の決定的な違いだ。ドナルド・ジャッドの言葉を思い出してみよう。「椅子が……機能的でなかったら、ただの芸術品だったら、何の意味もない[※56]」。

もう一つの違いは、そのデザインプロジェクトが商業的、概念的、批評的かに関係なく、少なくともある程度はデザイン文化によって規定されることだ。デザインプロセスを使って作られたか、出来上がった作品にデザインの技法や参照が盛り込まれている。または、デザインの歴史的側面やそれが現代の生活に与える影響について検討している場合もある。この点でも芸術作品は同じことができるが、そうしないという選択肢もある。それによってデザインでは許されない表現の自由や強さが与えられる。アンソニー・ダンは、芸術とデザインとの関係を科学と工学の関係になぞらえている。前者は、純粋研究に向けられ、後者は応用研究に向けられる。しかしデザインの場合、その研究は必ず日常生活に適用される[※57]。

彼とフィオナ・レイビー、アイ・ウエイウエイ、メタヘイヴン、エイプリル・グレイマン、ユリア・ローマン、クリスティン・メンデルツマ、マチュー・ルアヌール、アレッサンドロ・メンディーニ、ブルーノ・ムナーリ、ジョージ・ケペッシュ、ラズロ・モホリ＝ナギ他、この分野の伝統的な境界線に対抗してきたすべての人々の努力のおかげで、今、デザイナーは、作品を芸術品だと言わなくても芸術家の役割の多くを満たすことができるようになった。それでも、デザインの最も複雑で雄弁な例の多くが概念やエクセキューションにおいてまったく従来どおりであるにもかかわらず、「現代のセザンヌ」にとってのサント・ヴィクトワール山になることができる。かつてディーター・ラムスのデザインしたブラウンの電気製品がリチャード・ハミルトンの心をとらえて離さなかったように。

芸術とデザインのもつれた関係をほどくことに捧げられた何千何万もの言葉の中で私が気に入っているのは、チャールズ・イームズの言葉だ。デザインは「芸術の一表現」かと聞かれ、こう答えている。「私は目的の表現だと思う。（十分に優れたものであれば）後に芸術だと見なされるかもしれないがね[※58]」。

1 Bruno Munari, *Design as Art* (1966; London: Penguin Books, 2008), p. 25. ブルーノ・ムナーリ『芸術としてのデザイン』(小山清男訳、ダヴィッド社、１９７３年)

2 Richard Morphet (ed.), *Richard Hamilton* (London: Tate Gallery Publications, 1992), p. 164.

3 Sophie Lovell, *Dieter Rams: As Little Design as Possible* (London: Phaidon, 2011), p. 293. ソフィー・ラヴェルがディーター・ラムスについて書いた著書で指摘しているように、ラムスはＨＴ２トースターをデザインしていない。デザインしたのは、ブラウン社のラインホルト・ヴァイスだった。が、この製品の開発中、ラムスはブラウン社のデザイン部門全体を監督する立場にあった。

4 原注２に同じ。Morphet, *Richard Hamilton*, p. 164. リチャード・ハミルトンは、「トースター」を製作し直した際、元の作品のアルミではなく、クロムメッキ鋼を使用した。

5 Plato, *The Republic* (1955; London: Penguin Classics, 2007), p. 340. プラトン『国家』〈上下〉(藤沢令夫訳、岩波文庫、１９７９年)

6 Giorgio Vasari, *Lives of the Artists: Volume I* (1550; London: Penguin Books, 1987), pp. 256–7. ジョルジョ・ヴァザーリ『芸術家列伝１』(平川祐弘、小谷年司共訳、白水社、２０１１年)

7 原注６に同じ。*Ibid.*, pp. 232–40.

8 Herbert Read, *Art and Industry* (London: Faber and Faber, 1934), p. 9.

9 Académie des Beaux-Arts(芸術アカデミー)は、１６４８年、パリに Académie Royale de Peinture et de Sculpture(絵画・彫刻アカデミー)として設立された。このときルイ14世はまだ子どもで、宰相を務めていたマザラン枢機卿の命を受けていた。学校は、１６６３年、ジャン＝バティスト・コルベールの庇護の下で改革され、シャルル・ルブランを監督に、ルイ14世の「栄光を讃える」という戦略の一貫として利用された。Peter Burke, *The Fabrication of Louis XIV* (New Haven, Conn.: Yale University Press, 1992), pp. 50–51. ピーター・バーク『ルイ14世――作られる太陽王』(石井三記訳、名古屋大学出版会、２００４年)

10 Celina Fox, *The Arts of Industry in the Age of Enlightenment* (New Haven, Conn.: Yale University Press, 2009), p. 453.

11 Fiona MacCarthy, *The Last Pre-Raphaelite: Edward Burne-Jones and the Victorian Imagination* (London: Faber and Faber, 2011), p. 33.

12 Magdalena Bushart, 'It Began with a Misunderstanding: Feininger's Cathedral and the Bauhaus Manifesto', in Bauhaus-Archiv Berlin, Stiftung Bauhaus Dessau and Klassik Stiftung Weimar, *Bauhaus: A Conceptual Model* (Ostfildern: Hatje Cantz, 2009), pp. 30–32.

13 Nicholas Fox Weber and Pandora Tabatabai Asbaghi, *Anni Albers* (New York: Guggenheim Museum Publications, 1999), p. 155.

14 Ulrich Herrmann, 'Practice, Program, Rationale: Johannes Itten and the Preliminary Course at the Weimar Bauhaus', in Bauhaus-

Archiv Berlin et al., *Bauhaus*, pp. 68–70.

15 Sibyl Moholy-Nagy, *Moholy-Nagy: Experiment in Totality* (New York: Harper & Brothers, 1950), pp. 32–47. シビル・モホリ＝ナギ『モホリ＝ナギ――総合への実験』（高取利尚訳、ダヴィッド社、１９７３年）

16 Franz Schulze, *Philip Johnson: Life and Work* (New York: Alfred A. Knopf, 1994), p. 54.

17 Philip Johnson, *Machine Art* (New York: Museum of Modern Art, 1934).

18 Kai-Uwe Hemken, ‘Cultural Signatures: László Moholy-Nagy and the “Room of Today”’, in Ingrid Pfeiffer and Max Hollein (eds), *László Moholy-Nagy Retrospective* (Munich: Prestel, 2009), pp. 168–71; Hans Ulrich Obrist (ed.), *A Brief History of Curating* (Zurich: J. R. P. Ringier, 2008). ハンス・U・オブリスト『キュレーション』（村上華子訳、フィルムアート社、２０１３年）

19 Alexander Dorner, catalogue for Herbert Bayer exhibition at the London Gallery, 8 April to 1 May 1937, p. 6.

20 *Time*, 31 October 1949.

21 Steven Heller, *Paul Rand* (London: Phaidon, 1999), p. 149.

22 John Neuhart, Marilyn Neuhart and Ray Eames, *Eames Design: The Work of the Office of Charles and Ray Eames* (London: Thames & Hudson, 1989), pp. 285–91.

23 原注22に同じ。*Ibid.*, pp. 440–41; ‘Powers of Ten (1977)’、２０１０年８月26日にイームズ事務所によってユーチューブに投稿。http://www.youtube.com/watch?v=0fKBhvDjuy0

24 László Moholy-Nagy, *Vision in Motion* (Chicago, Ill.: Paul Theobald, 1947), p. 42.

25 György Kepes, *Language of Vision* (1944; New York: Dover Publications, 1995). ギオルギー・ケペッシュ『視覚言語――絵画・写真・広告デザインへの手引』（編集部訳、グラフィック社、１９８１年）

26 Emily King, *Robert Brownjohn: Sex and Typography* (New York: Princeton Architectural Press, 2005), pp. 194–223.

27 アッキーレとピエール・ジャコモ・カスティリオーニには、１９４４年ミラノにスタジオを開いたときから１９６８年にピエールが亡くなるまで一緒に働いていた。二人の兄リヴィオも一緒に働いていたが、１９５２年に独立して自分の事務所を開いた。

28 Fulvio and Napoleone Ferrari, *The Furniture of Carlo Mollino* (London: Phaidon, 2006); Chris Dercon (ed.), *Carlo Mollino: Maniera Moderna* (Cologne: Walther König, 2011).

29 イヴ・サンローランの１９６６年秋冬オートクチュール婦人服コレクションは、アンディー・ウォーホルのアート作品にヒントを得てデザインされ、ウォーホルに捧げられた。ウォーホルは、１９６６

年夏のパリ訪問の際にサンローランと後に恋人およびビジネスパートナーとなるピエール・ベルジェと出会って友人となり、三人は、1987年にベルジェが亡くなるまで親交があった。

30 Katya García-Antón, 'Performative Shifts in Art and Design', in Katya García-Antón, Emily King and Christian Brandle, *Wouldn't It Be Nice...Wishful Thinking in Art and Design* (Geneva: Centre d'Art Contemporain de Genève, 2007), p. 57.

31 Peter Weiss(ed.), *Alessandro Mendini: Design and Architecture*(Milan: Electa, 2001), p. 79.

32 Glenn Adamson and Jane Pavitt(eds), *Postmodernism: Style and Subversion, 1970–1990* (London: V&A Publishing, 2011), p. 15.

33 アレッサンドロ・メンディーニがリメイクしたもう一つの作品は、オランダのデザイナー、ヘリット・リートフェルトが1932～34年にデザインしたジグザグチェアの木製の背もたれを、十字架のかたちにしたもの。Weiss, *Alessandro Mendini*, pp. 80–81.

34 Barbara Radice, *Ettore Sottsass: A Critical Biography* (New York: Rizzoli International, 1993), pp. 212–16.

35 Robert Venturi, Denise Scott Brown and Steven Izenour, *Learning from Las Vegas: The Forgotten Symbolism of Architectural Form* (1972; Cambridge, Mass.: The MIT Press, 1977). ロバート・ヴェンチューリ、デニス・スコット・ブラウン、スティーヴン・アイゼナウワー『ラスベガス』(石井和紘、伊藤公文共訳、鹿島出版会、1978年)

36 Emily King (ed.), *Designed by Peter Saville* (London: Frieze, 2003).

37 Wolfgang Tillmans in Heike Munder (ed.), *Peter Saville Estate 1–127* (Zurich: Migros Museum für Gegenwartskunst Zürich and JRP|Ringier, 2007).

38 Raymond Williams, 'Culture', in his *Keywords: A Vocabulary of Culture and Society* (1976; London: Fontana, 1983), p. 27. レイモンド・ウィリアムズ『完訳キーワード辞典』(椎名美智、越智博美、武田ちあき、松井優子共訳、平凡社、2002年)

39 ニコラ・ブリオーは、1996年にCAPCボルドー現代美術館で開催された「トラフィック」展のキュレーターを務めカタログで初めて「関係性の美学」という言葉を使った。その後、著書『*Esthétique Relationnelle*』(「関係性の美学」)(Dijon: Les Presses du Réel, 1998)の中でその概念を展開している。

40 アイ・ウェイウェイは、2011年韓国光州デザインビエンナーレ「図可図非常図(Design Is Design Is Not Design)の共同監督を務めた。彼がビエンナーレで担当したのは、従来であれば「デザインされた」とは見なされないデザインプロジェクトを取り上げた「Un-Named(無名)」展である。展示物は、コンピューターウイルスや2011年の「アラブの春」におけるカイロでの反政府運動家の抗議運動計画など。http://gb.or.kr/?mid=main_eng

41 'Common Cause: Elizabeth Schambelan Talks with Carolyn Christov-Bakargiev about Documenta 13', *Artforum* (May 2012).

42 フィリップスはその後、社名をPhillips de Puryに変更したが、その後再びフィリップスに戻した。

43 Judd Tully, ‘Marc Newsons Falter at Lackluster Phillips Design Auction’, *Blouin Art Info*, 10 June 2010, http://www.artinfo.com/news/story/34882/marc-newsons-falter-at-lackluster-phillips-design-auction/

44 Calvin Tomkins, *Duchamp: A Biography* (New York: Henry Holt, 1996); Thierry de Duve, ‘Echoes of the Readymade: Critique of Pure Modernism’, in Martha Buskirk and Mignon Nixon (eds), *The Duchamp Effect: Essays, Interviews, Round Table* (Cambridge, Mass.: The MIT Press, 1996), pp. 93–129.

45 映画監督を auteur つまり「作家」とする概念は、１９５０年代フランスの映画監督らのヌーベルヴァーグ（新しい波）の中心的な信条だった。Auteur は、批評家で映画監督のフランソワ・トリュフォーが『カイエ・デュ・シネマ』誌の１９５４年１月号掲載のエッセイ「*Une Certaine Tendance du Cinema Français*'（フランス映画のある種の傾向）」で、自分の感性や理想、考え方を作品に込めることによって、自己表現の媒体とする映画監督と定義している。トリュフォーは、フランス映画における auteur の勃興を「*La politique des auteurs*（作家の政治）」と呼んだが、アメリカの映画評論家、アンドリュー・サリスは、「the auteur theory（作家主義理論）」という新語で命名し直した。David A. Cook, *A History of Narrative Film* (New York: W.W. Norton, 1990), p. 552.

46 Bill Moggridge and Olga Viso’s ‘Directors’ Foreword’, in Andrew Blauvelt and Ellen Lupton (eds), *Graphic Design: Now in Production* (Minneapolis, Minn.: Walker Art Center, 2011), p. 6.

47 Rick Poynor, *No More Rules: Graphic Design and Postmodernism* (London: Laurence King, 2003).

48 原注46に同じ。Blauvelt and Lupton, *Graphic Design.*

49 Irma Boom (ed.), *Irma Boom: Biography in Books* (Amsterdam: University of Amsterdam Press, 2010), pp. 512–14.

50 Metahaven and Marina Vishmidt, *Uncorporate Identity* (Baden: Lars Müller Publishers with the Jan van Eyck Academie, Maastricht, 2010).

51 「クリティカルデザイン」という言葉は、アンソニー・ダンの著書『*Hertzian Tales: Electronic Products, Aesthetic Experience and Critical Design*』(London: Royal College of Art Computer Related Design Research Studio, 1999) で初めて使われた。ダンとフィオナ・レイビーは、デザイン作業、指導、執筆、キュレーションを通してこの概念を磨いた。２００７年、ベルギーのハッセルトにあるＺ３３で開催された「デザイニング・クリティカルデザイン」展では、二人の作品がオランダのデザイナー、ユルゲン・ベイとスペインのデザイナー、マルティ・ギセの作品とともに並べられた。‘Nr. 15 Designing Critical Design’, Z33, http://www.z33.be/en/projects/nr-15-designing-critical-design

52 原注30に同じ。Christian Brandle, ‘Dunne & Raby and Michael Anastassiades’, in García-Antón, King and Brandle, *Wouldn’t It Be Nice*, pp. 153–66.

53 Martí Guixé, http://www.guixe.com; Martí Guixé (ed.), *Libre de*

Contexte, Context Free (Basel: Birkhäuser, 2003).

54 'Julia: Cow benches, 2005', Julia Lohmann, http://www.julialohmann.co.uk/work/gallery/cow-benches/

55 Coralie Gauthier (ed.), *Mathieu Lehanneur* (Berlin: Gestalten, 2012).

56 Donald Judd, 'It's Hard to Find a Good Lamp' (1993), http://www.juddfoundation.org/furniture/essay.htm このエッセイはもともと「*Donald Judd Furniture*」展のカタログで発表された（Rotterdam: Museum Boijmans van Beuningen, 1993）。

57 原注30に同じ。Brandle, 'Dunne & Raby and Michael Anastassiades', in García-Antón, King and Brandle, *Wouldn't It Be Nice*, p. 154.

58 チャールズ・イームズは、1972年、パリのミュゼ・デ・ザール・デコラティフ（装飾美術館）で開かれた「Qu'est-ce Que le Design?」展を記念してYolande Amicのインタビューを受けている。'Design Q&A with Charles Eames (1972)'。myuichirouが2010年2月13日にユーチューブに投稿している。http://www.youtube.com/watch?v=z8qs5-BDXNU&feature=BFa&list=PL0054AB7E04F53D0E&lf=results_video

8

サインは世につれ

> 8. Sign of the times

サインは世につれ

何年か前にドナルド・セーラム夫妻と、ここパームスプリングスでディナーをした。ディナーパーティーだった。黒のネクタイを締めるなんて、パームスプリングスではばかげている。同じテーブルについた隣の若い魅力的な女性が突然質問してきた。「エクソン(Exxon)にはなぜ×が二つあるの?」。私は聞き返した。「なぜお聞きになるのですか」。「どうしても目がいってしまうからです」。そこで答えた。「まあだからでしょうね」。

——レイモンド・ローウィ※1

ここに二つのコーポレートロゴがある。どちらの社名も「A」から始まる。どちらも社名から事業内容を想像することはできない。どちらもシンボルマークとしてリンゴを使い、上から葉が一枚出ていて果実は片側に齧った跡がある。だが共通点はここまで。一見すると同じように見えるロゴのその他の部分は異なり、それぞれのロゴを使用する会社も似たところはない。

一方の会社はアップル。そしてもう一方は、ハイテクな国際企業からは程遠いイギリス最大のセックスショップチェーン、アン・サマーズだ。どう考えても似ても似つかないこの二社がそっくりのビジュアルアイデンティティー(VI)を採用しているのだから驚く。しかもどちらも企業として成功している。コーポレートアイデンティティー(CI)のデザインの黄金律は、その企業の信念、姿勢、現実的に実現したいと思っていることを象徴し、その企業精神を反映することだ。アップル、アン・サマーズどちらのアイデンティティーもそれができている。言葉にするとほぼ同じように聞こえるモチーフがこれほど異なる企業をしかも正確に象徴できるのはなぜだろうか。

答えはこうだ。二つのVIの構成要素は似ているが、それぞれのデザイナーがその構成要素をどうかたちにする(具現化する)かによって違いが生まれる。色や形状、タイポグラフィーの選択、そしてリンゴが意味するものがまったく異なるからだ。そうしたデザインのディテールによって、人はそのシンボルが言おうとしていることを探り当てることができる。

まずアップルについて。一九七六年に会社を設立した際、スティーブ・ジョブズとスティーブ・(ウォズ)・ウォズニアックがこの社名(元はアップルコンピューターといった)を選んだ。当時ジョブズが果実食主義にはまっていたからというだけでなく、週末になるとよく出かけていたオレゴン州ポートランド近郊のオールワンファームという農場で、ちょうどリンゴの木の剪定作業をしてきたばかりだった。合理的な理由もある。「元気がよくて楽しそうな名前だし、怖い感じがしない」とジョブズは後に説明している。「アップルなら、コンピューターの語感が少し柔らかくなる。電話帳でアタリよりも前にくるのもよかった」[※2]。

最初のロゴは、事業の立ち上げを手伝っていたロン・ウェインが、一七世紀の科学者、アイザック・ニュートンが木から落ちるリンゴを見て万有引力の法則を思いついたときの様子を描いた。ヴィクトリア朝の華美な子どもの本や、好きな六〇年代後半西海岸ベイエリアのロックバンドが使っていたイラストスタイルで描かれている。翌年、そのロゴは地元のグラフィックデザイナー、ロブ・ジャノフが描いたリンゴの形に取って代わられた。彼は二つの案を作っていた。一つは完全な形のリンゴで、もう一つは、片側に齧った跡のあるリンゴだった。ジョブズは、齧った跡がないのはサクランボに見えるという理由で後者を選んだのだが[※3]、巷では「齧った跡(bite)をコンピューターのバイト(byte)にかけている」と、アップル神話の一つとしてもっともらしく語り継がれている(そのシンボルマークはニュートンの万有引力の法則だけでなく、一九三〇年代半ば以降、コンピューターサイエンスの草分けとして活躍し、一九五四年に自殺したイギリスの天才数学者、アラン・チューリングへの称賛の意味も込められていた、というのも負けず劣らず有名な神話だ。チューリングは、別の男性との「重いわいせつ罪」(同性愛)で有罪になり、化学的去勢を受けていたが、その後自ら命を絶った。そばに食べかけのリンゴが発見され、致死量の青酸カリを塗ったのではないかと噂された)[※4]。アップルのモチーフの最後の仕上げとして、ジャノフはレインボーカラーのストライプを加えたことによって、グリーンピースなどの反体制文化が掲げる旗に敬意を表し、図々しくもポール・ランドがデザインしたＩＢＭロゴの白黒縞を模倣した。

その後ストライプはやめたが、ほぼ同じリンゴの形が維持され、通常はグレー、黒、白、シルバーの一色ベタで表される。使用する書体の選び方にも同様のこだわりがある。一九八四年に「マッキントッシュ」コンピューターが発売されたときには、一六世紀のエレガントなセリフ体の書体、ギャラモンを独自にアレンジした書体を採用した。二〇〇二年には、サンセリフ体の書体に切り替えたが、選ばれたのはアドビ・ミリアッドというデジタルフォントの曲線美を強調したカスタム版だった。[※5]

アップルのVIから何が感じられるだろうか。エレガントで自信と規律のある何か。アイザック・ニュートンのような偉大な科学者の業績を称えるだけの教養はあるが、社名を果物から取ることを拒むほど真面目ではない。かといって、政治運動を連想させたり、自分たちをIBMのような巨大企業を揶揄する子どもじみた駆け出しの会社に見せようと思うほど破壊的な反体制派ではもうないことも示唆している。

では、アン・サマーズのVIはどうだろう。社名は、創業者で元俳優のマイケル・カボーン・ウォーターフィールドが一九七〇年に事業を始めた際に秘書だったアニス・サマーズの名前の略称だ。サマーズはその後まもなく辞め、ウォーターフィールドは一九七二年に事業をラルフとデーヴィッド・ゴールド兄弟に売却した。彼らの戦略は、セックスショップを裏通りではなく、繁華街に出店することで大衆市場に浸透させることだった。[※6]成功させるには、新しい顧客、とりわけ女性が恥ずかしがらずに店に入ることが重要だったため、その目的にぴったりの暖かくフレンドリーで耳なじみのあるアン・サマーズという名前を使い続けた。要するに、よくある女性の名前なのだ。

ゴールド兄弟がリンゴのモチーフを選んだのは、セクシーで楽しいお店に見せるためだった。こちらの場合は、科学の歴史ではなく、アダムとイブがエデンの園で食べてしまった禁断の果実に由来する。アップル社のシンボルマークが丸いのに対し、アン・サマーズのはハート形に近く、愛を想起させる。葉は情熱を表す炎を模し、齧った跡は誘惑に屈した結果を表している。書体も、あだっぽいタッチに「e」の直線を斜めにするなど、遊び心がある。アン・サマーズの各店を飾るブランドネームは派手なピンクと赤で書かれ、それぞれ肉体とセックスを象徴している。[※7]

要するに、アン・サマーズのコーポレートシンボルとアップルのそれとは、アダムとイブが罪を犯し神の恩寵を失った物語と、アイザック・ニュートンの重力の発見との違いほどに違う。私たちは、この二つのシンボルマークを見て、それぞれの視覚的な手がかりを本能的に解読してその違いを理解している。人間は、歴史を通してサインやシンボルに同じように直感的に対応してきた。人が拾い上げる視覚的な手がかりは、特定のメッセージを伝えることを意図して考えられ作られてきたという意味で、デザインされてきたが、アップルやアン・サマーズのVIを担当したデザイナーのような専門家にお金を払って依頼するようになったのは、比較的最近になってからだ。

直感に訴えるデザインシンボルがよく使われているものの一つに、政治運動がある。振り上げた拳は、一九一七年のロシア革命から一九三〇年代のスペイン内戦の反ファシスト勢力、一九六〇年代のブラックパワーの動き、最近のウォール街占拠運動の反資本主義者まで、数々の過激な抗議運動の象徴になっている。

トーマス・ガブズィル・リバティニー作「ハニカム・ベース」
数千匹の蜂が作り上げた

ユリア・ローマン作
カウ・ベンチ

クリスティン・メンデルツマがデザインした本
『Pig 05049』

クリストフ・ビュッシェルによる
2006年のインスタレーション《Simply Botiful》
違法コンピュータリサイクル工場のレプリカ

しかし、その起源は古代アッシリアにまで遡る。愛、戦争、性、豊饒の女神イシュタルが暴力に対して強さを象徴する握りこぶしを掲げる姿が描かれている。以来、その象徴が幾度装いを替えて現れようと、私たちには、それが言おうとしていることが理解できる。拳を握って掲げるという身体的なジェスチャーで本当に自分が強くなったように感じられるように、まさにぴったりのシンボルであり、元の意味と切っても切れない関係ができている。

最古の平和のモチーフの一つであるオリーブの枝にも同じことが言える。由来は、ポセイドンとアテナがアテネの町を取り合ったギリシャ神話だ。アテネは自分のものだとするポセイドンの主張に対抗して、アテナがオリーブの木を周辺に植えるや否や、ポセイドンはアテナに一対一の戦を挑んだ。そこにゼウスが介入し、紛争を仲裁によって解決するよう説得した。すべての神が召還され投票が行なわれた。ゼウスは棄権したが、男神はすべてポセイドンに、女神はすべてアテナに投票した。招集された数は男女神ともに同じだったため、ゼウスの棄権によって男神が劣勢となり、アテナが一票差で勝利し、アテネを獲得した。[※8] 今日も「オリーブの枝を差し出す」というフレーズは平和を提議するという意味で使われる。

以来、さまざまなニーズ、欲求、理想、不安を表現するために新しいシンボルが造りだされている。中には人々の行動を規制したり、特定の行動を指示することを意図したものもある。一六世紀のウェールズの数学者ロバート・レコードが「に等しい」という言葉を平行する同じ長さの横線で表すことに決めたこと、つまり等号「=」を発明したことは、指示的シンボルのデザインが成功した類い稀な例だ。レコードは、一五五七年の著書『The Whetstone of Witte』で、同じ言葉を書くことの「退屈な繰り返し」に飽き飽きし、「この二本線以上に等しいものはない」という理由でその言葉を「＝」で省略することにしたと振り返っている。[※9]当時、レコードのひらめきがデザイン的なメリットとして認識されたわけではなかったが、それは、「黒ひげ」のあだ名を持つエドワード・ティーチや「ブラックバート」と呼ばれたバーソロミュー・ロバーツなど一八世紀初期の海賊が発明したもう一つの指示的シンボル、旗に描いた頭蓋骨と交差した骨の極悪非道なドクロマークも同じだった。[※10]

二〇世紀のデザイナーに与えられた最も重要な役割の一つは、有用な情報を伝え、起こりうる危険に対する警告や、ある場所から別の場所へ移動する道筋を示すサインやシンボルを作ることによって、人々が身の回りに起こっていることを理解する手助けをすることだった。たとえば、初めて飛行機に乗る人が人工的な空間である空港という迷路でさまよっている。自然光の射さない、決まった時間に決まった場所にいないと悲惨な目に遭ってしまう場所。チューリッヒ空港のルエディ・リュエックの案内板のように、よくデザインされたサインがなかったらどうしようもない。もつれたトンネルの塊のような地下鉄の駅も同じだ。地下に潜ってしまえば案内板以外に自分のいる場所を特定する手段がなく、そのサインも乗客の人ごみに邪魔され、聞き取りにくいアナウンスを聴きながら、短時間で読み取らねばならない。ニューヨーカーたちは、地下鉄の看板が合理化されるまで、苦い経験を通じてそれを学んだ。

このような指示的シンボルの印象的な事例として、一九五〇年代後半から一九六〇年代初頭にかけたジョック・キニアとマーガレット・カルバートによるイギリスの道路標識システムがある。それまでのイギリスの道路では、長年、古い標識をオンボロの状態で残したまま新しい標識を作ってきたおかげで、新旧さまざまなスタイル、サイズ、フォーマット、痛み具合の標識が雑多に蓄積・混在していた。そのため、一つの標識を読み取っても別の標識に悩まされて貴重な時間を無駄にし、気を取られて道路状況に不注意になるという、運転者にとって危険このうえないまでに混乱していた。グラフィックデザイナーのハーバート・スペンサーは、一九六一年にA３号道路をロンドン中心部から開業したばかりのヒースロー空港に向かって運転しながら遭遇した数百の標識を写真に収め、『タイポグラフィカ』誌に連続掲載して、混沌とした道路の現状を示した。[※11]

キニアとカルバートはその頃、イギリスの新設高速道路のサインシステムのデザインを委託されていた。彼らが指名されたのは、そうした決定にはつきものの縁故採用だった。高速道路標識の責任者である政府委員会委員長コリン・アンダーソンは、船会社P&Oオリエントラインの会長でもあった。同社の乗り継ぎ客の荷物を追跡する非常に簡便で優れたラベルシステムをキニアがデザインしていた。[※12]当時、他のヨーロッパ諸国では、高速道路を建設すると標識のデザインも技術者任せにしていたが、技術者はおざなりな仕事しかしていなかった。イギリスももしアンダーソンがP&Oでのジョック・キニアの功績を思い出すことがなかったらそうなりかねなかった。

キニアとカルバートに与えられた課題は、走行速度や天候、地域に関係なく、ドライバーが瞬時に簡単に理解できる一貫した標識システムを作ることだ。あらゆる要素が極限まで明快で一貫しているかどうかを確認するために、厳格な試験が行なわれた。文字のスタイルと大きさ、大文字にすべきか小文字にすべきか、文字の間のスペース、文字周辺の境界、色、標識の材質、標識の支持構造、地上からの高さなど。ロンドンのハイドパーク、そしてランカシャー州プレストンに新しく建設されたバイパスで試作を使った試験が行なわれた。結果があまりにすばらしかったため、ハーバート・スペンサーの暴露記事によって政府が一般道路の標識の改善に着手せざるを得なくなったときも、当然キニアとカルバートが委託先として選ばれた。

高速道路と一般道路のどちらの標識も一貫してわかりやすい文字と数字を使って距離や速度制限、方面や方向を表示する必要があった。キニアとカルバートが自分たちの選んだタイポグラフィーや情報の順序、位置がこれ以上ないほどわかりやすいものかどうか、時間をかけて確認したのもそのためだ。しかし標識は同時に、走行中に遭遇する可能性のある対象についてドライバーに警告する手段でもなければならない。橋やカーブ、トンネル、急勾配、浅瀬、一方通行、行き止まり、道路工事、ジャンクションや踏切に近づいていることを知らせる標識も必要なら、道路への落下物の危険や、畜牛の横断をあらかじめ警告し通行止めする標識も必要だ。キニアとカルバートは、道路の特徴や危険を説明するピクトグラムを作ることが最も効果的な解決策だと判断した。

キニアはシステム全体を考え、カルバートがピクトグラムを担当した。ピクトグラムは、たとえ豪雨の中で目を細めて見るような場合でも、ドライバーが瞬時に確実に理解できるように、可能な限り単純なスタイルにする必要があった。また、どの地方でも、どの年齢や教育レベルの人々にも理解されなければならない。カルバートは、ほとんどの記号を子どもが描くような単純化された形の単色のシルエットとして描いた。たとえば、人間の頭を円で表した。学校の近くに設置される横断歩道の「子供注意」の標識では、自分の子供時代を思い出し、幼い弟の手を引く自らの写真を基にした。※13

最も優先されたのは明快さだったが、カルバートは自分のピクトグラムに、そしてキニアの綿密に組み立てられたシステムに、人間らしさも与えた。二人が作った標識は、イギリスのドライバーたちに何をいつすべきかを正確に伝えるという与えられた機能を果たしただけでなく、それを非常に丁寧に行なった。カルバートがデザインしたシンボルの多くは、半世紀以上経った今もそのまま使われている。一部は、否応なく手直しされたり取って代わられたりしたが、新しいものは比較するとあまりに味気なく、オリジナルを空しく思い出させるばかりだ。マーガレット・カルバートがジョック・キニアと作成したサインシステムは世界中で真似され、部分的にそのまま取り入れた国もある。一九六七年にベンノ・ヴィッシングがデザインしたアムステルダムのスキポール空港のサインシステム、※14 残念ながら顧みられることのないアドリアン・フルティガーによるパリのシャルル・ド・ゴール空港向けシステム、ルエディ・リュエックが手掛けたチューリッヒ空港のシステムなど、その後の優れた案内表示の多くは、二人の仕事の恩恵を何かしら受けている。

最近の指示的シンボルは、一からデザインされたものよりも、過去のものを賢く焼き直したものが多い。

たとえば「@」。その由来については誰も確かなことは知らない。一説には、「at」を意味するラテン語の「ad」の略語として、六世紀か七世紀に使われ始めたらしい。ちょうどロバート・レコードが一五五七年に「に等しい」を略すために等号を発明したように、当時の書記官は、その二文字を書くのが煩わしくなり、「d」の一画を「a」の周りに巻いて一つにしたという。一六世紀のヴェネツィアで地元の商人が使っていた測定器「アンフォラ」の略記として使われ始めたという別の説もある。

真実が何であれ、@は一九世紀後半に真価を認められ、一八八五年、最初のタイプライター、アメリカのアンダーウッドのキーボードに登場した。当時は「の料率で」を表す会計用語の略字として使われた。@は時とともに使われなくなったにもかかわらず、タイプライターのキーとして残り、結果として、初期のコンピューターのキーボードにも登場した。@が返り咲きを果たせたのはそのおかげだ。

一九七一年、アメリカのコンピュータープログラマー、レイモンド・トムリンソンは、コンピューターからコンピューターに最初のメールとしてメッセージを送ろうとしていた。送信者と受信者のアドレスをコンピューターのコードで書いたが、私たち「一般人」が理解できる文字形式に変換する必要があった。アドレスの前半はユーザーを、後半はコンピューターを識別することにし、その人がそのコンピューターのところにいることをどう示すかを考えたところ[※15]、それには@がぴったりなように思えた。キーボードにあるから便利だというだけでなく、新しい意味に似た古い意味を持っていたことで違和感もなかった。少なくとも、それをまだ使っていた少数の人々にとって。一九七〇年代初めには、@はめったに使われなくなっていたため、過去のしこりをほとんど残さずに返り咲いた人のように新しい役を引き受けることができ、デザイン思考がよい着地点を得た。

最近再発明された別の指示的シンボルにも同じことが言える。ハッシュタグ、ポンド記号、ナンバー記号として知られる「#」だ（一九六〇年代、「オクトソープ」に名称変更しようとしたが失敗に終わった）。@と同じで、#は当初からコンピューターのキーボードにあり、おもに重量ポンドの略字として使われていた。ところが一部のメーカーは、複数のキーを同時に押さないと打てない二次的な記号に降格させてしまった。しかし、#は、電話機のボタンとしては、米印とともに便利に使われていた。たとえば、留守電メッセージを再生したり、クレジットカードで支払いを行なうといったリモート操作のときに頻繁に使用されていた。

遍在する#は、やがてツイッターのIDタグという新たなダイナミックな役割を獲得した。二〇〇七年八月二三日、サンフランシスコを拠点に活動するハイテク政治運動家で、「FactoryJoe」として知られるクリス・メッシーナは、こうツイートした。「#（ポンド）をグループに使用することについてどう思いますか。たとえば #barcamp [msg] というふうに[※16]」。つまり、同じテーマに関するツイートをすべてひとまとめにして「#」をプレフィクス（接頭辞）として付加し（#backminsterfuller、#tsunami など）、それにログオンすればそのテーマをフォローできるようにしたらどうかと提案したのだ[※17]。

反応が今ひとつ鈍かったのが、二〇〇七年のカリフォルニア州南部サンディエゴ郡の山火事被害で状況は一変した。五〇万人以上の住民が避難を余儀なくされ、何千もの建物が損壊した[※18]。地元のウェブ開発者、ネイト・リッターは、ツイッターで情報を定期的に更新して被害の様子を追うことにし、#sandiegofireというハッシュタグを使って、情報を得たい人にわかるようにした。[※19] 危険な状況に置かれた人々のために必要な情報を提供するハッシュタグの付いた彼のつぶやきによって、#を指示的シンボルとして復活させるというメッシーナのアイデアがソーシャルメディアで効果的なことが実証された。

このように目の付け所のよかったモチーフがあり、再定義された@はニューヨーク近代美術館のデザインコレクション入りを果たしたが、[※20] 別の役割を持った別のタイプのシンボルが同じように役立つことがある。つまり、個人や集団の共通点を説明し識別するための記述(分類)的シンボルだ。振り上げた拳やオリーブの枝、そして最近の政治的シンボルもこのカテゴリーに入る。たとえば、同性愛者人権団体に人気のモチーフとなったピンクの三角形。これは、ナチスの強制収容所の公式記録にこのマークで識別された同性愛の囚人たちへのトリビュートだ。[※21] 同様に雄弁なシンボルとして、一九五八年にイギリスのデザイナー、ジェラルド・ホルトムが考えた円形の反核シンボルがある。反核運動団体「核軍縮キャンペーン」が行なった、ロンドンのトラファルガー広場からハンプシャーのオルダーマストンにある原子兵器研究所までの抗議行進の際にデザインされた。円の中に二本の斜め線と一本の垂直な線が描かれ、nuclear(核)の「N」とdisarmament(軍縮)の「D」の手旗信号を表している。[※22]

記述的シンボルの「フォーマル」バージョンは、一二世紀半ば、上流階級の戦士が戦闘用に採用した古代の紋章のモチーフに遡る。その紋章は、もともと戦闘中に個々の兵士を識別するための戦術として考案された。たとえば、イングランド王リチャード一世のために戦った十字軍の兵士は、鎧を身に着けると区別がつかなかった。紋章は、盾か胸当てにはっきりと見えるように取り付けられ、保護的な役割もあった。やがて、戦士の従者やその下の歩兵、聖職者、臣下、使用人、彼らの土地を耕やす小作人など、自称関係者全員が同じ紋章を身につけるようになった。結局、紋章の濫用が目立ち、何の縁もない紋章を付ける人が増えたため、使用を規制する法律を導入した国もあった。

都市、町、村、学校、大学、教会、スポーツチームなどはすべて十字軍の紋章に相当するものを採用している。その目的は、何世紀も変わることなく、自らを識別し、自分への忠誠を誓う人を帰属意識で染めることだ。企業も同じことをしている。アップル社とアン・サマーズの果物モチーフをはじめとするコーポレートアイデンティティー（CI）は、記述的シンボルの典型的な形式であり、あまりに一般的であるがゆえに、欧米の平均的な消費者は、一日に数千は見ると言われている。[※23] そこまで多くは見ないだろうと疑う方も、冷蔵庫の中の食品パッケージ、道行くトラック、ベルトコンベアの端でお団子になったキャリーバッグ、広告看板、チケットの半券、ウェブサイト、ビルの看板、Tシャツ、企業のステーショナリー、電子メールの署名やテレビコマーシャルで、気には留めなくても目にしたロゴが山のようにあるはずだ。

最も初期のCIの多くは、貴族の紋章に似ている。それは駆け出しの企業が、まちがっても金だけ取ってどろんしたり、数カ月でなくなるような会社ではなく、簡単には潰れない信頼できる企業イメージを顧客に植え付け安心させたかったからだ。そのために、地主貴族のように力があり長く続くものとして自らを打ち出そうとした。大げさに聞こえるかもしれないが、一九世紀後半までほとんどの人が地元の店や職人、顔なじみの業者から商品を買っていたことを考えると賢明な戦略だった。鋳かけ屋や行商人でさえ同じルートを回るようにしたため、顧客に顔なじみだった。企業は、新しく建設された道路や鉄道で遠くへ商品を送り始めるにつれ、まだ会ったこともない人々に、自分たちが評判の良い信頼に値する存在であることを納得させる方法を見つける必要があった。一つの策は、製品やトラックや書類を独自のシンボルでブランディングし、識別できるようにすることだった。そういった企業は、自社の力強さや貫禄を従業員にも示したいと考えていた。やはり過去の封建君主を彷彿とさせる。こうしたえせ紋章の痕跡は今でも一部の企業のロゴに見ることができる。たとえばＢＭＷやフィアットの円形のモチーフは、戦士の盾から取ったかのように見える。それ以上の威厳を見せるのが、フィレンツェの香水ブランド、サンタ・マリア・ノヴェッラのロゴだ。伝統的な紋章と同じ形の上に王冠を載せ、ロイヤルブルーと金という高貴な色を使っている。[※24]

中には貴族の権威を主張するのではなく、自社の業や信念を説明するなど、自社について何かを語るシンボルを選んだ企業もあった。中でも人気だったのは、昔の個人的な取引を模した署名のＣＩだ。署名者（普通は創業者）が商品に太鼓判を押しているように見える。それが個人の本当の署名だったこともある。ほうきのセールスマンだったアメリカの若者、ウィル・キース・ケロッグが一九〇六年、ミシガン州バトルクリークに自分が考え出したレシピで朝食用シリアルを作るバトルクリーク・トーステッド・コーンフレーク社を設立したとき、すべての箱に自分の署名を印刷した。[※25]以来、ケロッグ社は、それをさまざまなバリエーションで使用している。同様に、外向的なオーストラリアの実業家、マクファーソン・ロバートソンは、一八八〇年に設立した製菓会社を、自分の名前を省略したマクロバートソンと命名し、そのモチーフにやはり自分の派手な署名を選んだ。その署名のネオンをメルボルンの自社工場に掲げると、地元のランドマークになった。[※26]

署名ロゴの中には、ある特定の人のものであるような印象を与えるために作られた架空のものもある。コカコーラのレシピは、一八八六年ジョン・ペンバートン博士によって発明された。負傷した陸軍退役軍人から、ジョージア州アトランタの薬剤師に転身した博士は、それを頭痛の薬として販売したいと考えていた。地元のソーダファウンテンで発売されると、同社の簿記係、フランク・ロビンソンが、その薬の二つの主成分、コカの葉エキスとコーラナッツの名を取ってコカコーラと呼ぶことを提案した。キャッチーな響きを持たせるためにコーラ(kola)ナッツの「k」は「c」に置き換えられた。ロビンソンはそれをスペンサリアン体として知られる当時流行の装飾字体で書いた。[※27] コカコーラは、頭痛薬ではなく刺激剤(おそらく当時使っていたコカの葉エキスに残るコカインの痕跡とコーラナッツのカフェインの効果)としてヒットし、コカコーラ社は今でもロゴにそのスペンサリアン書体の署名を使用している。

さらに別のアプローチとして、企業が作っているものや、やっていることを描写した「伝記的ロゴ」がある。フランスの高級品ブランド、エルメスは、宿屋の息子で孤児だったティエリ・エルメスによって一八三七年に設立された。パリに馬のハーネスを作る工房を開いたが、その品質の高さに、ヨーロッパ中の裕福な家庭が競って買い求めた。今日では、バーキンやケリーバッグを買いたい人の長いウェイティングリストで有名なエルメスだが、今でもパリのフォーブル・サントノーレ通りにある旗艦店の上の隠れた小さな馬具店ではハーネスが作られ、ティエリ・エルメスの稼業へのオマージュとなるシンボルマークを使っている。シルクハットとズボンを身に着けた男性の横に、一九世紀のオープントップの馬車を引くスマートなハーネスをつけた馬がいる。[※28] 私の好きなサッカークラブ、マンチェスター・ユナイテッドの赤と黄色のロゴは、一見すると紋章に見えるが、よく見ると二つのサッカーボールと、一九六〇年代にこのチームに与えられたニックネーム「レッドデビル（赤い悪魔）」に因んで三つ又の槍を振りかざす生意気そうな悪魔が描かれている。[※29] もともとその名前は地元のラグビーチームのものだったが、マンチェスター・ユナイテッドのマット・バスビー監督が耳にし、敵チームを動揺させるのに適した勇ましい名前だとクラブへの採用を提案した。新しいニックネームは人気となり、赤い悪魔のモチーフがクラブのVIに正式に追加された。

同様に、フランスの自動車会社シトロエンのロゴは、創業者のアンドレ・シトロエンが一九〇〇年に訪れたポーランドで発見した独創的な歯切加工に因んで二つの山形紋を配している。彼はその工程を使って山形の歯車を製造する事業を起こした。[※30] その数十年後の一九五九年、米航空宇宙局（NASA）は、公式には「NASAの記章」、非公式には「ミートボール」として知られる伝記的ロゴを導入した。ジェームズ・モダレリという従業員によってデザインされたロゴは、星空の中（星は本当にミートボールの凹凸のように見える）

ＮＡＳＡの文字の周りを周回する宇宙船と、最新の超音速機の翼をイメージした細長いＶ字で構成されている。宇宙空間を探索するＮＡＳＡチームの情熱を目一杯伝えると同時に、素人デザインの伝統が見て取れる。ミッションごとに乗組員の一人がチームの記念ワッペンをデザインし、それを全員が宇宙服に付ける習慣があるのだ。一九七二年、ニクソン政権が推し進めたデザイン向上政策の一環として、ＮＡＳＡが新しいロゴ、未来的な「ワーム」を採用すると、ミートボールは引退を余儀なくされた。しかしトラウマの一九八〇年代を経て、一九九二年にＮＡＳＡが再編されると、古き良き宇宙競争時代を想起させる象徴としてミートボールが復活した。[※31]

ミートボールは、宇宙ファンの間では好評だったが、デザイン純粋主義者は、一九五〇年代後半の伝記的モチーフを採用したＮＡＳＡを時代遅れだと考えただろう。その頃には、企業はそれまでのパパママストアのように特定の人や商品に関連付けられることを好まなくなっていた。多国籍コングロマリットがどんどん多角化し、世界中にオフィスを開いていたこの時代、企業の成功はスピードと規模に比例した。戦後の企業は、スマートでダイナミックなとらえどころのない記述的シンボルを求めた。そうした企業が本社を置いたミッドセンチュリーモダンの高層ビルが同じオーラを持っている。特徴のないコーポレートシンボルの全盛期の頃だ。ポール・ランドのＩとＢとＭのシンボルのように、企業名のみ、またはそのイニシャルのみを特定の書体で綴っただけのロゴが多かった。よく目立ち記憶に残るものがＣＩの良いデザインだと見なされた。当時の一致した見解として、どこに使われていてもまったく同じに見えなければならず、ランドが

IBMのシンボルで行なった処理が絶妙で、見事にこれを達成していた。

　第一に、ランドは最初からストライプのイニシャルを考えていたのではなく、モダンで精緻な書体でIとBとMを書こうと決めていた。スティーブン・ヘラーがランドの仕事についてまとめた研究論文によれば、ランドはまずクライアントの信用を獲得してからストライプを提案したと説明している。ミスマッチな印象を与えがちなそのイニシャルに統一感を持たせるために、法的文書の署名欄に偽造防止用につけられた細い平行線を想起させるストライプを使用することによって、文字に権威を与えると主張した。

　第二に、ランドは、VIがどこで使用されても同じ高い水準を維持できるように運用することが、その姿形と同じくらい重要であり、むしろそれをやってのけることのほうが厄介なことに気づいていた。戦後の多国籍企業の多くがそうだったように、IBMも世界各地に工場、倉庫、事務所、ショールームなどを持っており、そのVIの運用はそれぞれの拠点のデザイナーや製図工、印刷業者に委ねられることになる。印刷の水準は国毎に異なり、デザイナーは多かれ少なかれ自分の好き勝手にすることに慣れている。ニューヨーク州ポキプシーにあるIBMの生産工場のある進取の従業員が工場のポスターに「Ogiwamba」という目立つ漫画キャラクターを登場させた。彼や同僚たちは、自分の考えを捨ててランドの布告に従うように言われ、当然良い気分はしなかった。ランドはそれにもめげず、IBMのマンハッタン本部で社内デザイナーグループ向けに定期的な説明会を開催し、自分の家にも呼びつけた。※32 ときに彼らは、ランドの地元のお気に入りのレストラン、コネティカット州ウェストンにある「ゴールズ・デリカテッセン」での非公式な会合に赴かされた。[※33]ランドは、長い文書を二つ書いている。「ＩＢＭロゴの使用と悪用」と、それほど不穏ではないタイトルの「ＩＢＭロゴ」の中で、異なる条件での正しいＶＩの適用方法を指示している。[※34]また、印刷、紙、タイポグラフィーの専門家を雇ってＩＢＭの世界各地のオフィスを訪問させ、現地スタッフに手本を示させた。

他の企業も、ＩＢＭのように個性的で一貫性のある独自のＶＩを作る努力はしたが、成功した例は少ない。とはいえ、最も記憶に残るものは、現代の生活の一部になっている。マクドナルドの「Ｍ」の「黄金のアーチ」は、創業者の一人だったリチャード・マクドナルドが一九五三年にアリゾナ州フェニックスに開いたこのファストフードチェーンの最初のドライブインレストランの設計案に加えた奇妙な形の黄色いアーチに由来している。最初の提案がつまらなかったため、華やかさを加えたのだという。[※35]また、FedExのロゴにまつわる隠れたジョークがある。今度そのシンボルを見たら「E」と「x」の文字の間に注意してみよう。矢印の形になっている。荷物をある場所から別の場所へ素早く移動することを仕事にしている企業にぴったりだ。[※36]さらに、ロゴが動いているときの目の錯覚効果もある。走り去るフェデックスのトラックの「隠れた」矢印を目で追うと、トラックが実際より速く走っているように見える。ランニングシューズの側面についたナイキの「スウッシュ」も動きによって同じ現象が起こるように感じられる。[※37]

マクドナルドの黄金のアーチやフェデックスの秘密の矢印と同じように、スウッシュも瞬時に認識できる。それは、頻繁につねにほぼ同じものを見ているからだ。しかし企業は、ランドがビジュアルに対する自分の思いをＩＢＭに押しつけ、ＮｅＸＴ時代のスティーブ・ジョブズの名刺で「Steve P. Jobs」の「.」の位置を巡って論争したときほど、均一なロゴを支持しなくなっている。[※38] 目的や文脈に合わせて適応できるシンボルマークのほうが効果的だとする新しい考え方が出てきている。そうした流動的なＶＩの例は以前からあったが、最近まで比較的まれであった。

最も有名なのはたぶんミシュランマン、別名ムッシュ・ビバンダムだろう。一八九八年にオギャロップの名で知られるフランスのイラストレーター、マリウス・ロシヨンがエドゥアールとアンドレ・ミシュランが所有するタイヤ会社のシンボルとしてデザインした。その数年前、彼らはリヨンユニバーサル展を見学した際、タイヤが奇妙な形に積まれているのを目にした。エドゥアールはアンドレに、人間のように見えると話している。[※39] そしてオギャロップの作品を眺めていたとき、彼がドイツの醸造所のために製作したポスターに、「Nunc est Bibendum」と彫られたジョッキでビールを飲むでっぷりとしたバイエルン人を見つけ、そのことを思い出した。[※40] 大酒飲みのバイエルン人は、ミシュラン兄弟がリヨンで見た、積みタイヤのヒューマノイドに瓜二つだった。そこでオギャロップに頼んでミシュランのコーポレートモチーフとしてタイヤでできた人間を描いてもらい、出来上がったそれをムッシュ・ビバンダムと名付けた。

当初、二人はミシュランマンをポスターに登場させ、その後、特別なイベントでは俳優を雇い、ミシュランマンの格好をさせた。ムッシュ・ビバンダムは姿を現わすと、いつも道楽好きの身なりをしていた。あるときは葉巻を吸い、あるときはシャンパンを飲んでいた。しばらくすると、フランスの田舎をサイクリングしたり、車でピクニックに出かけたり、のんびりゴルフのラウンドを回ったり、アルペンスキー旅行に向かう姿が描かれるようになった。彼の冒険は、必ずといってよいほど旅行や移動を伴った。いつもミシュランタイヤを見せびらかし、人生を楽しむ気さくで愛想のよい人柄がにじみ出ていた。ミシュランが海外に進出し、地図や旅行ガイド、レストランガイドなど（どれも人に車に乗るよう促し、ひいてはタイヤをたくさん買ってもらうことを意図している）の新商品を発売するにつれ、ムッシュ・ビバンダムは、臨機応変にその都度適切な服装で行動した。渡米するときはステットソンのハットを、トルコ旅行ではトルコ帽を被った。

しかし、ミシュランの変異し続けるVIは、しばらくは例外的な存在であり続けた。そして、一九八一年八月一日、動画・音楽チャンネルMTVが放送を開始する。MTVのロゴは、見るたびにほぼ毎回変わって見えるようにデザインされていた。ちょうど、そのチャンネルをつけたらいつも違う音楽が流れていることが当たり前のように。それをデザインしたのは、ニューヨーク六番街八番地の小さな角部屋で働くマンハッタンデザインを名乗る三人のデザイナーだ。三人のうちの一人、フランク・オリンスキーがMTVを所有するワーナー・アメックス社で働くフレッド・セイバートと幼なじみで、そのつてで同チャンネルの新しいVIのデザイン提案をすることになった。

彼らは、基本的に大きな「M」と小さな「T」と「V」を組み合わせ、企業らしさよりも即興のように見えるロゴにすることを最初から決めていた。オリンスキーは少年だった頃、「ウィンキー・ディンク」という子供向けのTVアニメが好きだった。重要な場面になると、視聴者が専用のプラスチックフィルムシートをテレビ画面に貼り、ヒントを頼りに何かを書き込むことで、番組のスターである、気のいいウィンキー・ディンクが危機を乗り切ることができるという双方向テレビの草分けともいえる番組だった。オリンスキーは、MTVのロゴでそれに似たことをしたいと考えた。そこで「M」の拡大コピーを階段吹き抜けに持ち出し、ニューヨークの路上の落書きのように、黒いスプレー塗料でそこに「T」と「V」を書き加えた。友人のセイバートが出来上がったものを上司に見せ、上司のコメントをマンハッタンデザインに伝えた。たとえば、MTVの文字の下に「ミュージックテレビジョン」という文言を添えるのはよしとしたが、反映するのを拒んだコメントもあった。たとえば、VIのバリエーションは「承認されたカラーパレット」のものに限定されるべきだという主張。セイバートとデザイナーたちは、MTVがデザイナー、アーティスト、アニメーター、フィルムメーカー、イラストレーターのすべてに白紙委任状を与え、ロゴを毛皮で覆ったり、ペンキをしたたらせたり、発火させたり、飛び血を浴びせたり、氷に閉ざしたりするなど、自由にロゴをカスタマイズさせるべきだと主張した。[※41]

このロゴの成功によって、流動的なVIの可能性が証明された。とくに視覚的な飽和状態の文化の中で育ち、そのために親世代よりも注意の持続時間が短く、視覚的な期待値の高いMTVの若い視聴者に効果てき面だった。一九六〇年代と七〇年代、ロラン・バルトやジャン・ボードリヤールといった思想家がイメージ（画像、映像）脱構築の青写真を作ったが、一九八〇年代になると、彼らの名前や著書を聞いたことのない人でも、ほぼ本能的にそれが理解できるようになっていた。若者たちは、視覚的イメージにコード化されたメッセージを難なく読み取れるようになった（私たちがコンピューターのフォントメニューから書体を選べるようになってから、タイポグラフィーに対する目が肥えたのと同じように）だけでなく、サインやシンボルに対する反応もまったく違っていた。均質なイメージを権威や親近感といった安心と結びつけるのではなく、むしろつまらないものとして否定した。そして、変異するイメージに面食らったりイライラするどころか、それを爽快に感じたのだ。

MTVは、一九九一年にワールドワイドウェブのサービスが開始される一〇年前にデビューした。インターネット時代が始まると、人々の注意の持続時間がますます短くなり、視覚的なものに対する感度が高まり、気分転換への欲求が強くなり、そうしたことすべてが流動的なVIをより魅力的なものにした。デジタル技術によってそれが容易に安価に作れるようになった。ミシュランが一八〇〇年代後半にムッシュ・ビバンダムというモチーフを絶えず変身させせようと決めた勇気を、ともすれば過小評価してしまいがちだ。コーポレートシンボルがポスターや会社のステーショナリー、新聞や雑誌の広告、看板といった印刷物で見られるのが一般的だった時代にそうしたものを作るには非常にお金がかかり、それが多種多様であればなおさらだ。品質管理の問題もあった。バリエーションが多いほど、同じ水準で印刷したり設置したりするのは大変だ。一方、おもにオンラインで見るグーグルやツイッターのようなコーポレートシンボルは、非常に少ない費用と時間で簡単に適応させられる。

そうしたオンラインのブランドは、サービスを使用する人との接点が他にほとんどないため、このやり方がちょうど合っている。間に入る営業マンや接客するウェイター、フレンドリーな配達員や宅配便、受付もいない。彼らの顧客、加入者、訪問者にとって、その会社がどんな会社でどんな考えを持っているのかを知るヒントになるものは、コンピューターや携帯電話の画面で見たものしかない。そうなると、同じものを繰り返し見せられるより、興味をそそられたり、楽しめるものがあったほうがより好意的な印象を持つのは当然だ。何の変化もない文字の組み合わせだけのグーグルと、ぱっとしないホリデーロゴと、どちらを見たいだろうか。私だったら、後者を見て顔をしかめたい。

百貨店のサックスフィフスアベニュー、オーストラリアのメルボルン市、AoL、ロッテルダムのオランダ建築家協会、ブルックリン美術館、ポルトガルのオポルト市にあるコンサートホール、カサ・ダ・ムジカ、チャンネル4テレビ、ミュンヘンのハウス・デア・クンスト（美術館）、二〇一二年のロンドンオリンピック。良くも悪くも（ロンドン五輪の場合）、流動的なVIを採用する企業や組織が増えている。まだ一貫性を求める企業でさえ少し寛大になってきている。ペンギンブックスの気取ったペンギンのシンボルマークは、時おりバリエーションはあるものの、長年ほとんど変わっていないように見えるが、例外がある。食に特化したペーパーバックシリーズ「グレートフード」では、片翼にナイフ、もう片翼にフォークを持って踊る生き生きとしたバージョンのモチーフを使っている。[※42] しかし、どの企業や組織もハイブリッドなVIが似合うわけではない。とくに、信用、信頼、安定が期待される組織。カナダのデザイナー、ブルース・マウはこう言い表している。「MTVが流動的なVIを使っているのは彼らが流動的だからであり、私もそうあってほしい

マチュー・ルアヌールのデザインによる
処方薬の投与量を守るための Objet Thérapeutique

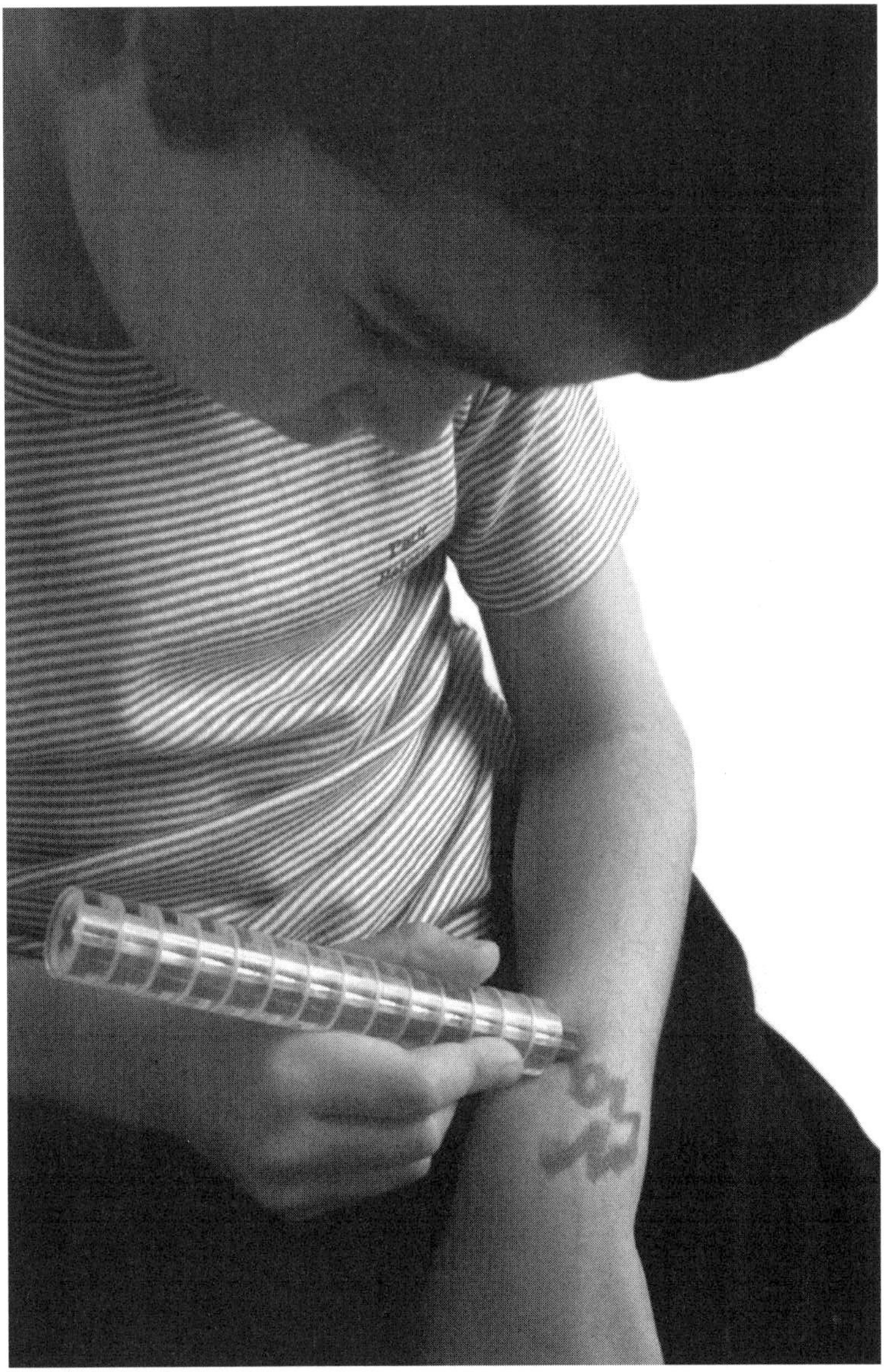

激痛用の鎮痛剤を投与するペン型の
Objet Thérapeutique

Objet Thérepeutique
（抗生剤など）1つを服用期間とし、投与する回
ごとに外側からレイヤーを1枚ずつはがして服用する

マチュー・ルアヌールによる「Tomorrow is Another Day」
パリのDiaconesses Croix Saint-Simon病院の緩和ケア病棟

と思っている。けれど私の取引銀行には流動的になってほしくない。彼らには保守的で根底から安定していてほしい」[※43]。

流動的なVIが行き詰まった例もある。一九九七年、ブリティッシュ・エアウェイズ（BA）が何を思ったか国民的ブランドではなく国際的なブランドを目指し、世界中のアーティストを雇ってチケットや垂直尾翼に使用する民族的な図柄を作らせた。問題の一つは、その戦略がイギリス国民の不評を買ったことだ。元首相マーガレット・サッチャーはそれを嫌って、公の場でBA機のモデルをハンカチで覆ったほどだった。もう一つの問題は、機体がそれぞれ違って見えるため、航空管制官がBA機を見分けにくかったことだ。ヴァージンアトランティック航空は、ライバルの窮状をここぞとばかりに利用し、BAがそれまで使っていた愛国的なユニオンジャックのシンボルマークを導入した。結局、BAは物議をかもしたVIを廃止した[※44]。

非常に成功したハイブリッドVIでさえ、差別性のある名前や記述的なシンボルを見つけるという難題を克服するのに苦労している。この時代、たいていのものがすでに使われているからだ。VIに食傷していると、ときにはばかげた名前がでっちあげられる。なぜ保険会社にアビバなどという名前をつけるのだろう。経営コンサルタントにアクセンチュア？　カメラにエクシリム？　自動車にi-MiEV？　再び自動車にTh!nk？　ばかげているのは造語の名前だけではない。私の家の近くにできた、救い難いほど平凡なマンション群には「アヴァンギャルドタワー」という途方もなく不釣り合いな名がつけられている[※45]。ロンドンのブルームズベリーエリアにあるホテルは、地元の文学遺産に乗じようと近くに住んでいた小説家に敬意を評し、レストランに一度「ヴァージニア・ウルフのバーガーバー」という名をつけたが、その後「VWのブラッセリー」に改名した。イギリスには、一九六〇年代から七〇年代に開通した英仏を結ぶ最初の大型ホバークラフトの命名の記憶にいまだに顔をしかめるデザイン好きたちがいる。フランスの船は、ホバークラフトの先駆的なデザイナー・設計者を讃えて「ジャン・ベルタン」と名付けられたが、イギリスの船は、デザインにも設計にも何の縁もなかった女王の妹の名から「プリンセス・マーガレット」と名付けられた。それでも「借り物」の名前より架空の名前のほうがばかげている場合が多い。そもそも、せっかく一から名前を考える機会を与えられているのに、なぜわざわざ愚かな名前を選ぶのだろうか。

オリジナルな名前の不足と、それを追い求める壮絶な競争がもたらしたもう一つの後遺症は、句読点やその他の無関係な記号を追加したり、大文字と小文字を織り交ぜたりといった非論理的に見える企業名の流行だ。私たちがツイートやメッセージ、電子メールなどを通して新しいデジタル言語で会話することを覚え、文法やスペルに寛容になり、キーパッドやキーボードの記号を略語として使うことに熟達したことは確かだ。しかし、そのためにおかしなものが生まれている。パリのレンタサイクルシステム「vélib'」はこの傾向の犠牲者であり、'Th!nK と G-Wiz という電気自動車も同様だ。i-MiEV や AoL、Toys 'R' Us は二つの点で痛々しい。

それでも、賢くインパクトのある新しいシンボルマークをデザインすることはできる。二〇一一年秋に反資本主義の活動家が「オキュパイ」という占拠運動でそれを証明した。※46 オキュパイのＶＩデザインの依頼書が書かれていたとしたら、とんでもなく難しい課題に見えたことだろう。それぞれに独自の大義名分を持つ何百もの異種団体からなる指導者なき運動の地理的・政治的な多様性を反映する十分な普遍性を持ち、個性的で記憶に残るような記号表現の開発。選ぶものが何であれ占拠キャンプやデモ行進での手作りのプラカードに使えるものでなければならず、さらにツイッターやフェイスブックや地域団体が支援を呼びかけるその他のソーシャルメディアサイトなどインターネットでも使えるものでなければならない。そしてとどめとして、選んだものを各団体に無理やり採用させることはできない。なぜなら、それは彼らの自由であり、なるべくなら誰もシンボルマークに必要最小限以上のお金をかけたくないからだ。

もともとの発起団体は「オキュパイウォールストリート（ウォール街を占拠せよ）」という名前を選んだ。この名前ならどの地名にも使える。「ウィニペグを占拠せよ」「ワルシャワを占拠せよ」「ウエリントンを占拠せよ」というように。続く団体はすべてその名前を使ったが、ウォール街の団体の他のＶＩ要素を採用するかどうかは自由だった。人気が高かったのは「九九％とは私たちのこと」いうスローガンだ。もともとはアメリカの富が全人口の一パーセントにあたる最も裕福な個人に集中していることを引用したものだが、他の国でも十分通用するほど普遍的で、複雑な経済概念を明快に説得力を持って説明し、さらにツイッターの一四〇文字の制限内でつぶやくことができるほど簡潔だった。同様に、占拠グループの多くが「ご迷惑をおかけします。私たちは世界を変えようとしています」というスローガンをアレンジしながら使った。表現は多少変わっても、その意味とウィットは一貫していた。

選ばれたシンボルマークについて言えば、最もあちこちで見られたのは、伝統的なモチーフである、振り上げた拳だ。過去の抗議運動が辿った同じ道にオキュパイも根ざしていた。そして「#」。ツイッターのＩＤタグとして生まれ変わったおかげで、際立って現代的な記号だった。オキュパイは、オリジナルで普遍的で驚くほど効果的なアイデンティティーとして出現しただけでなく、「#」にさらに新しい役割を与えた。それは、記述的シンボルと指示的シンボルの両方の役割であり、そのどちらの役割においても同じように効果的で誠実な仕事をした。

1 Raymond Loewy, *Industrial Design* (London: Faber and Faber, 1979), p. 32.

2 Walter Isaacson, *Steve Jobs* (London: Little, Brown, 2011), p. 63. ウォルター・アイザックソン『スティーブ・ジョブズ』（井口耕二訳、講談社、２０１１年）

3 原注２に同じ。*Ibid.*, p. 80.

4 Andrew Hodges, *Alan Turing: The Enigma* (1983; London: Vintage, 2012), pp. 487–96.

5 Apple, http://www.apple.com

6 Thomas K. Grose, 'Naughty But Nice', *Time*, 24 October 1999, http://www.time.com/time/magazine/article/0,9171,33155,00.html

7 Ann Summers, http://www.annsummers.com

8 Robert Graves, *Greek Myths* (1955; London: Cassell, 1991), pp. 22–4. ロバート・グレイヴズ『ギリシャ神話』（高杉一郎訳、紀伊国屋書店、１９９８年）。オリーブの枝は、紀元前5世紀のアリストファネスの喜劇『平和』、その後ヴェルギリウスの叙事詩『アエネイス』に平和の象徴として登場する。

9 Robert Recorde, *The Whetstone of Witte* (1557; Mountain View, Calif.: Creative Commons, 2009).

10 Captain Charles Johnson, *A General History of the Robberies and Murders of the Most Notorious Pyrates* (1724; London: Conway Maritime Press, 2002). チャールズ・ジョンソン『海賊列伝――歴史を駆け抜けた海の冒険者たち』（朝比奈一郎訳、中央公論新社、２０１２年）

11 *Typographica*, 3 and 4 (1961).『*Typographica*』は、タイポグラフィーを専門とするデザイン誌。イギリスのデザイナー、編集者、作家で当時まだ25歳だったハーバート・スペンサーによって１９４９年に創刊され、１９６７年まで続いた。

12 Rick Poynor (ed.), *Communicate: Independent British Graphic Design since the Sixties* (London: Barbican Art Gallery and Laurence King, 2004), p. 81.

13 マーガレット・カルヴァート (Margaret Calvert) とのインタビュー、２００５年

14 ベンノ・ヴィッシグ (Benno Wissig) が１９６７年に手掛けたアムステルダム・スキポール空港のサインシステムでは、非常に可読性の高いレタリングと厳密なカラーコードを用い、明快で一貫した情報案内システムを作り上げた。混乱を最小化するために、空港のサインのために選んだ黄色と緑色を他のサインに使用することを禁じ、レンタカーのハーツ社でさえ、トレードマークの黄色のサインを使うことができなかった。ヴィッシングが考案したスキポール空港のデザインシステムは、１９９１年にポール・マイクセナール (Paul Mijksenaar) によって改訂され、以来彼のスキルとセンスによって維持されている。

15 Paola Antonelli, '@ at MoMA', Inside/Out: A MoMA/MoMA PS1

Blog, 22 March 2010, http://www.moma.org/explore/inside_out/2010/03/22/at-moma

16 Chris Messina, 'how do you feel about using...', Twitter, https://twitter.com/#!/chrismessina/status/223115412

17 Twitter Fan Wiki, http://twitter.pbworks.com/w/page/1779812/Hashtags

18 Randal C. Archibald, 'California Fires Force 500,000 from Homes', *The New York Times,* 23 October 2007, http://www.nytimes.com/2007/10/23/us/23cnd-fire.html

19 Nate Ritter, http://nateritter.com/

20 原注15に同じ。Antonelli, '@ at MoMA'.

21 ナチスの同性愛の囚人は、仲間の受刑者の多くよりもかなり長い期間、強制収容所に収監されていた。同性愛は、戦前のドイツでは、悪名高い１７５条の規定により犯罪だった。同規定は、第二次世界大戦後も西ドイツで効力を持ち、１９６９年に廃止された。終戦から24年経って初めて生き残ったナチス政権の同性愛囚人が釈放された。

22 'The CND Symbol', CND, http://www.cnduk.org/about/item/435

23 欧米の標準的な消費者が一日に目にする企業シンボルは平均して３０００と推定されているが、この数字の算出根拠や正確さは不明。

24 BMW Group, http://www.bmwgroup.com; Fiat, http://www.fiat.com; Officina Profumo Farmaceutica di Santa Maria Novella, http://www.smnovella.it

25 'Our Heritage', Kellogg's, http://www.kelloggcompany.com/company.aspx?id=39

26 Stephen Banham, *Characters: Cultural Stories Revealed through Typography* (Melbourne: Thames & Hudson, 2011), p. 70.

27 '125 Years of Coca-Cola logos', Coca-Cola, http://www.coca-cola.co.uk/125/history-of-coca-cola-logo.html

28 Hermès, http://www.hermes.com

29 Manchester United Official Website, http://www.manutd.com

30 'Citroën's History', Citroën, http://www.citroen.co.uk/home/#/about-us/history/brand-identity/

31 'Symbols of NASA', http://www.nasa.gov/audience/forstudents/5-8/features/symbols-of-nasa.html

32 Steven Heller, *Paul Rand* (London: Phaidon Press, 1999), pp. 149–73.

33 １９９３年に収録されたビデオインタビューで、スティーブ・ジョブズは、ポール・ランドとのNeXTのアイデンティティーの開発や、ランドがコネチカット州ニューポートの「Gold's Delicatessen」

によく通っていたことを振り返っている。 http://www.paul-rand.com/foundation/video_stevejobs_interview/#.UECi2xz5Mbo

34 原注32に同じ。 Heller, *Paul Rand*, p. 156.

35 Alan Hess, 'The Origins of McDonald's Golden Arches', *Journal of the Society of Architectural Historians*, 45:1 (March 1986), pp. 60–67.

36 'About FedEx', FedEx, http://about.van.fedex.com/taxonomy/term/2938

37 ナイキの「スウッシュ」は、ナイキ本社に近いポートランド州立大学でグラフィックデザインを勉強していたキャロライン・デヴィッドソン (Carolyn Davidson) によってデザインされた。ナイキの創業者の一人、フィル・ナイト (Phil Knight) は、パートナーのビル・バウワーマンと当時ブルー・リボン・スポーツ (Blue Ribbon Sports Inc.) という社名で事業を立ち上げていた頃、生計を立てるために同大学で会計の授業を教えていた。唯一の正社員、ジェフ・ジョンソンは、スタンフォード大学で経営学修士号取得中にナイトに見初められた。1971年に「ナイキ」という名前を思いついたのはこのジョンソンである。ナイトは、ポートランド州立大学に通勤したある日、デヴィッドソンがある課題に取り組んでいるのを見て、彼女に新社名の会社のロゴデザインを委託した。初めてスウッシュを見たナイトは、「すごくいいとは思わないが、だんだん好きになるだろう」と述べている。ナイキは、シンボルのデザイン料としてデヴィッドソンに35ドル支払ったが、社員として採用もした。 'History & Heritage', Nike, http://nikeinc.com/pages/history-heritage

38 原注２に同じ。 Isaacson, *Steve Jobs*, pp. 220–21.

39 'The Michelin Man', Michelin Corporate, http://www.michelin.com/corporate/EN/group/michelin-man

40 「Nunc est Bibendum」は、紀元前23年にホラチウスが書いた詩のタイトル。ラテン語で「今こそ飲むべし」の意。

41 Frank Olinsky, http://www.frankolinsky.com/mtvstory1.html

42 'Cook Books, Food Writing & Recipes', Penguin Books, http://www.penguin.co.uk/static/cs/uk/0/penguin_food/index.html

43 ブルース・マウとのインタビュー。２００７年２月。 Alice Rawsthorn, 'The New Corporate Logo: Dynamic and Changeable Are All the Rage', *International Herald Tribune*, 11 February 2007, http://www.nytimes.com/2007/02/11/style/11iht-design12.html

44 ブリティッシュ・エアウェイズは、１９９９年に多様なエスニックデザインを施した垂直尾翼の半分を従来のユニオンジャックをモチーフとしたデザインに塗り替え、２００１年に残りも同様とすると発表した。 'R.I.P. British Airways' Funky Tailfins', BBC News, 11 May 2001, http://news.bbc.co.uk/1/hi/uk/1325127.stm

45 'Avant-garde Shoreditch E1', http://www.telfordhomes.plc.uk/avantgardetower/

46 Occupy Wall Street, http://www.occupywallst.org/

9

百聞は一見に如かず

> 9. When a picture says more than words

百聞は一見に如かず

情報は理解できて初めて役に立つ。

——ミュリエル・クーパー※1

チャールズ・ブースは運のいい男だった。リバプールの裕福な家庭に生まれ、二〇代前半に莫大な遺産を継ぎ、それを投じてイギリスとブラジルを結ぶ新しい輸送航路を開設した。イギリス・ブラジル間の貿易が盛んになるにつれ、彼の事業も栄え、ブースはますます金持ちになった。ビジネスセンスに長けていたが、彼の本当の興味は政治にあり、一八六五年の下院議員選挙で、リバプールの貧困地区トクステスの自由党候補者の選挙運動を買って出た。家を一軒一軒ノックして回り、住民と話をするにつれ、その地区のあまりの窮状にショックを受け、すぐさま貧困撲滅運動に身を投じた。

リバプールで救援活動を始めたが、一八七五年にメアリー・マコーレーとの結婚後、引っ越したロンドンでもその活動を続けた。ロンドンの荒廃したスラム街の急激な拡大とはびこる犯罪や病気、困窮生活は、当時国家の汚点だった。一八八〇年代には、ブースと同じような貧困撲滅運動家は、ロンドン住民の四人に一人は耐えがたい生活状態にあると訴えていたが、ブースは自分の知識から言ってその数字は誇張だと思っていた。この微妙なタイミングでは、たとえミスであったとしても不正確な数字が世論に与える影響は大きいと考えたブースは、市の実際の貧困状況を把握することにした。[※2]

妻のメアリーの協力を得て、ブースはボランティアを集めた。大学の新卒者がほとんどで、その中には政治経済学者のクララ・コレットや社会学者のベアトリス・ウェッブがいた。彼らは最貧困地区のイーストエンドから、ロンドンの通り（ストリート）ごとの住民の収入と社会階級を調査していった。[※3] 地元の人々から話を聞き終えると、次は警察官、地方議員、聖職者、学校の理事などに会い、聞いた情報や自分の印象を検証した。ブースは、何週間も続けて富裕層の住むケンジントンの自宅を空け、イーストロンドン地区の貧相な宿で寝泊まりした。クララ・コレットも同様にホワイトチャペルで部屋を借り、そこで地元の女性たちと親しくなった。その多くは、生計を立てるために昼間は工場で働き、当時その地域で恐れられていた「切り裂きジャック」におののきながらも、夜は売春婦として働いていた。[※4]

データを分析したブースのチームは、通りごとに社会経済的地位を判断し、マップに記録して一八八六年から一九〇三年まで発行した。[※5] 通りは、そこに住む人々の状況に応じて色分けされた。黒い通りは「最も低い階級、不道徳、準犯罪者」が「浮沈のある極貧状態の未開人生活」を送っている。紺色の通りの住民は「非常に貧しい」「慢性的欠乏状態」、水色の通りは「かなり快適」、赤は「裕福」を表した。最高の生活は、最も

裕福な華麗なるロンドン市民が暮らす黄色の通りに住むこと。ブースもケンジントンでそうしていた。[※6]
最初の地図は、一八八九年に「Descriptive Map of East End Poverty(イーストエンドの貧困を説明する地図)」として発行した。これに続いて一八九一年、ロンドン中心部を網羅する一連の地図を発行。三つ目のシリーズではさらに地域を拡大した。ブースの調査は、ロンドン市民の四人に一人が貧困生活者だという予測がまちがっていることを証明するどころか、問題が軽く見られており、正しい割合は三人に一人だったことを明らかにした。[※7]
ブースの貧困調査で最も重要な点は、調査の厳格さにある。提示の形態に関係なく、それが政策に影響を与えた可能性はある。だが、通りごとに色分けするというデザインの決定は、地図が伝える情報が学術書を苦労して読み解く比較的少数の人よりもはるかに多くの人に容易に理解されることを証明した。誰もが一瞥して黒や紺のラインから最貧困層の経済状況を見極めることができ、他の色もイギリスの複雑な階級制度のニュアンスを正確に客観的に把握するための基準となった。そのおかげでブースの調査は世論に大きな影響を与え、スラム街の再建に対する政府へのプレッシャーが高まった。彼の貧困地図が情報デザインの手本と現在崇められるのはこのためである。
複雑でときに相反する大量の情報を正確にわかりやすいかたちに置き換える。これは古代エジプトの象形文字以来、デザインの重要な役割になっている。にもかかわらず、イシュタルの振り上げた拳や海賊のドクロマークなどの直感的なデザインと同じように、そうした偉業がデザインの効用として認識されることは少ない。

アメリカの統計学者、エドワード・タフティは、称賛を受けたことのない情報デザインの事例を称賛する一連の本を著している。古くは、一一世紀の中国の地図[※8]や、ヨハン・バイエルの星図やガリレオの著書『The Starry Messenger（星界の報告）』の中の美しい銅版画を含む一七世紀前半の太陽系の描写。[※9]一八世紀後半には、視覚化を解析手法として利用することが多くなった。スイス・ドイツの科学者で数学者のJ・H・ランバートや、一七八六年の著書『The Commercial and Political Atlas（商用・政治地図）』[※10]にある最初の棒グラフとして知られるものを含む統計データの巧妙な視覚的表現を考案したスコットランドの政治経済学者、ウィリアム・プレーフェアなどがその先駆者だ。彼らの仕事は、チャールズ・ブースを含む一九世紀の社会改革論者らが政治的目的のために視覚化を利用する道を開いた。奴隷制度に反対するロビー活動では、一八二三年にジョン・ホークスワースが製作した、その前年にアフリカの沖合でイギリス海軍が捕らえたフランスの奴隷船ビジランの船内平面図の版画を使って、アフリカ人奴隷がいかに劣悪な状態で北米へ輸送されているかを暴露した。三五〇人近い奴隷が船倉に手枷足枷をかけられた状態で詰め込まれ、数十人の女性を座らせたスペースとほぼ同じ広さを艦長室が占領していた。ホークワースは、感情を排した建築図面のスタイルで船内を描写することによって、残酷で無慈悲な奴隷貿易の実態を示した。[※11]

同様に効果的だった例として、一八五四年九月に突然ソーホー地区で流行したコレラの感染源を特定するためにロンドンのジョン・スノウ医師が考案したドットマップがある。彼は流行地域の地図を作り、手押し井戸のある場所を十字記号で、コレラ患者の出た家を点で書き込んだ。ほぼすべての点がブロードストリートの手押し井戸の周辺にかたまっていたため、スノウ医師はそれが感染源として最も可能性が高いという結論を下した。その手押しポンプのレバーを検査に送った結果、汚染されていたことがわかり、彼の仮説が正しかったことが確認された。レバーが取り外されたことでコレラは収束した。[※12] ブースの貧困地図と同じように、スノウ医師の医学知識やデータ分析能力が危機的状況を打開した決定的要因だったことはまちがいないが、情報がこれほど説得力のあるかたちで提示されなかったら、問題の対処に必要だった制度的支援を得ることははるかに難しかっただろう。

タフティ自身が気に入っている過去の情報デザインの事例は、一八〇〇年代半ばにフランスのエンジニア、シャルル・ジョゼフ・ミナールが引退後に描いた有名な戦役の一連の cartes figuratives、つまり流線図だ。ある地図は、紀元前二一八年、カルタゴ軍の司令官ハンニバル率いる兵士や象がピレネー山脈とアルプス山脈を越えてスペインからイタリア北部へ遠征した厳しい行軍を追っている。山脈を白黒で描いた地図を背景に、ハンニバル軍を薄茶色の帯で表し、ハンニバルが失った兵の数と、象のほとんどを失ったことを示した。ハンニバルの軍勢は、この作戦中に九万六〇〇〇から二万六〇〇〇にまで減った。犠牲者が増えるにつれ、帯は細くなっている。[※13]

ミナールの傑作は、一八一二年のナポレオンの不運なロシア侵攻を描いた地図だ。同じ方式を使って、その年の六月、フランス大陸軍の歩兵四二万二〇〇〇名がどのようにポーランド・ロシア国境を越えたかを表している。その後、薄茶色の帯は細くなり、モスクワまでの四カ月間の行軍の悲劇的結末と、生き残った一〇万の兵を表している。黒の帯は退却を表し、一一月の悲惨なベレジナ川越えでさらに何百人もの兵士が失われている。ミナールはさらにロシアの凍てつく冬の始まりとともに、急激に落ちる気温の影響を辿っている。残兵が一二月に国境を越えてポーランドに戻ったときには、か細い黒線には一万人しか残っておらず、かろうじて見えるほどだ。自ら戦争の残酷さを目の当たりにしたミナールは、自分の描いた地図が将来の戦争挑発者を押しとどめる力になることを望んでいた。※14

二〇世紀前半、日常生活のロジスティクスが複雑になるとともに、情報デザイナーはそれを明快にする努力を強化した。最も野心的な取り組みの一つは、International System of Typographic Education、略してアイソタイプと呼ばれる、一九二〇年代の終わりにオーストリアの政治学者オットー・ノイラートが読み書きのできない人に社会、経済、政治・科学の重要な問題を説明したいと考案した一連の絵記号だ。

ウィーンの裕福な家庭に生まれたノイラートは、二〇代の初めにオーストリアハンガリー帝国の貧しい農村地帯の学術調査を行なっていたときに急進的になった。デザインを勉強したことはなかったが、少年の頃、父親の書斎にあった本に描かれた地図や図表や図面、そして博物館で見たエジプトの象形文字に魅了されていた。※15 どんな複雑な概念も、絵ならば言葉よりも効果的に説明できると確信した彼は、調査と解析の専門家を集め、包括的な視覚言語を作るにはどのような記号が必要で、それらをどのように組み合わせるかを調べた。そのチームの中には、将来彼の妻となる数学者のマリー・ライデマイスターもいた。その後、彼はアーティストを雇ってそれらを描かせた。

アーティストらの中で最も多作だったのは、ドイツの製図工、ゲルト・アルンツだった。彼もノイラートと同じで、特権階級の出身だったが、彼の場合は父親の工場で働いた後に政治活動を行なうようになった。一九二〇年代半ばには、その時代のさまざまな社会や政治の問題を木版画に描き表した。それを見たノイラートは、一九二六年にウィーンの会合にアルンツを呼び出し、開口一番「いくらかかりますか」と質問した。そしてアルンツは、アイソタイプの記号を何百も描くことになる。記号はそれぞれ日常生活のある側面をできるだけ単純なスタイルで表すことを意図している。その際、ラインを少なくし、遠近法を使わず、使える色も限られた。弁護士は正義の象徴、天秤で表わされ、学生は机で書き物をする男性と女性、農民は大鎌、ストライキ中の労働者は握り締めた拳で表された。[※16] 記号同士を組み合わせてより複雑なメッセージを伝えることもできた。ノイラートは、数の増加を表す際は、個々を拡大するのではなく、複数使用することを当初から主張していた。アイソタイプは一九二〇年代、社会民主党が政権を握り、新しい社会的・経済的試みを擁護していた頃の「赤いウィーン」の進歩的な空気の中で繁栄した。一九二〇年代の終わりには、二五人ほどがこのプロジェクトに携わっており、バウハウスの他、ロシアのエル・リシツキーやドイツのヤン・チヒョルトなど海外の芸術家やデザイナーとのつながりも深かった。[※17]

一九三〇年代、ノイラートの研究者らはこのシステムを用いて、都市化や経済発展、各国の人口統計や戦争準備度の相対的比較など複雑な現象を簡潔で正確に分析した。分析結果は、第二次世界大戦の戦前から戦中にかけての政治的にきわめて不安定な時期に何百万もの人々が本や講義、巡回展を通して目にした。アメリカとイギリスに関する戦時本の中には、両国の相違を分析するアイソタイプの図表が用いられたものもある。『Our Private Lives』という本には、それぞれの国の国民の教育レベル、食べている肉の種類、コーヒーと紅茶のどちらを飲むか、余暇の過ごし方、就く可能性の高い職業が一目でわかる図表が掲載されている。[※18]ノイラートはよくこう言っていたという。「言葉は分断させ、絵は融和させる」[※19]。

二〇世紀前半の情報デザインにおける他の功績は、分析するためのものであるというよりも指示するためのものである傾向が強かった。最もすばらしい例として、ロンドン地下鉄の路線図がある。一九三一年にフリーの製図工、ハリー・ベックが最初、自主プロジェクトとして描いた。[※20]多くの公共交通機関同様、ロンドン地下鉄も継ぎ足し継ぎ足しで発展した。新しい路線が異なる会社によって建設され、新たな郊外ができると既存の路線が拡張された。一九三〇年代前半には、運営会社同士が合併し、地下鉄が縦横無尽に広げられたため、地理的に正確な地図の上に路線や駅をすべて凝縮することはますます困難になった。それも、乗客が地下通路を走りながら、混み合ったホームを通り抜けながら見ても読み取れ、それに基づいて行動できるほど明瞭でなければならない。ロンドン子やロンドンをある程度わかっている人にとってさえわかりにくいのに、観光客となればなおさらだった。

路線図をどう改良するかは地下鉄の経営陣にとって長らくの悩みの種だった。ベックは自分の空いている時間に既存の路線図を修正することを買って出た。地理的な地図はもはや実現不可能だと結論を下した彼は、図表的なアプローチを採ることにした。そのほうがたとえ地理的事実を曲げることになっても、乗客にとってわかりやすく論理的に見えるはずだと考えた。「ロンドン地下鉄の古い路線図を見ていたら、直線化し、実験的に斜め線を用い、駅を等間隔に配置したら、もっと整理されるかもしれないと思いつきました」。そのため、混み合った中心部を拡大し、郊外に長く延びた路線を短縮した。

次に、各路線のすべての駅を直線でつなぎ、市の中心部か郊外かで差をつけたが、あたかも同じ距離だけ離れているかのように配置した。路線ごとに色を分け、乗換駅は輪郭だけの円、残りの駅は塗りつぶした円で表した。ベックの「整理」作業によって、テムズ川も真っすぐ直線に流れることになった。

初の図式の地図を完成させたベックは、それを同僚に見せると、広報部の責任者に見せるべきだと勧められ、そのとおりにしたが、結果は不採用だった。しかしそれで諦めず、再検討を依頼した。次の年、彼はマネージャーの一人に会うために呼び出された。その人は次のように言った。「びっくりするだろうから座りたまえ。印刷することになったよ」[※21]。それまでベックは、すべて勤務時間外に、自腹で路線図に取り組んでいた。路線図がようやく印刷されて初めて報酬が支払われた。それでさえ、その図を描いたことに対する印ばかりの金額だった。

一九三三年一月、ロンドン地下鉄は、その通称「ダイアグラム」を七五万部印刷し、小さく折り畳まれたリーフレットにした[※22]。画期的なデザインだったにもかかわらず、市民の反応は意外なほど好意的だった。駅の間隔や位置関係は実際のものと違っていた。エンジェル駅は、オールドストリート駅の北側ではなく同じレベルに描かれていた。ヴィクトリア駅とセントジェームスパーク駅も実際は前者が後者の南に位置するが、同じレベルに描かれていた。ベックは、「Tottenham Court Road」のような長い駅名の表記にあたっては、さらに可読性を高めるために基本の書体を修正した。どんなときも几帳面な彼は、駅名を省略するような手抜きは考えなかったのだろう（もっとも「Ravenscourt Park」という駅名に関しては敗北を認めている。路線図の後の版では、「Ravens–」「court」「Park」の三行に分けて表記せざるをえなかった）[※23]。

意図的な地理的まちがいにもかかわらず、「ダイアグラム」は最初から好評だった。初版分があっという間に尽き、数週間後には一〇万部が追加注文された[※24]。成功の一番の要因は、それがちゃんと機能したからだった。前の路線図はわかりにくく、これはわかりやすかった。初めて訪れた旅行者にさえ理解できた。ベックの「ダイアグラム」は、それを使用する人が即座に認識できる利点を備えた優れたデザインの心躍る事例だった。おかげで遅刻したり、会合に間に合わなかったり、路線を乗り間違えて切符売場の前の友人に待ちぼうけを食らわせたり、乗換駅がわからなかったり、結局次の列車を待つはめになったりしないで済んだ。

乗客が気に入ったのも無理はない。地理的な不正確さは、路線図の機能性に比べたら、たいした犠牲に思えなかっただろう。ロンドンは広く、一九三〇年代にその地理をよくわかっている市民はあまり多くなかった。今も変わらないだろう。ベックの路線図を使用した人のほとんどは、リックマンスワースやハウンズロー、ウィンブルドン、エッジウェア、リッチモンド、モーデンといった遠い郊外の駅がどこにあるかなど想像もできなかっただろう。わかりやすい路線図を作るためにそうした駅を「移動」させたとしても、それに気づく乗客はほとんどいない。だから反対する理由などないのだ(とくにリッチモンド駅は「ダイアグラム」が改版されるたびにあちこちに都合よく動かされた)[※25]。人々は、新しい路線図が中世の路地やジョージ王時代の広場、ヴィクトリア朝のテラスハウス、近代的な郊外、テムズ川の紆余曲折を包含する迷路のようなロンドンを地理的に忠実に図表化するどんな試みよりも理にかなっていることは理解できたのだ。

「ダイアグラム」の成功により、ベックはロンドン地下鉄の正社員になった。といっても、一九三七年、デザインが採用されてから五年後のことだった。その一〇年後に退職し、現在のロンドン芸術大学カレッジ・オブ・コミュニケーションの前身のカレッジで教職に就いたが、一九五九年までフリーランスでロンドン地下鉄の仕事をし続けた。その間、自分が手掛けた路線図に没頭し、改良点を探し続けた。たとえば一九三四年にセントラル線をより際立たせるために(オレンジから赤へ)カラーコードを変更したり[※26]、地下鉄網の構造上や運用上の変更を反映させたりした。「ダイアグラム」を守ることに必死になるあまり、自分が妨害だと感じたものを回避しようとして同僚と対立することもしばしばだった。ケン・ガーランドの著書『Mr. Beck's Underground Map(ベック氏の地下鉄路線図)』によれば、ベックは自分の仕事を守るために、苦情を言う、抗議文を書く、法的措置に出ると脅す、といった戦略を絶えず実行していたという。

ピンチ・転機は一九六〇年にやってきた。ベックの知らないところで、ロンドン地下鉄は、まもなく完成するヴィクトリア線を含めた新しい路線図の製作を外注していた。ヴィクトリア線は、「ダイアグラム」が導入されて以来、初めて開通した真新しい路線だった。

ベックが初めてそのことを知ったのは、新しい路線図が発行された後だった。その路線図には、Trafalgar Sq.、Liverpool St.、Bow Rd. のように略した駅名がふんだんに使われ、他にも Aldgate という駅名が Ald と gate に分割され、サークル線とメトロポリタン線をはさんで両側に配置するなどグラフィック上のへまが見られた（Ravens-court Park の問題を解決しなかったのは言うまでもない）。それまでベックは、自分の「ダイアグラム」にヴィクトリア線を盛り込んだ改訂版を作るつもりでおり、それを楽しみにもしていた。彼は激怒した。※27

ベックは、路線図をデザインし直させてほしいとかつての上司にしつこく迫ったが、結局かなわなかった。彼はその戦いに破れ、以来二度とロンドン地下鉄の仕事をすることはなかった。それでも、元祖「ダイアグラム」に込められた彼の精神は、少なくとも、ロンドンで最も人気の高いシンボルの一つとして、そしてそのおかげで混沌とした都市で迷子にならずに済んでいる、すばらしく機能的な道案内手段として、生き残っている。東京やミラノ、アムステルダムなどの都市もダイアグラム式の地下鉄路線図を採用している。が、ベックのアプローチはロンドンに構造的に似ている都市で最も効果的であることがわかっている。つまり、何世紀にもわたる小さな村同士の合併による寄せ集めの街が地理的に広範囲に拡大し、密集する高層ビル群を低層の郊外が囲むという構造。東京がこれに近いが、パリは違う。パリのメトロは、ダイアグラム式の路線図のデザインをベックに依頼したが、結局、放射線状に整然とレイアウトされた小さな都市には適さないことがわかり、その案はそれとなく流れた。※28

ベックの路線図のいい加減な二番煎じだったニューヨーク地下鉄の路線図は、それ以上に物議を醸した。一九七二年、ニューヨーク地下鉄は、イタリア人デザイナー、マッシモ・ヴィネリがデザインした路線図を導入した。この人は一九六〇年代後半から、ニューヨーク公共交通機関管理所のデザイン顧問を務めていた。[※29] 彼はもつれた地下鉄網を「整理する」という課題を喜んで引き受け、二二色使って各路線を色分けし、駅をドットで表し、一見合理的なネットワークに描きあげた。デザイン純粋主義者は、今でもヴィネリのデザインを懐かしく思い出すが、一部の口やかましいニューヨーカーは最初から嫌悪し、おおっぴらに文句を言った。[※30] 問題は、ニューヨーカーが、ロンドン子よりも都市の地理に詳しかった、少なくとも、彼らがそう思っていたことだ。郊外を含む地下鉄網の全体的な規模や範囲を知る人は稀だったが、ニューヨークの中心部は、ロンドンとは異なり、歩いて回れるほど小さい。また、一八一一年委員会計画によってマンハッタンに導入された「グリッド」システムは、番号が割りふられたアベニューに、ストリートが直角に交差して非常に整然としており、ニューヨーカーは、実際は知らなくても道を知っているような気になっていた。[※31] グリッドのおかげでどんな最悪の場合でも迷子にはならずに済むと気楽に構えていた。その自信がダイアグラム式地下鉄路線図の評価を著しく下げ、実際の地理からの逸脱に厳しい目を向ける傾向が強かった。受け入れることのできた人も、あまりに明白な違いは見過ごすことができなかった。ヴィネリの批評家が主張した最もとんでもないまちがいは、セントラルパークが正方形で表されたことだった。本物は、描いてある大きさの少なくとも三倍はある長細い長方形だ。

結局当局が折れ、一九七九年にヴィネリの路線図を廃止した。彼は、実際の地理を無視しすぎたことではなく、無視し足りなかったことがまちがいだったと、自分の路線図を弁護し続けた。ヴィネリは、マンハッタン、ブルックリン、ブロンクスの位置など、路線図で多少地理を参照していた。もし無視していたら、もっと成功する確率が高かったはずだと振り返っている。ヴィネリは、二〇〇七年の彼のドキュメンタリー映画『ヘルベチカ　世界を魅了する書体』のためにゲイリー・ハストウィットのインタビューを受け、人間は「視覚の人」(難なく地図が読める人)と「言葉の人」(地図が苦手な人)に分かれる、と嘆いている。「言葉の人は、視覚の人に対してある大きな優位点を持っている」と彼は苦々しく言う。「それは人に聞いてもらえることだ[※32]」。

まったくそのとおりだが、そうした地下鉄路線図の波乱に富んだ物語に隠された教訓的なメッセージがあるとすれば、それは、残りの私たちは、デザイナーが複雑な世の中を単純にしてくれるならば、たとえ真実から逸脱したとしても、私たちがその結果を楽しめるなら大いにやってもらいたい、ということだろう。ニューヨーカーがヴィネリの路線図を否定したのは、彼の試みがその街の個性を排除し、魂を抜いてつまらないものにしてしまったからであり、そこが、ハリー・ベックのすっきりとわかりやすく描かれた街の姿をロンドン子たちが今も気に入っているのとの違いだ。ロンドン市民のほとんどが「ダイアグラム」の現代版に非常に慣れ親しみ、それを信用できるものと確信しているため、誰もそれが不正確だとは思わないのだ。二〇〇〇年にテムズ河畔にロンドン大観覧車が造られたとき、ロンドン子は初めて街の「鳥瞰図」を見て、それが地下鉄路線図とまったく違うことに驚きをあらわにした。テムズ川は思っていたより蛇行し、テート・

モダンやウォータールー駅といったサウスバンク(南岸)地区のランドマークのうちのいくつかが、北岸にある国会議事堂やウェストミンスター寺院よりも北にあることに初めて気づいた人もいた。

それほど説得力のある(まったく善意の)デザイン詐欺のような行為をやってのけるにはかなりのスキルがいるが、山のような情報を簡潔かつ明快に集約する才のあるハリー・ベックのようなデザイナーをもってしても、デジタル時代の情報デザイナーが直面している課題には対処できないだろう。少なくとも、印刷物の域を出ていなかったとしたら。何百万もの人々が世の中を知る手だてとして、いまだに、ベックやノイラート、ミナール、スノウ、ホークスワース、ブースの考案したような印刷された地図や図表、ピクトグラムやダイアグラムを使用しているが、現代生活のかつてないスピード、規模、複雑さは、新しいかたちの情報デザインが必要であることを示唆している。

最も核にある問題は、コンピュータが生み出す情報量の爆発的増加であり、『エコノミスト』誌が「データの洪水」と呼ぶものだ。[※33] 責めるべきは「ムーアの法則」だ。アメリカのチップメーカー、インテルの創業者、ゴードン・E・ムーアは、一九六五年、シリコン単結晶マイクロチップに集積させることのできる小型トランジスタの数は計算すると毎年倍増してきたと述べた。また、それが少なくとももう一〇年は続くだろうと言う。「ムーアの法則」と名付けられたこの予測は、以来、正確に推移しており、マイクロチップがより強力になるにつれ、それによって動作するマシンもパワーアップしている。[※34] インターネットのトラフィック量は、二〇一一年までの五年間で八倍に増え、さらに二〇一六年までに三倍になり、その時点で一ゼタバイト以上に達することが予想されている。あまりに膨大な量の情報のために、このゼタバイトという言葉は一九九一年に作られたばかりだ。[※35] 実際的に、インターネットによって生み出されるデータの量は、それを運ぶネットワークの能力よりもかなり速く成長している。

コンピュータの処理能力が高まっただけでなく、ソフトウェアもより有能になっている。最先端のシステムは、比較的最近まで数年かかったか実行不可能だったプロジェクトを日単位で完了させる。ニューメキシコ州にあるスローン・デジタル・スカイサーベイという巨大な望遠鏡が二〇〇〇年に運転を開始したとき、それまでの天文学の全歴史よりも多くのデータを最初の数週間で蓄積した。そしてそれが最初の一〇年間で生成してきた情報と同じ量の情報を、現在チリ北部に建設中の新しい大型シノプティック・サーベイ望遠鏡はわずか五日間で蓄えることができるようになる。同様に、ヒトゲノムの解読が最初に完了した二〇〇三年には、一〇年間のコンピュータ解析が必要だった、今は一週間以内でできる。[※36]

こうした進歩は、データの洪水を悪化させるが、同じ処理能力とソフトウェアの効率性の増加を、情報の渦を管理する新しい方法の開発に応用すれば、解決をもたらすものにもなりうる。一部のソフトウェアデザイナーは、情報デザインの昔ながらの機能を果たすコンピュータプログラムを開発することによってこれに対応してきた。エラーを取り入れたり、ニュアンスを失くすといった余計な簡素化をせずに、データを噛み砕き解釈し直し、一般の人にも解読しやすく、役に立つようにした。その結果、データの可視化として知られる動的なデジタル画像の新しいジャンルが生まれた。つまり、中継する情報を追跡するために、リアルタイムで変化するようにプログラミングされたCG画像や動画である。

その起源の一部は、一九二〇年代後半のベルリンでラズロ・モホリ=ナギが先鞭をつけたコンピュータを使った美の研究に求めることができる。彼は、家族とヨーロッパを移動する際に税関職員を呆然とさせた「ライトスペースモジュレーター」などの自家製の仕掛けを使って動画の実験を行なった。[※37] 当時の彼のアシスタント、ジョージ・ケペッシュがアメリカでこの取り組みを続けた。最初はモホリとともにシカゴで教鞭を執りながら、そして後には、その後のキャリアのほとんどを過ごしたマサチューセッツ工科大学での独自の研究として。[※38] そこでのケペッシュの研究や、一九四四年の『視覚言語――絵画・写真・広告デザインへの手引』などの著作は、ニコラス・ネグロポンテやミュリエル・クーパーといったMITの同僚に大きな影響を与え、彼らを通じてその後、ソフトウエアデザイナーのジョン・マエダやリサ・ストラスフェルトといった後のMITの学生に影響を与えた。[※39]

データ可視化の美的パイオニアがすべてMITのような恵まれた学校環境から来ていたわけではない。多くは、個人で取り組む独学のアマチュアだった。コンピュータは、第二次世界大戦が終わるまで軍事利用に制限されており、彼らが戦後、大学や研究機関に入った頃には、科学者や数学者が視覚効果の実験を始めていた。おもには、機械的なアームにペンや鉛筆を取り付けて紙の上を誘導して走らせる手法が使われていた。目的は審美学であり、機械が独自の意志でどのような画像を生むかを見つけることだった。一九五〇年代から六〇年代にかけて、芸術家や他の分野の人々は徐々に、コンピュータによって生成された画像の異常な精密性に気づくようになった。[※40]

そうした人の中に、マンチェスター大学の講師、デズモンド・ポール・ヘンリーがいた。[※41] 同大学は、コンピュータサイエンスの初期の重要な進歩を担っており、その代表として世界初のプログラム内蔵コンピュータ、「Manchester Small-Scale Experimental Machine」、愛称「ベビー」を一九四八年に完成させた。ヘンリーは、当事者としてではなく、傍観者としてこのような動きに強い関心を持った。彼はこの大学で哲学を教えていたが、第二次世界大戦中、英国軍電気機械技術部の技術事務員としてコンピュータを知った。一九五一年に、マンチェスターのシュードヒルの古本売りを見て回っていたとき、ヘンリーは軍の余剰物資倉庫に入ると、イギリスの爆撃機が爆弾を放るタイミングを計算するために使用したスペリー社の古いコンピュータ爆撃照準器を見つけた。彼は、当時としてはかなり高額な五〇ポンドでそれを買い、ボールペンと、後には製図ペンを誘導するように改造した。最初のマシンが壊れると、一部のコンポーネントを再利用して新しいマシンを作り、その後同じようにして第三のマシンも作り上げた。彼は機械図面をマンチェスターの地元のアートギャラリーで展示し、さらに一九六八年にロンドン現代芸術研究所によるコンピュータアート作品の企画展「サイバネティック・セレンディピティ」展にも出品した。この展示会はその後アメリカに渡った。アメリカから戻ってきたコンピュータは壊れており、その後ヘンリーは二つのマシンを作ったが、コンピュータアートへの関心が薄れ、哲学に専念して中世論理学の権威となった。[※42]

今見ると哀れなほど素朴ではあるが、ヘンリーや同時代の開拓者、チャールズ・スーリ、ハロルド・コーエン、ローマン・ベロスコ、ヴェラ・モルナールらが製作したコンピュータ化された映像は、当時の人の目には異様なものに映ったことだろう。ラインやフォルムやその繰り返しは、人の手はもちろん、それまでの機械では成し得ないほど正確だった。MITのケペッシュ、クーパーの実験的な作品も同じように未熟ではあるが、これらの初期の作品のすべてがあったからこそ、今日のようなきわめて先進的なデジタル映像を見ることができている。

データの視覚化は、一九八〇年代以降の科学的研究にも根ざしている。科学はデータの大洪水に影響された最初の領域の一つだった。コンピュータは、一九六〇年代から科学的データを創出し続け、その量を増大させ続けてきた。そうした情報のおかげで科学者は新しい難しい問題に取り組むことができたが、仮説の検証や、科学者でない人々、とくに政治家に自分の研究成果を効率的に説明する方法を見つける必要のあることがますます認識されるようになっていた。それは、環境問題に取り組むためには、そうした政治家の支持が必要になるからだ。一九八〇年代半ばには、ますます多くの科学者が自分の理論を絵にする方法としてコンピュータグラフィックス(CG)を活用する可能性を探り始めた。

全米科学財団(NSF)は、一九八六年、「グラフィックス、画像処理、ワークステーションのパネル」を招集した。[※43] 翌年、パネルは「科学計算における可視化に関する報告書」を発表し、その中でコンピュータグラフィックスが科学研究を助け、広める可能性を概説している。[※44] NSFは、最近アメリカ各地で開設されたスーパーコンピューティングセンターに設置するのに適した施設に資金を割り当てた。初期に成功した事例の一つに、南カリフォルニアにとっていかに有害なスモッグが脅威的なものなっているのかを実証するプロジェクト「Vapors（蒸気）」がある。その地域がどれだけ悪影響を受けるかを表したコンピュータ生成画像があまりにリアルだったため、当局はより厳格な汚染対策を導入することに同意した。

科学分野での視覚化のために開発された技術は、工学、建築、プロダクトデザインといった他の分野に応用され、プロジェクト成果の正確なデジタルモデルを製作するために使用された。最近では、データ視覚化という情報デザインツールとして使われるようになっている。デジタル領域での発展に関係した最も初期の例、たとえばインターネットにおけるトラフィックフローのマッピングなどは、従来の印刷媒体を使って正確に表現することは不可能だった。[※45]

重要なブレークスルーをもたらしたのは、二〇〇一年に、アメリカのソフトウェアデザイナー、ベン・フライとケーシー・リースが構想したProcessingというプログラミング言語の開発だった。彼らは当時MITメディアラボの同僚で、教授陣の中にはミュリエル・クーパーの教え子、ジョン・マエダもいた。Processingは、何より技術者が視覚的に自己表現することができるように考えられ、それと同時に、プログラミング経験のないデザイナーや芸術家、建築家も画像やモデルや動画を作れるようにシンプルに作られていた。[※46]

フライは、人間とチンパンジーのゲノムを初めて比較した最初の解析が公表されてまもない二〇〇五年、Processingを使って、人間とチンパンジーとの間の遺伝的差異を驚くほどわかりやすく簡潔に説明した。

違いは非常にわずかであり、それを区別する鍵は、言語にリンクしたFOXP2という遺伝子であると考えられている。フライが可視化したのは、デジタルに生成された七五〇〇〇のドットを使って写真のように作られたチンパンジーの頭だった。それぞれのドットは遺伝子に含まれる文字の一つを表し、チンパンジーのコーディングとそれに相当する人間の遺伝子との違いを強調するために、九つのドットだけを赤で示した。[※47] このテーマについては、重たい学術資料をいくら読んでも、その画像を見たときのように目からウロコが落ちることはないだろう。

以来データの可視化は、地震や洪水、津波などの自然災害の進行、複雑迂遠なゴミ廃棄プロセス、市内の緊急通報があった場所、アメリカの大統領候補の選挙演説で繰り返し登場するテーマ、世界中の亡命希望者の流れなどあらゆるものを図示するために使用されてきた。ニューヨーク地下鉄が新たに作ったインタラクティブ路線図は、従来の印刷された路線図のように地下鉄路線網の全体像を乗客に見せるだけでなく、同社のウェブサイトに掲載されている「ウィークエンダー」というデジタルマップの場合、遅延、閉鎖、運転休止などの季節的な障害のお知らせの他、金曜日の夜から月曜日早朝までの最も効率的な乗り換え方法を案内している。[※48]「ウィークエンダー」はヴィネリの個人的な勝利でもあった。なぜならＭＴＡの職員が彼に呼ばれ、前任者が打ち切ってから三〇年以上も経っていたダイアグラム式路線図を取り出されて、それを作り直してほしいと依頼されたからだ。

データの可視化については、何百ものウェブサイトが立ち上がり、シンポジウムが開催され、書籍が出版された。視覚化されたものの多くがスタイルは強烈だが中身が貧弱ではないか、それはデザイナーが見た目や技術にばかりこだわり、他の特質を犠牲にしているからではないかといった猛烈な議論が吹き荒れた。しかし、役に立ち、不可欠となったものも十分すぎるほどある。汚ない個人事務所で働く若いデザイナーやプログラマーの仕事であることも多いが、可視化はすぐに政府省庁や『ニューヨークタイムズ』『ガーディアン』、BBCといった「古いメディアの砦」の標準ツールになった。

また、デザインにおけるデータの可視化の採用は、科学の進歩を損ねなかった。それどころか科学者とデザイナーとの間に大きなコラボレーションが生まれ、両分野に利益をもたらし、一方、可視化における科学の発展は、「ブルー・ブレイン・プロジェクト」のような長期のプログラムで前進し続けている。このプロジェクトでは、スイス連邦工科大学ローザンヌ校のチームがスーパーコンピュータに仮想脳を構築し、それによって神経疾患に対する理解を深め、新しい治療法を開発したり、新薬の効果を研究したりしている。[※49]

データの可視化は、視覚という点はもちろんで、ロジスティックな点で大きな魅力を秘めているが、時代遅れの情報デザインにもまだ居場所はある。最も興味深い最近の事例は、オランダ人デザイナー、ヨースト・グローテンスの取り組みだ。もともと建築を勉強していた彼は、マルチメディアデザイナーとして働いた後、デジタルメディアに関する知識を活かして、このオンライン時代にも役に立つ、魅力的な本づくりを手掛けるようになった。まずロッテルダムの出版社０１０の地図帳シリーズに着手した。その中で彼は新しいタイプの地図や、それが示唆するものを説明する他の視覚的手段を考案し、従来の地図帳を塗り替えた。

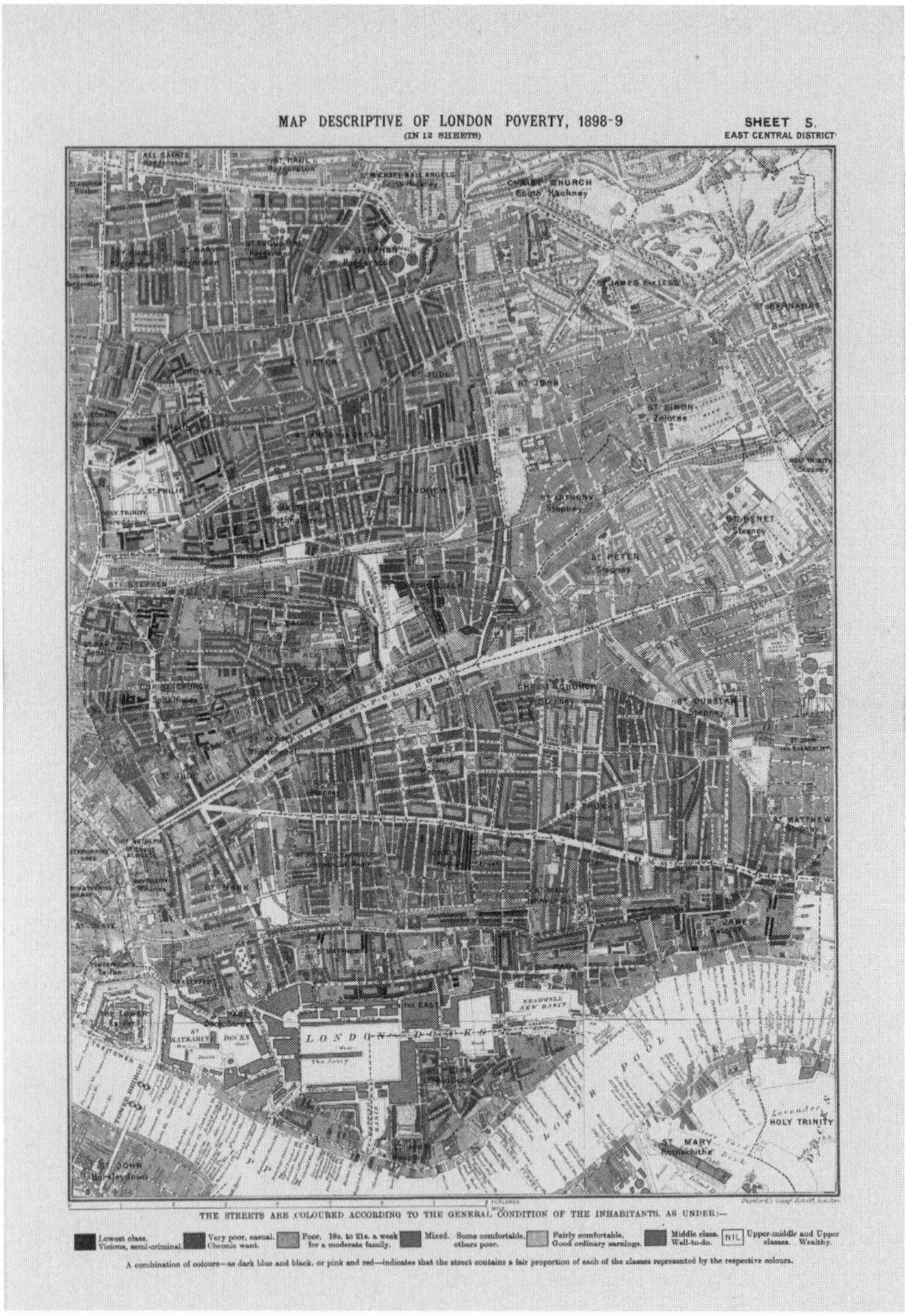

チャールズ・ブースの「ロンドン貧困地図」Booth Map 5、
ロンドン東部 1898 ～ 1899 年

ウィーンの商工博物館でのアイソタイプの展示会　1929 年頃

アイソタイプチャートを作成するマリー・ライデマイスター
ウィーンにて　1930 年頃

Processing ソフトウェアを使用して 2005 年にベン・フライがデザインした
「人間対チンパンジー」のデータの可視化

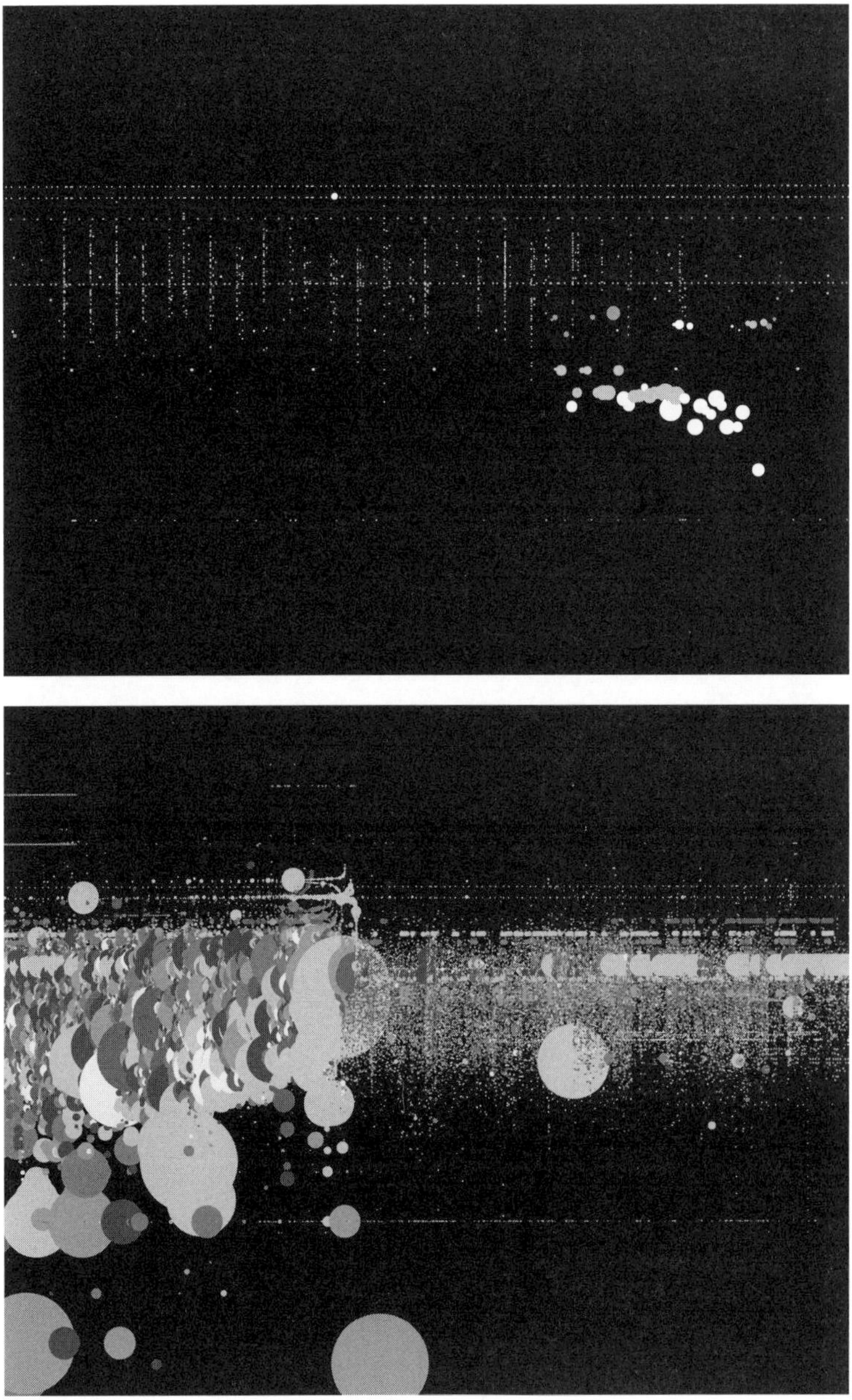

Stamen による「NASDAQ 株式市場での取引のデータ」の可視化より
ニューヨークにて　2012 年 7 月 24 日

彼の最大の傑作は、二〇一〇年に発行された彼自身の作品集『I swear I use no art at all: 10 years, 100 books, 18,788 pages of book design』だ。その中で、グローテンスは、彼が手掛けた一〇〇冊の本それぞれをデザインしたプロセスと彼の作品の進化について、わずかな言葉と、多くの地図や図表、グリッド、インフォグラフィックやインデックスといったビジュアルを使って説明している。彼が働いたことのあるオフィスやデザインスタジオのフロアプランはすべて、どこに誰が座っていたかがコード化された数字で示されている。北ヨーロッパの地図には、彼が会議に出席し、本を印刷し、出版発表会を主催した都市が示されている。彼が使用したことのあるすべての書体の例を示し、彼が手掛けたすべての本の綴じの写真、レイアウトのコード化された図が掲載されている。彼がそれまで一緒に仕事をしたことのあるすべての著者、出版社、印刷業者、同僚の一覧、出会いやクチコミを介して一つの仕事から次の仕事につながった経緯を示したフローチャートは、ほとんどのデザインキャリアを決定づける、戦術と偶然のランダムな混合を驚くほど簡明に記述している。[※50]

人が本を見るのは言葉を読み始めるまでだと確信したグローテンスは、まず視覚情報を提示する。彼は同書で、自分がそれまでデザインしてきた本から抜き取ったページのテキストを反転して印刷し、その点を証明している。そして、ブックデザインについての本で最も期待されるにちがいないもの、つまり表紙の写真を、読者に探させる仕掛けを作っている。折り畳まれたエッセイのページ内部に「隠す」ことによって、言葉をいくつ重ねるよりも、その探し回る作業が写真をよりいっそう貴重なものにすることを彼は知っているのだ。[※51]

1 Janet Abrams, 'Muriel Cooper', クーパーの１９９４年AIGA Medal授与を記念したAIGAのウェブサイト, http://www.aiga.org/medalist-murielcooper/; reprinted from 'Flashback: Muriel Cooper's Visible Wisdom', *I.D. Magazine* (September–October 1994).

2 'Charles Booth (1840–1914) – a Biography', Charles Booth Online Archive, http://booth.lse.ac.uk/static/a/2.html

3 チャールズ・ブースもその研究者の多くも生涯をかけて貧困撲滅運動を続けた。クララ・コレットは女性労働者権利の権威となる。ベアトリス・ウェッブは福祉国家の基盤づくりに重要な貢献をする。ブース自身は高齢者の窮状を緩和するための年金の導入を求めるロビー活動を行なった。

4 Deborah McDonald, *Clara Collet, 1860–1948: An Educated Working Woman* (London: Routledge, 2004).

5 Charles Booth, *Life and Labour of the People in London: Volume 1* (London: Macmillan, 1902), pp. 33–62.

6 'Poverty Maps of London', Charles Booth Online Archive, http://booth.lse.ac.uk/static/a/4.html#i

7 'Inquiry into the Life and Labour of the People in London (1886–1903)', Charles Booth Online Archive, http://booth.lse.ac.uk/static/a/3.html#ii

8 Edward R. Tufte, *The Visual Display of Quantitative Information* (Cheshire, Conn.: Graphics Press, 2001), p. 20.

9 Edward Tufte, *Beautiful Evidence* (Cheshire, Conn.: Graphics Press, 2006), pp. 20–21 and 97–103.

10 原注８に同じ。Tufte, *The Visual Display of Quantitative Information*, pp. 32–4.

11 原注９に同じ。Tufte, *Beautiful Evidence,* pp. 22–3.

12 原注８に同じ。Tufte, *The Visual Display of Quantitative Information*, p. 24.

13 原注９に同じ。Tufte, *Beautiful Evidence,* pp. 134–5.

14 原注８に同じ。Tufte, *The Visual Display of Quantitative Information*, pp. 40–41.

15 Otto Neurath, *From Hieroglyphics to Isotype: A Visual Autobiography* (London: Hyphen Press, 2010), pp. 23–39 and 69–72.

16 Ed Annink and Max Bruinsma (eds), *Gerd Arntz: Graphic Designer* (Rotterdam: 010 Publishers, 2010).

17 アイソタイプのメンバーは、ナチスが勢力を強めた１９３０年代半ばにウィーンを離れた。オットー・ノイラートとマリー・ライデマイスターは、ゲルト・アルンツとともにオランダに逃げ、アルンツは１９４０年に二人がイギリスへ渡った後もオランダにとどまったため、アイソタイプとのつながりが切れた。２人はオックスフォードにアイソタイプ研究所を創設し、そこで新たに研究者を集めた。１９４５年にノイラートが亡くなった後もライデマイスターは研究所で働き続け、とくにアフリカの公教育プロジェクトで活躍した。

18 Lella Secor Florence, *Our Private Lives: America and Britain* (London: George G. Harrap, 1944), pp. 4–6.

19 Marie Neurath and Robert S. Cohen (eds), *Otto Neurath: Empiricism and Sociology* (Dordecht: D. Reidel, 1973), p. 217.

20 Ken Garland, *Mr Beck's Underground Map* (Harrow: Capital Transport Publishing, 2008), p. 15.

21 同右 *Ibid.*, p. 17.

22 同右 *Ibid.*, p. 19.

23 同右 *Ibid.*, p. 35.

24 同右 *Ibid.*, p. 19.

25 同右 *Ibid.*, p. 44.

26 同右 *Ibid.*, pp. 21 and 26.

27 同右 *Ibid.*, pp. 50–61.

28 同右 *Ibid.*, p. 67.

29 １９３１年ミラノに生まれたマッシモ・ヴィネリは、ミラノとベニスで建築を学び、１９５０年代後半、研究員奨学金を受けて渡米している。１９６５年、その年にContainer Corporation of Americaのデザインディレクターだったラルフ・エッカーストロムと創設したデザイン集団、ユニマーク・インターナショナルのオフィス運営のためにニューヨークへ移住する。バウハウス出身のヘルベルト・バイヤーがユニマークのコンサルタントを務めた。１９６６年、ユニマークは、ニューヨーク近代美術館の提案で、ニューヨーク市輸送局のデザイン顧問を任命される。ヴィネリと妻のレラは、１９７１年にヴィネリ・アソシエイツを設立し、ＩＢＭ、クノール、ブルーミングデールズ、アメリカン航空などの仕事を請け負った。

30 Paul Shaw, *Helvetica and the New York City Subway System: The True (Maybe) Story* (Cambridge, Mass.: The MIT Press, 2010), p. 125. ニューヨークで活動するグラフィックデザイナー、マイケル・ベイルートは、２０１０年９月、Design Observer のウェブサイトにマッシモ・ヴィネリの地下鉄路線図への賛辞を投稿している。'Mr. Vignelli's Map', http://observatory.designobserver.com/entry.html?entry=2647

31 Michael Kimmelman 'The Grid at 200: Lines That Shaped Manhattan', *The New York Times*, 2 January 2012, http://www.nytimes.com/2012/01/03/arts/design/manhattan-street-grid-at-museum-of-city-of-new-york.html

32 'Massimo Vignelli and His 1972 NY Subway Map'、２００８年６月21日、swissdots がユーチューブにアップロード、http://www.youtube.com/watch?v=uhMKHXLBZrc

33 'The Data Deluge: Businesses, Governments and Society are

Only Starting to Tap Its Vast Potential', *Economist*, 27 February 2010, http://www.economist.com/node/15579717

34 ゴードン・E・ムーアは、1965年に*Electronics Magazine*で発表した論文で、コンピュータチップの処理能力と保存容量がおよそ2年毎に倍増するか価格が半分になり、それが少なくともあと10年間続くと予想した。これが技術産業では「ムーアの法則」として知られる。その後インテルは期間を2年から18カ月に縮め、ムーアが想定した期限の1975年を過ぎても処理能力は同様の割合で増大し続けている。

35 'Cisco Visual Networking Index: Forecast and Methodology, 2011–2016', Cisco Systems, http://www.cisco.com/en/US/solutions/collateral/ns341/ns525/ns537/ns705/ns827/white_paper_c11-481360_ns827_Networking_Solutions_White_Paper.html

36 'Data, Data Everywhere: A Special Report on Managing Information', *Economist*, 27 February 2010, http://www.economist.com/node/15557443

37 Achim Borchardt-Hume (ed.), *Albers and Moholy-Nagy: From the Bauhaus to the New World* (London: Tate Publishing, 2006), pp. 69–70.「ライトスペースモジュレーター」は、モホリ＝ナギが最初にベルリンで使用したときは「電気舞台の照明装置」と呼ばれていた。同上 *Ibid.*, pp. 95–6.

38 Judith Wechsler, 'György Kepes', in György Kepes (ed.), *György Kepes: The MIT Years, 1945–1977* (Cambridge, Mass.: The MIT Press, 1978), pp. 11–19.

39 György Kepes, *Language of Vision* (1944; New York: Dover Publications, 1995); Abrams, 'Muriel Cooper'. ギオルギー・ケペッシュ『視覚言語――絵画・写真・広告デザインへの手引』（編集部訳、グラフィック社、1981年）

40 Honor Beddard and Douglas Dodds, *Digital Pioneers* (London: V&A Publishing, 2009).

41 Desmond Paul Henry, http://www.desmondhenry.com/index.html

42 Elaine O'Hanrahan（デズモンド・ポール・ヘンリーの娘）とのインタビュー、2011年2月。Alice Rawsthorn, 'When Desmond Paul Henry Traded His Pen for a Machine', *International Herald Tribune*, 27 February 2011, http://www.nytimes.com/2011/02/28/arts/28iht-design28.html

43 'Visualization: A Way to See the Unseen', National Science Federation, http://www.nsf.gov/about/history/nsf0050/pdf/visualization.pdf

44 Bruce H. McCormick, Thomas A. DeFanti and Maxine D. Brown, 'Visualization in Scientific Computing', *Computer Graphics*, 21:6 (November 1987), http://www.evl.uic.edu/files/pdf/ViSC-1987.pdf

45 インターネットトラフィック（情報量）の視覚化の先駆的事例の一つは、2003年10月に開始したバレット・ライオンによるOpte Project。現在も継続中。http://www.opte.org/

46 'Overview: A Short Introduction to the Processing Software and Projects from the Community', Processing, http://www.processing.org/about/

47 Ben Fry, 'Humans vs Chimps', http://benfry.com/humansvschimps/

48 'The Weekender', http://www.mta.info/weekender.html. ＭＴＡは、１９７２年のニューヨーク地下鉄路線網のデザインスキームを「ウィークエンダー」向けに再解釈してほしいと依頼し、マッシモ・ヴィネリの怒りを笑いに変えた。ヴィネリは、地図ではなく「ダイアグラム」として紹介されることを条件に同意した。当初の路線図からセントラルパークなど公園を外すといった変更を加えている。

49 ブルー・ブレイン・プロジェクトは２００５年、スイス連邦工科大学ローザンヌ校とＩＢＭが開始した共同プロジェクト。同大学が入手したスーパーコンピューターBlueGene/Lに仮想脳を構築することを目標とする。脳全体で何十億もあるニューロン(神経細胞)を一つシミュレーションするのに、ノートパソコン１台に相当する処理能力を要する。人間の大脳皮質は、数十万のニューロンで構成される２００万のカラムで構成される。プロジェクト完了までのスピードは、スーパーコンピューター技術の発展のペースによって決まる。これまでのところ、その進歩は当初の予想より速くなっている。http://bluebrain.epfl.ch/

50 Joost Grootens, *I swear I use no art at all: 10 years, 100 books, 18,788 pages of book design* (Rotterdam: 010 Publishers, 2010).

51 ヨースト・グローテンスとのインタビュー、２０１１年１月。Alice Rawsthorn, 'Designing Books for a Digital Age', *International Herald Tribune*, 30 January 2011, http://www.nytimes.com/2011/01/31/arts/31iht-design31.html

10

エコってラクじゃない

>10. It's not that easy being green

エコってラクじゃない

人間に与えられた大いなる課題は、自然全体との釣り合いを取り戻すことだ。その豊かさと可能性、調和と神秘をすべて感じとれるようになるために。無知とプライドと不安から、人間は人間自身をより広大な背景から切り離してしまっている。

——ジョージ・ケペッシュ[※1]

反核団体「波を立てるな委員会」が海上抗議運動の計画を立てる集会をバンクーバーで行なった。集会を終えて出てきたメンバーの一人が指でピースサインをつくった。「グリーン（環境保護）なピース（平和運動）にしよう」と別の一人が言った。[※2] そのフレーズがあまりにしっくりきたため、彼らはそれを船の名前にした。一人の活動メンバーの息子が、航海資金集めのために販売する「Green Peace」バッジのデザインを買って出たが、どうしてもスペースが足りず、くっつけて「Greenpeace」と一語にした。

グリーンピースは、一九七一年九月一五日のアメリカ政府によるアリューシャン列島の核実験場へ抗議船として出航しただけでなく、団体の新しい名になった(グリーンピース財団)。[※3] 一九七〇年代後半には、「グリーン」は世界中の環境団体のデフォルト名とシンボルカラーになっていた。ドイツのDie Grünen、ベルギーのGroen!、フランスのLas Verts、その後のデンマークのDe Grønne、イタリアのFederayione die Verdi、オーストラリアのThe Greensなどなど。環境保護の象徴として、緑よりふさわしいものはないだろう。多くの国で自然を表し、イスラム文化では楽園を表す色。ところが、大部分が人工的なものでできたデザインの世界では、緑色は自然や楽園とはほど遠い場合が多い。

問題は、緑が不安定で微妙な色であることだ。イタリアのルネサンスからロマン主義運動まで、芸術家は絵の具を混ぜるとき、同じ色合いの緑を正確に再現するのに苦労した。工業化時代になっても、緑色の染料や顔料は同じように問題だった。色を安定させるために、よく有害物質が使われた。一八〜一九世紀に作られた緑色の壁紙の中にはヒ素が含まれており、腐敗に伴って発する煙によって死亡者が出たため、民衆が怒りの声をあげた。[※4] 今日でも、プラスチックや紙の標準的な緑色であるピグメントグリーン7には塩素が含まれている。もう一つよく使われる色、ピグメントグリーン36は塩素の他に臭素を含み、ピグメントグリーン50にはコバルト、チタン、ニッケルが微量含まれている。そのような潜在的に有害な顔料がプラスチックの染色や、紙に印刷する緑のインクを作るために使用された場合、そうした製品を安全にリサイクルや堆肥化することは不可能だ。他のものをすべて汚染してしまうからだ。[※5]

言い換えれば、汚れなきエコロジーの不朽の象徴であるグリーンがまったく「グリーン」でないことがよくあるのだ。カエルのカーミットがテレビ番組「セサミストリート」で歌ったように「グリーンでいるのも楽じゃない」のだ。[※6]デザインとなるとなおさらだ。より安全で持続可能な社会を作るための探求は、デザイナーが私たちの生活にプラスの影響を与えることのできる、ワクワクするようなチャンスだ。純粋な利他主義、栄誉の追求、理由はそれぞれでも、そんなチャンスをつかまないのは嘘だ。だが、私たちが責任を持って生きるためにデザイナーがしてきた努力は、緑の歴史と同じくらい苦労に満ちていた。

何らかの行動を起こさなければならないのはまちがいない。たとえ地球温暖化を血迷った陰謀かでっち上げだと思っていたとしても、環境の悪化によってもたらされた被害を見て見ぬふりのできるデザイナーはいない。デザイナーでなくてもいない。大規模なものでなくても、埋立処分場を一目見るだけで十分だ。たとえば、ガーナの首都アクラのアグボグブロシーにある巨大なごみ集積場。ヨーロッパや北アメリカから、不要になったコンピュータの焼却のために運び込まれる。残骸の中の銅や真鍮、アルミニウム、亜鉛の切れ端を目当てに、何百マイルも離れた家からスカベンジャーがゴミをあさりに連れられてくる。少年が多い。[※7]埋立処分場ならどこだって構わない。なぜならそこがデザイナーの作った多くのものが行き着く場所、屈辱的な死に場所だからだ。そしてそのゴミが何十年にもわたって土壌を汚染する可能性がある。

精鋭のデザインチームと長い時間をかけて物理学の法則と格闘し、斬新なデジタル機器を生み出すという望ましいプロジェクトの結末を迎えられたとしよう。だが結局、アグボグブロシーのごみ集積場のような地獄に似た場所で、児童労働者が必死になってその黒こげの残骸をあさっている。それを見たあなたは、もっと別のやり方をすればよかったと思う。たとえば、製品をもっと安全に処分できる材料やプロセスを見極めることによって。またはそれが確実にリサイクルできるものになるように努力することによって。ガーナの先端にある有害な場所、またはその現代版、セントラルパークの二・五倍の面積で自由の女神より高い、一度は世界最大の埋立地だったこともあるニューヨークのスタテン島にあるフレッシュキルに行き着く代わりに。[※8]

その名誉あるデザイン成果には二通りの説明ができる。一つは、人々に使いたいと思わせるような魅力的で革新的な製品を生み出す手助けをし、批評家の称賛を受け、誰もが欲しがる賞を受賞したという説明。もう一つは、埋立地をさらに拡大させる分解しないモノ、悪臭のするごみ集積場でバラバラにされ、黒焦げの土の中で児童労働者をけがや病気やそれ以上の危険にさらすモノを作り出したという説明。[※9] どちらの説明も正しく、そして他の多くのデザイン成果に当てはまるだろう。

ティム・ブラウンは、著書『デザイン思考が世界を変える――イノベーションを導く新しい考え方』の中で、IDEOのデザインチームがどのようにしてOral-B向けに子ども用歯ブラシを開発したかを説明している。売れ行きもよく、使っている子どもたちも気に入っているようだった。ところがある日、プロジェクトリーダーであるデザイナーがメキシコのバハカリフォルニアの人けのない美しいビーチを歩いていると、砂の中にカラフルなものを発見した。あの歯ブラシが波に打ち上げられていたのだ。[※10] 環境の観点からいえば壊滅的な出来事ではないが、海洋ゴミは深刻な問題だ。太平洋には、「太平洋ゴミベルト」として知られる浮遊するごみの「島」が出現し、テキサス州の二倍の大きさになっている。[※11] 自分の手掛けたものがそんな終わり方をしたり、メキシコの手つかずのビーチを台無しにしていること、そこまでの道中で生態系にどのようなダメージを与えてきたかなど、デザイナーはあまり考えたくないものだ。

怒りを覚えるのは簡単だ。デザイナーは、環境を守ることが重要であり、そして私たち人間が責任ある生き方をする手伝いをすべきだという総論には賛成だが、各論ではことごとく対立する可能性がある。サステナビリティーとは、デザインにおいて何を意味するのだろうか。それによって何ができ、何をすべきなのだろうか。成功の判断基準は何だろう。妥協は許されるのだろうか、その場合、どのような状況で、どの程度まで許されるのか。こうした質問をめぐって、意見を異にするデザイナーがそれぞれに信念を持って、激しく係争している。

たとえば、あの子ども用歯ブラシ。善意のデザイン作業の結果であり、一般的には環境に有害な製品とは見なされないだろう。その生態学的影響に対してデザインチームはどのような責任を持っていただろうか。一部のデザイナーは、歯ブラシとして非常に機能的で、子どもがすぐに捨てたり取り替えたいと思わずにできるだけ長く使いたいと思うような丈夫で魅力的な製品を生み出したことで、彼らの義務は放免されると主張するだろう。そもそも製品が販売された後のことまでデザイナーがコントロールできると思うほうがおかしいと言うかもしれない。その意味では、メーカーや小売店も同じで、最終的に歯ブラシを所有または使用する人がその時点から責任を持つのが筋ではないか。

この主張を弱い、またはまったくの無責任と一蹴するデザイナーもいるだろう。もちろん、デザイナーは長持ちする製品を作るよう心がけなければならないが、製品寿命が長いだけでは不十分だ。デザイナーはまた、その製品が構想された瞬間から処分されるまで、自分や他の誰もが作ったものに対して何も心配しなくて済むようにし、環境への影響が中立ではなくプラスとなるよう努力しなければならないはずだと。

歯ブラシに当てはめると、どのようなことが挙げられるだろうか。リサイクルされた材料でできているか、リサイクルできるか、しかも安全かつ経済的に。製造する過程でどのくらいの水やエネルギーが使われたか。メーカーや小売業者は、歯ブラシをリサイクルに出しやすいユーザーフレンドリーな方法を提供しているか。パッケージは、再生された再生可能な材料で作られているだろうか。地下水を汚染する可能性のある有毒なインクを使っていないか。コンパクト包装されているか。それによって、梱包箱にできるだけ多くの歯ブラシが詰められ、多くの梱包箱が貨物コンテナに詰められ、ひいては輸送に必要なエネルギーを最小限にとどめているか。それはどのようなエネルギーなのか。デザイナーは、こうしたすべての問題にコスト効率よく対処できるようにし、悪い慣行に戻る余地を残さないようにしているだろうか。

歯ブラシのような比較的単純な製品でさえ、デザインが生態系に与える可能性のある影響がこれほど複雑であるならば、たとえば道路交通システムのように、それぞれが課題や既得権益を持つさまざまな業種、サービス、政府当局、規制当局が迷路のように入り組んだネットワークの場合は、いったいどうなってしまうのだろうか。

道路交通をデザインし直すこと自体には議論の余地はない。なぜなら、現状が危険で機能不全を起こしているからだ。世界にはすでに八億五〇〇〇万台もの自動車やトラックが存在し、バンパー同士を合わせて駐車させた場合、地球をほぼ一〇〇周できる。そのほとんどは、騒音を出し空気を汚染する内燃機関によって駆動し、一日一八〇〇万バレルの原油を消費し、一日に二酸化炭素七〇〇万トン以上を排出する。都市の道路は渋滞し、平均時速一五キロそこそこでしか走れない。世界では毎年一〇〇万人以上が交通事故で死亡し、負傷者はさらに多い。[※12] それでもクルマは増え続ける一方だ。市民が自転車を自動車やトラックに乗り換えている北京一都市で一日二〇〇〇台。その一方で、中国が捨てようとしている自転車文化を促進しようと努力している都市も増えている。

第一のステップは、自動車業界が違うタイプの車を作ることだ。内燃機関が駆動する機械制御された車を、再生可能エネルギーを燃料とする電子制御式のものに置き換える。技術的にそれを止める理由は何もなく、業界もゆっくりとではあるがその方向に向かっている。が、今のところ、一九〇〇年代に市場を席巻したT型フォード、デジタル音楽にとってのiPod、電子書籍にとってのKindleのような絶対的な力を持った車は作られていない。仮にそのような車ができたとしても、車をデザインし直すだけでは、道路交通の安全やサステナビリティーは実現しない。なぜかといえば、システムの全側面をデザインし直す必要があるからだ。省エネタイプの車が増えるにつれて、その電池を充電したり、水素などの再生可能エネルギーを補充できる施設の需要が高まる。既存のガソリンスタンドを転換する方法が一つ。もう一つは、公衆電話や街灯、パーキングメーターのような電子街路備品を利用する方法。スペイン政府がバルセロナ、マドリード、セビリアで実施している。[※13] また、充電や補充、駐車料金に変動価格を導入することで渋滞を緩和できる可能性がある。道路の空いている時間帯が安いとわかれば、ドライバーも道路が混雑している時間を避け、そうした時間帯を選んで乗るかもしれないからだ。

次いで、道路のデザインがある。自転車やバスの専用レーンや、コペンハーゲンに造られたようなサイクルスーパーハイウェイ（自転車専用道路）を設けることで道路混雑を緩和できる。[※14] 省エネ自動車にも同じ対応をすれば、同様の効果が得られる可能性がある。無駄にガソリンを食う車よりも魅力的だと思わせる効果も期待できる。また、信号機を外してラウンドアバウト（円形交差点）に切り替えるほうが渋滞を緩和できる可能性があり、事故や不要な待ち時間を減らす上でも有効な場合が多い。[※15] 残った信号機のデザインも改善できる。私が見た中で最も印象的だったのは、中国の天津で見た、省電力のＬＥＤを長方形の細長いパネルに配し、交互に赤、黄、緑に発光させるもの。各信号の開始時にパネル全体がその色に光る。その後、点灯する幅が減っていき、あとどれくらいで信号が変わるかがわかるため、待ち時間のストレスがなく、不要に焦って加速したり急ブレーキをかけたりすることも減る。そして最後に、赤、黄、緑が灰色のような色合いに見えることの多い色覚異常のドライバーを支援するために、緑信号はパネルの下部に向かって縮小して「go」を示し、赤信号は上方向に縮小して「stop」を示す。

また、運転のロジスティクスもデザインし直す必要がある。ウィリアム・J・ミッチェル、クリストファー・E・ボローニ＝バード、ローレンス・D・バーンズは、共著『「考える」クルマが世界を変える――アーバン・モビリティの革命』の中で、「モビリティインターネット」の開発を提案している。それによって自動車同士が行程に影響のありそうな道路状況などの情報をワイヤレスで引き出したり交換したりできるようになる。[※16] このシステムは、悪天候、交通渋滞、事故、倒木や横転したトラックからの化学物質の漏洩といった突然の障害物などについて、車とその運転者に警告することができる。すると車は、渋滞エリアに着いて立ち往生する前に、空いているルートを選ぶことができる。この同じ技術によって衝突を予測して回避したり、ドライバーが作業中、ネットサーフィン中、休憩中、車を道路に沿って走らせることもできる。このようなシステムは、運転を諦めていた障害者や、高齢者ドライバーにとっても朗報だろう。自動運転するクルマと聞くと怖い気がするが、私たちはすでに無人運転の電車に乗り慣れ、自動着陸する飛行機にも乗り慣れている。グーグルの自動運転車のような無人走行車は、酔っぱらい運転や居眠り運転、よそ見運転の危険からドライバーや歩行者を守るため、かえって安全な可能性がある。[※17]

デザインはさらに、マイカー所有者の増加を食い止める上でも重要な役割を果たすべきだ。デザイン思考の事例で最も興味深いのが、「ジップカー」などのカーシェアリング制度や、相乗りする相手を見つけるためのオンラインサービスだ。パリの「ヴェリブ」やメキシコシティーの「エコビシ」といったレンタサイクルシステムも同じように革新的だ。よりクリーンで健康的な移動形態への乗り換えを奨励する上で一定の成功

を収めている。※18

マイカー所有の抑制は、世界共通の課題だが、「スミードの法則」の影響を受けたアジアやアフリカの急成長経済圏ではとくに急務だ。一九四九年にイギリスの統計学者、R・J・スミードによって名付けられた「スミードの法則」は、新車の数が増えると、不慣れなドライバーによる事故のリスクも増えることを示唆している。ガーナに新しく建設された高速道路には、その道路での死亡者数を発表する表示や、減速を促す警告標識が立てられている。それでも、ガーナや他の発展途上国では、マイカー保有は、経済の勢いを示す象徴として未だに政府がこだわっている。数年前、北京から天津へ南下する完成したばかりの高速道路を走った。道路には、まだ何も貼られていない看板の板囲いが立ち並び、それらがすぐに広告で埋まることを確信して立てられたことが見て取れた。また、まだこれから道路に接続される立体交差のコンクリートの骨組みもあった。それらも、北京や天津が拡大し、新しい郊外ができれば、環状道路が必要になるだろうという仮定の下に造られていた。事前にそれだけ遠くに立体交差を作れば、建設中に高速道路の交通を止めずに済む。交通死亡事故や汚染といった犠牲の拡大にもかかわらず、中国当局がマイカー所有の増加を予測し、それに応じて投資しているのは明らかだ。

そうしたさまざまな問題に関連して、何らかの経済的、個人的または政治的利益を得ている人々や組織がごまんといる。機能不全の現状に取って代わる持続可能な代替策をデザインしようと思っても、この上なく茨の道だ。そして自動車利用は、持続可能な生活を実現するために抜本的に改革しなければならないことの、ほんの一端にすぎない。そしてどの問題も同じように困難なことが想像できる。サステナビリティーは、論争の起こりやすい多くの問題を抱えるテーマだ。かつて世界経済フォーラムの会議で海洋生物多様性に関する議論に参加したとき、私は、共通の大義とそれが注目を集めているという状況を活かす決意で一致団結した科学者や環境活動家に出会えることを期待して行った。ところが、彼らは一九九〇年代初頭にまで遡る学術論争について延々と言い争っていた。その日は、その課題についても、他の課題についても、何の進展も見られなかった。そのような闘争の場に建設的に介入するのは、デザインを含め、どんな専門分野にも難しい。だからといって、環境の危機が深刻化している今、デザイナーがそうした難題に取り組まなくていい理由にはならない。前向きなことを言えば、持続可能性に対する消費者の期待が高まり、環境に対する責任あるデザインが徐々に厄介なことではなくなってきている。

一つの励みは、デザイン業界内外のデザインに対する文化的認識の変化だ。従来、デザインは、環境保護主義者にとって汚れた言葉だった。デザイナーは、生物資源を略奪する冷徹な資本家の悪どい共犯者として軽蔑される傾向があった。その言い分は不当ではあったが、まったくの嘘ではなかった。商業デザイン業界は、人が必要だと思うかどうか、長い間持っていたいと思うかどうかなどお構いなしで、より多くのものを買いたくさせる方法を紡ぎだすことに長けていた。産業革命以来、デザインの専門職はコンシューマリズムにまみれ、技術革新が世の中を良くし、新しいものはつねに古いものより良いのだと思い込んできた。二〇世紀のデザイナーの回顧録を見ると、いかにデザインが販売ツールとして効果的かは十分すぎるほど説明されているが、デザイナーの社会や環境に対する責任についての評価は欠落している。工業デザイナーで「クライアントを黒字に保つ」ことを目標にすべきだと信じていたのは、レイモンド・ローウィひとりではなかった。[※19] もっと思慮深いヘンリー・ドレイファスでさえこのように書いている。「製品と人びととの接触点によって、人びとがいっそう安全に、快適に思うようになり、もっと品物を買いたいと思うようになり、もっと有能になるならば――つまり、端的に言えばいっそう幸せになるならば――デザイナーは成功したことになるだろう」[※20]。

たとえ地球温暖化に懐疑的であったとしても、今のデザイナーがローウィのような発言をすることは考えにくい。少なくともデザインの道徳的義務には触れるはずだ。そして何か新しいものを生み出すことによって称賛されることを期待するよりも、それをする正当な理由を説明し、自分の仕事で生態系の他の側面に影響が及ばないようにすることが求められることを知っている。

デザインの歴史も塗り替えられている。バックミンスター・フラーは、今では愛すべき奇矯な一匹狼というだけでなく、現在懸念されているデザインの問題の多くを予測した先見の明の持ち主として評価されるようになった。同時に、過去の慣習的なデザイナーの仕事がサステナブルな観点から再解釈され、再び脚光を浴びるようなことも起こっている。[※21] フィンランド航空の遅刻常習犯、アルヴァ・アアルトが一九三〇年代初頭にデザインしたバーチウッドの円形スツール「六〇番」は、それから何十年もの間、北欧モダニズムの模範として美学的に優れている点を称賛されてきた。[※22] 今でもそう見られていることに変わりはないが、それに加えて、サステナビリティーと地産地消主義の草分け的モデルとしても注目されるようになった。このスツールは、アアルトが設立した家具メーカー、アルテックが、近くの森で育ったシラカンバの木を使い、同じ工場でまったく同じ製法で作っている。そのため、脚が壊れた場合、それがいつ作られた製品でも、別のスツールの脚と交換することができるのだ。同じように、アアルトと同時代のオランダのデザイナー・建築家のヘリット・トーマス・リートフェルトは、デ・ステイルの幾何学的美を木製の「赤・青椅子」などに体現した明晰さによって長い間賞賛されてきた。今、彼の「クレイトチェア」は、荷造り用の木枠に用いられたスプルースの廃材をファウンドマテリアルとして使ったことでも賞賛されている。[※23]

バックミンスター・フラーとは異なり、アアルトもリートフェルトも、自分自身をサステナビリティーの先駆者とは考えなかった。ところが二〇世紀後半、一九四九年のアルド・レオポルドの『野生のうたが聞こえる』や一九六二年のレイチェル・カーソンの『沈黙の春』の出版によって自然環境に対する人々の意識が高まると、環境問題に専門に取り組むデザイナーのグループが出てきた。[※24] 一九七〇年代に入る頃には、カリフォルニア州北部にオルタナティブなデザインコミュニティーが出現した。レッドウッドの森へ移住・移転し、仲間のヒッピーと一緒に暮らし始めたデザイナーやメーカーもいた。JBとして知られ、物理学者から陶芸家に転身したジェームズ・ブレイン・ブルンクもその一人だ。彼はインバネスの自然保護区に近い自宅のそばで見つけたレッドウッドやヒノキの巨大な塊から椅子やベンチを彫りだした。[※25] 一九七〇年半ばには、ドイツのデザイン理論家、ヨッヘン・グロスがシーメンスの設計エンジニアの仕事を辞めてオッフェンバッハのデザイン学校の教員になった。そこで彼は、リサイクル材の活用や、持続可能な新しい生産方式を実験するデザイン活動家集団 Des-in を創設した。[※26]

商業デザインを捨て、学界入りしたもう一人、ヴィクター・パパネックは、一九七〇年の著書『生きのびるためのデザイン』で幅広い読者層に向けて、環境に配慮した倫理的なデザインの原則について紹介した。アイソタイププロジェクトを生んだ「赤いウィーン」で育った彼は、ナチスの台頭と同時に家族でオーストリアを離れ、最終的にアメリカに定住した。アリゾナ州タリアセンウェストのフランク・ロイド・ライトの学校で建築を学んだ後、商業デザインの仕事に就いたがそれを嫌い、ナバホやイヌイットなどの先住民コミュニティーに暮らしながら、書籍や講演や人類学研究プロジェクトを通じてサステナブルデザインを支持することに自分の職業人生を捧げた。デザイン界は彼を嫌ったが、それもそのはず、『生きのびるためのデザイン』の導入部にはこう書かれている。「インダストリアルデザインよりも有害なものもあるにはあるが、その数は非常に少ない」。そしてそのページの終わりで、「宣伝・広告人の広めるあくどい白痴的な考えを商品へとでっち上げ」「マスプロダクションの上に立って殺人を行なってきている」「危険な人種」だと再びデザイナーを非難している。出版の四年後、イギリスの『デザイン』誌が「(パパネックは)嫌われている。同時代の人々には嫌悪さえされている」と書くと、パパネックは、自分の本を「揶揄し、ばかにし、野蛮に攻撃した」と雑誌に抗議している。[※27]が、最後に笑ったのはパパネックだった。『生きのびるためのデザイン』は、第二版が出版された一九八五年までに、二〇以上の言語に翻訳されていた。今も出版され、これまでに出されたデザイン書の中でも屈指のベストセラーである。

パパネック、グロ、ブルンク、バックミンスター・フラー。サステナブルデザイン陣営は、ロールモデルとして勇敢でカリスマ的な理想主義者に恵まれ、今では、より広い観点からデザインの歴史への貢献が認められるようになった。さまざまなウェブサイトやブログ、ソーシャルメディアグループ、専門家ネットワークのコミュニティーが彼らや彼らの後継者の仕事を積極的に支持している。後継者には、Worldchanging、Inhabitat、Core 77、Good、Treehugger、Change Observer、Design Accord などがいる。カナダのグラフィックデザイナー、ブルース・マウの著書や講演は、環境に配慮したデザインを文化的、政治的な文脈の中に根付かせる上で重要な役割を果たし、イギリスのデザイン戦略家、ジョン・サッカラやイタリアの同業者、エツィオ・マンツィーニも同様の貢献をしている。[※28] また、デンマーク政府は INDEX「生活を向上させるデザイン」賞の賞金五〇万ユーロで活動を支援し、バッキーチャリティ基金のバックミンスター・フラー・チャレンジは、彼の精神を受け継ぐ「人類の最も差し迫った問題を解決」しようとするプロジェクトに年間一〇万ドルを提供している。[※29]

このような取り組みによって、サステナブルデザインの取り組みに対する受容的な風土が醸成されてきた。そうした取り組みの多くは、エコを目的にしているというだけでなく、起業家精神に燃え、デジタル技術に根ざし、従来のデザイン手法とデザイン思考とを本能的に組み合わせたという点で、新しいデザインアプローチモデルだ。道路交通システムをデザインし直すことがいかにチャレンジングであるかがわかったように、サステナブルデザインが直面する問題はきわめて複雑で、戦略的・組織連鎖的性質を帯びている場合が多いため、デザイン思考のような、創意工夫に満ち、先入観を持たない臨機応変で共感的なツールが求められる。それは、スケールの大きいプロジェクトに限ったことではなく、たとえば、バンガロールの「デイリーダンプ」というごみ処理プログラムのような小さな事業においても効果を発揮している。

デイリーダンプは、家庭ごみを楽しみながらリサイクルし堆肥化することを人々に促すユーザーフレンドリーな方法として、インドのデザイナー、プーナム・ビール・カストゥーリが開発した。[※30] かつて都市は、膨大な量のごみを吐き出すことに誇りを感じていた。残骸が多いほど豊かな国の証だと。デザインの最も役に立つが最も人々の健康を損ねてきた機能は、ごみの処分方法を考えだし、当事者以外の私たちがそれを忘れることができるようにすることだった。しかしそうしてやってきたことによって生じた被害に見て見ぬふりをすることができなくなった今、それを責任を持って取り除くことが洗練された市民の証になっている。だが、その難題に立ち向かおうとしている都市はほとんどない。ごみ収集システムが危機的状態に陥り、厳しい問題を引き起こしている。とくにインドのバンガロールのように急速に拡大した熱狂的な大都市が典型的だ。一日に三〇〇〇トン以上のごみを排出し、政府の堆肥化施設はそのうち五〇〇トンしか扱えないため、残りのほとんどは不法投棄されている。[※31]

ごみ処理を自分の大義としたビール・カストゥーリは、それまでの貯金を活動資金に、二年間かけて最も適切なアプローチを研究した。人々が楽にごみをリサイクルし、生ごみを有機堆肥に変換できる方法をデザインすることが目標だった。インドの職人と共同で自家コンポスト用のテラコッタ鉢を開発し、さらに大きなプラスチック製コンポスト容器を作った。すべてオープンソースで開発された。その後ウェブサイトを開設し、販売を始めた。[※32] 購入して自分でコンポストを使う人もいれば、サービスパッケージを申し込む人もいた。デイリーダンプのメンバーが定期的に訪問し、コンポストを空けてきれいにし、手入れまでするサービスだ。[※33] だが、ビール・カストゥーリはデイリーダンプでもっと野心的なことを考えていた。プロジェクト当初から教育や起業的な要素を加えたいと考えており、それを実現すべくデザイン思考を駆使した。ウェブサイトでは、リサイクルや堆肥化に関してや、デイリーダンプの製品に関する一般的な情報を提供していた。また、このシステムについて意見を述べたり、他のユーザーとコツを教え合ったりすることも奨励している。起業する機会は、堆肥やコンポスト容器を販売するという単純なものから、デイリーダンプの「クローン」を立ち上げるという意欲的なものもある。志願者は、ウェブサイトに登録し、コンポスト容器のデザイン設計仕様書を無償でダウンロードすることができる。その後も、クローンの運営での気づきを仲間と共有することを奨励し、潜在的な障害について互いに警告するとともに、改善提案を出し合うよう促した。[※34]

同じように進取的なプロジェクトが、ロンドン東部、ダルストン地区にあるFARM:shopだ。循環社会デザイン集団、サムシング&サンの三人の創設者は、女性の駆け込み寺として使われたのち遺棄された一九世紀のテラスハウスを実験所に作り替え、そこで可能な限り多くの種類の食材を育てようとしている。[※35]デザインエンジニアから環境活動家に転身したポール・スミス、グラフィックデザイナーからアーティストに転身したアンディ・メリット、社会科学者から農家に転身したサム・ヘンダーソンの三人の創設者は、ロンドンでエコプロジェクトの仕事を通じて出会った。地方議会がアーティストやデザイナーに呼びかけて、空き店舗の面白い活用法を募った際、FARM:shop の構想を思いついた。[※36]そして、三年間の物件使用権と、六〇〇〇ポンド［およそ九〇万円］の改修助成金を獲得した。格子窓のついた建物はひどい状態だったが、初日に友人が彼らのプランについてツイートすると、四〇名のボランティアが手伝いを買って出てくれた。建物をきれいにした後、そこで食料を育てるために必要な栽培技術を持つメーカーに連絡を取り、このスペース用の特注システムが開発された。

数カ月後、一階の一部屋はティラピアとレタスのアクアポニック（水産養殖と水耕栽培の融合）農場に変身していた。自己完結型循環システムだ。魚の排泄物が水に養分を与え、その水がタンクに送り込まれるとレタスを育てる。その水はレタスによって洗浄され水槽に戻される。これが繰り返される。かつて寝室だった場所では、トマト、ピーマン、カボチャ、バジルなどの植物が水耕栽培やエアロポニック技術（気耕栽培、噴霧耕栽培）を利用して栽培されている。地下室はキノコ部屋になり、裏庭ではさらに別の作物がトンネル栽培されている。屋上では外の道路の騒音や排気ガスも気にならない様子で鶏がすまして囲いの中を歩き回っている。アクアポニックタンクの隣の部屋はカフェになっていて、人々が出入りしている。FARM:shop で栽培された作物を腹に詰めた後、車で一時間ほどのヘンダーソンの有機農場を見学する。これまでさまざまな危機があった。トマトに虫が発生したり、ヘチマの海綿状繊維がハダニにやられたり、キノコが収穫できなかったり、停電で魚が死にそうになったり（ティラピアはエジプト原産のため、温水でしか生きられない。停電で水温が急落したが、ありがたいことに損害が出る前に電気が復旧した）。そうした困難にもかかわらず、実験は成功し、サムシング&サンは、このような都会の窮屈な条件の中でも食物を育てる経済的に持続可能なモデルが作れることを証明した。[※37]

プーナム・ビール・カストゥーリと同じように、サムシング&サンは自分で決めた条件で自由に働くことができた。目指すものは同じでも、もっと制約がある中で仕事をしているデザイナーもいるだろう。Oral-Bから委託されたIDEOのように、プロジェクトベースの契約でクライアントに助言をする商業デザインコンサルタント会社で働くデザイナーもいる。また、企業のデザイン部門で働き、自分の仕事によって環境にどのような影響が及ぶのかを判断する意思決定にほとんど、あるいはまったく関与できない場合もある。そうした妥協に耐えられないサステナビリティー純粋主義者もいるだろうが、すべてのデザイナーがそこから自分を救い出せるわけでも、それを望んでいるわけでもない。ただ、そうした制約は、将来的に小さくなる可能性はある。サステナブルデザインのもう一つの前向きな展開は、企業に見られる発想の大転換だ。

かつては、ヒッピー起業家や個人的にエコへの情熱を持った偏屈な幹部の聖域と見なされていたサステナビリティーだが、今ではビジネス界で非常に違った目で見られるようになった。一部の先駆的な企業がその財務価値を証明したおかげである。アメリカのタイルカーペットメーカー、インターフェイスがその一つだ。もともと創業者のレイ・アンダーソンはそうした理念に特別関心がなかったため、同社がサステナビリティーの擁護者になることは考えにくかった。[※38] インターフェイスを業界最大手の会社に育てたアンダーソンは、野心的で利益志向の絵に描いたようなアメリカ人実業家だった。有名カーペットメーカーでの高給を捨てて自分で同業の会社を立ち上げようとしていた彼に考え直すよう助言した元同僚を「ばかを言うな」の一言で一蹴した。インターフェイスは、環境への影響に対する明確な配慮のないままタイルカーペットを製造するという従来の方法で成長し成功した。同社はナイロンやポリエステル、アクリル、そして有毒な染料や接着剤など大量の石油系材料を使用し、工場はその煙突から空に汚染の暗雲を噴出させていた。[※39]

一九九〇年代半ばに、顧客からインターフェイスには環境戦略が必要だと指摘されたとき、アンダーソンはまったく気乗りはしなかったが、環境問題研究家のポール・ホーケンが書いた『サステナビリティ革命——ビジネスが環境を救う』を読んで下勉強した。ある章には、一九四九年にアラスカのベーリング海のセントマシュー島にあるアメリカ政府の調査拠点に二九頭のトナカイが緊急の食糧として運ばれたことが書かれていた。拠点は数年後に閉鎖したが、トナカイは残され自由に繁殖できた。一九六三年には六〇〇〇頭まで増えたが、その二年後には四二頭しか生き残っていなかった。島の植物を食い尽くし、餓死したのだった。[※40] アンダーソンはこの話に突き動かされた。そして自分の会社のような企業が地球の天然資源を奪い、自己破壊に陥る比喩として受け止めた。彼は、インターフェイスを「復元企業」にすると発表し、社員を驚かせた。そして二〇二〇年までに、温室効果ガスと廃棄物の排出をゼロにし、環境へのマイナス影響をなくすことを目標に掲げた。「正直言って、もうろくしたのかと思った」と、説得に負けて支持に回り、その後最高経営責任者になった同社のダン・ヘンドリックスはいう。[※41]

インターフェイスのあらゆる面が、サステナビリティーを切り口に吟味された。再生可能エネルギーが使えるところはすべて使い、タイルカーペットに使用する石油化学製品は、新しく開発した炭水化物ポリマーに置き換えた。不要になったカーペットは埋立地送りにせずリサイクルし、顧客にも同じ理由で古いカーペットを返却するよう奨励した。廃棄物を削減するために品質管理を改善した。掲げた目的を達成するために必要だった生産技術は存在しない新しいものだったため、大金を投じて開発した。ちょうど一八世紀後半における工業化の第一波で、先駆者のジョサイア・ウェッジウッドと彼の同僚がしていたように、従来の工業デザインのアプローチとデザイン思考とを直感的に組み合わせた。

二〇〇七年、ホーケンの本を読んでから一二年、アンダーソンは同社が「サステナビリティー山」の五合目まで来たと述べた(彼はビジネス用語を気取って言うのが好きだった)。化石燃料の使用はほぼ半減し、工場で消費する水は三分の一になった。廃棄されたカーペット七四トンが埋立地から救い出され、埋立地へのインターフェイス単独の貢献は八〇パーセント減少した。アンダーソンは、同社が品質改善によって年間三億ドル以上節約し、研究開発費用を賄って余りあるとした。それだけでなく、ゼロミッションを開始してから売上が三分の二アップし、利益は倍増した。[※42]「正しいと思って始めたことがすぐに賢明なことだとわかった」と、自身を「再生する略奪者」と呼ぶアンダーソンはいう。[※43] が、相変わらず「人とまったく同じように利益志向で競争心がある」ともいう。[※44] 彼が亡くなった二〇一一年には、インターフェイスの工場の二酸化炭素排出量は半減しており、『エコノミスト』誌から「アメリカで最もグリーンなビジネスマン」と賞賛された。[※45]

他の企業は、持続可能性を追求したビジネスモデルが、アンダーソンの言う「より大きいだけでなく、より良い、より正当な利益」を生み出せることをインターフェイスの事例から学んだ。水やエネルギーの利用を節減し、責任ある材料調達を行ない、効率的な輸送を計画することによってコストを節約することができることに気づいた。サステナブル経営は、特定の環境と倫理基準を満たしている企業にのみ投資するエシカル（倫理）ファンドが増える中、そうした新しい投資家を引きつけることによって、株価を高めることができる。もう一つの利点は、企業目標によって社員のやる気を奮起させ、企業から引っ張りだこの、自分で将来の雇用主を選べるような優秀な新卒者など有能な人材を引きつけることもできることだ。こうしたことすべてが仕事のやり方、何を作り、どうデザインするかを企業に考え直させ、他の企業にも同じことをさせる説得力のある理由となる。サステナブルデザインは簡単ではないが、その利点を確信する企業が増えていけば、インターフェイスのような巨大企業、デイリーダンプのようなダイナミックな起業家精神溢れる事業、FARM:shopのような環境デザイン運動の生意気な事例など、優れたプラクティスモデルが育っていくだろう。

1 György Kepes, 'Comments on Art', in Abraham H. Maslow (ed.), *New Knowledge in Human Values* (New York: Harper & Brothers, 1959), p. 91.

2 「Make it a green peace」というコメントは、波を起こすな委員会の会合で、環境運動家ビル・ダーネルが考えた造語。

3 'Amchitka: The Founding Voyage', Greenpeace International, http://www.greenpeace.org/international/en/about/history/amchitka-hunter/

4 Victoria Finlay, *Colour* (London: Sceptre, 2002), pp. 289–98.

5 マイケル・ブラウンガートとのインタビュー、2010年3月。Alice Rawsthorn, 'The Toxic Side of Being, Literally, Green', *International Herald Tribune*, 4 April 2010, http://www.nytimes.com/2010/04/05/arts/05iht-design5.html

6 2008年12月11日にSesame Streetによってユーチューブに投稿された'Sesame Street: Kermit Sings Being Green', http://www.youtube.com/watch?v=51BQfPeSK8k

7 『ニューヨークタイムズ』誌は、ピーター・ヒューゴが2010年に撮影したアグボグブロシーのデジタル機器ごみ集積場の一連の写真を掲載した。'A Global Graveyard for Dead Computers in Ghana', http://www.nytimes.com/slideshow/2010/08/04/magazine/20100815-dump.html

8 R. H. Horne and Robin Nagle, 'To Love a Landfill: Dirt and the Environment', in Kate Forde (ed.), *Dirt: The Filthy Reality of Everyday Life* (London: Profile Books, 2009), p. 196.

9 グリーンピースのチームは、アグボグブロシーごみ集積場の焼け焦げた土の中に鉛、カドミウム、アンチモン、chlorinated dioxinsなどの微量の有害物質を確認した。

10 Tim Brown, *Change by Design: How Design Thinking Transforms Organizations and Inspires Innovation* (New York: HarperCollins, 2009), p. 194. ティム・ブラウン『デザイン思考が世界を変える――イノベーションを導く新しい考え方』(千葉敏生訳、早川書房、2010年)

11 'Great Pacific Garbage Patch', National Geographic Education, http://education.nationalgeographic.com/education/encyclopedia/great-pacific-garbage-patch/?ar_ a=4&ar_r=3

12 William J. Mitchell, Christopher E. Borroni-Bird and Lawrence D. Burns, *Reinventing the Automobile: Personal Mobility for the 21st Century* (Cambridge, Mass.: The MIT Press, 2010), pp. 2–3. ウィリアム・J・ミッチェル、クリストファー・E・ボローニ＝バード、ローレンス・D・バーンズ『「考えるクルマ」が世界を変える――アーバン・モビリティの革命』(室田泰弘訳、東洋経済新報社、2012年)

13 Giles Tremlett, 'Madrid Reverses the Chargers with Electric Car Plan', *Guardian*, 8 September 2009, http://www.guardian.co.uk/environment/2009/sep/08/electric-car- plan-spain

14 Sally McGrane, 'Copenhagen Journal: Commuters Pedal to

Work on Their Very Own Superhighway', *The New York Times*, 17 July 2012, http://www.nytimes.com/2012/07/18/world/europe/in-denmark-pedaling-to-work-on-a-superhighway.html

15 'What Goes Around', *Economist*, 19 November 2011, http://www.economist.com/node/21543220

16 原注12に同じ。Mitchell, Borroni-Bird and Burns, *Reinventing the Automobile*, pp. 38–51.

17 'Morals and the Machine', *Economist*, 2 June 2012, http://www.economist.com/node/21556234; 'Driverless Cars and How They Would Change Motoring', BBC News, 10 May 2012, http://www.bbc.co.uk/news/magazine-18012812

18 Zipcar, http://www.zipcar.com; Vélib', http://en.velib.paris.fr/; Ecobici, http://www.ecobici.df.gob.mx/; 'Shifting up a Gear', *Economist*, 15 July 2010, http://www.economist.com/node/16591116

19 Raymond Loewy, *Industrial Design* (London: Faber and Faber, 1979), p. 8.

20 Henry Dreyfuss, *Designing for People* (New York: Simon & Schuster, 1955). ヘンリー・ドレフュス『百万人のデザイン』（勝見勝訳、ダヴィッド社、１９５９年）

21 K. Michael Hays, 'Fuller's Geological Engagements with Architecture', in K. Michael Hays and Dana Miller (eds), *Buckminster Fuller: Starting with the Universe* (New York: Whitney Museum of American Art, 2008), pp. 2–3.

22 Charlotte and Peter Fiell, *1000 Chairs* (Cologne: Taschen, 2000), p. 222. シャーロット・フィール、ピーター・フィール『1000チェア』（タッシェンジャパン、２００１年）

23 同上 Ibid., pp. 153 and 216.

24 Aldo Leopold, *A Sand County Almanac: And Sketches Here and There* (1949; Oxford: Oxford University Press, 1992); Rachel Carson, *Silent Spring* (1962; London: Penguin Classics, 2000). アルド・レオポルド『野生のうたが聞こえる』（新島義昭訳、講談社、１９９７年）、レイチェル・カーソン『沈黙の春』（青樹簗一訳、新潮社、１９７４年）

25 Glenn Adamson, 'J.B. Blunk: California Spirit', *Woodwork* (October 1999).

26 Alastair Fuad-Luke, *Design Activism: Beautiful Strangeness for a Sustainable World* (London: Earthscan, 2009), pp. 45–6.

27 Victor Papanek, *Design for the Real World: Human Ecology and Social Change* (1971; Chicago, Ill.: Academy Chicago Publishers, 1985), pp. ix and xi–xvi. ヴィクター・パパネック『生きのびるためのデザイン』（阿部公正訳、晶文社、１９７４年）

28 Bruce Mau Design, http://www.brucemaudesign.com; 'Work with John Thackara', http://www.doorsofperception.com/working-with-

john-thackara/; DESIS Network, http://www.desis-network.org/

29 INDEX: Design to Improve Life, http://www.designtoimprovelife.dk/; The Buckminster Fuller Challenge, http://challenge.bfi.org/

30 'About Us', Daily Dump, http://www.dailydump.org/about

31 'Poonam Bir Kasturi: Designing the Daily Dump', Eco Walk the Talk, http://www.ecowalkthetalk.com/blog/2010/07/25/poonam-bir-kasturi-designing-the-daily-dump/

32 'FAQs', Daily Dump, http://www.dailydump.org/faqs

33 'Services', Daily Dump, http://www.dailydump.org/services

34 'Clone Daily Dump', Daily Dump, http://www.dailydump.org/clone_daily_dump

35 'Home', FARM:, http://farmlondon.weebly.com/

36 Something & Son, http://www.somethingandson.com/

37 アンディ・メリットとポール・スミスとのインタビュー、２０１１年９月。Alice Rawsthorn, 'Making Food Seriously Local', *International Herald Tribune*, 18 September 2011, http://www.nytimes.com/2011/09/19/arts/19iht-DESIGN19.html

38 Interface, http://www.interface.com

39 'The Carpet-tile Philosopher', *Economist*, 10 September 2011, http://www.economist.com/node/21528583

40 Paul Hawken, *The Ecology of Commerce: A Declaration of Sustainability* (New York: HarperBusiness, 2002). ポール・ホーケン『サステナビリティ革命――ビジネスが環境を救う』(鶴田栄作訳、ジャパンタイムズ、１９９５年)

41 Paul Vitello, 'Ray Anderson, Businessman Turned Environmentalist, Dies at 77', *The New York Times*, 10 August 2011, http://www.nytimes.com/2011/08/11/business/ray-anderson-a-carpet-innovator-dies-at-77.html

42 Cornelia Dean,'Ray Anderson: Executive on a Mission: Saving the Planet',*The New York Times*, 22 May 2007, http://www.nytimes.com/2007/05/22/science/earth/22ander.html

43 レイ・アンダーソンは、２００５年トロントのあるビジネスマンについてこのように表現した。Vitello, 'Ray Anderson, Businessman Turned Environmentalist, Dies at 77'.

44 Ray Anderson, *Confessions of a Radical Industrialist: How Interface Proved That You Can Build a Successful Business Without Destroying the Planet* (New York: Random House, 2010).

45 'The Carpet-tile Philosopher', *Economist*, 10 September 2011, http://www.economist.com/node/21528583

11

形態は機能に従わない、その理由

>11. Why form no longer follows function

形態は機能に従わない、その理由

現代のデザイナーにとって、形態と機能をバランスさせ、意味を持たせるだけでは十分な仕事をしたことにならない。デザインは今、これまでの作業をすべて生き生きとした動的な文脈で考え直さなければならない。モノは人と対話するかもしれないが、両者が会話を進め、即興できるように最初に台本を書くのはデザイナーだ。

——パオラ・アントネッリ[※1]

形態は機能に従う。Form follows function. この三語は、常套句としてよく使われ、使い古されただけでなく、独自の神話が作られている。たいていまちがって引用される(正しくは三語ではなく四語、form ever follows function「形態はつねに機能に従う」)上、しょっちゅう違う人の言葉にされる。とくにル・コルビュジエやミース・ファン・デル・ローエなどモダニズムの重鎮の言葉だと思われることが多いが、実際には、知名度では劣るアメリカの建築家、ルイス・サリヴァンが言った言葉だ。[※2] サリヴァンは、「The Tall Office

Building Artistically Considered（高層オフィスビルに関する芸術的考察）」と題する一八九六年の論文の中の非常に長い一文の終わりにそう書いている。「それは、有機および無機のものすべて、物理的および形而上学的なものすべて、人間的および超人間的なものすべて、脳の、心の、魂の忠実な現われのすべてを司る法則である。すなわち生は、その表現物によって認識でき、形態はつねに機能に従うのである」※3。

サリヴァンが言おうとしたのは、小さなオブジェであれ超高層ビルであれ、人造物の大きさ、スタイル、構造は、その目的によって規定されるということ。言い換えれば、モノの外観は、そのモノが何を意図しているかによって決定されるべきである。たとえばスプーンや椅子など、モーターやマイクロチップに駆動されない純粋な形態のものについて考えてみよう。そのものを初めて見た場合でも、形状や大きさ、堅さなどから、そのものをどう扱えばよいかが大まかに推測できるだろう。椅子が人の体を何らかのかたちで支えるものであり、スプーンは人の体に何かを挿入するためにあるということがわかる。なぜならその物体の形状は、一般的にその機能に従うからだ。

テレビやラジオなど、昔の電気製品にも同じことが言える。もちろん、その使い方に気づくまでに多少時間はかかるだろうが、手がかりは見つけられる。テレビの最も大きな部分を占める点滅画像を見れば、それが見られるためにあることがわかる。ラジオは最も大きな面積を占める部分から音が出ることから、何かを聴くためのものだと想像がつく。どちらの場合も、純粋な形態のときと同じように、機械の見た目から判断するはずだ。だが、サリヴァンの法則は、この本の冒頭に登場した不可解なスマートフォンのようなデジタ

FARM:shop

サムシング＆サンの食料栽培実験
ロンドン、ダルストン

ル機器にはまったく当てはまらない。その終焉は、私たちが毎日使用するモノを変貌させ、私たちとモノとの関係性を変えてしまった。

サリヴァンが一八九〇年代後半に公にしたその法則は、ちょうど自然淘汰という科学理論と同期していた。それよりさらに四〇年近く前に、チャールズ・ダーウィンが『種の起源』を書いて以来、自然淘汰は知的な話題の中心だった。[※4] 自然界における「適者生存」というダーウィンの説を信じる人は、それが工業製品に当てはまってもおかしくないと考えた。シマウマの縞模様が捕食者から身を隠すためにあるのなら、キリンの長い首が他の哺乳類よりも高い木の上にある餌を手に入れるためにあるのなら、当然工場で作られた製品も、その外観的な要素から実際的な利益を得られるのではないか。サリヴァンが論文を書いた工業化時代に、製品と自然との間に密接な関係があると考えれば慰めになっただろう。ちょうどトーネットの曲木椅子の緩やかなカーブやツヤのある木材に、人々が従来の家具の素朴さを重ね、安心感を得ていたのと同じように。そうした「引用」が当時、工業化に伴う威圧感をやわらげ、それからずっと同じことが行なわれ続けている。とくに自然界はデザインの工夫例の宝庫だ。たとえば卵の殻。見た目が美しいだけでなく、バナナの皮のように丈夫で、ユーザーフレンドリーで生分解性だ。中身を食べたいときに簡単に割れ、簡単に処分できる。これを土台にして、人工パッケージをどんなふうに改善できるだろう。

工業製品然としたものであればあるほど、安心に対するニーズは強くなる。たとえば飛行機。幸運にも飛行恐怖症でない人でさえ、その細長い容器が地面を飛び立ち、自分を乗せて何千マイルも空中を移動した後、安全に着陸することを信じてそれに足を踏み入れるまでには、気持ちの上で相当の飛躍が必要だ。大きすぎる飛躍ゆえ、考え込まないに越したことはない。飛行機が物珍しかったとき、それを想像してどれだけの人がゾッとしたことだろう。最も不安と緊張を覚えたはずの最初の乗客たち。彼らの恐怖が多少薄れた理由は、初めて見るその物体が鳥に似た形をしていたからであり、繰り返し目にした経験から鳥が安全に飛べることをよく知っていたからだ。もしうぶな空の旅行者たちが空気力学の理論を勉強していたなら、ダーウィンの法則のとおり、飛ぶように意図されたものの最高のデザインの形が紛れもなく鳥の形だということも知ることができたろう。数十年後の一九七〇年、サリヴァンがあの有名なフレーズを書いてからほぼ四分の三世紀、巨大なボーイング７４７が運航開始した。その頃でさえ人は空の旅が不自然なものでも恐れるべきものでもないという考えに安心を求め、「ビッグバード」や「ジャンボジェット」といった愛称でそれを呼んだ。[※5]

ダーウィンの説と同じようにサリヴァンの法則も、別の信念体系、つまりモダニズムによって肯定された。二〇世紀初頭、モダニズム運動の勢いが増すにつれ、工場から次々と繰り出される製品の物理的な形態は、実用的な目的を果たすというニーズによって決定されるべきだ、という考え方が人々の目に魅力的に映っただけでなく、美的なトレンドと同期していた。手の込んだ手工芸品が「趣味の良さ」の極致と考えられていた数世紀を経て、「機械化時代」のモダニストたちは、そのものの性能や目的性を損なわないために、最小限の材料を使用した、理想的には無装飾の、意図的にシンプルなデザインスタイルを支持するようになった。今度は本当にミースが言った「less is more（少ないことは豊かなこと）」がモダニストのもう一つの常套句に

なった所以だ。[※6]

かなづちやのみ、かんななどの工具をはじめとする実用的な製品のアノニマス(匿名)デザインには、ずっと昔から同様の法則が適用され、今日まで続いている。たとえばフィスカース社の斧。同社のウェブサイトでは、厳しい気象条件の下で連続使用しても作業効率が落ちない究極のデザインを紹介する映像が見られる。滑り止め用の特殊なゴムを使用した柄は先端に行くにつれて細まり、末端はフックの形になっている。刃先は切断力を高めつつ刃を木材ブロックから引き抜きやすいように、実現できる最高の角度で面取りされている。ヘッドは振っても緩まないように柄にしっかりと成形されている、など。[※7] フィスカースのツールだけでなく、こうした職人技で作られた製品がデザインの良さを理由に褒められることはめったにないが、それでも形態を機能に従わせたことによって二〇世紀デザインの最も称賛すべき例のいくつかが生まれている。

たとえば、カトラリー。私自身が気に入っているのは、一九五〇年代後半にデンマークの建築家、アルネ・ヤコブセンがSASロイヤルホテルのためにデザインしたナイフやフォーク、スプーンだ。ステンレス製だが、従来のカトラリーとは非常に異なり、ひょろっとしてするっとした形状をしている。ヤコブセンは、それぞれのカトラリーがどのように使われるかを分析することから始め、その機能を果たすための最小量の金属を使っている。出来上がった製品は、手のひらに具合よく収まり、幅の広い滑らかな面は指先でホールドしやすく、口に入る場所ですぼまっている。ヤコブセンは、彼の前任者たちが無視してきた細かい機能も考慮している。たとえば、こぼれにくい左右非対称のスープスプーン。[※8] スプーンの皿の部分の中央にではなく、先端に柄を付けることで、スプーンが傾いてもスープが自分のほうにこぼれてこない。また、左利き用と右利き用があり、前者は柄が左に、後者は右についている。さらに、ちょうど良い量のスープが口に運ばれ、その間に熱を残しつつわずかに冷めるように、形状とサイズが計算されている。[※9]

ホテルが一九六〇年にオープンしたとき、こうした繊細な配慮をデンマークのメディアはいっさい取り上げず、それどころかヤコブセンのカトラリーの奇妙な形を揶揄した。ある新聞社は記者をレストランにやり、細いフォークで豆と格闘している姿を写真に収めた。結局、ホテルはヤコブセンがデザインしたカトラリーの使用をやめ、一般的なスタイルのカトラリーに置き換えた。[※10] しかし、オリジナルのカトラリーはその後も着実に売れ続けている。スタンリー・キューブリックが一九六八年のSF映画『二〇〇一年宇宙の旅』の中で使う未来的な小道具を探していたとき、ほとんどの物が特注されたが、カトラリーは例外だった。キューブリックは、ヤコブセンが一〇年間続けてきた「形態は機能に従う」を具現化した製品が、三〇年先の未来に属するものとして十分に通用すると考えた。実用性についていえば、私はもう二〇年以上、毎日使っている。

「形態は機能に従う」は、私たちの身の回りにあるさまざまなもののデザインに影響を与えてきたため、私たちは、本能的にそうした先入観で自分の環境をとらえることが多くなっている。人は目新しいものに遭遇したとき、自分の知っている何かとの物理的な類似点がないか探し、それをヒントにしてその対処法を推測する傾向がある。一九五〇年代にヘンリー・ドレイファスのデザイン事務所が航空会社のプロジェクトを請け負ったとき、彼は調査チームを派遣し、当時のキャビンデザインに対する乗客の反応についてキャビンクルーにヒアリングを行なった。ユナイテッド航空のあるフライトアテンダントは、乗客の何人かが郵便ポストと間違えて空調の溝に手紙を「投函」したと報告した。TWAのあるフライトアテンダントは、自分の赤ちゃんを頭上の荷物ラックに収めた無邪気な親御さんがいたと振り返った。そこならフライト中安全に眠れるだろうと軽率にも考えたらしい。どちらのケースでも、乗客は過去に細長い開口部やラックに似たものを使用した経験から自分なりの解釈をして、それに従って行動した。[※11]

デザイナーは、エレクトロニクス製品のデザインにも、同様の視覚的な手がかりを利用した。電子機器は、ナイフやフォーク、スプーン、椅子といった「形態そのもの」の製品より技術的に複雑なだけでなく、操作もわかりにくくなりやすい。それを動かす機械は、見えないように筐体内部に隠され、たとえ見えたとしても見てわかる人はほとんどいない。ディーター・ラムス率いるブラウンのデザインチームは、エレクトロニクス製品を初めて使う人にも簡単に使えるように見せることに長けていた。使う人が直観的に正しい順序で正しい操作をするように、ちょっとずつ「突っつく」のだ。ラムスは、「デザインの一〇大原則」を掲げたとき、第六原則に使い勝手の重要性を挙げた。「良いデザインは、製品に対する理解を助け、製品の構造を際立たせる。製品が語りかけてくる、と言ってもいい。理想は、説明不要の製品である」[※12]。言い換えれば、電気製品の形態が機能に即していれば、効率が上がるだけでなく使い勝手もよくなると彼は信じていた。

ラムス率いるチームもブラウンのためにデザインした、一九六〇年代のレコードプレーヤーや一九七〇年代のジューサーをユーザーが操作できるものにするのは至難の業だったが、少なくとも、ボタンやスイッチなどの物理的な制御装置を設けてユーザーの操作を誘導することはできた。しかし次世代製品、つまりデジタル機器のデザイナーにはそのようなぜいたくはない。なぜなら、スプーンや椅子、航空機などと違って、ムーアの法則の影響を受けて増大し続けるパワーと縮小し続けるサイズによって、機能と外観との間には、視覚的なつながりがまったくないからだ。[※13]

その一例がコンピュータだ。コンピュータのデザインの歴史は、イギリスの数学者チャールズ・バベッジが人間の脳よりも高度な数学的計算を速く完了させることのできる機械を作った一八二〇年代に遡る。その後バベッジは、友人のエイダ・バイロンの助けを借りてその機械を改良している。詩人バイロン卿の娘で、数学の天才少女だったエイダは、ラブレス伯爵と幸せな結婚生活を送っていたが、バベッジに夢中になった。ジェイムズ・グリックが二人の物語を著書『インフォメーション——情報技術の人類史』に美しく描いている。[※14] バベッジの最初の発明からおよそ一世紀後、アラン・チューリングがハードウエアを変えずにソフトウエアを変えることによって多数の異なるタスクを実行できる汎用的な電子機械を考案し、一九三六年の論文「On Computable Numbers（計算可能数）」で発表した。現代のコンピュータの発明である。[※15] チューリングは、第二次世界大戦中、バッキンガムシャーのブレッチリーパークにある政府の暗号解読センターで仕事をしながら研究を続けた。当時イギリスは、他国同様、防衛努力の一環としてコンピューティングへの投資を強化していた。彼が論文に書いたようなプログラムを搭載した最初のコンピュータは「Baby」と呼ばれ、一九四八年にマンチェスター大学で完成した。[※16] チューリングはその数カ月後にそこへ移り、悲劇的な死を迎えるまでそのプロジェクトに取り組んだ。[※17]

数学者や科学者は、他の国でも同じような研究に従事していた。ニュージャージー州にあるプリンストン大学のジョン・フォン・ノイマン率いる研究者チームは、水素爆弾プロジェクトの一環として、米国政府の支援金を利用して一九五三年に、当時最速のコンピュータを開発した。フォン・ノイマンは、爆弾の理論的な試験を実施することができると当局を説得していた。[※18] 彼は、マシンの特許を取得しないことを決め、同業者と研究成果を共有することにより、自分たちの設計が広く、とくに自社初の電子計算機「701」を開発中のＩＢＭに確実にコピーされるようにした。[※19] ＩＢＭのマシンは、構成部品が金属製のキャビネットに収納され、きれいに整理されていたが、マンチェスターとプリンストンの元祖コンピュータは、ワイヤーやダイヤルがもつれ合い迷路のようになっていた。一九五〇年代後半にトランジスタが発明される頃には形が整ってきたが、科学研究所や大学の研究センター以外ではめったに見られなかった。

私が生まれて初めて見たコンピュータは、一九六五年に父と訪れたブリュッセル近郊の工場にあった。父は機械エンジニアで、そこで生産プラントを設計しており、母、兄、私をその出張先に連れていった。私は六歳で、その旅行のことは三つのことで覚えている。それは、ポテトチップスをベルギースタイルでマヨネーズをつけて食べたこと、一九五八年のブリュッセル万国博覧会の目玉として建てられた未来的なタワー、アトミウムの目もくらむような光景、そして生まれて初めて見たコンピュータだ。

それはあまりに巨大で、一台のマシンではなく、機械でいっぱいの「コンピュータルーム」という一つの部屋だった。私の記憶ではたくさんの金属製のドアがあり、ただのイメージかもしれないが、カチャカチャという大きな音がしていた。父は、その部屋に入れたことや中を見せてもらえたことがどれほど幸運なことか、なぜならこのドアの向こうに隠されたマシンはとてつもなく特別で高価で、それを買える会社はそうそうないのだと、とくとくと説明していた。私は感激したし、感激して当然だった。あれだけのシステムを作るには莫大な費用がかかり、それを維持するには専門の技術者チームが必要だ。コンピュータのメインフレームは、空調の利いた場所で保管され、その場所はつねにカギがかけられていた。一九六〇年代半ば当時は、上級幹部さえ特別な許可を得ずに入室することが許されず、マシンの操作も技術者に頼む以外なかった。そのスケールと秘密性ゆえにスリリングな気分を味わったが、私が一九六五年にコンピュータルームで見たものをすべて合わせても、今のノートパソコンの能力に劣るかもしれない。

その後の一〇年間で、コンピュータはわずかにパワーを増し、少し巨大ではなくなり、多少は安くなったが、まだエアコン完備の部屋に閉じ込められていた。一九七五年に、ＩＢＭは初の「ポータブルコンピュータ」「５１００」を発売した。机の上に置けるほど小さかったが、重さは五〇ポンド（約二三キロ）、かろうじてポータブルだった。とんでもない重量に思えるかもしれないが、その五年前の同等のマシンは〇・五トン、机二つ分のスペースが必要だった。だが、５１００には欠点があった。一つは価格。八九七五ドルから一九九七五ドルした。もう一つは複雑さ。堪能な技術者しか使用することができなかった。[※20]

一九七〇年代後半には、イギリスのスティーブ・ジョブズとスティーブ・ウォズニアック、イギリスのクライブ・シンクレアとアダム・オズボーンなどのオタクや発明者のグループが、より小型で安価なマシンを開発し、最初はオタク仲間にキットの形で販売していた。[※21] 彼らのデザイン課題は、他の誰もが使えるようにする方法を考えることだった。それまでコンピュータはコードを使って操作していたため、専門のプログラマー以外には不可解だった。そこで考えられた解決策は、コード化されたコンピュータへの命令を、身体的なジェスチャーや視覚的なシンボルなど、素人にもわかるような手掛かりに取って代えることだった。

マシンに情報を伝達する手段として、すでにタイプライターのキーボードが確立されており、マウス(コードが尾のように見え、ネズミに似た形状だったためそう呼ばれている)も、画面上のシンボルを特定し、それを移動または削除するようにコンピュータに指示する装置として確立されていた。[※22] 他の制御メカニズムをわかりやすい形式に置き換えるという雲をつかむような問題を解決したのは、カリフォルニア州にあるゼロックスのパロアルト研究所(ゼロックスPARC)の研究員、ティム・モットだった。モットは、人がふだん紙の書類を整理するときに使っている方法と同じ方法でコンピュータの画面上で情報を管理したいはずだと気づいた。バーで友人を待っている間にこのことを思いついた彼は、紙ナプキンにスケッチを描き、同僚のラリー・テスラーに見せた。このテスラーの助けを借りてモットはそれを開発した。「ファイリングキャビネットや、コピー機というよりこのときはプリンタ、ゴミ箱といったアイコンだった」とモットは振り返る。「ドキュメントをそっくりマウスでつかんで、画面上で移動できるというメタファーを使った。デスクトップでは、文書をオフィス内のあちこちに移動することをイメージした。ファイリングキャビネットに放り込んだり、プリンタに放り込んだり、ゴミ箱に放り込んだり」[※23]。

この「オフィス」などグラフィックインターフェース（コンピュータ画面上の情報表示をさす専門用語）の初期のアイデアをゼロックスPARCが開発し、アップルとマイクロソフトがそれぞれのソフトウェアで商用化して以来、そのアイデアは私たちのコンピュータの使い方に影響を与えてきた。「われわれのデザインで重要なのは、直感的でわかりやすいものを作ることです」とスティーブ・ジョブズは、一九八三年アスペン国際デザイン会議でのスピーチで述べている。「誰でもデスクトップ（机の上）のものをどう処理すべきか直感的にわかっています。オフィスに行くと机の上に書類がある。一番上に置いてあるものが一番重要です。優先順位の入れ替え方も知っている。われわれが、デスクトップのようなメタファーを使ってコンピュータをモデル化する理由は、誰もがすでに持っている経験を利用するためです[※24]」。

ビル・モグリッジの著書『Designing Interactions』は、そうしたメタファーを考えたデザイナーやプログラマーの仕事をチャートにしている。その中には、モットやテスラー、最初のマッキントッシュやリサなどアップルの初期のインターフェースの多くを担当したビル・アトキンソンなどがいる。アトキンソンは、リサに取り組んでいるとき、ゴミ箱を空にする必要がある場合、それをユーザーにどう伝えるかを考える必要に迫られた。彼の元の案は、ハエがその上を飛び回るというものだったが、悪臭を想像させる虫の姿は人を不快にさせるという理由で同僚に却下された。結局彼は、くしゃくしゃにした真白の紙でデジタルゴミ箱

を一杯にすることを提案した。[※25]

コンピュータがさらに小さく、速く、パワフルになるにつれ、それをデザインするデザイナーは、不透明なプラスチックの箱をより使いやすくする、またはそう見えるようにする新しい方法を模索してきた。アップルが一九八四年に発売したマッキントッシュで、電源を入れると一番最初に「Hello」と「Welcome」の文字が画面に映るようにしたのもその一つだった。アップルが当時では記録的な七五万ドルもかけてリドリー・スコット監督によるマッキントッシュのテレビコマーシャルを制作した理由もここにある。ジョージ・オーウェルの小説『一九八四年』によって生まれたその年の陰鬱な空気を吹き飛ばすようにマッキントッシュを登場させた。掲げたスローガンは、「一九八四年が『一九八四年』のようにはならない理由」[※26]。このときのユーザビリティの追求がのちのデザイン決定を左右してきた。たとえば、一九九八年の初代iMac。マシン内部を見せ、カラフルなプラスチックでケースを華やかにし、上部にハンドルを付けることで積極的に人々に触れさせることを狙った。

以来、効果の程はさまざまだが、他のデジタル機器にも同様の原理が当てはめられた。デジタル機器のサイズやパワーは、集積回路技術やバッテリーなどの構成部品の進歩によって変化してきた。初期の携帯電話は、電池の形だけでなく実際の重量から「ブリック（レンガ）」と呼ばれた。使ったことのある人は、その重さと電池切れの速さを記憶しているだろう。一九九〇年代初めごろの私の最初の携帯電話は、数分持っただけで手首が痛くなるほど重かった。問題は、三〇分の使用で事切れるバッテリーだ。今の携帯電話は、小さな電池で数日もち、大きさも初期の「レンガ」の何分の一かだ。他の産業もその恩恵を受けている。長年にわたり電気自動車の開発のネックになっていたのは、車両内部に収まるほどコンパクトでありながら、それを走らせることのできる強力な電池を見つけることだった。電気通信業界が非常に収益性の高い携帯電話市場向けバッテリーの開発に投資してきたおかげで、クルマ用の電池が開発され、今では何十万台もの電気自動車やトラックの電源に使用されている。

同じく重要だったのは、無線技術の飛躍的進歩だ。それによって小型のデジタル機器が強力なコンピュータにアクセスすることができるようになった。iPod をあれだけ小さく単純に見せることができる一つの理由は、その機能のほとんどをアップルの巨大なコンピュータシステムが実行し、iPod がワイヤレスでそれにつながっているからだ。電子ブックリーダーや、膨大な量の情報にアクセスできる他の機器にも同じことが言える。

デジタル製品が複雑になればなるほど、それを簡単に使えるかどうかが重要になってくる。操作体験の良し悪しがその製品に対する評価の重要なカギになった。従来の見た目や機能と同じくらい、よく考えられたデザインかどうかを判断する際のポイントになっている。それを専門用語で「ユーザーインターフェースデザイン」略して「UI」と言い、その目的は、私たちが複雑な機器を直感的に使用でき、次に何をすべきかいちいち悩まなくてもよいようにすることだ。小さな携帯電話を使って電話をかけるにしろ、何百もある機能のどれかを実行するにしろ、インターフェースデザイナーに課された使命は、それをすんなりとできるようにすることだ。

これを実現するために試行錯誤を繰り返すのだが、報われない仕事のように感じる人も多い。優れたユーザーインターフェースデザインはシンプルに感じるものであり、そうであるが故に、その良さに気づいたり、洗練さに感動することが少ない。たとえ気づいたとしても、技術的な知識がないために、デザイナーが具体的に何をどうしたかまではわからない。さらに、ある製品のユーザーインターフェースでの強みや革新性を説明するボキャブラリーも持ち合わせない。アップルは、ユーザーフレンドリーな製品をデザインすることでよく評価されるが、同社の最も熱烈なファンでさえ「直感的」「シンプル」「複雑じゃない」以上のことを言える人は少ない。

その反面、問題のあるユーザーインターフェースデザインは、破壊的な影響をもたらし、最悪の事態になることもあるため、すぐに気がつく。新しい、たいていは最新モデルの携帯電話を買ったはいいが、同じブランドなのに使い方をまた一から覚えなければならない、その繰り返しだ。気に入っていた機能が見当たらず、同じことをしようと思えば、前の携帯電話より多くスクロールしたりボタンを押したりしなければならない。そんなとき、技術的に無知な自分を責めることが多いが、それはまちがっている。なぜなら、その無駄なイライラは、ユーザーインターフェースデザインの怠慢が原因である可能性が高いからだ。ケネディ宇宙センターかと思うくらいたくさんのダイヤルやボタンのついたTVリモコンや、超人的な能力が求められるデジタルＴＶの各種設定にも同じことが言える。

以前、ディナーをごちそうになった友人の家のバスルームに、電子制御式の水栓が使われていた。水はいとも簡単に出たが、水の温度を調節するにはコンピュータプログラミングの博士号が必要かと思うほど複雑で、いくらやっても私には水を止めることができなかった。さまざまなライトやデジタル記号が点滅していたが、水は容赦なく噴出。助けを求めたが、友人も悩んでしまった。結局彼女はメーカーのウェブサイトのヘルプページを見て対処した。別の友人は、ホームマネジメントシステムが故障したとき、最終手段に頼らざるを得なかった。ある晩家に帰ると、照明、コンピュータ、電話機、テレビ、キッチン家電などデジタルシステム全体が点滅していたそうだ。コントロールパネルでいろいろ試したがどれも効果がなかった。数時間の格闘の末、彼はかなづちを手に取り、コントロールパネルを破壊した。するとようやく平和が戻った。原因は、だめなユーザーインターフェースデザインではなかったが、彼に解決策を見出させず、すべての努力を徒労に終わらせたのは確かだ。

なぜ、ひどいユーザーインターフェースデザインが多いのだろうか。一つには、「新しい」インターフェースの多くが実際には既存のもののアップグレードであり、余分な機能が付け足されていることが理由として挙げられる。電話機にその傾向が強い。複雑すぎて不思議に思えるほどだが、本来は一からシステムをデザインし直すべきところを、間に合わせで上乗せしているからいけないのだ。この点では、長年かけてさまざまな補修や拡張を重ねられた家に似ている。どういうわけか、最初からすべて計算づくで設計された新築の家のような統一感がない。

しかし、ユーザーインターフェースの失敗のほとんどは、怠慢、愚かさ、不注意、不適切なテスト、先見性の欠如などデザインの多くの領域を悩ます欠点に由来する。論理的に考えれば、コンピュータの新しいオペレーティングシステムを使いやすいものにしようと思ったら、一番よく使うコマンドに画面上で最も重要な場所を与える。しかし得てして、一番役に立つコマンドが一番大きくて目立つコマンドになっていない。たとえば、「コピー」と「ペースト」は「新規フォルダ」よりも頻繁に使う可能性が高いのに見つけやすい場所にない。他のコマンドの相対的な位置付けすべてについて言えることだ。そうした微妙な違いがインターフェースデザインに反映されない限り、人はシステムの操作を不要に難しいと感じ、その理由すらわからないということになってしまう。

こうしたあらゆる欠点（技術者は皆ずさんなユーザーインターフェースデザインに文句を言う）にもかかわらず、その良し悪しは、私たちがたくさんの新しいデジタル機器を取り入れ、その使い方を覚えたスピードで測られる。一〇年前、スティーブン・スピルバーグのSFスリラー『マイノリティリポート』でトム・クルーズ演じるジョン・アンダートン局長が巨大なコンピュータ画面に向かって大声で指示を出したり、横柄に手を振ったりして見せたとき[※27]、そうした技術は魅力的で未来的に見えたが、今ではどこにでもある。キーボードやキーパッドを使ったり、マウスでピクセルの塊をポイントしたりといったモノを介さなくても音声コマンドや身体的なジェスチャーでデジタル機器を制御することができるようになった。

子どもの頃、テレビの西部劇を見ながら、きょうだいでソファの肘掛けの片方ずつにカウボーイのごとく馬乗りになった。その後、私は一〇代のほとんどを女友だちのグループでヘアブラシをマイクにして好きな曲を大声で歌って過ごした。同じような発想で作られているのが、マイクロソフトのキネクトのようなゲームシステムで、人の体の動きに反応するモーションセンサーを使う。〝エアー〟オーバーヘッドキックをキメて、仮想の悪役を倒すほうが、コントローラでそれをするよりずっとエキサイティングだ。[※28] スマートフォンの操作にも同じような魅力がある。写真の一点を拡大したいとき、リモートでボタン操作するよりも、指で直接画面を広げるほうが何倍も楽しい。技術的なことはわからなくても、そうした身体的なジェスチャーがシンプルで自然に感じられ、良い使用経験が得られる。

同様に、個人向けの健康管理デバイスは、リストバンドに小さなモーションセンサーを使用し、起きている間も寝ている間もその人の動きを監視する。健康的に食事を摂っているか、十分な運動をし、快眠できているかどうかを教えてくれる。センサーが収集したデータがアプリケーションに送られて集計され、たとえば通勤や階段の上り下りで何カロリー燃焼したかや、よく眠れたかどうかを教えてくれる。自分が食べた物の写真を携帯電話で撮れば、アプリがカロリーを計算してくれる。リストバンドはまた、目覚ましに設定することもでき、睡眠サイクルの理想的な瞬間に振動で起こしてくれる。椅子に座ってうつむいた姿勢で長くいると、それも知らせてくれる。[※29] そして脳センサー技術が進歩すれば、人の欲求を検知するシステムを利用したテレビゲームなどを使って、体や言葉で表現しなくても頭で考えるだけで他の機器を制御できるようになる。

こうしたすべてが一八九〇年代のサリヴァンの法則からずいぶん遠ざかったように感じるかもしれないが、形態が機能に従わなくなったとき、デザイナーはすぐに、人とモノとがコミュニケートするための新たな方法を見つけなければならなくなった。私たちのデザインに対する期待、とくに、私たちがデザインで最も大切にしている側面がそれに応じて変化している。一つの結果としては、とくにデジタルなものすべてにおけるデザインの使いやすさの重要性の高まり。二つ目は、シンプルさ、またはそう感じることへのこだわり。そして第三は、身近な製品がスマートフォンの機能で代用できることによって長らく慣れ親しんできたものが消えていくという認識。

それはどの製品のことだろうか。その答えは、ダーウィンが提唱したもう一つの理論「性淘汰」、またはアメリカの哲学者、デヴィッド・ローゼンバーグが「美的淘汰」「美の生存」と呼んだものによって決定される可能性が高い。[※30] チャールズ・ダーウィンは、一八七一年の著作『人間の由来』で、まったく実用的な機能を果たしていないように見える機能を持つ特定の種のオスが自然淘汰の法則に逆らっているように見える理由を説明しようとした。たとえばクジャクの華麗な尾は、メスの性的な関心を引くことを唯一の目的とし、それによって繁殖して自分の子孫を残すことができているとダーウィンは主張した。[※31] デジタル時代の製品の進化にも同じことが言える。従来からあるモノの見た目や感触が並外れてよい場合、人はそれを求め続けるため、より便利なデジタル版で代用できるようになったとしても生き残る可能性が高い。その有力な候補の一つが、美しい装丁の本だ。そこに書かれた言葉を保護しながら、その言葉を読むためのコンパクトで持ち運びのできるフォーマットを提供するという実用的な目的を果たし、そしてまた、今のところは電子書籍にはない何かを与えてくれている。つまり、絶妙なタイポグラフィーやイラスト、上質な紙のにおいや手触りを見たり感じたりしたときの官能的な喜びだ。一方、電卓(かつては目を見張る技術革新であり、クラフトワークの一九八一年のシングル「ポケット電卓」[※32]にインスピレーションを与えた)のように純粋に実用的な機器の展望は暗い。携帯電話の計算機プログラムで同じかそれ以上のことができるのでわざわざ買う必要を感じない。

最後になるが、「形態は機能に従う」の転落のもう一つの遺産は、モノの大きさとその知覚価値に対する私たちの認識の微妙な変化だ。何世紀もの間、「大きいこと」は、「ベスト」では必ずしもなかったにしろ、つねに「ベター」だった。一般的に、一番大きなものが一番強力で豪華で高価だった。速い車は大きなエンジンを積み、ホテルで最高の客室といえば一番広い部屋だ。例外的なモノでさえこのルールに則っている。たとえばコンコルドに乗ったことのある人なら、世界最速の民間航空機のキャビンがなぜそれほど小さいのか不思議に思ったのではないだろうか。乱暴な言い方かもしれないが、「大きいことはいいこと」の原則には、出したお金に見合う見返りがあることが見て取れる、という心理的な言外の意味が込められていたのだ。

しかし、ムーアの法則が効力をもち、どんどん小さくなるトランジスタに情報処理能力が詰め込まれている中、最も大きなものが最もパワフルなものではもはやなくなっている。そしてその役割は、私たちが所有する最も小さなものに乗っ取られている。ジョン・マエダが著書『シンプリシティの法則』に書いているように、「六〇年前に重さ六万ポンド、一八〇〇平方フィート（約一六七平方メートル）の面積を占めていたマシンの計算能力は、今では小指の爪の一〇分の一の大きさの金属のかけらに詰め込むことができる」[※33]。その急展開の必然の結果として、私たちの大きさに対する価値観は変わった。

神秘的な言葉で語られたサリヴァンの法則の終焉は、私たちの生活の内容物に深遠な影響を与えた。アップルのデザインチームは、二〇〇六年に二代目 iPod Shuffle を発売したとき、内輪ウケを狙った珍しいジョークでそのことを称えた。iPod Shuffle は、重さ三〇グラム、大きさ一立方インチ（約一六立方センチ）の半分のつや消しアルミニウムの箱の背面にクリップがついている。[※34] 不透明なデジタル機器だから当然その外観からは、それが何をするものかを示すヒントは何もない。目に見える機能的な部品は、iPod をベルトや服に挟むためのクリップしかない。それが「落ち」だった。クリップに限って言えば、iPod の形態はたしかに機能に従っているが、その機能は、この製品が持つ一番どうでもよい機能であることもほぼまちがいない。

1 Paola Antonelli (ed.), *Talk to Me: Design and Communication between People and Objects* (New York: Museum of Modern Art, 2011), pp. 7–8.

2 「形態は機能に従う」は、19世紀のアメリカの彫刻家、ホレイショー・グリーノーの言葉に間違えられる場合もある。この言葉の根底にある考え方はグリーノーの芸術、デザイン、建築に関する著作に反映されているが、このものズバリの言葉は使っていない。それにしても１９４７年に出版されたグリーノーのエッセイ集のタイトル『*Form and Function*（形態と機能）』も紛らわしい。Harold A. Small (ed.), *Form and Function: Remarks on Art, Design and Architecture by Horatio Greenough* (Berkeley: University of California Press, 1947).

3 Louis H. Sullivan, 'The Tall Office Building Artistically Considered', *Lippincott's Magazine* (March 1896).

4 １８５９年に最初に刊行されたときのチャールズ・ダーウィンの本の題名は「*On the Origin of Species by Means of Natural Selection, or the Preservation of Favoured Races in the Struggle for Life*（自然淘汰による種の起原、すなわち生存闘争において有利である種族が保存されることについて）」だった。１８７２年の第６版から『種の起原』に短縮された。

5 Henk Tennekes, *The Simple Science of Flight: From Insects to Jumbo Jets* (Cambridge, Mass.: The MIT Press, 2009).

6 「less is more」は、ミース・ファン・デル・ローエの言葉だとされることが多い。たしかに使ってはいたが、それ以前に１８５５年のロバート・ブラウニングの詩「アンドレア・デル・サルト」に登場している。詩は、ルネサンス期のイタリアの芸術家、デル・サルトが妻のレクレツィア・デル・フェデに宛てた劇的独白として書かれている。「Well, less is more, Lucrezia: I am judged.（うん、効果があがらなくてかえって偉い！ ルクレーチャ、私が裁かれるのだ）」'Andrea del Sarto', Robert Browning, The Poetry Foundation, http://www.poetryfoundation.org/poem/173001『ブラウニング詩集・男と女』（大庭千尋訳、国文社、１９７５年）

7 'Axes', Fiskars UK, http://eng-uk.fiskars.com/Products/Wood-Preparation/Axes

8 Michael Sheridan, *Room 606: The SAS House and the Work of Arne Jacobsen* (London: Phaidon, 2003), pp. 246–9.

9 スープスプーンの機能性を高めることに関してアルネ・ヤコブセンは必要なことを正確にわかっていた。彼はスープが大好きで、ほとんど毎日昼食に飲んでいた。デンマークのステルトンという会社のために彼がデザインしたステンレス製のカクテルシェーカーにスープを入れ、デザインスタジオに持参していた。

10 原注８に同じ。Sheridan, *Room 606*, p. 247.

11 Henry Dreyfuss, *Designing for People* (New York: Simon & Schuster, 1955), p. 71.

12 ディーター・ラムスは、１９８０年代にブラウンの当時のコミュニケーション部長の勧めで「デザインの一〇大原則」を書いた。取締役会、デザインチーム、ラムスの教え子たちのために、会社のデザイン理念を明確にすることが目的だった。もともとラムスはその英語名を「The Ten Commandments on Design（デザイン十戒）」としていたが、説教じみていると考え直し、２００３年に「Ten Principles of Good Design」に変更した。各項目の文言も手直ししたが、意味は変わらず一貫している。Dieter Rams, *Less but Better* (Hamburg: Jo Klatt Design+Design, 1995), p. 7.

13 「ムーアの法則」は、インテルの創業者の一人、ゴードン・E・ムーアに因んで名付けられた。ムーアは１９６５年に、マイクロチップが発明された１９５８年以来、半導体の集積密度が毎年［18カ月毎に？］倍増しているという論文を発表した。そしてこの傾向が少なくともあと一〇年は続くと予測した。ムーアの予測は的中し、その「法則」は以来、正しいまま存続している。ただし、現在は増加率が緩和し始めたことが予想されている。

14 James Gleick, *The Information: A History, a Theory, a Flood* (London: Fourth Estate, 2012), pp. 88–124. ジェイムズ・グリック『インフォメーション――情報技術の人類史』（楡井浩一訳、新潮社、２０１３年）

15 George Dyson, *Turing's Cathedral: The Origins of the Digital Universe* (London: Allen Lane, 2012), p. 243. ジョージ・ダイソン『チューリングの大聖堂――コンピュータの創造とデジタル時代の到来』（吉田三知世訳、早川書房、２０１３年）

16 マンチェスター大学が世界で初めて開発したプログラム内蔵コンピュータは、「Small-Scale Experimental Machine」、愛称「ベビー」と呼ばれ、１９４８年６月に最初のプログラムを完了した。ミドルセックスのテディントンにある国立物理研究所で似たようなマシンに取り組んでいたアラン・チューリングは、マンチェスターに移り、そこで次のマシン「Manchester Mark 1」の開発に貢献した。

17 原注15に同じ。Dyson, *Turing's Cathedral*, pp. 257–60. アップルファンの間で語り継がれている根強い神話がある。アップルの社名は、１９５４年のアラン・チューリングの悲劇的な死に関係しているというもの。チューリングは、同性愛で有罪判決と化学的去勢を受けた後に自殺した。その死体のそばに齧りかけのリンゴが見つかり、致死量の青酸化合物が塗ってあったと噂されている。

18 原注15に同じ。Dyson, *Turing's Cathedral*, pp. ix–x.

19 'IBM 701', IBM Archives, http://www-03.ibm.com/ibm/history/exhibits/701/701_intro.html

20 'IBM 5100 Portable Computer', IBM Archives, http://www-03.ibm.com/ibm/history/exhibits/pc/pc_2.html; http://www-03.ibm.com/ibm/history/exhibits/pc/pc_3.html

21 個人用の比較的小型のコンピュータは１９５０年代から存在した。保険アナリストだったエドモンド・C・バークリーが開発した「Simon（サイモン）」という製品で、マサチューセッツ州にバークリー・アソシエイツという会社を起こし、パーツキットとして各五〇〇ドルで販売した。サイモンは単純な足し算しかできなかったが、１９５５年に$17.95で発売した後継機種「Geniac Electric Brain Construction Kit」は、パズルを解いたりゲームをしたりもした。しかし、「パーソナルコンピュータ」は１９８０年代に入るまで、愛好者グループの域を出なかった。Mark Frauenfelder, *The Computer* (London: Carlton Books, 2005), pp. 114–43.

22 マウスは、１９６０年代にアメリカの技術者、ダグ・エンゲルバートと、カリフォルニア州スタンフォード研究所の同僚、ビル・イングリッシュによって発明された。小さなホイールのついたポインタ装置の形がネズミの体に、細く長いコードがネズミの尻尾に見えることから命名された。Bill Moggridge, *Designing Interactions* (Cambridge, Mass.: The MIT Press, 2007), pp. 17–18.

23 同右。*Ibid.*, pp. 53–4.

24 Walter Isaacson, *Steve Jobs* (London: Little, Brown, 2011), p. 127. ウォルター・アイザックソン『スティーブ・ジョブズ』（井口耕二訳、講談社、２０１１年）

25 原注22に同じ。Moggridge, *Designing Interactions*, p. 101.

26 アップル・マッキントッシュのコマーシャル「１９８４」は、１９８４年１月のスーパーボウルの最中に放映された。２００８年８月27日にminiroll32がユーチューブに投稿。'"1984" Apple Macintosh Commercial (Full advert, Hi-Quality)', http://www.youtube.com/watch?v=HhsWzJo2sN4

27 'Minority Report (2002)', http://www.imdb.com/title/tt0181689/

28 Rob Walker, 'Freaks, Geeks and Microsoft: How Kinect Spawned a Commercial Ecosystem', *The New York Times Magazine*, 31 May 2012, http://www.nytimes. com/2012/06/03/magazine/how-kinect-spawned-a-commercial-ecosystem.html

29 センサー制御リストバンドという形態の健康管理デバイスの先駆的製品は、ナイキの「Fuelband」とジョウボーンの「UP」。

30 David Rothenberg, *Survival of the Beautiful: Art, Science, and Evolution* (New York: Bloomsbury, 2011), pp. 5–6.

31 チャールズ・ダーウィンは、１８７１年の著書『人間の由来と性淘汰』で「性淘汰」理論を発表した。生物種の中には、クジャクのメスがオスの美しい尾に惹かれるように、メスが、何ら実用的な機能を持たないように見えるオスのある特徴に本能的に惹かれるものがあることを説明した。オスの外見的な美しさは、メスにアピールするという点で価値があり、それによって繁殖を促し、種を保存するという役割を担っている。Charles Darwin, *The Descent of Man: Selection in Relation to* Sex (1871; London: Penguin Classics, 2004). チャールズ・ダーウィン『人間の由来』（『ダーウィン著作集１　人間の進化と性淘汰』（長谷川真理子訳、文一総合出版、１９９９年）

32 カール・バルトス、ラルフ・ヒュッター、エミール・シュルトが作詞作曲したクラフトワークのシングル「Pocket Calculator(電卓)」は、１９８１年、7カ国語でリリースされた。同バンドの１９８１年のアルバム「Computer World」に収録されている。２００９年８月２日、scatmanjohn3001によりユーチューブに投稿。'Kraftwerk – Pocket Calculator', http://www.youtube.com/watch?v=eSBybJGZoCU

33 John Maeda, *The Laws of Simplicity: Design, Technology, Business, Life* (Cambridge, Mass.: The MIT Press, 2006), p.3.ジョン・マエダ『シンプリシティの法則』（鬼澤忍訳、東洋経済新報社、２００８年）

34 'Apple Unveils the New iPod shuffle', Apple Press Info, http://www.apple.com/pr/library/2006/09/12Apple-Unveils-the-New-iPod-shuffle.html

12

「私」

「私」

ここでは盛衰を超えた同じ生活が続くのだが、それは死が続いていると言ったほうがよいかもしれない。品物が廃棄され、とり替えられるリズムは個々の場合でちがうかもしれないが、運命はすこしもちがってはいないのだ。ある鉛筆は一週間で生命を終え、新しいものにとり替えられる……藁張りの椅子は三か年でとり替えられるはずだが、誰か職員がこの椅子の上に生涯腰かけるにせよ、三〇年、三五年座り続けるにせよ、あとにはまた誰か新人が腰をかけることになる。結局は何も変わりないのだ。

――シュテファン・ツヴァイク[※1]

あなたは呼び鈴を鳴らすとき、親指でボタンを押すだろうか、それとも他の指を使うだろうか。どの指を使うかは、踊る格好や手のシワと同じくらいあなたの年齢を正確に物語る。年輩のあなたはたぶん人差し指で押す。若ければ親指だ。なぜなら親指はメール打ちやゲーム操作で徹底的に鍛えてきたおかげでどの指よりも強く、動きも素早くなっている可能性が高いからだ。

呼び鈴を鳴らす行為は、日常にありふれた行動の一つで、わざわざ注意を向けなくても本能的に、可能な限り効率的に行なってしまうような行為だ。人差し指ではなく、親指を使うという無意識の選択は、デザインされた環境の変化がいかに私たちの行動に影響を与えるかを示している。また、しばしば苦労して身につけた、かつて役立っていたスキルが、完全に時代遅れにはなっていなくても、以前ほど貴重でなくなったケースもある。グーグルマップと衛星ナビゲーションシステムの時代に、方向感覚に優れている必要はない。スペルチェック機能があるのに、スペルに堪能である必要はなく、スマートフォンに電卓アプリがあるのに、暗算の才能は不要だ。かつては遊びを考えだすことが得意だと役に立ったが、最近ではオンラインゲームの「ワールド・オブ・ウォークラフト」やモバイルゲームの「アングリー・バーズ」がある。

その反対に、新しい能力も身についてきている。たくさんありすぎるため、変わるのも一つの能力だ。二〇世紀の変わり目に電気が使用できるようになってからこれまで、一九九一年のインターネットの発明ほど私たちの日常生活が劇的に変化したことはない。[※2] 私たちが毎年のように使い方を覚えなければならない新技術の数々を考えてみよう。手の動きによってコンピュータを制御する機能は、一時期スリリングで未来的に思えたが、今ではビデオゲームに標準的についている。パスポートを見せずに空港のセキュリティを通過できるのも同じことだ。虹彩をスキャンするブースに入るだけで身元確認ができてしまう。[※3] また、印刷された搭乗券ではなく、スマートフォンを使ってフライトのチェックインができる。技術の入れ替わりが激しく、新しいハードウェアやソフトウェアを一つ覚えたと思ったら、すぐに別のが現われ、また最初から覚え直さ

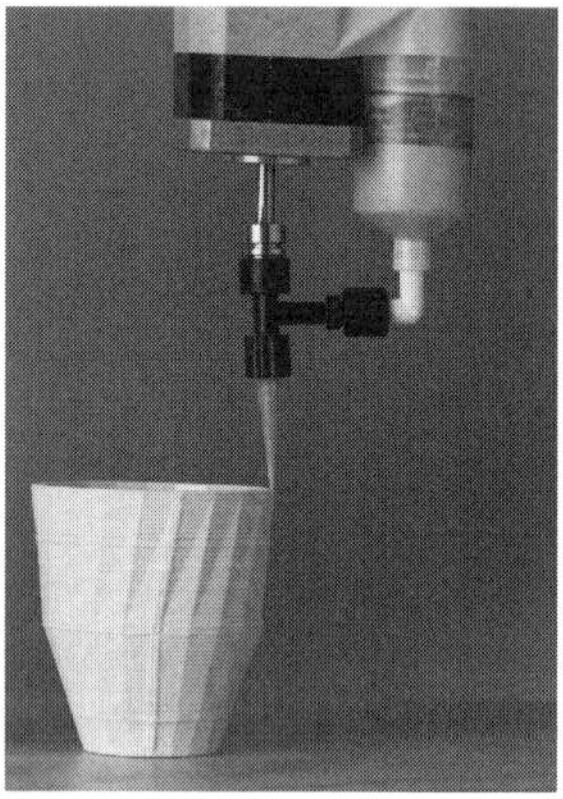

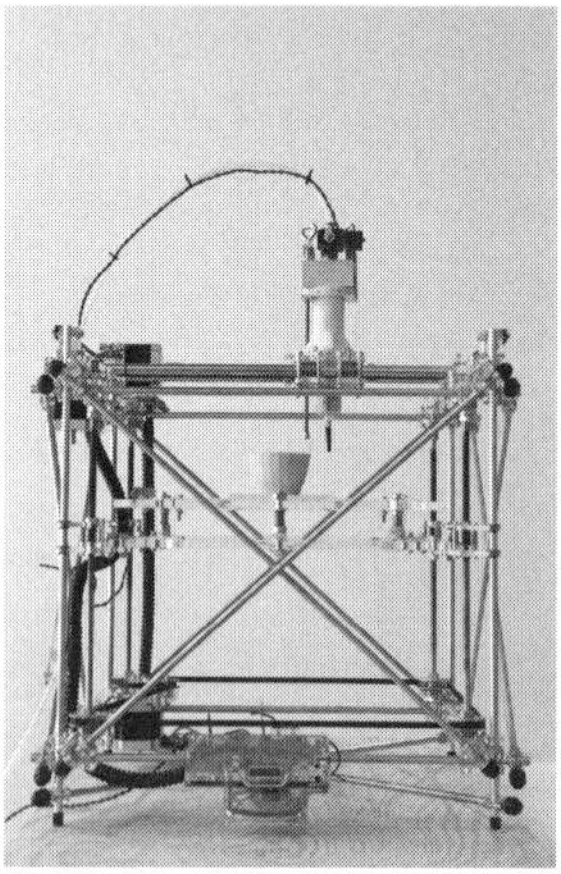

3D プリント技術を使用したアンフォールドの実験

ねばならない。

人は、マルチタスキングにも同様に熟達してきた。かつては「電話中」が、他のことが何もできないことの言い訳になり説明にもなった。いま電話は、そのときにしているその他のことを画面という画面、ネットワークというネットワークに際限なくコメントするための手段になった。また、一度に複数のデバイスを使用できるおかげで、生活の別の領域のさまざまなことが同時に行なえるようになった。それは必ずしも、自分が望むほど一つ一つのことに集中する役には立っていない。小説家のゼイディー・スミスが物を書くための一〇のルールの中で七番目に挙げたのは、「インターネットにつながっていないコンピュータで仕事をする」ことだった。[※4]

「総合化」も新しく身についた能力の一つだ。ムーアの法則のおかげで情報の渦に飲み込まれた私たちは、漂流するがらくたの中から宝石を見つけだす方法を学習しなければならなかった。その次は、精度と客観性に照らしたその質の評価だ。情報源の中には、日常的に読まれているニュースアプリのように、身近で信頼できるものもあれば、聞いたこともなく、二度と遭遇することもないかもしれないブロガーなど未知のソースや、ウィキペディアのようにリスクがあるとわかっているソースもある。情報がどの程度総合化されているかもまちまちだ。従来のやり方に則って綿密に調査され、事実確認され編集されている可能性もあるが、発掘したのが生の意見である可能性もある。徹底的に客観的な意見かもしれないし、アメリカのコンピュータサイエンティスト、ジャロン・ラニアーが著書『人間はガジェットではない』に書いている、個人的な災難や人道主義の危機を最大一四〇文字に還元する独断的なツイッターのタイプかもしれない。[※5]その違いはどうしたらわかるのか。見極めは難しいが、私たちはやってみるより他なかった。そしてそうやってオンライン、オフラインで提示された情報を総合化する能力を、苦労しながらだが、身につけ磨いてきた。視覚処理能力も同じ理由で向上し、高速で流れる視覚情報の解析、ちらっとしか見ていない画像の識別にも熟達するようになった。[※6]

新しい能力を習得し、古い能力を放棄する他に、デザインされた環境での経験を通して、私たちの期待も変わってきている。一つは、今までより速い生活のペースへの期待だ。また、これまでネットで同意してきたあらゆる請求・請願や、ウィキペディアのような集合的な努力から得た有用な洞察のおかげで、私たちはコラボレーションを受け入れやすくなっている。そして、懐疑的にもなった。これまで行なってきた総合化で、私たちは建設的に懐疑的になることを教わった。静止画だろうが動画だろうが、見る画像すべてがデジタル処理された可能性があることを知っている。かつて人はびっくりするようなものを見たとき、「目を疑う」と言った。今は、そうするのが大前提だ。雑誌の表紙を飾る映画スターは本当はそれほどスリムではないかもしれないし、一〇代のスターのにきび面は、マウスを数回クリックするだけで治せてしまうのだ。

こうした変化すべてが重要な意味を持つものの、私たちの期待に起こったもう一つの変化は、これら以上にデザインにとって根本的な意味を持っている。それは、自分という個人を表現する欲求だ。自己表現が非常に重要になっている理由は簡単に理解できる。インターネットの使い方からもわかる。二人の人が同じ検索エンジンに同じ質問を入力したとする。すると、同じ検索結果の一覧が表示される。が、そのリストのどれをどの順番で閲覧するかはその人によって違うはずだ。一つのページを確認し終わったら、それぞれがまた別のブログやサイトを覗きにいく。同じ答えにたどりつくかもしれないが、たどり着く方法が同じ可能性は低い。一人の人が別の日に同じ質問を同じ検索エンジンに入力しても、やはり結果は同じように多様である可能性がある。利用可能な情報をどのような方法で分析するかは、そのときの気分や、検索に費やせる時間や他にやらなければならないことがどれだけあるかなどによる。人はインターネットを利用するたびに、自分独自の特異な経路を決定する。あるルートを選び、好きにそこから脱線し、情報を少しずつつなぎ合わせたら、適当に終了する。

ゲームでも自分の運命を自分で決定する。「ザ・シムズ」や「スポア」のようなゲームで仮想世界を、「セカンドライフ」や「YoVille」などで仮想空間を構想し、計画し、デザインし、構築する上でも。フェイスブックに人生の物語を紡ぎ、それについてツイッターでコメントし、ピンタレストで描写する。メールを書き、手紙を印刷し、電子ブックを読むとき、私たちは使うフォントのサイズとスタイルを選べることを期待し、アマチュア書体批評家になる（そのため、IKEAがコーポレートロゴに純粋モダニストの書体、フトゥーラを使うのをやめ、デジタル書体ヴァーダナに変えたとき、激しい抗議が起こった）。[※7] ウェブサイトの見た目が気に入らなければ、「Readability」のようなアプリでデザインを変え、iPadでも「Instapaper」で同じことができる。[※8]さらには、自分の全部や一部をデザインし直すことにも急速に慣れ始めている。自分が写っている写真が気に入らなければ、気に入らない部分をデジタル処理で消去することができる。もしくは、実際に整形手術や義肢、髪染め、かつら、カラーコンタクトレンズ、化粧などの極端か極端でない美容術で同様の効果を得ることができる。

結果、私たちはデザイナーに委ねるのではなく、自分自身でデザイン上の決定を下したいとますます熱望するようになっている。このパーソナル化はけっして新しくはない。裕福な人はつねにお金を払って自分だけのために特別にものをデザインさせ作らせてきた。自分の空想の来世を演出した秦の始皇帝、自分用の高級品の生産工場としてゴブランを創設したルイ一四世のように。その対極にある貧しい人々は、自力でやりくりするしか選択肢はなかった。世界のどこへ行っても、創意工夫の原則「必要は発明の母」の感動的なデザイン事例を見つけることができる。アジアやアフリカの都市の道路は、錆びた自転車を改造したトラックやワンボックスで溢れている。農民は、何世紀も前から近くの土地で見つけた石を積み上げて石垣を構築し、自分の土地を守ってきた。しっかり造った壁は何十年ももち、境界を表し、野生動物や石の隙間に生きる昆虫、コケや地衣類に住処を提供してきた。[※9]

先進国では、貧富を問わず、カスタマイズは当たり前だった。ところが産業革命が起こると、個別に作るより、機械化によって、標準化された製品を大量に安く効率的に製造できるようになった。当時、均一性が新鮮で魅力的に感じられたことも、一八世紀後半の社交界がジョサイア・ウェッジウッドの工場生産品に夢中になった理由の一つだった。標準化は、二〇世紀前半のモダニストたちにはさらに魅力的に映った。彼らにとってもはや目新しさはなかったが、より良い未来を構築するための手段と見られていた。彼らの楽観主義は、当時の経営理論家、とくにアメリカの元エンジニアで作家に転身したフレデリック・ウィンスロー・テイラーに共有された。ハーバード大学での仕事を辞退し、機械工の見習いになった彼は、作業を改善する巧みな方法を次々と開発しながら、フィラデルフィアの製鉄会社でどんどん昇進していった。テイラーはそこで学んだことを一九一一年の著書、『科学的管理法』に集約し、完成品のデザインを含む管理と生産のあらゆる側面の標準化を提案した。[※10] テイラーの称賛者の一人、デトロイトの若手自動車エンジニア、ヘンリー・フォードは、フォード社でテイラーの理論を実践した。秦の武器製造所と同じように、標準化されたデザインと生産を組み合わせることにより、効率的な組立ラインを運用し、それを比較的寛大な賃金と競争力のある製品価格で実現した「フォーディスト」を定めた。[※11]「お客様の好きな色に車を塗装します。その色が黒である限り」とフォードは言った。塗料が乾燥するのを待つ時間が、製造プロセスのどの部分よりも長く、黒が最も短時間で乾くことに気づいた挙げ句の発言だ。[※12] このような策のおかげでT型フォードの価格は、一九〇八年の八〇〇ドル強から一九一九年の二五〇ドルに下がり、運転免許を持つアメリカの多くの労働者に手が届くようになった。

テイラーの本の出版から半世紀経った今、フォーディズムの遺産は、一九六五年の映像で見ることができる。女性コーラスグループ、マーサ&ザ・ヴァンデラスがフォードの巨大なバトンルージュ工場のマスタングの生産ラインで、シングル「ノーウェア・トゥ・ラン」を歌っている。マーサ・リーブス、ロザリンド・アシュフォード、ベティ・ケリーが歌を披露している間、製造工程は中断されることなく続いている。三人は車のパネルにスプレーガンを向けた塗装工の列を踊りながら通りすぎ、油圧組立ラインの製造中のマスタングに乗り込む。シートに座り、指を鳴らしながら歌っているそばで、作業者がボディパネルを設置し、ホイールをはめ、エンジンを取り付ける。曲が終わる頃には車が完成し、マーサ&ザ・ヴァンデラスは、車のオーナーらしき嬉しそうな男性に車を明け渡す。男性はできたてのマスタングで走り去り、三人は手を振って彼を見送る。曲の長さは三分もない。[※13]

この頃までには、標準化に対する企業の盛り上がりは、国家標準化機関、安全規制当局や消費者保護団体などの正式な法令や指示、個々の国や欧州連合(EU)などの国際機関による無数の製品やサービスのサイズ、重量、密度、出力などを規制する複雑な法律によって強化された。それによって得られた利益は計り知れない。安価な製品が手に入れられるようになっただけでなく、多くの製品がより安全で省エネで環境にやさしいものになった。

マイナス面は、標準化によって生活が味気なく感じられる場合があることだ。たとえば戦後の時代にチャールズ&レイ・イームズがデザインした椅子の張り地の色。ヘラ・ヨンゲリウスが、ヨーロッパでイームズの家具を製造するヴィトラ社の使用する色を分析した結果、技術的にはイームズが指定した色合いと変わっていないが、微妙に違って見えると指摘した。オリジナルの生地は、若干別の色を加えてまだらにしているため、暖かく味わいのある色味になっている。ヴィトラ社では同じ色合いを使い続けてきたが、染料や仕上げの化学的仕様を安全性基準の変更に合わせて調整してきた結果、徐々に均一になった。ヨンゲリウスは、同じ色でも微妙に変えた色合いを複数組み合わせることでオリジナルの効果を再現しようとしている。※14

標準化による安全性や信頼性の向上、その他の実用的な利点に比べれば、家具が味気なくなったことなど些細な問題だ。だが、このような小さな問題も不満の種になりうる。長い間標準化の恩恵を享受してきた私たちは、それを当たり前に受け取るようになり、特異性を恋しがるようになった。ヴィンテージファッション人気、工芸品や民俗芸能のリバイバル、携帯電話用ストラップの流行などはすべて自分の個性を持ち物で表現しようとする試みに他ならない。ハイテク製品を改造したり、スチームパンクふうにレトロやファンタジックに装飾したりするのも同じだ。そしてプロのデザイナーは、それより大きなスケールでのパーソナライズを、標準化の実用的な利点を犠牲にすることなく可能にし、個性化に対する欲求を和らげることに熟達し始めている。

そのオブジェクトがユニークであるという印象を与えるだけで十分な場合もある。ヘラ・ヨンゲリウスがアメリカのテキスタイルメーカー、マハラム社のためにさまざまな柄をデザインした張り地シリーズ「リピート」は、一枚の布に一つの柄が長く繰り返されないようにすることで、布のどの部分をとっても特徴的であるように錯覚させている。また、「Bセット」と呼ばれるディナーセットでは、ガラスをわざとわずかに歪ませる製造工程を開発した。工業製品の「完璧さ」を見せられて数十年経った今、その「欠陥」は、すべての製品で同じであるにもかかわらず、まるで手で作ったときのように不完全で作り手の癖を反映しているように見える。[※15] 日本の小売会社Mujiは、何かを加えることではなく、省くことで同様の効果を実現している。そのMujiは、「無印」の略称つまり「ノーブランド」という意味の日本語からきており、商品には目に見えるブランディングはなされていない。[※16] 無印良品の店で商品を購入し、値札を外せば商品の出どころを表すあらゆる痕跡が消え、本当に自分のものになったように感じる。

同じような変遷が建築でも起こっている。ファルシド・ムサヴィの著書『The Function of Form』で彼女は、ミース・ファン・デル・ローエが建築にフォーディストの考え方を適用し、当時の革新的な手法だった鉄骨技術を用いたことを説明している。[※17] ミースはまた、プレハブ鋼材を使ったさまざまな構造を実験し、内部が周囲に開かれた空間を作ろうとした。ニューヨークの街の喧噪に開かれたパーク街のシーグラムビル、チェコの美しい田園風景に開かれたブルノのトゥーゲントハット邸もその一つだ。[※18] ミースは晩年、同じ形式を繰り返していると批判された。とくにバミューダのバカルディビルとベルリン国立美術館。彼は「月曜日ごとに新しい建築を作ることを拒否した」と反論している。一方、レム・コールハース率いるOMAは、北京の中国中央テレビ（CCTV）本社の建物がつねに違って見えるように設計した。見る角度や距離を変えるたびに建物が若干歪んで見える。同じ姿を他の人だけでなく、自分さえも二度と見ることはないという意識がその建築を非常に個人的なものに感じさせる。CCTVのような巨大なものを動かしたり変形させたりす

ることは不可能なはずだが、ＯＭＡがデザインした複雑な形状は、まさにそれをイメージさせている。[※19]

一九六〇年代から七〇年代初頭にかけて、前衛建築家集団、アーキグラムは、異なるユニットを脱着でき、自由に拡大縮小できる無限のキャパシティーを持った「プラグイン・シティー」などの仮想都市を構想した。[※20]フランスのロナン&エルワン・ブルレック兄弟は、同じような考え方をなじみのあるものに当てはめ、異なる要素を足したり引いたりしてサイズや目的を変え、ユーザーがパーソナライズすることができるモジュール製品をデザインした。二人がヴィトラ社のためにデザインしたJoynオフィスシステムは、ブルターニュの祖父母の農場の台所にあった長い木製テーブルをヒントにしている。何人かが食事をしているそばで、誰かが食事の準備をし、その横で子どもたちが宿題を広げていた。Joynは、長さの異なるテーブルに目隠しスクリーンを足すことができ、組み合わせて大きさの異なるワークステーションを構成することができ、オープンなオフィス空間でプライバシーを提供する。一人一人に割り当てるスペースは、チームに人が加わったり、チームから人が離れるときに調整し、デスクをきれいにすれば、会議テーブルにすることもできる。[※21]

同じオブジェクトを無限に異なるバリエーションで再現するソフトウエアプログラムを展開するデザイナーもいる。リード・クラムとクレメンス・ヴァイスハー率いるスウェーデンとドイツのデザインチームによるプロジェクト「ブリーディングテーブルズ」は、コンピュータ制御のレーザーカット技術を使用して、テーブルのシリーズごとに異なる脚を製作している。実際の形状は、ソフトウエアによってランダムに選ばれている。[※22]「マイ・プライベート・スカイ」というプロジェクトにも似たような考え方を当てはめた。ドイツの磁器メーカー、ニンフェンブルクのためにデザインした特注プレートのコレクションだ。[※22] 七枚一組の皿でその人が生まれた日の夜の星図を描く。コンピュータに生まれた年月日、時間、場所を入力すると、その夜の空の星、惑星、銀河のデジタル地図が描かれ、それをニンフェンブルクの職人が皿に手描きする。[※23]
開発のプロセスに自然発生的な要素を取り入れるというアプローチもある。スロバキアのデザイナー、トーマス・ガブズィル・リバティニーは、四匹のミツバチの巣に「ハニカムベース」の製作を「委託」した。従来の花瓶の形に成形した蜜蝋をミツバチの巣箱の中に設置し、そこにミツバチが蜜蝋の層を追加して最終的な形状を決定するのに任せている。それぞれの作品は二つとない美しい花瓶だが、リバティニーの方法は規模の小さなものに限定される。花瓶づくりはミツバチが最も活発な時期である四月から六月に限られ、それでも、一つを完成させるのに一週間かかる。[※24]
このようにパーソナル化されたものは高価になりがちだが、もっと手頃なアプローチもある。スマートフォンやコンピュータはそれぞれの人が異なるソフトウエアプログラムやアプリケーション、ファイル、スクリーンセーバーをロードすることで無意識のうちにカスタマイズされている。デバイスの物理的な構造はそのままだが、画面の内容はそれぞれ違ってくる。スマートフォンに同じアプリをダウンロードしても、それをどのように配置するかは、どれくらいの頻度で使うかや、どこに置くのがベストかなどによって違ってくる。他人のスマートフォンやコンピュータ画面を覗くのは、その人の日記を読んだり、本棚の中身を調べるのに似ている。だからこそ講演の最中に誤ってパソコンのグラフィックインターフェースがスクリーンに投影されると、講演者が恥ずかしい思いをするのだ。たとえ何も問題がなくても、公共の場で晒されたくないものだ。自分が望む以上に自分のことを語ってしまう危険がある。

グラフィックインターフェースは、そのときに画面に置いたものによって、絶えず変化する。デジタル製品の他の何よりも、「自分のもの」であることを感じさせる部分だ。そこに見えるものを決めるのは、デザイナーでもメーカーでも他の誰でもなく、自分だ。もしそこに自分自身でデザインしたアプリがあれば、それこそ愛着の強いグラフィックインターフェースになる。そしてそれを実感している、大部分は独学のアプリ開発者が何万人もいる。

このアプリ現象は、すでに機械いじりやスチームパンク化、ハッキングやメイカーフェアなどのブームを巻き起こした日曜大工精神を象徴しており、その勢いは大企業にさえ開発プロセスのオープン化を迫っている。かつては完全な秘密のうちに製品開発を行なうのが企業の粋の極みと思われた時代があった。スティーブ・ジョブズは、アップルの製品開発計画について事前に詳細を開示することを拒み、さんざん憶測を飛び交わせた後で、熱狂的な聴衆に完成品を披露した。その効果は見事なものだったが、企業の考え方は変わった。デザインの多くの領域でオープンソースのプロセスが採用され、デザインプロジェクトの開発過程は「公開審査に晒されて他の人がコメントしたり、それから学べるようになってきている。オープンソースデザインは、もともとソフトウェア業界で始まった。その一端は、「Hello, World」やC言語の他のプログラムをタイプの異なるコンピュータでも使用できるようにする「オープンシステム」を主唱したデニス・リッチーの努力のおかげだ。ベン・フライとケーシー・レアスはProcessingに、プーナム・ビール・カストリはデイリーダンプの日々の仕事に、それぞれオープンソースの考え方を適用している。

透明性という精神では同じだが、デジタル技術を活用して最初から顧客が製品をパーソナライズできるようにしている企業もある。ナイキは、顧客はスポーツシューズの色、素材、仕上げなどを選択できるオンラインサービスを提供している。ヒールクリップやアンクルカフなど、ランニングシューズの一部をクリックすると、メニューが現れてどんなことが可能かが説明される。色を変更したり、半透明か不透明なソールを選んだりすることができる。一部の靴は、その機能面をカスタマイズすることもできる。たとえばサッカーシューズの靴底のクッション性を、スタッドからの圧力を減らすために高めたり、レスポンスを早めるために抑えたりすることができる。[※25] クラウドソーシングを使って顧客がデザインプロセスに影響を与えることができるようにしている企業もある。たとえばアリゾナ州のローカルモーターズは、省エネカーの開発に関するアイデアを募っている。[※26]

カスタマイズの最も急進的なアプローチは、3Dプリンタをはじめとする非常に速くて正確で柔軟な製造プロセスの開発だ。大量生産と同じくらい簡単に安価に、非常に少量のものや個別のものを作ることができる。3Dプリント技術は、ジョサイア・ウェッジウッドの時代以来、標準化が大きな利益をもたらした規模の経済の商業論理を逆転させる技術だ。『エコノミスト』誌は、「一七五〇年の蒸気機関、一四五〇年の印刷機、あるいは一九五〇年のトランジスタのような」「変革技術」としてそれをとらえており、３Ｄプリンタが大量カスタマイゼーションの新しい時代の始まりを告げる可能性があると予測している。[※27]

３Ｄプリントの第一のステップは、作ろうとしているオブジェクトのデザインテンプレートをコンピュータにダウンロードし、それを微調整する。色を変更したり、形状を精緻化する。望みどおりに調整できたら「印刷」を押して、近くの３Ｄプリンタにそれを作るよう指示し、コンピュータの文書を印刷したときと同じように、完成したものを回収するだけ。プリンタの場所は、メーカーやデザイナーの場所ではなく、好きな場所でいい。何千マイル離れた場所でも、近隣の建物でもいい。オブジェクトは、微細な層を重ねていく方法で構築する。トーマス・ガブズィル・リバティニーのハニカムベースでミツバチが繊細な蜜蝋構造を構築する方法とさほど変わらない。長い間、建築家が建物の、自動車のデザインスタジオが自動車の非常に詳細なモデルを作るために「ラピッドプロトタイピング」として知られる同様のプロセスが使われてきた。これまでのところ、３Ｄプリンタは、特定の種類のプラスチック、樹脂、金属にしか適さないという制約がある。もう一つは、その材質で中身の詰まったブロックしか作れないことだ。つまりiPhoneのケースは作れるが、その中身を作ることはできない。第三の制約はコスト。つい最近まで３Ｄプリンタは、実験以外で使用するにはあまりにも高価なものだったが、その価格は大幅に下がっており、将来的にはさらに安くなることが見込まれている。

この技術はすでにサイズや複雑さが大きく異なるオブジェクトのカスタマイズに使用されている。カップやペンのような単純な日用品は、スタイリングを少し変えることによってパーソナライズすることができる。[※28] 身体的な障害を持つ人が使いやすくなるような変更も加えられる。手が関節炎の場合、包丁やスプーンなどの調理器具を持つことが難しい場合がある。この場合、このプロセスを使って、握りやすい太さまで握る部分を広げることができる。３Ｄプリンタの高い精度によって、大規模で複雑な部品の生産が可能になる。極端な気温、天候、速度、重量、張力に耐える航空機や自動車の部品など。これらの部品は、従来のものよりも軽い場合が多く、それにより航空機や車両の燃料消費を低減することができる。同様に、身体の特定の部分にフィットする必要のある極小の医療機器を作るために活用することもできる。補聴器や歯冠だけでなく、人工骨盤や顎骨。人間の骨の湾曲は従来の製造技術を用いて複製することは不可能だが、３Ｄプリンタを使えば正確に一致させられるだけでなく、格子状の内部構造によって強化、軽量化し、体内により快適に収まるインプラントを作ることができる。結果として、エイミー・マリンやヒュー・ハーの義足のような義肢の製造も変えていくことが期待される。

技術の進歩に伴い、より広範な材料やオブジェクトに適用できるようにもなる。そして３Ｄプリンタのコストが下がるにつれ、より多くの場所に導入され、アクセスできる人も増える。いずれは世界中の村や町に設置され、地域社会の役に立つだろう。[※29] かつて人々は近くの鍛冶屋でものを作ってもらったり、修理してもらったりした。将来は近くの３Ｄプリンタで同じことをするようになるかもしれない。同様に、建設プロジェクトは、重要な部品の納入が遅れたり、交換が必要な故障部品があるからといって遅延させる必要がなくなる。なぜなら最寄りの３Ｄプリンタにすぐに仕様を送ることができるからだ。

このようなプロセスの使用が増えれば、私たちの生活を満たす製品に美的な影響が及ぶ可能性がある。デザインや建設ソフトウェアの飛躍のおかげで、ＯＭＡやザハ・ハディド、SANAA、ファルシド・ムサヴィといった建築家が複雑な形の建物を建設できるようになったように、３Ｄプリント技術も、オブジェクトの形状に新しい語彙を生みだすだろう。[※30] コンピュータ画面に映る不気味で複雑な三次元のデジタル画像は、新しい技術がデザイナーにそれまでなかったものを作ることを可能にするたびに、デザインを支配するようになった形状の現代版になるものだ。一九二〇年代の「機械化時代」の流線型の家具、一九六〇年代の「ポップ」なプラスチック製品の官能的な曲線、一九九〇年代のプロダクトデザインを定義し、新たに手にしたデザインソフトウェアに一部のデザイナーが踊らされ、猫も杓子もそれに倣った「エッジのない膨らんだ形」。新しい生産技術の使い道を探るOpenStructuresやアンフォールドなどのデザイン集団の作品は、３Ｄプリンタの生みだす超現実的な美が、矛盾や差異といった人間らしさを表現することにより、わかりやすさや均一性という二〇世紀の幻想からの文化的シフトを巧みに反映することを示唆している。アンソニー・ダンとフィオナ・ラビーのような概念的なデザイナーが実験的プロジェクトでそれを表現している。[※31]

デザインは、すでに３Ｄプリンタの初期開発に影響を与えており、技術の進化とともにその貢献はますます重要になるだろう。工業デザインにおける重要な課題は、メーカーと消費者がより効率的で安価で、耐久性が高く、ユーザーのニーズに適した製品を開発するために、このようなプロセスの実用的な利点を最大限に活用できるようにすることだ。そう言うとすばらしいが、3Dプリンタは、サステナビリティーを前進させる点においても重要な機会を提供している。

製造工程で使用する材料がその製品を作るぴったりの量だけになれば、無駄が出ない。それは環境だけでなく経済的にも有益だ。製造者は余分な原料にお金をかける必要がなくなる。同様に、オーダーメイドで作られる製品が増えれば、メーカーや小売業者は在庫を抱える必要がなくなり、それが売れ残ったときに廃棄する必要もなくなる。また、製品や部品を遠く離れた下請け業者から倉庫や店舗に輸送する必要がなくなり、それによって燃料を節約することができる。修理が簡単になるため、各製品の製品寿命が長くなることも予想される。これらをひっくるめると、エネルギー、材料、その他の資源で大幅な節約が見込まれ、環境上、驚異的な利点があるはずだ。

製品をごく少量で作れるという可能性は、実験の新時代の到来を告げることも期待させる。デザイナーやメーカーは、新しいまたは斬新なアイデアを試すことに、ますます自信がもてるようになる。少ない数の製品、または数種類のデザイン提案を提示して反応を測定してから、大量生産に必要な多額の投資に踏み切ることができる。あくまで、生態学的に賢いカスタマイゼーションの新時代にまだ大量生産が必要ならばの話だ。

1 Stefan Zweig, *The Post Office Girl* (1982; London: Sort of Books, 2009), p. 6. シュテファン・ツヴァイク『変身の魅惑』（飯塚信雄訳、朝日新聞社、１９８６年）

2 イギリスの科学者、ティム・バーナーズ＝リーは、ジュネーヴ近くのCERN（欧州素粒子物理学研究所）に勤務中の１９８９年、ワールドワイドウェブとして知られるグローバルハイパーテキストプロジェクトの提案を発表した。ワールドワイドウェブプログラムは、１９９０年12月にCERN内で使用可能となり、１９９１年にインターネット上でサービスインした。'Longer Bio for Tim Berners-Lee', http://www.w3.org/People/Berners-Lee/Longer. html

3 'Iris Recognition Immigration System (IRIS)', Home Office, http://www.ukba.homeoffice.gov.uk/customs-travel/Enteringtheuk/usingiris/

4 'Zadie Smith's Rules for Writers', *Guardian*, 22 February 2010, http://www.guardian.co.uk/books/2010/feb/22/zadie-smith-rules-for-writers

5 Jaron Lanier, *You Are Not a Gadget: A Manifesto* (London: Allen Lane, 2010). ジャロン・ラニアー『人間はガジェットではない』（井口耕二訳、早川書房、２０１０年）

6 この現象は、デジタルメディアを使用する誰にでも当てはまるが、１９７０年代半ば以降に生まれ、デジタルメディアとともに育ってきた人々、つまりカナダの事業戦略家、ドン・タプスコットが「ネット世代」と呼ぶ人々にはとくに強い影響がある。他を知らない彼らは、デジタルテクノロジーの進歩に自分を適応させる必要がない。Don Tapscott, *Growing Up Digital: The Rise of the Net Generation* (New York: McGraw-Hill Books, 1997) ドン・タプスコット『デジタルチルドレン』（橋本恵、清水伸子、菊地早苗共訳、ソフトバンク社、１９９８年）。

ドン・タプスコットの研究によれば、熱心なゲーマーは、空間能力、三次元把握能力、視覚と手の動きの連動性に優れている。こうした能力により、デザイン、建築、医療とくに外科手術医の職業に向いているとタプスコットは主張する。ゲーマーは、患者の体内を映す小型カメラから画面に送られた画像に対応することが求められる腹腔鏡手術に長けていることがわかっている。Don Tapscott, *Grown Up Digital: How the Net Generation Is Changing the World* (New York: McGraw-Hill Books, 2009), pp. 101–4. ドン・タプスコット『デジタルネイティブが世界を変える』（栗原潔訳、翔泳社、２００９年）。

7 Edward Rothstein, 'Typography Fans Say Ikea Should Stick to Furniture', *The New York Times*, 4 September 2009, http://www.nytimes.com/2009/09/05/arts/design/05ikea.html

8 Dylan Tweney, 'The Undesigned Web', *Atlantic* (November 2011), http://www.theatlantic.com/technology/archive/2010/11/the-undesigned-web/65458/

9 空積みの石垣の石は、大きさ、形、重さ、テクスチャーによって、互いにかみ合う構造の中の特定の場所を占めるように選ばれる。このような石垣は、人々が自然から得た食料を補うために植物や動物を育て始めた紀元前７０００年、新石器時代のギリシャの初期の農耕社会に遡り、現在も同様の方法で建造されている。Mariana Cook, *Stone Walls: Personal Boundaries* (Bologna: Damiani Editore, 2011).

10 Frederick Winslow Taylor, *The Principles of Scientific Management* (1911; Mineola, New York: Dover Publications, 2003). フレデリック・W・テイラー『科学的管理法』(有賀裕子訳、ダイヤモンド社、2009年)

11 Timo de Rijk, *Norm = Form: On Standardisation and Design* (Den Haag: Thieme Art/Foundation Design den Haag, 2010), pp. 48–53.

12 ヘンリー・フォードは、自伝『*My Life and Work*』に「車をお客様の好きな色に塗装します。その色が黒である限り」と述べたと書いている。Henry Ford, *My Life and Work* (New York: Doubleday, Page and Company, 1922).

13 'Martha Reeves & The Vandellas – Nowhere to Run (1965) HD'。MyMotownTunes0815007が2011年9月13日にユーチューブに投稿。http://www.youtube.com/watch?v=17yfqxoSTFM&feature=fvst

14 ヘラ・ヨンゲリウスとのインタビュー、2010年1月。Alice Rawsthorn, 'Daring to Play with a Rich Palette', *International Herald Tribune*, 18 January 2009, http://www.nytimes.com/2010/01/18/arts/18iht-design18.html

15 ヘラ・ヨンゲリウスは、2002年にマハラム社むけに「Repeat」ファブリックをデザインした。http://www.jongeriuslab.com/site/html/work/repeat/. オランダの陶器メーカー Royal Tichelaar Makkum 向けの B-Set は1997年にデザインした。http://www.jongeriuslab.com/site/html/work/b_set/

16 Masaki Kanai, 'Not "This Is What I Want" but "This Will Do"', in Masaki Kanai (ed.), *Muji* (New York: Rizzoli International, 2010), p. 14.

17 Farshid Moussavi, *The Function of Form* (Barcelona: Actar, with Cambridge, Mass.: Harvard University Graduate School of Design, 2009), pp. 18–19.

18 Terence Riley and Barry Bergdoll (eds.), *Mies in Berlin* (New York: Museum of Modern Art, 2001), pp. 242–3.

19 'CCTV – Headquarters', OMA, http://oma.eu/news/2012/cctv-completed

20 Peter Cook, 'Plug-In City', in his *Guide to Archigram 1961–1974* (London: Academy Editions, 1994), pp. 110–23.

21 Lucia Allais, 'Interview with Ronan and Erwan Bouroullec', in Ronan Bouroullec and Erwan Bouroullec (eds.), *Ronan and Erwan Bouroullec* (London: Phaidon, 2003), pp. 47–8. ロナン&エルワン・ブルレックが開発したもう1つの多目的なモジュール製品が「アルギュ」という長さ約25センチ、幅約30センチの細い枝状のプラスチック製品だ。2004年にデザインされ、ヴィトラ社が製造している。好きな数だけ連結してスクリーンやフリーズ(天井下の壁の装飾)、さまざまな形、サイズ、密度の間仕切りを作ることができる。http://www.bouroullec.com

22 スウェーデンのデザイナー、リード・クラムとドイツのデザイナー、クレメンス・ヴァイスハーは、2003年に「Breeding Tables」

プロジェクトをスタートさせた。 http://www.kramweisshaar.com/projects/breeding-tables.html

23 リード・クラムとクレメンス・ヴァイスハーは、2007年にドイツの陶器メーカー、ニンフェンブルクのために「My Private Sky」プロジェクトをデザインした。 http://www.kramweisshaar.com/projects/my-private-sky.html

24 トーマス・ガブズィル・リバティニーは、2006年にオランダのデザイン・アカデミー・アイントホーフェンの卒業制作として初めてハニカムベースを製作した。 http://www.tomaslibertiny.com/?portfolio=the-honeycomb-vase

25 Nike Store, http://www.nike.com/us/en_us/lp/nikeid

26 Local Motors, http://www.local-motors.com/

27 'Print Me a Stradivarius', *Economist*, 12 February 2011, http://www.economist.com/node/18114327

28 ロンドンのデザイナー、ソフトウェア開発者の集団、Digital Forming は、3Dプリント技術を使ってボウル、花瓶、ペンなどのシンプルなプラスチック製品のパーソナル化を提供している。デザイナーは、それ以上変えると使い物にならない、または安定しないラインを指定し、その範囲内での変更を可能にしている。 http://www.digitalforming.com/index.html

29 'Special Reports: The Third Industrial Revolution', *Economist*, 21 April 2012, http://www.economist.com/node/21552901

30 原注17に同じ。 Moussavi, *The Function of Form*, p. 25.

31 ベルギーのデザイナー、トーマス・ロメーは、デザイン・生産の協働システムを構築するためにブリュッセルに OpenStructures ネットワークを作った。 http://www.openstructures.net/. アントワープに拠点を持つ Unfold は、クレア・ヴァーニアとドリース・フェルブルッゲンがデザイン・アカデミー・アイントホーフェンを卒業後、2002年に設立した。 http://unfold.be/pages/projects

13

残りの90%の人たちを救え

>13. What about 'the other 90%'?

残りの90％の人たちを救え

なぜ世界のデザイナーの大半は、世界の最も裕福な一〇％の消費者のためだけに製品やサービスを開発することにすべての努力を傾けるのだろうか。この質問でいつも思い出されるのが、銀行強盗のウィリー・サットンがなぜ銀行ばかりを狙うのかと聞かれて答えた言葉だ。「そこにお金があるからだよ」。

――ポール・ポラック[※1]

一七歳の生徒たちに、最後に自分で作ったものは何かと聞いたら、どんな答えが返ってくるだろうか。ケーキやバースデーカードのようなありふれた答えをする子もいれば、コンピュータの好きな子はアプリと答えるかもしれない。エミリー・ピロトンは、二〇一〇年八月一一日に、ノースカロライナ州ウィンザーのバーティ・アーリー・カレッジ高校に教師として就任した最初の日にこの質問を生徒たちにした。すると、何人かの生徒は何かを作った記憶がないと答えた。「その子たちは、かなづちを握ったこともなければ、美術の授業を受けたこともありませんでした」と彼女は振り返る。「半分の子が定規の読み方も知りませんでした[※2]」。

ピロトンはこのことにがっかりした。彼女はパートナーのマシュー・ミラーとサンフランシスコからウィンザーに越して来たばかりだった。ウィンザーはバーティ郡にある荒廃した町で、アメリカで最も景気の落ち込んだ農村地域の一つであり、人種間対立の歴史もあった。バーティに住む子どもの三人に一人は貧困者で、農業かバイオテクノロジー分野の、高い技術を必要としない職がいくつかあるだけだった。[※3]生徒一三人のうち二人は乳幼児の世話をしなければならず、そのうちの一人には四歳の娘がいた。当時それぞれ二九歳と三三歳だったピロトンとミラーは、実験的なデザインコース「スタジオH」を設置・運営するためにウィンザーに来たのだった。二人がその場所を選んだのは、その地域の経済的、社会的問題があまりに深刻だったからだが、コースは生徒たちのものづくりの経験を踏まえて構成することになっていたため、多くの子が基礎的なスキルを欠いていた事実に落胆した。

ピロトンは、困難な条件で仕事をすることに慣れていた。カリフォルニア大学バークレー校で建築を、シカゴ美術館付属美術大学でプロダクトデザインを学んだ後、従来の経路を辿ってデザインの世界に入った彼女は、社会的・人道的問題に注力する決意をした。「大学院では、サステナビリティーが話題になり始めていましたが、私はそれには人的要因が欠けていると感じていました。五〇〇〇ドルの竹製のコーヒーテーブルをサステナブルと呼んでいいのだろうかって。卒業してからデザインや建築事務所で本当に頑張って仕事をしようとしましたが、私はあまのじゃくなんです。権力が苦手で、誰かの下で働くことができませんでした」[※4]。彼女は再生材を使って家具を作り始め、サステナブルデザインや人道的デザインに関するブログを作り、その後、デザイナーとしてそうした問題に対処しようと決心した。

一〇〇〇〇ドルの貯金と、カリフォルニア州ケントフィールドの実家の食卓を間に合わせの机にして、二〇〇八年一月八日、「プロジェクトHデザイン」を設立した。最初は、人道的な取り組みに特化したデザイン会社にするつもりだったが、すぐに、他のデザイナーに刺激を与えて、そうしたプロジェクトに取り組ませるほうが役に立つかもしれないと思い直した。まもなくアーキテクチャー・フォー・ヒューマニティー（AfH）のチーム、そこにボランティアとして参加していたミラー、創設者のキャメロン・シンクレアとケイト・シュテールに出会った。そのサンフランシスコオフィスに彼女の机を置いてくれることになり、彼女はそこでAfHが世界中の建築家に地元支部への参加を促す仕組みを見て学んだ。各支部は独自の自主プロジェクトを進めながら、東南アジアの津波やハリケーン・カトリーナの後の緊急復興プログラムなどの集合的なプロジェクトにも貢献していた。[※5]「一日中ドアノブのデザインをしたくない、志を同じくする「デザイナー」がたくさんいると睨んだピロトンは、プロジェクトHをAfHの小型版として、恵まれない人々を助けるために、建築ではなくデザインにできることを探ることにした。

学習曲線は急勾配だった。過酷な環境でデザインの新しいアプローチを開拓していたのだから当然だろう。プロジェクトHがテキサス州の児童養護施設の静かな部屋をデザインし直すよう依頼されたとき、最初の案は不適切として却下された。「音楽やアロマセラピーといった、いかにもデザイナーらしいものを持っていきました」とピロトンは言う。「ホームの責任者に言われたんです。ミサイルとして使われてしまうものや、子どもが喉に詰まらせる可能性のあるものはだめだと。便が飛び交うので壁には決まった材料を使わないといけないことも。自分が本当に情けなかったです[※6]」。

当初依頼されたもう一つのプロジェクトは、ウガンダ南部ルクンギリ県の僻地の村にあるクタンバ・エイズ孤児学校に教育的な遊び場を作る仕事だった。その学校は、ミラーをプロジェクトリーダーとしてAfHが建設したものだった[※7]。学校には教育資源がほとんどなかったため、遊び場は学習経験を提供する場になると同時に、安く簡単に建設でき、最小限のメンテナンスで維持できるほど堅牢であることが条件だった。プロジェクトHのニューヨーク支部は、それを「ラーニング・ランドスケープ」と名付け、算数を学べるゲームや、半分砂場に埋まった一六個の廃タイヤを四角い格子上に配置した区画を作り、そのタイヤを椅子にして野外教室としても使えるようにするアイデアを提案した[※8]。

そのウガンダのコンセプトが成功し、プロジェクトHは他の場所にもラーニング・ランドスケープを設置するように依頼された。「信じられないばかげた工法でしたが、お金がかからないんです。ドミニカ共和国では七五ドルで建設しました。それでも非常に機能しています」とピロトンは言う。「幼稚園レベルの算数から中学二年の代数まで、格子状の区画で遊べるゲームを作りました[※9]」。バーティ郡学区の監督シドニー・W・ズーリンガーがあるブログでラーニング・ランドスケープのことを知ると、彼はプロジェクトHに地元の四つの小学校への設置と、三つの高校のコンピュータラボのデザインを委託した。資金繰りの厳しいノースカロライナ州の教育現場や、子どもたちの荒涼たる未来を目の当たりにしたピロトンとミラーは、さらに野心的な取り組みを検討する。二〇〇九年九月、二人は高校のカリキュラムの一環として、デザインコースを設けることを提案し、ズーリンガーのチームやバーティ・アーリー・カレッジ高校の生徒や教師との話し合いを通して、そのアイデアを同校のスタジオHに具現化した。一学期は、地元で人気のある「コーンホール」というゲームに使用するボード、二学期は鶏小屋をデザインして製作することを課題とした。グランドフィナーレは、三学期中にウィンザーの中心部にファーマーズマーケットを建設することだ。[※10]

地元での就職機会が希少なこともあり、そのコースは、デザイン職への就業準備を目的としたものではまったくない。そうではなく、生徒たちの問題解決、コミュニケーション、リーダーシップ、技術革新能力を育成することを意図していた。デザインやデザインプロセスを学んだ経験が、生徒たちがその後の生活に活用できる実用的かつ知的なツールを与えることを期待して。

ピロトンとミラーは、このコースを運営するためにバーティ郡に移り住まなければならないことを最初からわかっていた。「たまに西海岸からやってきて指示だけ出すやり方はないと思っていました。それでは地域社会の信頼を得られなかったと思います」。だが失ったものも大きかった。金銭的にではない。二人はわずかな資金で生活していた。ノートパソコンだけでプロジェクトHを運営し、必要に応じてAfHの会議室を借り、サンフランシスコの南、ハーフムーンベイにある友人の土地に停められた古いエアストリームトレーラーで暮らしていた。ネットワークの運営資金は、一年目が寄付金の四万六〇〇〇ドル（ほとんどが一口五〇ドル以下の少額だった）、二年目が八万六〇〇〇ドルだったが、テキサス州のホームの仕事やラーニング・ランドスケープの他、アフリカの水プログラムなどのプロジェクトもあり、成長はしていた。スタジオＨが始まれば、プロジェクトＨに注げる時間が少なくなり、勢いを失う危険があったが、それでも二人は実行に移した。[※11]

コース開設予定の数週間前に災難の兆しがあった。ズーリンガーがそのポストを去ったのだ。地元の支援者を失った二人は、計画通りにプロジェクトを続行できるよう教育委員会に嘆願しなければならなかった。最終的に合意が得られ、二人は慌てて学校の裏にあった放棄された自動車の修理工場を教室、工房、デザインスタジオに改造した。生徒たちは、学校がある日の一日三時間をそのスタジオＨで過ごすことになった。コースは予定どおりに開設されたが、そこで二人は、その数カ月後にファーマーズマーケットを構築する上で頼りにしていた子どもたちの何人かが定規の使い方も知らなかったことを発見する。

一学期が終わる頃、最初からいる生徒のうちの一〇人がコーンホールのボードづくりの課題を完了したが、三人がコースから脱落した。成績が悪かったために退学になった子が二人、三人目は攻撃的な行動のせいでスタジオＨから追放された。「厳格な『ばか騒ぎ禁止』ルールがありましたし、『一度事件を起こしたら終わり』という誓約書に全員が署名していました。その子がいなくなったのは本当に心が痛みましたが、そうするしかしかたがなかったんです[※12]」。

残った生徒たちは、二学期目に鶏小屋に取り組んだ。より洗練された大工仕事や溶接、金属加工だけでなく、地域研究やコンピュータ作業を必要とした。もともと小屋は、ウィンザーの全員が使用することを意図していたが、町の広範な地域が洪水で破壊されたため、最も影響を受けた世帯に寄贈された。一年のうちにバーティ郡を襲った自然災害はそれだけではない。ピロトンとミラーは、ハリケーンや竜巻の後の地元の救援活動も手伝っている。その間も、スタジオHの目指していることを理解しない人やそれに反対する人からの批判と戦い続けていた。

スタジオHの最初の二学期は、最後の課題を行なうために必要な準備段階であり、その最終課題は、「ウィンザー・スーパーマーケット」のデザインと建設だった。地域プロジェクトの一連の建物群の近くに用意された川沿いの空き地に一八五平方メートルの木造建造物を建てる。地元の人々が自家製の農産物だけでなく、ケーキやパン、漬物、ジャムなども売ることのできる場所を作るというアイデアを一人の生徒が提案していた。「この辺りで不足していない唯一のものが土地です。農産物は簡単に作れますが、それを売る場所がなかったんです[※13]」。生徒たちは、ウィンザーにはどのような市場が最も適しているかを調査し、適切な販売者を選んだ。その販売者たちは、市場が完成する一〇月より前に、市場の認知度を高めるため、五月から現場近くで商品の販売を開始した。

開店の記念式典で、ウィンザー市長からスタジオHのチームに、公式のお礼として市への鍵が贈られた[※14]。「初日、まったくの理解の欠如か、まったくの興味の欠如を示していた生徒たちが、驚くほど多才で独創的なコミュニケーターに変身しました」とピロトンは言う。「彼らはそれぞれ大きな成長を遂げ、自分が誇りに思えるような恒久的なものを作り上げて地域に貢献したことを実感できたと思います[※15]」。コースの途中で追放された少年は、式典の終わり間近にやってきた。そして後日、彼女とミラー宛に謝罪の手紙が届いた。

学年が終了した後、一〇年生で学校を中退しそうになったが残ってスタジオHに参加した一人の生徒がノースカロライナ州立大学で農業科学を勉強できることになった。他にも、家族で初めてという大学進学者がいた。また、スタジオHの作業を通じて見つけた職業の訓練を受けることになった生徒もいた。[※16]ピロトンは、「本当にすばらしい年でしたが、人生で一番大変な年でもありました。一八五平方メートルのスペースを作り上げるのは、本当に厳しいことでした。マシューと私は、ソーシャルワーカー、教育者、政治家、会計士、地元住民などいろいろな役をこなさなければなりませんでした。極端な条件とストレスのある場所にどっぷり浸かることになりましたが、人道的なデザインを真剣にやろうと思うなら、避けて通れない道です[※17]」。

バーティ郡で二年目のスタジオHを終えた後、彼女とミラーは、バークレーのREALMチャータースクールで同コースを再構築するためにカリフォルニアに戻った。スタジオHの最初の二年間の資金をすべて慈善団体や個人からの寄付で賄った二人は、学校の運営組織からの何らかの財政支援なしではバーティ郡で続けることは不可能だと感じ、それが期待できないとわかったとき、もっと受け皿のある場所に移ることにしたのだった。[※18]

エミリー・ピロトンとマシュー・ミラーには稀に見る勇気、意志の固さ、独創性や説得力がある。それらの資質がなかったら、あれほど短期間でプロジェクトHを育て、世界のさまざまな場所で多くのプログラムを実行することはおろか、スタジオHのような厳しい仕事をすることは不可能だっただろう。そのような強さを持ったデザイナーは彼らだけではないが、二人は、今までデザインの恩恵をまったく受けたことのない人々の生活を改善するために自分のスキルを捧げることを決意した新世代の先駆者である。

デザインという職業の醜い真実は、最近まで、ほとんどのデザイナーがそのほとんどの時間、エネルギー、才能を、まちがいなく最も助けを必要としていない世界の少数派である富裕層に注いできたことだ。世界人口の七〇億人のうち、六〇億人以上が最低限の製品やサービスを買うことができず、そのうちの半数は食、住居、きれいな水を欠いている。それにもかかわらず、デザイナーは、理論的にはそのような問題に対処するのに役立てるはずなのに、社会起業家のポール・ポラックが「残りの九〇%のためのデザイン」と呼ぶ課題に立ち向かおうとせずにその窮状を無視している。[※19]

そのニーズを完全に無視してきたわけではない。が、最近まで、恵まれない人を助けるという目標は持たれていたが、その野望はおもに何億人もの人々が安く、より効率的で持続可能な製品を開発しようとするデザイナーの努力の恩恵を受けている先進国で実現されてきた。このことに苛立っているデザイナーもいる。一九六三年一一月二九日、グラフィックデザイナー、ケン・ガーランドによって起草されたマニフェスト「ファースト・シングズ・ファースト」を議論するためにロンドンの現代美術研究所に集まった人々もそこに含まれる。そのマニフェストは、このように締めくくられている。「われわれの社会が、売らんがための小細工、セールスマンの見栄、隠された広告にうんざりし、われわれの技能が価値ある目的のために求められることを希望する」。[※20] しかし最近まで、「残りの九〇%」に力を与えることを目的としたデザインプロジェクトは比較的稀だったし、それらの人々のほとんどが住む途上国に由来するプロジェクトはさらに稀だった。
エミリー・ピロトンとマシュー・ミラーがスタジオHで行なってきた仕事は、サムシング&サンがダルストンで行なっているFARM:shop の実験同様、地域に根ざした活動家デザインプロジェクトの新しい潮流を表している。別のアプローチを採用する別の社会貢献デザイナー集団もいる。重要な公共サービスを提供する新しいアプローチの開発や、かつてチャールズ・ブースがロンドンの貧困マップでしたように、政治的問題に対処するための戦略的ツールとしてデザイン思考を展開しているのは、アイソタイプ研究所のオットー・ノイラートとマリー・ライデマイスターだ。[※21]
最前線には、パーティシプルがいる。その創設者で社会科学者のヒラリー・コッタムは、大学でデザインに出会った。彼女は、開発の専門家だったロバート・チェンバースの指導を受けていたが、彼はインドの農村部の調査を行なう際に、人々にアイデアをスケッチやモデルに視覚化するよう促していた。「彼は、相手に自身の考えを模型や絵に描写させることができたら、警戒心を解き、もっと率直な対話ができるようになるという画期的な考えを持っていました」と彼女は説明する。「デザイナーは本能的にそうしたツールを使っています[※22]」。コッタムは、一九九〇年代半ば、アフリカで世界銀行の仕事をしていたときにデザインを再発見した。当時、インフラ構築に莫大な投資がなされており、彼女はすぐにデザインのクオリティーがインフラの有用性を左右することに気づいた。一九九七年にイギリスに帰国すると、公共部門の多くの分野でもデザインの水準が同じように低いことを指摘し、学校や刑務所などの公共サービスを向上させるためのツールとして、建物やその中身だけでなく、その運用方法に対しても活用する実験を開始した。彼女は、デザインカウンシルの実験プログラムを運営しながら考えを発展させ、二〇〇七年にパーティシプルを設立した。[※23]

パーティシプルでは、プロジェクトの最初にまず問題を特定し、コッタムのいう「速攻調査」を実施し、状況と対策を評価する。結果をパートナー候補や資金提供者に投げかけ、選択肢をデザインしテストし試作するための資金を調達する。「私たちがつねに行なっていることの一つは、人から与えられるのではなく、私たち自身が目的や目標を設定することです。そうしないと、デザインはいつもまちがった課題を解決させられ、気づくと食物連鎖のまちがった側にいることが多いように思います[※24]」。プロジェクトは学際的なチームによって運営され、チームには必ずデザイナーの他にビジネスの専門家が入り、必要に応じて、社会科学者や心理学者、エスノグラファー（民族誌学者）、経済学者、統計学者、技術者や人類学者が加わる。通常、チームはデザイナーが率い、開発プロセス全体を通じてデザインの技術や用語を用いる。

パーティシプルが当初優先していたのは、イギリスや他の先進国で急速に進んでいる高齢化に関連した問題に取り組むことだった。最初の仕事は、ロンドンの貧しい地区のひとつ、サザークで始まった。地方議会が提供する既存のサービスと同じ費用で高齢者ケアを改善する方法をデザインすることが目的だった。パーティシプルの調査結果では、幸せで健康な老後を過ごすために最も重要な二つの要素は、お金とはほとんど関係なく、定期的に会う相手が少なくとも六人はいる社会的ネットワークを持ち、蛇口の水漏れを修理するといった些細な問題を心配する必要がないことだということがわかった。「エネルギーの限られた高齢者はほんの小さな障害があることで他の行動が妨げられるんです。その障害を取り除くことが大きな違いを生むんです[※25]」。

パーティシプルがたどり着いた解決策は、一〇〇〇人以内の高齢者住民が属す「サークル」を作ることだった。サークルは、コンシェルジュサービス、社交クラブ、協力と自助のグループの役割を兼ね備えている。新しいメンバーが参加すると、既存のメンバーが訪れ、どんなヘルプが必要で、どんなスキルでグループに貢献できるかを話し合う。たとえば、ある人は料理や家計の世話をしていたパートナーを失い、そうしたスキルを教わることが必要だが、ガーデニングの達人でありその知識を仲間のメンバーと共有することができるかもしれない。別の一人は、配管工や電気技師が修理に来たときに誰かに同席してもらいたいかもしれないし、遠くの友人や家族と連絡を取り合うために電子メールやスカイプのしかたを教わりたいかもしれない。基本的な考え方として、サークルの各メンバーは、必要とする支援を受けることができ、新しいメンバーに会い、他のメンバーを助けることで自信を感じられるようになる[※26]。

当たり前のように聞こえるし、あまりにシンプルすぎて、それまで誰も思いつかなかったことに驚く。しかし、これはデザインとどんな関係があるのだろうか。従来のデザインであれば、このようなプロジェクトに対する唯一の貢献は、ロゴやこれから参加する人々にコンセプトを説明するリーフレットを作ることくらいだっただろう。しかし、デザイナーは、サークルのコンセプトづくりのあらゆる段階に関与していた。最初の調査で地元の高齢者に話を聞き、彼らに必要なサービスを分析し、それをどのような形で実現し、どのように届けられるかを考え、その後、他の人を説得し、支援を得る上でデザイナーのスキルや経験は非常に

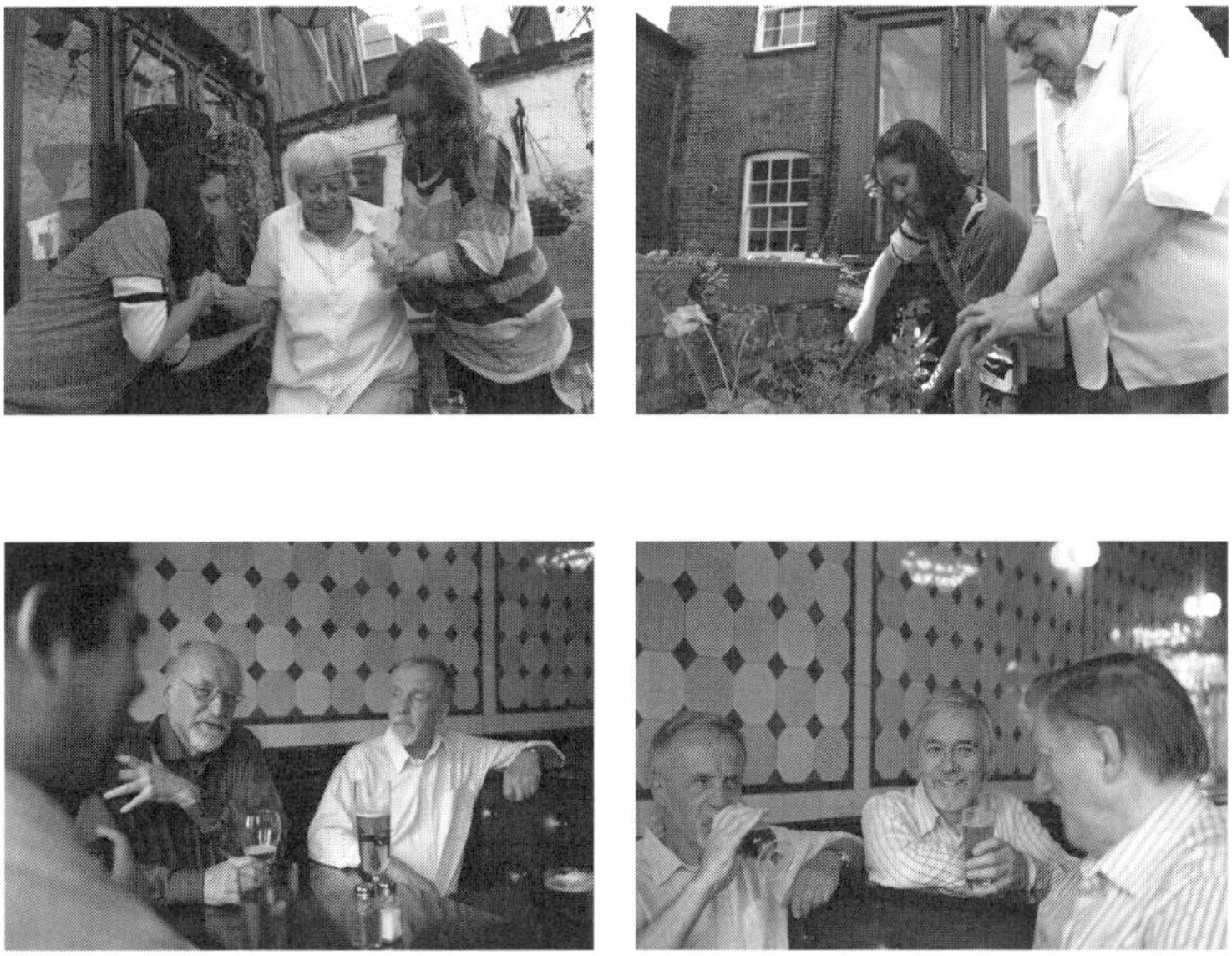

パーティシプルの「サークル」プロジェクト
高齢者へのケアの向上のために

貴重だった。最初にパーティシプルは、コンセプトの開発のために、サザークの地方議会、労働年金省、そして企業スポンサーに八五万ポンドの寄附を納得させなければならなかった。次に地元の高齢者を説得するという課題に直面した。その多くがなじみのない、その時点でまったく実績のなかったプロジェクトに参加することに非常に懐疑的だった。「デザイナーは、人々の動機や願望やニーズを理解しています」とコッタムは言う。「それに本能的に水平思考ができ、それはこのようなプロジェクトにおいて重要です。彼らのコミュニケーション能力のおかげで参加を説得することができます。デザインは、いろいろミックスされたツールの一つにすぎませんが、非常に特別な何かをもたらしてくれるのです[※27]」。

サザークでサークルのコンセプトが大成功すると、パーティシプルはその後、他の地域にも導入した[※28]。そして他の社会問題にも同様に独創的な解決策を生みだした。あるプロジェクトは、学業の成績が劣る一〇代の子どもたちに自信や工夫する能力を与えることを目指している。また別のプロジェクトは、慢性的な危機に陥っている家庭の問題を解決しようとしている。パーティシプルの仕事は、その参加者の生活や地域社会に大きな影響を与えただけでなく、そのような複雑な課題に対処する上で、デザインがいかに力になれるかを示すたしかな証拠でもある。

「残りの九〇%の人たち」のためのデザインの第三のアプローチは、先進国のデザイナーが途上国で活躍することだ。ピロトンとミラーがウガンダのクタンバ・エイズ孤児学校で、ナサニエル・コルムがＡｆＨの救援・復興プログラムに貢献したように。ここでも、歴史的な先例がある。バックミンスター・フラーは、問題に対してつねにグローバルソリューションを追求することの重要性を提唱し、彼のジオデシックドームは先進国だけでなく、途上国にも緊急避難所を提供することを意図していた。そして、オットー・ノイラートの死後、マリー・ライデマイスターは、アイソタイプ研究所の仕事をアフリカに広げた。とくに一九五〇年代、イギリスの植民地から独立を果たそうとしていた移行期の西部ナイジェリアで一連のプロジェクトを実施した。[※29]進歩的な政府は、初等教育や医療の無償提供、農業の近代化に取り組んでいた。研究所は、地元の人々に彼らの新しい権利を説明し、それらを最大限活用することを奨励するアイソタイプの小冊子シリーズを製作した。[※30]

建築の分野では、二〇世紀の代表的な建築物の中に発展途上国のために設計されたものがある。ルイス・カーンがインドの都市アーメダバードとバングラデシュの首都ダッカに建てた建造物、ル・コルビュジエとピエール・ジャンヌレによるインドのパンジャブ州とハリヤナ州の間のうだるような平野に造られたモデル近代都市、チャンディーガルのプロジェクト。二人のそこでの仕事は、インドの新しいシンボルと、[※31]快適で秩序ある生活の場所を生みだしただけでなく、インドの新世代の建築家たちの勉強の機会となった。非常に残念なことに、チャンディーガルで使用するためにデザインされた家具や建具の多くが欧米の美術商に買われ、街から姿を消した。美術商らは二束三文で手に入れ、その後法外な値段で販売した。かつてチャンディーガルの排水溝を覆っていた鋳鉄の板が二〇一一年一〇月、パリのアールキュリアルのオークションで二万五〇〇〇ドルで落札された。ル・コルビュジエとジャンヌレはそんなことを望んでいなかったはずだ。[※32]

欧米のデザイナーが発展途上国で仕事をする最も簡単な方法は、アメリカのピースコープスやイギリスのボランタリーサービスオーバーシーズなどの慈善団体のボランティアとして途上国のプロジェクトに参加することだが、必ずしもデザインの技能を活かすことになるとは限らない。それでも、人類学者や民族誌学者、生態学者や経済学者など他の分野の専門家が経済開発におけるデザインの価値を認識するようになってきた。ポール・ポラックはそうした人の一人だ。精神科医として働いた後、一九八二年に非営利組織、インターナショナル・デベロップメント・エンタープライズを設立した。その目的は、農業用設備を開発するベンチャーの資金を提供することによって人々を貧困状態から抜け出させることだ。[※33] そして、ヒラリー・コッタムが世界銀行の仕事で実感したように、その設備のクオリティーを確保することがいかに重要であるかに気づくと、デザインが主要なテーマとして浮上した。

二一世紀初頭までには、「残りの九〇%の人たち」に力を与えようとするデザイナーを支援する専門家組織の新しいネットワークが登場した。AfHのようなボランティアネットワークのおかげで、何千人もの建築家が、そしてデザイナーも、災害救援や長期的な開発プロジェクトにフルタイムでもパートタイムでも取り組めるようになった。[※34] 学生も学習の一環として、同様のプログラムに貢献してきた。カンザス大学の「スタジオ804」などのイニシアチブでは、大学院生グループが毎年、公営住宅を設計する。[※35] 世界の貧困に対処することを意図したベンチャー企業への融資や投資を行なうアキュメン・ファンドなどの新しい資金源によって、[※36] デザイナーが既存の社会的事業に参加したり、独自のプロジェクトを起こす機会が増えている。

この分野に対する意識は、人道的デザインの可能性を考察した二〇〇六年発行の一連の本によって高まった。ジョン・サッカラの『In the Bubble』やアレックス・ステファンの『Worldchanging: A User's Guide for the 21st Century』、ケイト・シュテールとキャメロン・シンクレアの『Design Like You Give a Damn』[※37]。その同じ年、ポール・ポラックは、アスペン・デザインサミットで「残りの九〇%の人たちのためのデザイン」という概念を提唱した。「私は、世界のデザイナーの九〇%が、世界の最も裕福な一〇%の顧客のニーズに対応することにすべての時間を費やしていると言いました。また、死ぬ前にそのばかげた比率が逆転するのを見たいとも言いました」[※38]。その翌年、ニューヨークのスミソニアン・クーパー・ヒューイット国立デザイン博物館は、彼のフレーズをタイトルに採用した展示会「残りの九〇%の人たちのためのデザイン」を開催した[※39]。

この頃、はるかに大胆な人道的デザインプロジェクトが具体化しようとしていた。「One Laptop per Child(OLPC、子ども一人にノートパソコン一台)」は、世界中の政府が一〇〇ドル未満で購入できる学習用コンピュータの開発を目指す非営利組織として発足した。それは、MITメディアラボを共同設立したアメリカの技術者、ニコラス・ネグロポンテの発案によるものだった。彼は二〇〇五年一月にスイスのダボス村で開催された世界経済フォーラムの年次総会でOLPC計画を発表した[※40]。MITの同僚、シーモア・パパートの仕事に触発されたネグロポンテの目的は、コンピュータが学びを助ける最も有用な単独のツールであるという考えの下に、世界の最も貧しい子どもたちにノートパソコンを配布することだった。子どもたちは、基本的なコンピュータスキルを習得するだけでなく、インターネットの研究資源や電子書籍のデジタルライブラリにもアクセスできるようになる。一九八〇年代初期にネグロポンテとパパートは何台もの Apple II コンピュータを抱えてセネガルに渡り、子どもたちに与えてその反応を調査していた。[※41] 最初の発表の翌年、ネグロポンテは提案したノートパソコンのモックアップを持ってダボスに戻り、国連開発計画との覚書に署名した。彼はまた、アルゼンチン、ブラジル、中国、エジプト、インド、ナイジェリア、タイから七〇〇万台の発注を得られそうだとも述べた。[※42]

ネグロポンテは、ノートパソコンのデザインクオリティが OLPC の成否を握ることはまちがいないとしていた。デザインチームは、機能的に、子どもたちが必要とする学習資源をすべて提供し、厳しい天候や、途上国の子どもたちの荒々しい生活に耐えながら、たった一〇〇ドルで販売できるように、安く作ることのできるノートパソコンを開発しなければならない。また、それぞれの子どもが大事に使いたいと思うような、見た目も使い勝手もできるだけ魅力的なものでなければならない。「私たちは、このノートパソコンを iPOD のようにかっこいいものにしたい」と彼は言った。「それ以下はありえない[※43]」。

知人たちをおだててプロジェクトへの資金提供を呼びかける以外に、ネグロポンテは、OLPC チームに協力するサプライヤーや下請け業者やデザイナーを集めた。MITでミュリエル・クーパーに師事していた（そしてその名を娘につけた）リサ・ストラウスフェルドがソフトウェアデザインを担当し、サンフランシスコに fuseproject という自分の会社を構えていたスイスのプロダクトデザイナー、イヴ・ベアールがケースやその他のハードウェアを担当した。開発プロセスは、オープンソースベースで進められたため、オブザー

バーがコメントすることができた。[※44]

二〇〇六年一一月、最初のノートパソコンXO-1が上海の生産ラインから出荷されたとき、期待は高かったが、ネグロポンテの約束に応えたものだった。マンガのような可愛いらしいスタイルで、ウサギの耳に似たポップアップアンテナがついた明るい緑と白のプラスチックケースに包まれていた。部品はそれぞれ複数の機能を果たし、アンテナは、USBポートカバーとケースを閉じるラッチを兼ね、バンパーは、封のはたらきと、子どもたちがスクロールしながら手を休ませる場所を提供した。ノートパソコン自体は、電子書籍、テレビ、照明としても使用でき、子どもたちが学校を卒業した後も家族にずっと持ち続けてもらえることをOLPCは望んでいた。

デザイン上の最大の課題の一つは、製造コストを最小限に抑えることだった。デザインチームは、XO-1を従来のノートパソコンよりも小さくするために、ハードドライブをなくし、フラッシュメモリを追加したためストレージ容量は小さい。もう一つのコスト削減対策は、処理能力を抑えることだった。それでも目標価格を実現するための規模の経済を達成するには、かなりの受注を確保する必要があった。ダボスでネグロポンテが発表した七〇〇万台の受注は叶わなかったが、生産を開始するのに必要な五〇〇万台という最小限の受注は確保し、一台一五〇ドルで売りたいと考えていた。その後二〇〇八年には、十分な追加注文を得られる計画で価格を一〇〇ドルに下げている。[※45]

これを絶賛しない理由があるだろうか。OLPCは、まぶしいほど勇気に溢れ、有言実行した。その大義は壮大だった。世界で最も貧しい子どもたちが自分や家族の生活を変えることを期待して、彼らに学習の機会を与え、いずれ国の経済成長と政治的安定を担う手助けをする。デザインはその取り組みの中心にあった。「残りの九〇%の人たち」を助けるために、デザインにできることをすばらしい方法で実証したのだ。

OLPCは、XO-1でデザイン賞を総なめにし、デザイン媒体やデザイン会議から引っ張りだこになった。最初のノートパソコンが納品されたとき、数々の、おもにマイナーな不具合が発見された。プラスチック製の足が滑って机から何度も落ちそうになった。キーボードはちゃちで薄っぺらく、ケースが滑りやすかった。そしてどれも同じに見えるため、子どもたちが自分のマシンの見分けがつかなかった。デザインチームは適切な解決策を見つけた。プラスチック製の足をゴム製のものと交換し、キーボードを鋼板で強化し、ケースの表面に「鳥肌」を追加して滑り止めにし、四〇〇パターンの色の組み合わせからケースの色を選べるようにした。[※46] 同じような問題点と改善策がソフトウェアのデザインにも適用された。

デザイン界は敬意を表したが、OLPCはスタート当初から批判に悩まされていた。ハイテク業界は、低価格によって競争が歪曲されると非難しながら、OLPCに限らず誰も一〇〇ドルのノートパソコンなど作れるはずがないと主張した。環境保護論者は、子どもたちが壊れたり不要になったパソコンを廃棄する危険性を警告した。適切な修理と安全な処分のための手筈を整えるのが先であると。開発関係者らは、第一世界のソリューションを第三世界に押しつけているといって非難した。そして教育関係者は、学校のリソースが不足している貧しい国の政府が教育予算の多くをコンピュータに充てることが正当なことなのかと疑問を投げかけた。また、OLPCが支援しようとしている子どもたちにとって、本当にコンピュータが最も効果的な学習ツールなのだろうか。そのお金を本を買ったり、もっと教師を雇うことに使うべきではないのか。

批判の一部は利己的な理由による。たとえば不正競争に関してハイテク業界が述べた不平。また、ネグロポンテとOLPCが、おそらく自腹もあるだろうが、あれほどの大金を短期間で調達できたことに対する他の非営利団体の妬みがさらに油を注いでいた。しかし、もっともな苦情もあり、OLPCは機能的な欠陥に対処しようとした。たとえば、現地の修理・メンテナンスチームを訓練し、ノートパソコンのアフターサービスを提供できるようにした。しかし、まもなく一〇〇ドルの価格目標を達成するのに必要な受注を確保することが最大の問題であることが明らかになった。

問題の一つは、約束されていたはずの注文が消えていたことだった。政権交代、予算縮小、昔からある「ほら吹き」のせいだ。たとえすべての注文が有効だったとしても、一五〇ドル以上に値上げしなければならなかった可能性がある。それは、賃金や原材料、部品のコストに対するドル安の影響など不可抗力の要因による。XO-1は二〇〇七年一一月に本格的に生産が開始され、その半年後には、期待された数百万人ではなく、三〇万人の子どもたちに一八七ドル四七セントのノートパソコンが納入された。[※47]

OLPCは、間接費を切り詰めながら、新しい機種の開発と賢いマーケティング戦術の考案に勤しんだ。たとえば、「Give One Get One（一つあげて一つ手に入れよう）」プログラム。先進国の人々がノートパソコンをプレミアム価格で買うと、一台が発展途上国の子どもに寄付されるというものだ。[※48] XO-1を使用する子どもたちの先生や、子どもたち自身からポジティブな報告があった。イヴ・ベアールは、「ノートパソコンのおかげで教え方がまったく変わったという先生たちからの信じられないような手紙」や「何があっても絶対に自分のノートパソコンは手放さないという子どもたちからの手紙」を受けとったという。[※49] 先生たちは授業の最初から最後まで喋り続ける必要がなくなり、たとえば一〇分講義をしたら子どもたちに五分間パソコンで関連情報を調べさせるということができ、そうすることで子どもたちは授業に身が入り、規律の問題もなくなったという。意外にも、XO-1はハイテク業界の批判にも打ち勝った。タブレットやノートブックなどの小型コンピュータの販売を急増させるきっかけになったと考えられたためだが、それはOLPCが計画したことでも望んだことでもなかった。

二〇〇九年一一月までに、一〇〇万台のノートパソコンが納品された。ニコラス・ネグロポンテは、自分の当初の販売目標が「わざと高望みだった」と主張した。しかし本人曰く、野心的でなければ、プロジェクトのインパクトは小さかっただろうし、政府の関心を引き付けることがもっと難しかっただろう。[※50] それでもOLPCの士気は下降傾向を辿っていた。受注を増やす一番手っ取り早い方法は価格を下げることだったが、受注が増えない限り、それは無理だった。

一縷の望みは、国内のすべての学校の生徒と先生にノートパソコンを持たせるというウルグアイの政府プログラムからの最初の大きな注文、小学校の児童全員に配布するXO-1四〇万台だった。ロジスティクスの問題があった。最初の五万台はスペイン語ではなく、英語版のソフトウェアを装備し、接続性が悪かったため、とくに農村部でなかなかネットにつながることのできない子どもたちがいた。学校によっては、一度に半数のノートパソコンしかインターネットに接続できなかった。中には、試験のためにバスで別の場所へ移動しなければならない学校もあった。また、十分な訓練を受けていないことに不満を訴える教員もいた。それでもウルグアイ政府は確信を持って、中学校の生徒のためにさらにノートパソコンを注文した。OLPCはようやく長期的なスケールでコンピュータの影響を分析し、訓練、修理、保守、学習資源といった面でどのようなサポートが必要かを評価することができた。※51

二〇一二年前半までに、OLPCは四五カ国の二〇〇万人以上にノートパソコンを出荷していたが、一台の価格は、二二九ドルにまで上昇していた。また、抜本的に異なる別のモデル、XO-3の開発が完了間近だった。一〇〇ドルでの販売が期待されるタブレット型コンピュータだ。この頃には、ジャイプールにあるインド工科大学の学生グループが別のタブレット、Aakashを受け取っていた。それはインド政府が国内メーカー、データウィンドから一台およそ四四ドルで購入したものだった。※52 インドはOLPCが当初大量注文を期待した国の一つだったが、独自の類似プロジェクトを行なっていた。

OLPCの物語は、人道的なデザインにとって恩恵にもなり、破滅のもとにもなる。恩恵とは、その大胆さであり、その血統と魅力的なデザインと相まって、避雷針のようにメディアや国民や寄付者の注目をその大義にだけでなく、他のものにも集めてきた。Aakashは、それなしで開発されただろうか。途上国での使用を意図したその他の安価なハイテク製品も。少なくともこれほど多く、これほど短期間にはなかっただろう。しかし、OLPCは、自らの予測を実現できなかったというわかりきった理由によって自滅した。ネグロポンテが本当に最初から「わざと高望み」な目標設定をしたのかどうかは別として、それがOLPCを失敗に追いやった、というより、失敗したかのように見せた。しかし、このプロジェクトがなければ手にし得なかったノートパソコンを二〇〇万人以上もの子どもたちが手に入れることができたのだから、どう考えてもすばらしい偉業だったと言わざるをえない。

OLPC以外にもその苦労が知られる人道的なデザインプロジェクトがある。Aakashもその一つだ。しかしもっと悲惨なのは「プレイポンプ」だ。一九九〇年代前半に南アフリカできれいな水を必要とする地域社会にそれを提供する手段として開発された。子ども用のメリーゴーランドのような遊具がボーリングポンプを駆動し、地下から水が汲み出される仕組みになっている。子どもたちがメリーゴーランドで遊ぶと、それが回転するたびに水が高架タンクに汲み上げられる。タンクの壁は広告用の看板も兼ねており、そのレンタル料でメンテナンス代を賄うことを意図していた。[※53] それは、生活に欠かせない水を、子どもたちが楽しく遊びながら供給するという、絵に描いたような魅力的なアイデアだった。二〇〇六年には、米国大統領エイズ救済緊急計画がアフリカ全土にプレイポンプを設置するために六〇〇〇万ドルを調達する計画を発表した。[※54]

問題は、プレイポンプで水を汲み上げるには、大勢の子どもたちが長時間メリーゴーランドを押さなければならないことであり、その時間は、ほとんどの地域の子どもたちがすすんでやりたいと思うよりもはるかに長い時間だった。また、一台のプレイポンプで汲み上げられる水の量を多く見積もりすぎて、水がまったく不足するという場所もあった。広告収入が予想より低く、メンテナンス費用が予想より高かった。ウォーターエイドという慈善団体はプレイポンプに関する批判的な報告書を発行し、メディアにも批判的な記事が現われた。このシステムの運用組織、プレイポンプ・インターナショナルは、二〇一〇年に閉設され、その在庫はウォーター・フォー・ピープルという慈善団体が引き継いだ。※55

プレイポンプは、OLPCよりもはるかに大きい規模で、いかにも植民地癖の抜けない慈善家ぶった西洋人らしく、ユーザーとなる人々のニーズや要望、置かれた状況を顧みず、善意からであれ見当違いのプロジェクトに必要なリソースを注いでしまった。このような非難は、経済開発の分野で仕事をしたことのある人にはおなじみであり、人道デザイン分野が拡大するにつれ、異なるアプローチのメリットとデメリットについての議論が盛り上がっている。

若い頃、ピースコープスのボランティアだったアメリカのデザインコメンテーター、ブルース・ヌスバウムは、二〇一〇年にファースト・カンパニーの「Co.Design」ブログの記事を「人道デザインは新しい帝国主義か。われわれの人助け願望は百害あって一利無しか」と題し、重要な問題を提起している。「農村の生活を詮索し、『理解』し、その『現代的』な方法で改善するデザイナーは新時代の人類学者か、宣教師か。この動きが加速している今、しばし立ち止まって自問しよう。アメリカやヨーロッパのデザイナーは本当に協力すべきパートナーと組み、現地で学ぶべき人から学び、よいことをしようとしている国の植民地時代の遺産に十分配慮しているのだろうか」[※56]。どれも的確な指摘であり、長い間、開発地域のさまざまな分野で激しく議論されている。

二〇一〇年代には、何万人ものデザイナーやデザイン学生が「残りの九〇%の人たち」を支援することを目的としたプロジェクトに従事し、多くのデザイン学校が人道的・社会的デザインのコースを導入している。若いデザイナーはそうした授業を受ける他に、年度の切れ目や休暇を使ってベンチャーでボランティアをすることが普通になっている。一部のデザイナーは、ナサニエル・コルム[※57]のように、自分の職業生活を人道的な大義に捧げることを選んだが、ＡｆＨやプロジェクトＨのような柔軟性のあるネットワークのおかげで、パートタイムベースで、または勤務先のサバティカル（休職）期間中にフルタイムで参加できるようになった。IDEOやfuseproject[※58]などの商業デザイングループの中にも、プロボノプロジェクトに貢献するための時間や資源をスタッフに与えているところもある。

発展途上国でも、自分のスキルを同胞の生活の質の向上に生かそうとしている、才能と機知に恵まれたデザイナーが増えている。こうした国のデザイン文化は、伝統的に、匿名でかつ単独で仕事をしてきた才能ある個人に支配されていることが多い。彼らの仕事は注目されることも、大勢の人に行き渡ることもなく、その可能性が最大限に発揮されていないことが多い。多くのプロジェクトが資金不足に苦しみ、そのためにアイデアを徹底的にテストしたり、必要に応じて改善することができない。そして、そうした努力が先進国に多いデザインの本で紹介されることもめったにない。倫理的なデザインの他の面で先見の明に優れたヴィクター・パパネックでさえ、彼のベストセラー本『生きのびるためのデザイン』の一九八五年発行の第二版への序文で、「私がこの本の初版で第三世界のデザインについて書いたことの多くは、今思えばややナイーブだった」と認めている。※59 彼はとりわけ彼や仲間の西洋人デザイナーが、発展途上国と先進国の両方の問題に対するデザインソリューションを探る上で、発展途上国の仲間から学ぶことができたはずのものの価値を理解していなかったと感じていた。

発展途上国の新世代のデザイナーは、賢明かつ野心的なプロジェクトを計画・実行してパパネックの言い分を実証している。その最前線にいるのがインドであり、それは同国のデザイン学校の歴史的な強さによるところが大きい。たとえば、ジャイプールのインド工科大学や、プーナム・ビール・カストゥーリが勉強したアーメダバード国立デザイン研究所などがある。また、彼女のデイリーダンプのビジネスが育ち、それを触媒にしてさらに他の事業が立ち上がったり、デザインやデザイン思考のモデルになったりしたことからもわかるとおり、インドには長い起業家の伝統があることも起因している。

同じような考え方で生まれたのが、社会起業家、サンガ・モーゼスによって設立されたウガンダのベンチャー、エコ・フユーエル・アフリカだ。彼が生まれたような貧困農村地域のために、クリーンで安価な調理用燃料と有機肥料を生産するのが目的だ。ウガンダの最も貧しい村の一つで育ったサンガは、一三歳になるまで靴を履いていなかった。初めてテレビを見たのは一五歳のときだった。その二年後の一九九九年に、彼はたった二〇〇ドルで最初のビジネスを始めた。家族の中で初めて大学に進学した彼は、経営学を学び、卒業後、農村コンピュータ学校などいくつかの事業を起こした。また、有機炭づくりコースを受講し、そこでエコ・フューエル・アフリカの立ち上げに必要な知識と実践的スキルを習得した。[※60]

プロジェクトの肝は、農家に農業廃棄物の収集を奨励し、それをエコ・フューエル・アフリカがデザインした機器で有機燃料と肥料に変換することだ。農家は、安価で簡単に操作できる窯を与えられ、それを使って廃棄物を炭化して有機炭を作り、一部は自分たちの土地を肥やすために使用し、残りをエコ・フューエル・アフリカに売る。窯は無料で提供され、農家は炭の販売収入からその代金を支払う。エコ・フューエル・アフリカは、エネルギー効率のよいコンプレッサーを使用して炭をブリケット(豆炭)の形で燃料に変える。豆炭は、調理用の燃料として手頃な価格で、地元の人々に販売されている。[※61]

システムは、長い間サハラ以南のアフリカの農村社会を苦しめてきた問題に対処するために慎重に計画された。第一に、農家は炭を売り、肥料で土壌の生産性を向上することによって収入を増やすことができる。第二に、木炭を運んだり、エコ・フューエル・アフリカのコンプレッサーを操作したり、炭を配布する職が生まれる。第三に、それまで燃やされていた汚くて煙の出る木屑や糞よりも、クリーンで安全で安価な調理用燃料を多くの人が使えるようになる。毎年、一五〇〇人以上のアフリカ人が室内空気汚染で死亡しており、間に合わせの燃料で調理し、有毒ガスの犠牲になる人も多い。第四に、薪拾いの必要が減る。ウガンダのようなサハラ以南の国の農村部では、伝統的に薪拾いは女性や子どもの仕事であり、その作業に一日の大半を費やしている。危険な場所に出かけることも多い。[※62] 数年前、サンガが母親を訪ねに村に戻ると、一二歳半の妹が頭の上に薪の束を運んでいた。彼女はそれを買うために近くの町まで一〇キロ歩き、同じ距離を歩いて帰ってきた。つまりその日、学校に行けなかったことを意味する。家族が彼女に薪の収集をさせる必要がなくなれば、彼女は自分の時間を勉強ややがてはお金を稼ぐなどもっと生産的なことに費やすことができる。[※63]そして最後に、木を切る必要が減れば、アフリカの森林伐採の問題にも対処できる。サンガは、新しい木を植えることも計画している。

一つの地域でシステムの確立に成功したサンガは、ウガンダ全土、その後東アフリカの全土にこれを導入する計画だ。彼の目標は、四〇〇〇万人以上のアフリカ人にきれいで手頃な価格のエネルギーを提供することだが、ビール・カストゥーリ同様、起業家精神を育成するという野望も持っている。エコ・フューエル・アフリカは、村民にコンプレッサーを与え、自らのエネルギー需要を満たす燃料を作り出す方法を教えることによって、村にフランチャイズの試作モデルを導入した。[※64]このような先見の明あるプロジェクトも、これまでは発展途上国によくある資金不足によって窮地に立たされてきたが、インドのデイリーダンプ同様、サンガ・モーゼスたちも、デザインやデザイン思考を大きな自信とともに駆使することによって、そうした制約を克服してきた。アメリカのスタジオHのコミュニティープログラムや、イギリスのパーティシプルのソーシャルデザインプロジェクトのように、彼らの仕事は、デザインを賢く活用することによって、それを最も必要としている「残りの九〇％の人たち」の生活や将来の見通しを改善することができることを示している。

1 ポール・ポラックとのインタビュー、２００７年４月。 Alice Rawsthorn, 'Design for the Unwealthiest 90 Per Cent', *International Herald Tribune*, 30 April 2007, http://www.nytimes.com/2007/04/27/style/27iht-design30.1.5470390.html

2 エミリー・ピロトンとのインタビュー、２０１１年10月。 Alice Rawsthorn, 'Humanitarian Design Project Aims to Build a Sense of Community', *International Herald Tribune*, 24 October 2011, http://www.nytimes.com/2011/10/24/arts/24iht-design24.html

3 Project H Design, http://www.projecthdesign.org/#studio-h

4 エミリー・ピロトンとのインタビュー、２００９年８月。 Alice Rawsthorn, 'Design for Humanity', *International Herald Tribune*, 7 September 2009. http://www.nytimes.com/2009/09/07/fashion/07iht-design7.html

5 'About Architecture for Humanity', http://architectureforhumanity.org/about

6 原注４に同じ。 Rawsthorn, 'Design for Humanity'.

7 'Kutamba AIDS Orphans School', http://openarchitecturenetwork.org/node/1756

8 Emily Pilloton, *Design Revolution: 100 Products That Empower People* (New York: Metropolis Books, 2009), pp. 160–61.

9 原注４に同じ。 Rawsthorn, 'Design for Humanity'.

10 エミリー・ピロトンとのインタビュー、２０１０年８月。 Alice Rawsthorn, 'Putting New Tools in Students' Hands', *International Herald Tribune*, 23 August 2010, http://www.nytimes.com/2010/08/23/arts/23iht-design23.html

11 エミリー・ピロトンとのインタビュー、２０１２年１月。人道的デザイン、サステナブルデザインのロールモデルに関するピロトンの著書『*Design Revolution*』の販促の一環として、ピロトンとミラーは、エアストリームを移動デザインギャラリーに改造し、テキサスで衝動的に買ったボーダーコリーのジューンバグとともにアメリカ全土を回った。 http://www.projecthdesign.org/#design-revolution-road-show; 'Need to Know | Design Revolution Road Show | PBS', ２０１０年５月13日にPBSがユーチューブに投稿。 http://www.youtube.com/watch?v=IGdRHykBY8A

12 原注２に同じ。 Rawsthorn, 'Humanitarian Design Project Aims to Build a Sense of Community'.

13 同右 *Ibid*.

14 'Recap of Grand Opening Ceremony', Studio H, http://www.studio-h.org/recap-of-grand-opening-ceremony

15 原注２に同じ。 Rawsthorn, 'Humanitarian Design Project Aims to Build a Sense of Community'.

16 原注11に同じ

17 原注２に同じ。 Rawsthorn, 'Humanitarian Design Project Aims to

Build a Sense of Community'.

18 バーティ郡のスタジオHの一年目のおもな出資者は、W・K・ケロッグ財団とアドビ財団だった。'From Bertie to Berkeley: The Next Generation of Studio H', Studio H, http://www.studio-h.org/from-bertie-to-berkeley-the-next-generation-of-studio-h

19 International Design Enterprises を設立したポール・ポラックは、２００６年のアスペン・デザインサミットでの講演で「残りの90％の人たちのためのデザイン」というフレーズを使用した。'India', http://blog.paulpolak.com/?cat=11

20 Rick Poynor (ed.), *Communicate: Independent British Graphic Design since the Sixties* (London: Barbican Art Gallery and Laurence King, 2004), pp. 22–3.

21 戦略的ソーシャルデザインプロジェクトの例は多数ある。イギリスの若者の政治意識を高めるための We Are What We Do による「Young Activist Programme」。ReD Associates は、コペンハーゲン市議会と協力して労働者の常習的欠勤を減らすプログラム、デンマーク政府と協力してイスラム社会の西洋に対する理解を深める試みを行なった。

22 ヒラリー・コッタムとのインタビュー、２０１２年４月

23 ヒラリー・コッタムは、インターネット起業家の Hugo Manassei とともにパーティシプルを設立し、現在二人は共同プリンシパルパートナーを務める。'Hilary Cottam', Participle, http://www.participle.net/about/people/24/hilaryc/

24 原注22に同じ。

25 ヒラリー・コッタムとのインタビュー、２００８年10月。Alice Rawsthorn, 'A New Design Concept: Creating Social Solutions for Old Age', *International Herald Tribune*, 27 October 2008, http://www.nytimes.com/2008/10/27/arts/27iht-design27.1.17228735.html

26 原注22に同じ。

27 原注25に同じ。Rawsthorn, 'A New Design Concept'.

28 'The Circle Movement', Participle, http://www.participle.net/projects/view/5/101/

29 Eric Kindel and Sue Walker with Christopher Burke, Matthew Eve and Emma Minns, 'Isotype Revisited', originally published in Italian translation in *Progetto grafico*, 18 (September 2010); http://www.isotyperevisited.org/2010/09/isotype-revisited.html

30 'Visual Education Expert Visits Ibadan Schools', マリー・ライデマイスターの西部アフリカでの仕事に関する作者不明の記事。元は１９５４年にナイジェリアの新聞に寄せられ、掲載された。posted on Isotype Revisited, http://www.isotyperevisited.org/1954/07/visual-education-expert-visits-ibadan-schools.html

31 Amelia Gentleman, 'Letter from India: Avant-garde City of Chandigarh, India, Loses Overlooked Treasure', *The New York Times*, 29 February 2008, http://www.nytimes.com/2008/02/29/

world/asia/29iht-letter.1.10571360.html

32 Jason Burke, 'Le Corbusier's Indian masterpiece Chandigarh Is Stripped for Parts', *Guardian*, 7 March 2011, http://www.guardian.co.uk/artanddesign/2011/mar/07/chandigarh-le-corbusier-heritage-site

33 Paul Polak, *Out of Poverty: What Works When Traditional Approaches Fail* (San Francisco, Calif.: Berrett-Koehler, 2008). ポール・ポラック『世界一大きな問題のシンプルな解き方──私が貧困解決の現場で学んだこと』（東方雅美訳、英治出版、２０１１年）

34 'History of Architecture for Humanity', http://architectureforhumanity.org/about/history

35 Dan Rockhill and Jenny Kivett, 'Studio 804 in Greensburg, Kansas', in Marie J. Aquilino (ed.), *Beyond Shelter: Architecture and Human Dignity* (New York: Metropolis Books, 2011), pp. 234–45; Studio 804, http://studio804.com/

36 Acumen Fund, http://www.acumenfund.org/

37 John Thackara, *In the Bubble: Designing in a Complex World* (Cambridge, Mass.: The MIT Press, 2006); Alex Steffen (ed.), *Worldchanging: A User's Guide for the 21st Century* (New York: Harry N. Abrams, 2006); Kate Stohr and Cameron Sinclair (eds), *Design Like You Give a Damn: Architectural Responses to Humanitarian Crises* (New York: Metropolis Books, 2006).

38 'India', http://blog.paulpolak.com/?cat=11

39 Exhibitions Archive, Smithsonian Cooper-Hewitt, National Design Museum in New York, http://archive.cooperhewitt.org/other90/other90.cooperhewitt.org/

40 'Nicholas Negroponte', MIT Media Lab, http://www.media.mit.edu/people/nicholas; John Markoff, 'New Economy: Taking the Pulse of Technology at Davos', *The New York Times*, 31 January 2005, http://www.nytimes.com/2005/01/31/technology/31newcon.html

41 One Laptop per Child (OLPC), http://laptop.org/en/vision/project/index.shtml

42 John Markoff, 'Microsoft Would Put Poor Online by Cellphone', *The New York Times*, 30 January 2006,http://www.nytimes.com/2006/01/30/technology/30gates.html

43 ニコラス・ネグロポンテとのインタビュー、２００６年11月。Alice Rawsthorn, 'One Laptop Per Child: Computer Designed for Those Who Can Least Afford Them', *International Herald Tribune*, 20 November 2006, http://www.nytimes.com/2006/11/19/style/19iht-design20.html

44 原注41に同じ。One Laptop Per Child (OLPC), http://laptop.org/en/vision/project/index.shtml

45 原注43に同じ。Rawsthorn, 'One Laptop Per Child'.

46 イヴ・ベアールとのインタビュー、2006年11月。Rawsthorn, 'One Laptop Per Child'.

47 ニコラス・ネグロポンテとのインタビュー、2008年5月。Alice Rawsthorn, 'Design Accolades for One Laptop Per Child', *International Herald Tribune*, 19 May 2008, http://www.nytimes.com/2008/05/16/arts/16iht-design19.1.12963222.html

48 原注41に同じ。One Laptop per Child (OLPC), http://laptop.org/en/vision/project/index.shtml

49 イヴ・ベアールとのインタビュー、2008年5月。Rawsthorn, 'Design Accolades for One Laptop Per Child'.

50 ニコラス・ネグロポンテとのインタビュー、2009年11月。Alice Rawsthorn, 'Nonprofit Laptops: A Dream Not Yet Over', *International Herald Tribune*, 9 November 2009, http://www.nytimes.com/2009/11/09/arts/09iht-design9.html

51 'Education in Uruguay: Laptops for All', *Economist*, 3 October 2009, http://www.economist.com/node/14558609

52 Datawind チーフエグゼクティブ、Suneet Singh Tuli とのインタビュー、2011年12月。Alice Rawsthorn, 'A Few Stumbles on the Road to Connectivity', *International Herald Tribune*, 19 December 2011, http://www.nytimes.com/2011/12/19/arts/design/a-few-stumbles-on-the-road-to-connectivity.html

53 'PlayPumps International', 2008年1月9日、ナショナルジオグラフィックがユーチューブに投稿。http://www.youtube.com/watch?v=qjgcHOWcWGE

54 Ralph Borland, 'The Problem with the PlayPump', in Ralph Borland, Michael John Gorman, Bruce Misstear and Jane Withers, *Surface Tension: The Future of Water* (Dublin: Science Gallery, 2011), pp. 70–71.

55 Andrew Chambers, 'Africa's Not-so Magic Roundabout', *Guardian*, 24 November 2009, http://www.guardian.co.uk/commentisfree/2009/nov/24/africa-charity-water-pumps-roundabouts. プレイポンプ・インターナショナルが閉設された後、その在庫は、コロラド州デンバーの非営利団体 Water for People に引き継がれた。同団体は、発展途上国の人々のための地域持続可能な飲料水源・衛生施設の開発支援を行なっている。http://www.waterforpeople.org/extras/playpumps/update-on-playpumps.html

56 Bruce Nussbaum, 'Is Humanitarian Design the New Imperialism? Does Our Desire to Help Do More Harm than Good?', *Co.Design*, 7 July 2010, http://www.fastcodesign.com/1661859/is-humanitarian-design-the-new-imperialism

57 ナサニエル・コルムは、スタンフォード大学でプロダクトデザインを学び、テキサス大学で建築学修士号を取得、その後、モロッコのベルベル族と仕事をしてアメリカのモンタナとノースダコタに戻る。モンタナでキャメロン・シンクレアとケイト・シュテールに出会い、2人が2006年にベイエリアにオフィスをオープンすると、Architecture for Humanity に参加した。以来、AfH の教育プログラムを開発し、部族集団との仕事を続けている。ニューメキシコ州とアリゾナ州に住むナバホ族の高齢者向けの送電線を利用しない持続可能な住宅を建設する長期プロジェクトに取り組んでいる。自分を「ノマド」だというコルムは、AfH のオフィスの近くに住まいを持つが、プロジェクトのために移動していることが多い。ハイチ地震後の AfH の復興支援に参加したり、オーストラリアやニュージーランドの学校や大学で教育プログラムを開設したり、プラスティキ号の航海に参加したりしている。空いた時間には、ニューメキシコ州とアリゾナ州へ出かけ、老人ホームに取り組む。ナサニエル・コルムとのインタビュー、２０１０年７月。Alice Rawsthorn, 'A Font of Ideas from a "Nomadic" Humanitarian Architect', *International Herald Tribune*, 2 August 2010, http://www.nytimes.com/2010/08/02/arts/design/02iht-design2.html

58 OLPCの仕事の傍ら、fuseproject は、ニューヨークでセーフセックスプログラムをスタートさせ、メキシコの子どもたちに無償でメガネを配布する仕組みを開発した。イヴ・べアールとのインタビュー、２０１１年12月。Rawsthorn, 'A Few Stumbles on the Road to Connectivity'.

59 Victor Papanek, *Design for the Real World: Human Ecology and Social Change* (1971; Chicago, Ill.: Academy Chicago Publishers, 1985), p. xvii. ヴィクター・パパネック『生きのびるためのデザイン』（阿部公正訳、晶文社、１９７４年）

60 サンガ・モーゼスとのインタビュー、２０１２年７月

61 'About Us', Eco-Fuel Africa, http://www.ecofuelafrica.com/index.php?option=com_content&view=article&id=59&Itemid=882

62 'Eco-Fuel Africa Limited', The Buckminster Fuller Challenge, http://challenge.bfi.org/2012Finalist_EcoFuel

63 'Our Team', Eco-Fuel Africa, http://www.ecofuelafrica.com/index.php?option=com_content&view=article&id=62:our-team&catid=21:about-ecofuel&Itemid=887

64 原注60に同じ

エピローグ　デザインをデザインし直そう

私は、デザインとは、品性と先見性のある問題解決であると考えています。つねに、もっとよい方法があると信じています。デザインは人間の本能だと思います。人は本質的に楽観的で、誰もがデザイナーであり、どんな問題もデザインの問題だといえるし、デザインの力によって解決できると思います。

——エミリー・ピロトン[※1]

薬を飲み忘れたり、飲む量をまちがえたり、飲む時間をまちがえたり、有効期限を確認し忘れたり、使い方を教わったのに忘れてしまい、新しい吸入器をひねくり回したり。理由はさまざまだが、たいていは物忘れのせいで、処方薬の二つに一つはまちがって服用され、その人の健康を危険に晒している。

マチュー・ルアヌールは、パリでデザイン学生だった頃、この統計にショックを受け、卒業プロジェクトで根本的な問題に対処することにした。ところが、デザイン学校のディレクターにその計画を告げると、返ってきたのは、やる気を失うような答えだった。別のテーマを選ぶように勧められたのだ。患者に薬を正しく服用させるためにデザイナーが考えたことなど、製薬業界は興味を持たないし、医療専門家となればなおさらだ。もしヘルスケア分野のデザインをしたいのなら、パッケージやブランドアイデンティティーにしておきなさい、と。[※2]

それは善意からのアドバイスだったのだろうが、ルアヌールはそれを無視して、正しい時間に正しい量の薬を飲むことを助ける一連のデバイスを開発した。中には、薬を持ち歩く袋に処方箋を印刷する、その日に飲む量を日付の書かれたプラスチックの「ビーズ」に分けて入れるなど、非常にシンプルなものから、「治療用」紙製ハンカチに花粉症の薬を注入し、使用するたびに症状が緩和されるように考えたものもあった。[※3] このプロジェクトは製薬業界から無視されるどころか一〇年後に生産され、ルアヌールは、パリのある病院の末期患者ケアを改善する方法についてアドバイスするようになった。以来、その病院の緩和ケア病棟には、翌日の空模様を映し出すＬＥＤスクリーンが導入された。余命が長くない患者でも、将来について何かを知ることにより、将来に対する期待を持つようになる。そして、気が重くなりがちな面会に訪れる友人や親戚に話題を提供している。[※4]

マチュー・ルアヌールは、予想を超えた効果的なソリューションで複雑な問題に対処するデザインの機敏さを実証することによって、デザイナーが人々の生活の新たな分野でより大きな責任を担えることを説得力のあるケースで示している。それは、社会サービスの重要な領域を再構築するヒラリー・コッタムとパーティシプルのチーム、データの大洪水の危機に対処するベン・フライとケーシー・リアス、恵まれない人々に力を与えるエミリー・ピロトンとマシュー・ミラー、環境問題に独創的なソリューションを考えだすプーナム・ビール・カストゥーリとサンガ・モーゼス、そして自分の職業を作家、活動家、概念家、冒険家、理論家、戦略家、社会改革者、エコロジスト、異端児、起業家だと称する人すべてに当てはまる。

キュレーターのパオラ・アントネッリは、今後数年間でデザイナーは、物理学者のように、理論と応用の二つのカテゴリーに分かれるだろうと予測している。どちらの陣営も、彼女の言う「実際的な知識人」として、食糧危機や天然資源の枯渇など、私たちの生活の質に影響を与える可能性のある重要な社会的、政治的、技術的な問題を分析するが、前者はそれを抽象的に行ない、後者は実践的な解決策を計画、実行して問題に対処する。[※5] ルアヌールやコッタムなどの功績のおかげで、このシナリオは身近なものに感じられる。

デザイナーがタックルすべき課題は尽きない。天然資源の枯渇、異常気象、デジタルプライバシーの侵害、データの大洪水、社会サービスの破綻、肥大化する埋立地、交通麻痺、空港の混雑、コンピュータウイルス、テクノフォビア（恐怖症）、経済の不均衡、分裂するコミュニティー、食糧不足、絶滅危惧種。大量の宇宙ゴミが地球を周回しているため、国際宇宙ステーションは衝突を避けるために、軌道を変更しなければならない。デザイナーは、こうした問題とこれから数十年間、格闘することになるだろう。

科学分野でのさまざまな発見が強力なツールとして活用できるようになるだろう。その源泉となるのは、現在深海を探索中の水中無人機、ローザンヌのブルーブレインプロジェクト、大型ハドロン衝突型加速器、国際宇宙ステーション、そして世界中のさまざまな研究機関だ。デザインは、その「Hello World」の役割において、そうした科学的知識における躍進を、私たちがより効率的で楽しい、責任ある生活を送るために役立つものに変換することができる。また、前世代のデザイナーがトランジスタやコンピュータに対してしたように、ロボット工学、ナノテクノロジー、超分子化学、バイオミミクリー、デジタル生産技術などにおける今後の発展が建設的な用途に活用されるよう努力することもできる。

デザインは今後も本質的には変わらないだろう。秦の始皇帝の時代と同じように、変革の推進者であり続け、一五九三年発行のオックスフォード英語辞典で定義されているように、「頭の中で構想した、実行すべき計画やスキーム」であり続ける。[※6] だが、デザインが持つ真の可能性を発揮しようと思うならば、それは進化する必要がある。従来どおり、またはそれ以上に誠実さや有効性、創意工夫、妥当性などの特質も重要になるが、他の資質も育てなければならない。

その一つは、開放性だ。オープンソースの時代には、秘匿性はもはやその権限を行使しても人を引きつける力はなく、むしろ不安の現われと見なされ、疑惑の素になりかねない。デザイナーは、防御を解き、他の分野との連携を受け入れていくことが必要だ。新しい領域に進出するための策としてではなく、学習の機会として。そしてその寛大さは、偶然デザインに携わっている「にわかデザイナー」や、新しい製造技術を使ってさまざまなカスタマイゼーションを試み、大きな影響をもたらすことが予想されるデザインの使用者にも言えることだ。

デザインにはもっと思いやりも必要だ。かつてデザインは「確実性」によって説明することができた。モ

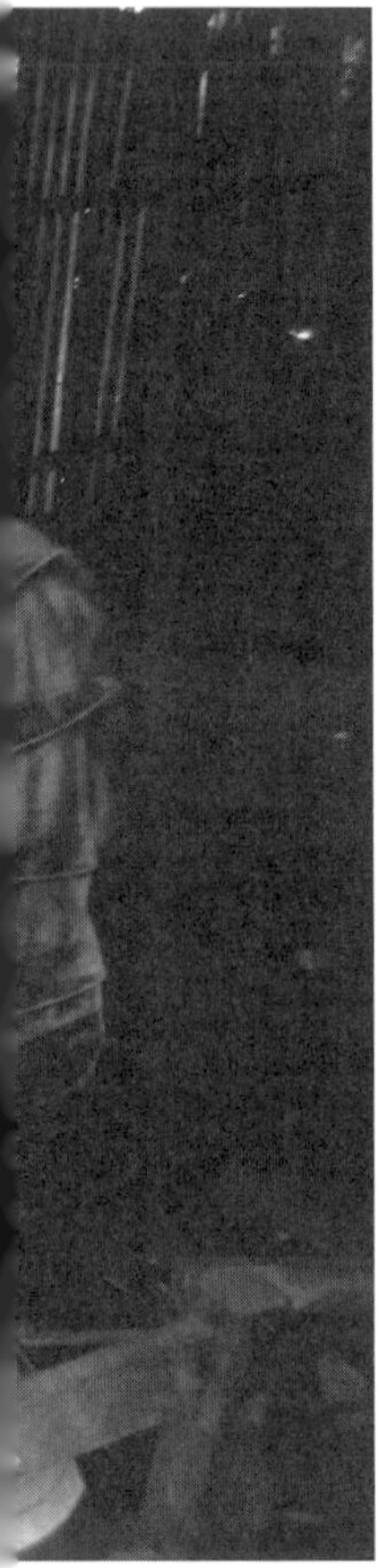

Eco-fuel アフリカのきれいで安全な
調理用オーガニック燃料生産システム

ダニストたちが一心に標準化によって大衆の生活を改善しようとした文化から想像できるとおり。この文化はよく言えば楽観的で勇敢だったが、その反面、傲慢、冷酷、激賞に陥っていった。こうした性質は今後はさらに多くのダメージをもたらすだろう。デザインにはもっと共感が必要であり、私たちの生活のさまざまな要素を決定している、合理的な解析では説明できない人間の弱さにもっと受容的になる必要がある。何しろ私たちの半分は、正しく処方薬を服用するという単純で重要なことにも手間取るのだから。

そしてデザインはもっと大胆かつ謙虚になる必要がある。デザイナーがその野心や勇気によって非難されることがあってはならない。仕事の規模や困難さにおいてより高い次元を目指すならば、そのどちらもが豊富に必要になる。しかし同時に、デザインの限界を受け入れて自制することもしなければならない。そうしなければ、新たな方面で及ぼそうとするその影響の信憑性は内から崩れていくだろう。また、持続可能な社会の構築に対する貢献といった高尚な努力のありふれた側面もないがしろにしてはならない。

さらに、デザインにはもっと外交性も必要だ。デザイナーは、優れたコミュニケーターになれる。何世紀にもわたって、象徴的なドクロマークやあらゆる地図やサインシステム、視覚言語が人々を導き、啓発し、守ってきたことがその何よりの証拠だ。だがその一方で、デザイナー自身の大義を擁護することには明らかに成功していない。それ故に、デザインに対する誤解や固定観念に長きにわたって付きまとわれてきた。より大きく困難な課題を引き受ければ、そのリスクや責任も高まる。それだけ失敗したときの影響が大きくなるからだ。デザイナーは、より厳しく仕事にあたるだけでなく、それを広めるときに、より巧みに行なう必要がある。

気の滅入るような困難ばかりだが、乗り越えられないものはない。デザインがこれらの障害を克服できれば、そしてその潜在性を発揮して私たちの生活の中でより賢く建設的な力になることができれば、それは私たちすべてにとっての利益である。

1 Emily Pilloton, *Design Revolution: 100 Products That Empower People* (New York: Metropolis Books, 2009), p. 10.

2 マチュー・ルアヌールとのインタビュー、２０１２年１月。Alice Rawsthorn, 'Blending Fields, Connecting Ideas', *International Herald Tribune*, 16 January 2012, http://www.nytimes.com/2012/01/16/arts/16iht-design16.html

3 Coralie Gauthier (ed.), *Mathieu Lehanneur* (Berlin: Gestalten, 2012), pp. 57–65.

4 マチュー・ルアヌールとのインタビュー、２０１２年７月

5 'Design Takes Over, Says Paola Antonelli', *Economist*, 22 November 2010, http://www.economist.com/node/17509367

6 William Little, H. W. Fowler and Jessie Coulson, *The Shorter Oxford English Dictionary on Historical Principles*, vol. 1, ed. C. T. Onions (Oxford: Clarendon Press, 1987), p. 528.

著者あとがき

私は、デザインほど強力な力を持つものが、なぜこれほどまでによく誤解され過小評価されるのか、つねづね不思議に思っていた。デザインは人々の生活の質を多方面から左右する。その影響から逃れることはできないが、それを深く理解するほど、自分たちの利益にかなうものにできる可能性は高まる。

私はデザインについて知れば知るほど、デザインに惹かれる。『インターナショナル・ヘラルド・トリビューン』紙でデザインについて毎週コラムを書かせていただいた七年間は、とくにそのことを実感した。本書は、そこで取り上げたテーマの多くを、新聞のコラムよりも深く掘り下げたかたちでまとめたものだ。

デザインについて書く人は、その人なりのデザインの定義を明らかにする必要がある。本書では、『インターナショナル・ヘラルド・トリビューン』紙同様、可能な限り広義に解釈した。専門職としてだけでなく、それを表す言葉ができるずっと前から存在していた直感的なプロセスとして解釈している。本書は、紀元前三世紀の軍事作戦を計画し、一八世紀の海賊がその犠牲者を恐怖に陥れて短時間で降伏させ、新しい製品や情報システムを開発し、データの大洪水やゴミの再生の賢い対処法を考案する上でデザインが果たしてきた役割について述べている。建築もデザインの重要な分野ではあるが、ここでは一瞬しか触れていない。他の分野に比べてスケールが違いすぎるため、一緒にすると誤った印象を与えるかもしれないと感じたからだ。

デザインが持つ力や微妙な意味合いを発見できたことは、私にとって非常に幸せなことだ。本書の読者が私の感じた喜びを共有してくだされば幸いである。

訳者あとがき

本書を初めて読んだとき、偉そうだが、「よくぞ書いてくれた」と思った。そして、とても興奮した。今までこういう本がなかったことが不思議なくらいだった。

私たちはよく「機能は変わらないからデザインで選ぶしかないよね」と言うが、ときどき「グランドデザイン」などという言葉も使ったりする。

デザインというものの概念を説明するのは難しい。それに、時代とともに移り変わる。しかし著者は、一貫したその本質を「ハロー、ワールド」という言葉に凝縮させている。

著者は、古代から中世、産業革命前後から現代までの、ふんだんな事例を臨場感たっぷりに伝えながら、デザインのもつ力を、日刊紙のコラムで一般の新聞読者向けに面白くわかりやすく説いてきた。

その抜粋で拡張版である本書で紹介されている事例には、アップルやＭＴＶ、ブラウンやウェッジウッドなど、それぞれ一時代を築いてきた企業の戦略もあれば、秦の始皇帝や海賊がデザインとは知らずに手掛けた歴史的デザイン、地下鉄の路線図や道路標識の事始め、政治を左右する選挙の投票用紙や統計データのデザインあり、とこのうえなく多彩だ。人知れぬ優れたデザインにスポットライトをあて、だめなデザインを反面教師に学ばせる。

さらに、デザインやデザイナーの仕事がこれまでどのように変遷し、そしていま変わろうとしているのかを、その先駆者たちを丁寧にインタビューしながら探りあてようとしている。社会的責任、変革の主体としての自覚、自主プロジェクトへの取り組み。個よりチーム、美しさよりユーザビリティ、モノからシステムへ、ウォンツからほんとうのニーズへ。

デザイナーにはまだまだやるべきことがたくさんある、と著者はいう。しかし、どんなデザインプロジェクトも、デザイナーだけでは完結しない。一緒にタッグを組む別の分野の人々にもデザインに対する理解やデザイン思考が不可欠だ。

そういう意味で、本書は、デザインの周辺にいる人々にデザインの魅力と「必要な理由」を示唆し訴える教科書であると同時に、デザイナーへのエール、その目を開かせる愛に溢れた叱咤激励の書でもある。

- Alexander von Vegesack, *Thonet: Classic Furniture in Bent Wood and Tubular Steel* (London: Hazar, 1996)

- Robert Venturi, Denise Scott Brown and Steven Izenour, *Learning from Las Vegas: The Forgotten Symbolism of Architectural Form* (1972; Cambridge, Mass.: The MIT Press, 1977) ロバート・ヴェンチューリ、デニス・スコット・ブラウン、スティーブン・アイゼナワー『ラスベガス』(石井和紘、伊藤公文共訳、鹿島出版会、1978年)

- Ron van der Vlugt, *Life Histories of 100 Famous Logos* (Amsterdam: BIS Publishers, 2012)

- Alison Weir, *Henry VIII: King and Court* (London: Jonathan Cape, 2001)

- Peter Weiss (ed.), *Alessandro Mendini: Design and Architecture* (Milan: Electa, 2001)

- Nigel Whiteley, *Reyner Banham: Historian of the Immediate Future* (Cambridge, Mass.: The MIT Press, 2002)

- Raymond Williams, *Keywords: A Vocabulary of Culture and Society* (1976; London: Fontana, 1983) レイモンド・ウィリアムズ『完訳キーワード辞典』(椎名美智、越智博美、武田ちあき、松井優子共訳、平凡社、2002年)

- Edward O. Wilson, *The Diversity of Life* (1992; London: Penguin Books, 2001)

- Elizabeth Wilson, *Adorned in Dreams: Fashion and Modernity* (London: Virago Press, 1985)

- Elizabeth Wilson, *Hallucinations: Life in the Post-Modern City* (London: Hutchinson Radius, 1989)

- Hans M. Wingler, *Bauhaus: Weimar, Dessau, Berlin, Chicago* (Cambridge, Mass.: The MIT Press, 1976)

- Theodore Zeldin, *An Intimate History of Humanity* (1994; London: Vintage, 1998) セオドア・ゼルディン『悩む人間の物語』(森内薫訳、日本放送出版協会、1999年)

- Stefan Zweig, *The Post Office Girl* (1982; London: Sort of Books, 2009) シュテファン・ツヴァイク『変身の魅惑』(飯塚信雄訳、朝日新聞社、1986年)

- Michael Sheridan, *Room 606: The SAS House and the Work of Arne Jacobsen* (London: Phaidon, 2003)
- Harold A. Small (ed.), *Form and Function: Remarks on Art, Design and Architecture by Horatio Greenough* (Berkeley: University of California Press, 1947)
- Adam Smith, *The Wealth of Nations: Books I–III* (1776; London: Penguin Classics, 2003) アダム・スミス『国富論　国の豊かさの本質と原因についての研究』(上下巻、山岡洋一訳、日本経済新聞社出版局、2007年)など
- Félix Solaguren-Beascoa de Corral, *Arne Jacobsen* (Barcelona: Editorial Gustavo Gili, 1991)
- Susan Sontag (ed.), *Barthes: Selected Writings* (London: Fontana, 1983)
- Penny Sparke, *A Century of Car Design* (London: Mitchell Beazley, 2002)
- Penny Sparke, *Italian Design: 1870 to the Present* (London: Thames & Hudson, 1988)
- Nancy Spector (ed.), *Matthew Barney: The Cremaster Cycle* (New York: Harry N. Abrams, 2002)
- Alex Steffen (ed.), *Worldchanging: A User's Guide for the 21st Century* (New York: Harry N. Abrams, 2006)
- Kate Stohr and Cameron Sinclair (eds), *Design Like You Give a Damn: Architectural Responses to Humanitarian Crises* (New York: Metropolis Books, 2006)
- Nina Stritzler-Levine (ed.), *Sheila Hicks: Weaving as Metaphor* (New Haven, Conn.: Yale University Press, 2006)
- Don Tapscott, *Growing Up Digital: The Rise of the Net Generation* (New York: McGraw-Hill Books, 1997) ドン・タプスコット『デジタルチルドレン』(橋本恵、清水伸子、菊地早苗共訳、ソフトバンク社、1998年)
- Don Tapscott, *Grown Up Digital: How the Net Generation Is Changing the World* (New York: McGraw-Hill Books, 2009) ドン・タプスコット『デジタルネイティブが世界を変える』(栗原潔訳、翔泳社、2009年)
- Frederick Winslow Taylor, *The Principles of Scientific Management* (1911; New York: Dover Publications, 2003) フレデリック・W・テイラー『科学的管理法』(有賀裕子訳、ダイヤモンド社、2009年)
- Henk Tennekes, *The Simple Science of Flight: From Insects to Jumbo Jets* (Cambridge, Mass.: The MIT Press, 2009)
- John Thackara, *In the Bubble: Designing in a Complex World* (Cambridge, Mass.: The MIT Press, 2006)
- John Thackara (ed.), *Design After Modernism: Beyond the Object* (London: Thames & Hudson, 1988) ジョン・サッカラ編『モダニズム以降のデザイン――ものの実体を超えて』(奥出直人、桝山寛、藤原えりみ共訳、鹿島出版会、1991年)
- Ian Thompson, *The Sun King's Garden: Louis XIV, André Le Nôtre and the Creation of the Gardens of Versailles* (London: Bloomsbury, 2006)
- Calvin Tomkins, *Duchamp: A Biography* (New York: Henry Holt, 1996) カルヴィン・トムキンズ『マルセル・デュシャン』(木下哲夫訳、みすず書房、2003年)
- Edward Tufte, *Beautiful Evidence* (Cheshire, Conn.: Graphics Press, 2006)
- Edward Tufte, *Envisioning Information* (Cheshire, Conn.: Graphics Press, 1990)
- Edward Tufte, *The Visual Display of Quantitative Information* (1983; Cheshire, Conn.: Graphics Press, 2001)
- Margarita Tupitsyn (ed.), *Rodchenko & Popova: Defining Constructivism* (London: Tate Publishing, 2009)
- Keiko Ueki-Polet and Klaus Kemp (eds), *Less and More: The Design Ethos of Dieter Rams* (Berlin: Gestalten, 2009)
- Jenny Uglow, *The Lunar Men: The Friends Who Made the Future, 1730–1810* (London: Faber and Faber, 2002)
- Giorgio Vasari, *Lives of the Artists: Volume I* (1550; London: Penguin Books, 1987) ジョルジョ・ヴァザーリ『芸術家列伝』(1〜3巻)(平川祐弘、小谷年司共訳、白水社、2011年)、『美術家列伝』(1・2巻)(亀崎勝訳、大学書林、1998年)など

- Plato, *The Republic* (1955; London: Penguin Classics, 2007) プラトン『国家』(上下巻、藤沢令夫訳、1979年)など
- Paul Polak, *Out of Poverty: What Works When Traditional Approaches Fail* (San Francisco, California: Berrett-Koehler Publishers, 2008) ポール・ポラック『世界一大きな問題のシンプルな解き方——私が貧困解決の現場で学んだこと』(東方雅美訳、英治出版、2011年)
- Sergio Polano, *Achille Castiglioni: Tutte le Opere 1938–2000* (Milan: Electa, 2001)
- Lisa Licitra Ponti, *Gio Ponti: The Complete Work 1923–1978* (London: Thames and Hudson, 1990)
- Jane Portal (ed.), *The First Emperor: China's Terracotta Army* (London: British Museum Press, 2007)
- Rick Poynor, *No More Rules: Graphic Design and Postmodernism* (London: Laurence King, 2003)
- Rick Poynor (ed.), *Communicate: Independent British Graphic Design since the Sixties* (London: Barbican Art Gallery and Laurence King, 2004)
- Graham Pullin, *Design Meets Disability* (Cambridge, Mass.: The MIT Press, 2009)
- Barbara Radice, *Ettore Sottsass: A Critical Biography* (New York: Rizzoli International, 1993)
- Dieter Rams, *Less but Better* (Hamburg: Jo Klatt Design+Design, 1995)
- Herbert Read, *Art and Industry* (London: Faber and Faber, 1934)
- Herbert Read and Bernard Rackham, *English Pottery* (London: Ernest Benn, 1924)
- Casey Reas and Ben Fry, *Processing: A Programming Handbook for Visual Designers and Artists* (Cambridge, Mass.: The MIT Press, 2007)
- Casey Reas and Chandler McWilliams, LUST, *Form + Code: In Design, Art and Architecture* (New York: Princeton Architectural Press, 2010)
- Robert Recorde, *The Whetstone of Witte* (1557; Mountain View, Calif.: Creative Commons, 2009)
- Peter Reed (ed.), *Alvar Aalto: Between Humanism and Materialism* (New York: Museum of Modern Art, 1998)
- Timo de Rijk, *Norm =Form: On Standardisation and Design* (Den Haag: Thieme Art/ Foundation Design den Haag, 2010)
- Terence Riley and Barry Bergdoll (eds), *Mies in Berlin* (New York: Museum of Modern Art, 2001)
- Marco Romanelli, *Gio Ponti: A World* (Milan: Editrice Abitare Segesta, 2002)
- Jamaica Rose and Michael MacLeod, *A Book of Pirates: A Guide to Plundering, Pillaging and Other Pursuits* (Layton, Utah: Gibbs M. Smith, 2010)
- David Rothenberg, *Survival of the Beautiful: Art, Science, and Evolution* (New York: Bloomsbury, 2011)
- Bernard Rudofsky, *Architecture Without Architects: A Short Introduction to Non- Pedigreed Architecture* (1964; Albuquerque: University of New Mexico Press, 1987) バーナード・ルドフスキー『建築家なしの建築』(渡辺武信訳、鹿島出版会、1984年)
- Louise Schouwenberg, *Hella Jongerius* (London, New York: Phaidon, 2003)
- Louise Schouwenberg (ed.), *Hella Jongerius: Misfit* (London, New York: Phaidon, 2010)
- Franz Schulze, *Philip Johnson: Life and Work* (New York: Alfred A. Knopf, 1994)
- Sabine Schulze and Ina Grätz (eds), *Apple Design* (Ostfildern: Hatje Cantz, 2011) ザビーネ・シュルツェ、イナ・グレーツ『Apple Design 1997-2011日本語版』(平谷早苗編、株式会社Bスプラウト訳、ボーンデジタル、2012年)
- Meryle Secrest, *Frank Lloyd Wright: A Biography* (New York: Alfred A. Knopf, 1992)
- Richard Sennett, *The Conscience of the Eye: The Design and Social Life of Cities* (New York: Alfred A. Knopf, 1990)
- Richard Sennett, *The Craftsman* (London: Allen Lane, 2008)
- Paul Shaw, *Helvetica and the New York City Subway System: The True (Maybe) Story* (Cambridge, Mass.: The MIT Press, 2010)
- Mary Shelley, *Frankenstein: Or, the Modern Prometheus* (1818; London: Penguin Classics, 2003) メアリー・シェリー『フランケンシュタイン』(森下弓子訳、東京創元社、1984年)など

- William J. Mitchell, Christopher E. Borroni-Bird and Lawrence D. Burns, *Reinventing the Automobile: Personal Mobility for the 21st Century* (Cambridge, Mass.: The MIT Press, 2010) ウィリアム・J・ミッチェル、クリストファー・E・ボローニ=バード、ローレンス・D・バーンズ『「考えるクルマ」が世界を変える——アーバン・モビリティの革命』(室田泰弘訳、東洋経済新報社、2012年)
- Bill Moggridge, *Designing Interactions* (Cambridge, Mass.: The MIT Press, 2007)
- Bill Moggridge, *Designing Media* (Cambridge, Mass.: The MIT Press, 2010)
- László Moholy-Nagy, *Vision in Motion* (Chicago, Ill.: Paul Theobald, 1947)
- Sibyl Moholy-Nagy, *Moholy-Nagy: Experiment in Totality* (New York: Harper & Brothers, 1950) シビル・モホリ=ナギ『モホリ=ナギ——総合への実験』(下島正夫、高取利尚共訳、ダヴィッド社、1973年)
- Richard Morphet (ed.), *Richard Hamilton* (London: Tate Gallery Publications, 1992)
- William Morris, *Hopes and Fears for Art* (London: Longmans, Green, 1919)
- Jasper Morrison, *A Book of Spoons* (Gent: Imschoot Uitgevers, 1997)
- Jasper Morrison, *Everything but the Walls* (Baden: Lars Müller, 2002)
- Farshid Moussavi, *The Function of Form* (Barcelona: Actar, with Cambridge, Mass.: Harvard University Graduate School of Design, 2009)
- Farshid Moussavi and Michael Kubo (eds), *The Function of Ornament* (Barcelona: Actar, 2006)
- Bruno Munari, *Design as Art* (1966; London: Penguin Books, 2008) ブルーノ・ムナーリ『芸術としてのデザイン』(小山清男訳、ダヴィッド社、1973年)
- Bruno Munari, *Supplemento al Dizionario Italiano/Supplement to the Italian dictionary* (1963; Mantova: Maurizio Corraini, 2004)
- Heike Munder (ed.), *Peter Saville Estate 1–127* (Zurich: Migros Museum für Gegenwartskunst Zürich and JRP|Ringier, 2007)
- George Nelson, *Chairs* (New York: Whitney, 1953)
- John Neuhart, Marilyn Neuhart and Ray Eames, *Eames Design: The Work of the Office of Charles and Ray Eames* (London: Thames & Hudson, 1989)
- Marilyn Neuhart with John Neuhart, *The Story of Eames Furniture* (Berlin: Gestalten, 2010)
- Marie Neurath and Robert S. Cohen (eds), *Otto Neurath: Empiricism and Sociology* (Dordecht: D. Reidel, 1973)
- Otto Neurath, *From Hieroglyphics to Isotype: A Visual Autobiography* (London: Hyphen Press, 2010)
- Jocelyn de Noblet (ed.), *Design, Miroir du Siècle* (Paris: Flammarion/APCI, 1993)
- Novalis, *Novalis: Philosophical Writings* (1798; Albany: State University of New York Press, 1977)
- Hans Ulrich Obrist (ed.), *A Brief History of Curating* (Zurich: JRP|Ringier, 2008) ハンス・ウルリッヒ・オブリスト『キュレーション——「現代アート」をつくったキュレーターたち』(村上華子訳、フィルムアート社、2013年)
- Celeste Olalquiaga, *The Artificial Kingdom: A Treasury of the Kitsch Experience* (New York: Pantheon Books, 1998)
- Jonathan Olivares, *A Taxonomy of the Office Chair* (London: Phaidon, 2011)
- Victor Papanek, *Design for the Real World: Human Ecology and Social Change* (1971; Chicago, Ill.: Academy Chicago Publishers, 1985) ヴィクター・パパネック『生きのびるためのデザイン』(阿部公正訳、晶文社、1974年)
- Martin Pawley, *Buckminster Fuller: How Much Does the Building Weigh?* (1990; London: Trefoil Publications, 1995) マーティン・ポーリー『バックミンスター・フラー(デザイン・ヒーローズ)』(渡辺武信、相田武文共訳、鹿島出版会、1994年)
- Ingrid Pfeiffer and Max Hollein (eds), *László Moholy-Nagy Retrospective* (Munich: Prestel, 2009)
- Emily Pilloton, *Design Revolution: 100 Products That Empower People* (New York: Metropolis Books, 2009)
- Plato, *Early Socratic Dialogues* (1987; London: Penguin Classics, 2005) プラトン『ソクラテスの弁明/クリトン』(久保勉訳、岩波書店、1964年)など

- Rem Koolhaas and Hans Ulrich Obrist, *Project Japan: Metabolism Talks...* (Cologne: Taschen, 2011) レム・コールハース、ハンス・ウルリッヒ・オブリスト『プロジェクト・ジャパン——メタボリズムは語る…』(太田佳代子、ジェームス・ウェストコット編、平凡社、2012年)

- Joachim Krausse and Claude Lichtenstein (eds), *Your Private Sky: R. Buckminster Fuller* (Baden: Lars Müller, 2000)

- Mateo Kries and Alexander von Vegesack (eds), *Joe Colombo: Inventing the Future* (Weil am Rhein: Vitra Design Museum, 2005)

- Peter Lang and William Menking (eds), *Superstudio: Life Without Objects* (Milan: Skira Editore, 2003)

- Jaron Lanier, *You Are Not a Gadget: A Manifesto* (London: Allen Lane, 2010) ジャロン・ラニアー『人間はガジェットではない』(井口耕二訳、早川書房、2010年)

- Marcia Lausen, *Design for Democracy: Ballot and Election Design* (Chicago, Ill.: University of Chicago Press, 2007)

- Aldo Leopold, *A Sand County Almanac: And Sketches Here and There* (1949; Oxford: Oxford University Press, 1992) アルド・レオポルド『野生のうたが聞こえる』(新島義昭訳、講談社、1997年)

- Jeremy Lewis, *The Life and Times of Allen Lane* (London: Penguin Books, 2006)

- William Little, H. W. Fowler and Jessie Coulson, *The Shorter Oxford English Dictionary on Historical Principles,* vol. 1, ed. C. T. Onions (Oxford: Clarendon Press, 1987)

- Raymond Loewy, *Industrial Design* (London: Faber and Faber, 1979)

- Raymond Loewy, *Locomotive: The New Vision* (New York: The Studio, 1937)

- Loretta Lorance, *Becoming Bucky Fuller* (Cambridge, Mass.: The MIT Press, 2009)

- Sophie Lovell, *Dieter Rams: As Little Design as Possible* (London: Phaidon, 2011)

- Jacques Lucan (ed.), *OMA – Rem Koolhaas: Architecture 1970–1990* (New York: Princeton Architectural Press, 1991)

- Fiona MacCarthy, *The Last Pre-Raphaelite: Edward Burne-Jones and the Victorian Imagination* (London: Faber and Faber, 2011)

- Fiona MacCarthy, *William Morris* (1994; London: Faber and Faber, 1995)

- Cara McCarty, *Designs for Independent Living* (New York: Museum of Modern Art, 1988)

- Deborah McDonald, *Clara Collet, 1860–1948: An Educated Working Woman* (London: Routledge, 2004)

- Mary McLeod (ed.), *Charlotte Perriand: An Art of Living* (New York: Harry N. Abrams, 2003)

- John Maeda, *The Laws of Simplicity: Design, Technology, Business, Life* (Cambridge: Mass.: The MIT Press, 2006) ジョン・マエダ『シンプリシティの法則』(鬼澤忍訳、東洋経済新報社、2008年)

- John Maeda with Becky Bermont, *Redesigning Leadership: Design, Technology, Business, Life* (Cambridge: Mass.: The MIT Press, 2011)

- Karl Mang, *History of Modern Furniture* (Stuttgart: Gerd Hatje, 1978)

- Beate Manske (ed.), *Wilhelm Wagenfeld (1900–1990)* (Ostfildern-Ruit: Hatje Cantz, 2000)

- Abraham H. Maslow (ed.), *New Knowledge in Human Values* (New York: Harper & Brothers, 1959)

- Shena Mason (ed.), *Matthew Boulton: Selling What All the World Desires* (New Haven, Conn.: Yale University Press, 2009)

- Bruce Mau, *Life Style* (London: Phaidon, 2000)

- Bruce Mau and the Institute Without Boundaries, *Massive Change* (London: Phaidon, 2004)

- Christien Meindertsma, *Pig 05049* (Rotterdam: Flocks, 2007)

- Metahaven and Marina Vishmidt, *Uncorporate Identity* (Baden: Lars Müller with the Jan van Eyck Academie, Maastricht, 2010)

- Anne Hollander, *Sex and Suits: The Evolution of Modern Dress*（1994; Brinkworth: Claridge Press, 1998）アン・ホランダー『性とスーツ――現代衣服が形づくられるまで』（中野香織訳､白水社､1997年）
- Richard Holmes, *The Age of Wonder: How the Romantic Generation Discovered the Beauty and Terror of Science*（London: HarperPress, 2008）
- David Hume, *A Treatise of Human Nature: Being an Attempt to Introduce the Experimental Method of Reasoning into Moral Subjects*（1740; London: Penguin Classics, 2004）デイヴィッド・ヒューム『人間本性論』（1〜3巻、木曾好能訳、法政大学出版局、2011年）
- Reginald Isaacs, *Gropius: An Illustrated Biography of the Creator of the Bauhaus*（1983; Boston, Mass.: Bullfinch Press, 1991）
- Walter Isaacson, *Steve Jobs*（London: Little, Brown, 2011）ウォルター・アイザックソン『スティーブ・ジョブズ』（井口耕二訳、講談社、2011年）
- Frederic Jameson, *Postmodernism or, The Cultural Logic of Late Capitalism*（London: Verso, 1991）
- Iva Janáková（ed.）, *Ladislav Sutnar – Prague – New York – Design in Action*（Prague: Argo, 2003）
- Lisa Jardine, *Worldly Goods: A New History of the Renaissance*（1996; London: Macmillan, 1997）
- Captain Charles Johnson, *A General History of the Robberies and Murders of the Most Notorious Pyrates*（1724; London: Conway Maritime Press, 2002）チャールズ・ジョンソン『海賊列伝――歴史を駆け抜けた海の冒険者たち』（上下巻、朝比奈一郎訳、中央公論新社、1983年）
- Philip Johnson, *Machine Art*（New York: Museum of Modern Art, 1934）
- Philip Johnson, *Objects: 1900 and Today*（New York: Museum of Modern Art, 1933）
- Steve Jones, *Darwin's Island: The Galapagos in the Garden of England*（London: Little, Brown, 2009）
- Cees W. de Jong（ed.）, *Jan Tschichold: Master Typographer, His Life, Work & Legacy*（London: Thames & Hudson, 2008）
- *Donald Judd Furniture*（Rotterdam: Museum Boijmans van Beuningen, 1993）
- Leander Kahney, *Inside Steve's Brain*（New York: Portfolio, 2008）リーアンダー・ケイニー『スティーブ・ジョブズの流儀』（三木俊哉訳、武田ランダムハウスジャパン、2008年）
- Masaki Kanai（ed.）, *Muji*（New York: Rizzoli International, 2010）
- Edgar Kaufmann Jnr, *Good Design*（New York: Museum of Modern Art, 1950）
- Edgar Kaufmann Jnr, *Organic Design in Home Furnishings*（New York: Museum of Modern Art, 1941）
- Edgar Kaufmann Jnr, *Prize Designs for Modern Furniture*（New York: Museum of Modern Art, 1950）
- Donald Keene, *Yoshimasa and the Silver Pavilion: The Creation of the Soul of Japan*（New York: Columbia University Press, 2003）ドナルド・キーン『ドナルド・キーン著作集第七巻　足利義政と銀閣寺』（新潮社、2013年）
- Alison Kelly（ed.）, *The Story of Wedgwood*（1962; London: Faber and Faber, 1975）
- György Kepes, *Language of Vision*（1944; New York: Dover Publications, 1995）ギオルギー・ケペッシュ『視覚言語――絵画・写真・広告デザインへの手引』（編集部訳、グラフィック社、1981年）
- György Kepes（ed.）, *György Kepes: The MIT Years, 1945–1977*（Cambridge, Mass.: The MIT Press, 1978）
- Emily King, *Robert Brownjohn: Sex and Typography*（New York: Princeton Architectural Press, 2005）
- Emily King（ed.）, *Designed by Peter Saville*（London: Frieze, 2003）
- Pat Kirkham, *Charles and Ray Eames: Designers of the Twentieth Century*（Cambridge, Mass.: The MIT Press, 1995）
- Naomi Klein, *No Logo*（London: Flamingo, 2000）ナオミ・クライン『ブランドなんか、いらない』（松島聖子訳、大月書店、2009年）
- Rem Koolhaas, Bruce Mau with Jennifer Sigler（eds）. *Small, Medium, Large, Extra-Large: Office for Metropolitan Architecture*（Rotterdam: 010 Publishers, 1995）

- Elizabeth Gaskell, *North and South* (1855; Harmondsworth: Penguin Classics, 1987) エリザベス・ギャスケル『ギャスケル全集4　北と南』(日本ギャスケル協会監修、朝日千尺訳、大阪教育図書、2004年)

- Coralie Gauthier (ed.), *Mathieu Lehanneur* (Berlin: Gestalten, 2012)

- Siegfried Giedion,'The Key to Reality: What Ails Our Time?' Catalogue for Constructivist Art exhibition at the London Gallery, 12–31 July 1937

- Siegfried Giedion, *Space, Time and Architecture: The Growth of a New Tradition* (Cambridge, Mass.: Harvard University Press, 1941) ジークフリート・ギーディオン『新版　空間・時間・建築』(太田實訳、丸善、2009年)

- Brendan Gill, *Many Masks: A Life of Frank Lloyd-Wright* (London: William Heinemann, 1988)

- James Gleick, *The Information: A History, a Theory, a Flood* (2011; London: Fourth Estate, 2012) ジェイムズ・グリック『インフォメーション——情報技術の人類史』(楡井浩一訳、新潮社、2013年)

- Andrea Gleiniger, *The Chair No. 14 by Michael Thonet* (Frankfurt am Main, Germany: form, 1998)

- Nicholas Goodison, *Matthew Boulton: Ormolu* (London: Christie's, 1974)

- Robert Graves, *Greek Myths* (1955; London: Cassell, 1991) ロバート・グレイヴズ『ギリシャ神話』(高杉一郎訳、紀伊国屋書店、1998年)

- Jean-Pierre Greff (ed.), *AC/DC Contemporary Art, Contemporary Design* (Geneva: Geneva University of Art and Design, 2008)

- Thierry Grillet and Marie-Laure Jousset (eds), *Ettore Sottsass* (Paris: Éditions du Centre Pompidou, 1994)

- Joost Grootens, *I swear I use no art at all: 10 years, 100 books, 18,788 pages of book design* (Rotterdam: 010 Publishers, 2010)

- Robert Grudin, *Design and Truth* (New Haven, Conn.: Yale University Press, 2010)

- Martí Guixé, *Food Designing* (Mantova, Italy: Maurizio Corraini, 2010)

- Martí Guixé (ed.), *Libre de Contexte, Context Free* (Basel: Birkhäuser, 2003)

- Paul Hawken, *The Ecology of Commerce: A Declaration of Sustainability* (New York: HarperBusiness, 2002) ポール・ホーケン『サステナビリティ革命——ビジネスが環境を救う』(鶴田栄作訳、ジャパンタイムズ、1995年)

- K. Michael Hays and Dana Miller (eds), *Buckminster Fuller: Starting with the Universe* (New York: Whitney Museum of American Art, 2008)

- Steven Heller, *Paul Rand* (London: Phaidon, 1999)

- John Heskett, *Industrial Design* (London: Thames & Hudson, 1980) ジョン・ヘスケット『インダストリアル・デザインの歴史』(栄久庵祥二、GK研究所共訳、晶文社、1985年)

- John Heskett, *Toothpicks & Logos: Design in Everyday Life* (Oxford: Oxford University Press, 2002) ジョン・ヘスケット『デザイン的思考——つまようじからロゴマークまで』(菅靖子、門田園子共訳、ブリュッケ、2007年)

- Fred Hirsch, *The Social Limits to Growth* (London: Routledge & Kegan Paul, 1977) フレッド・ハーシュ『成長の社会的限界』(日本経済新聞社、1980年)

- E. J. Hobsbawm, *The Age of Capital: 1848–1875* (1975; London: Abacus, 1985) E・J・ホブズボーム『資本の時代1848-1875』(1・2巻、柳父国近、荒関めぐみ、長野聡共訳、みすず書房、1981年)

- E. J. Hobsbawm, *The Age of Extremes: The Short Twentieth Century 1914–1991* (1994; London: Abacus, 2008) エリック・ホブズボーム『20世紀の歴史　極端な時代』(上下巻、河合秀和訳、三省堂、1996年)

- E. J. Hobsbawm, *The Age of Revolution: Europe 1789–1848* (1962; London: Abacus, 1987) E・J・ホブズボーム『市民革命と産業革命——二重革命の時代』(安川悦子、水田洋共訳、岩波書店、1989年)

- E. J. Hobsbawm, *Industry and Empire* (1968; Harmondsworth: Penguin Books, 1982) E・J・ホブズボーム『産業と帝国』(浜林正夫、和田一夫、神武庸四郎共訳、未来社、1996年)

- Elaine S. Hochman, *Bauhaus: Crucible of Modernism* (New York: Fromm International, 1997)

- Andrew Hodges, *Alan Turing: The Enigma* (1983; London: Vintage, 2012)

- Alexander Dorner, catalogue for Herbert Bayer Exhibition at the London Gallery, 8 April to 1 May 1937
- Henry Dreyfuss, *Designing for People* (New York: Simon & Schuster, 1955) ヘンリー・ドレフュス『百万人のデザイン』(勝見勝訳、ダヴィッド社、1959年)
- Magdalena Droste, Manfred Ludewig and Bauhaus-Archiv (eds), *Marcel Breuer Design* (Cologne: Benedikt Taschen, 1992)
- Anthony Dunne, *Hertzian Tales: Electronic Products, Aesthetic Experience and Critical Design* (London: Royal College of Art Computer-Related Design Research Studio, 1999)
- George Dyson, *Turing's Cathedral: The Origins of the Digital Universe* (London: Allen Lane, 2012) ジョージ・ダイソン『チューリングの大聖堂——コンピュータの創造とデジタル時代の到来』(吉田三知世訳、早川書房、2013年)
- George Eliot, *Middlemarch* (1874; London: Penguin Classics, 1985) ジョージ・エリオット『ミドルマーチ』(工藤好美、淀川郁子共訳、講談社、1998年)
- Ignazia Favata, *Joe Colombo and Italian Design of the Sixties* (London: Thames & Hudson, 1988)
- Fulvio and Napoleone Ferrari, *The Furniture of Carlo Mollino* (London: Phaidon, 2006)
- Charlotte and Peter Fiell, *1000 Chairs* (Cologne: Taschen, 2000) シャーロット・フィール、ピーター・フィール『1000チェア』(タッシェンジャパン、2001年)
- Beppe Finessi and Cristina Miglio (eds), *Mendini: A Cura Di* (Mantova: Maurizio Corraini, 2009)
- Victoria Finlay, *Colour* (London: Sceptre, 2002)
- Alberto Fiz (ed.), *Mendini Alchimie: Dal Controdesign alle Nuove Utopie* (Milan: Mondadori Electa S.p.A., 2010)
- Alan Fletcher, *Picturing and Poeting* (London: Phaidon, 2006)
- Lella Secor Florence, *Our Private Lives: America and Britain* (London: George G. Harrap, 1944)
- Henry Ford and Samuel Crowther, *My Life and Work: An Autobiography of Henry Ford* (New York: Doubleday, Page, 1922)
- Kate Forde (ed.), *Dirt: The Filthy Reality of Everyday Life* (London: Profile Books, 2009)
- Norman Foster (ed.), *Dymaxion Car: Buckminster Fuller* (Madrid: Ivorypress, 2010)
- Celina Fox, *The Arts of Industry in the Age of Enlightenment* (New Haven, Conn.: Yale University Press, 2009)
- Nicholas Fox Weber, *The Bauhaus Group: Six Masters of Modernism* (New York: Alfred A. Knopf, 2009)
- Nicholas Fox Weber and Pandora Tabatabai Asbaghi, *Anni Albers* (New York: Guggenheim Museum Publications, 1999)
- Nicholas Fox Weber and Martin Filler, *Josef + Anni Albers: Designs for Living* (London: Merrell, 2004)
- Mark Frauenfelder, *The Computer* (London: Carlton Books, 2005) マーク・フローエンフェルダー『ザ・コンピュータ』(ハント・ヴェルク訳、トランスワールドジャパン、2006年)
- Christopher Frayling, *Ken Adam and the Art of Production Design* (London: Faber and Faber, 2005)
- Arnd Friedrichs and Kerstin Finger (eds), *The Infamous Chair: 220℃ Virus Monobloc* (Berlin: Gestalten, 2010)
- Alastair Fuad-Luke, *Design Activism: Beautiful Strangeness for a Sustainable World* (London: Earthscan, 2009)
- Naoto Fukasawa and Jasper Morrison, *Super Normal: Sensations of the Ordinary* (Baden: Lars Müller, 2007)
- Martino Gamper, *100 Chairs in 100 Days and Its 100 Ways* (London: Dent-De-Leone, 2007)
- Katya García-Antón, Emily King and Christian Brandle, *Wouldn't It Be Nice...Wishful Thinking in Art and Design* (Geneva: Centre d'Art Contemporain de Genève, 2007)
- Simon Garfield, *Just My Type: A Book about Fonts* (London: Profile Books, 2010)
- Ken Garland, *Mr Beck's Underground Map* (Harrow: Capital Transport Publishing, 2008)
- Philippe Garner, *Eileen Gray: Designer and Architect* (Cologne: Benedikt Taschen, 1993)

- Charles Booth, *Life and Labour of the People in London: Volume 1* (London: Macmillan, 1902)
- Achim Borchardt-Hume (ed.), *Albers and Moholy-Nagy: From the Bauhaus to the New World* (London: Tate Publishing, 2006)
- Ralph Borland, Michael John Gorman, Bruce Misstear and Jane Withers, *Surface Tension: The Future of Water* (Dublin: Science Gallery, 2011)
- Ronan Bouroullec and Erwan Bouroullec (eds), *Ronan and Erwan Bouroullec* (London: Phaidon, 2003)
- Nicolas Bourriaud, *Relational Aesthetics* (Dijon: Les Presses du Réel, 1998)
- Charles Arthur Boyer and Federica Zanco, *Jasper Morrison* (Paris: Éditions Dis Voir, 1999)
- Michael Braungart, William McDonough, *Cradle to Cradle: Re-making the Way We Make Things* (2002; London: Jonathan Cape, 2008) ウィリアム・マクダナー、マイケル・ブラウンガート『サステイナブルなものづくり──ゆりかごからゆりかごへ』(吉村英子監修、山本聡、山崎正人、岡山慶子共訳、人間と歴史社、2009年)
- Giovanni Brino, *Carlo Mollino: Architecture as Autobiography* (London: Thames & Hudson, 1987)
- Tim Brown, *Change by Design: How Design Thinking Transforms Organizations and Inspires Innovation* (New York: HarperCollins, 2009) ティム・ブラウン『デザイン思考が世界を変える──イノベーションを導く新しい考え方』(千葉敏生訳、早川書房、2010年)
- Peter Burke, *The Fabrication of Louis XIV* (New Haven, Conn.: Yale University Press, 1992) ピーター・バーク『ルイ14世──作られる太陽王』(石井三記訳、名古屋大学出版会、2004年)
- Jason T. Busch and Catherine L. Futter, *Inventing the Modern World: Decorative Arts at the World's Fairs, 1851–1939* (New York: Skira Rizzoli International, 2012)
- Martha Buskirk and Mignon Nixon (eds), *The Duchamp Effect: Essays, Interviews, Round Table* (Cambridge, Mass.: The MIT Press, 1996)
- Mario Carpo, *The Alphabet and the Algorithm* (Cambridge, Mass.: The MIT Press, 2011)
- Rachel Carson, *Silent Spring* (1962; London: Penguin Classics, 2000) レイチェル・カーソン『沈黙の春』(青樹簗一訳、新潮社、1974年)
- Germano Celant (ed.), *Espressioni di Gio Ponti* (Milan: Triennale Electa, 2011)
- Edmonde Charles-Roux, *Chanel* (1974; London: Harvill, 1989)
- C. J. Chivers, *The Gun: The AK-47 and the Evolution of War* (London: Allen Lane, 2010)
- Deborah Cohen, *Household Gods: The British and Their Possessions* (New Haven, Conn.: Yale University Press, 2006)
- David A. Cook, *A History of Narrative Film* (New York: W.W. Norton, 1990)
- Mariana Cook, *Stone Walls: Personal Boundaries* (Bologna: Damiani Editore, 2011)
- Peter Cook (ed.), *A Guide to Archigram 1961–1974* (London: Academy Editions, 1994)
- John Cooper, *The Queen's Agent: Francis Walsingham at the Court of Elizabeth I* (London: Faber and Faber, 2011)
- David Crowley and Jane Pavitt (eds), *Cold War Modern: Design 1945–1970* (London: V&A Publishing, 2008)
- Adèle Cygelman, *Palm Springs Modern: Houses in the California Desert* (New York: Rizzoli International, 1999)
- Charles Darwin, *The Descent of Man: Selection in Relation to Sex* (1871; London: Penguin Classics, 2004) チャールズ・ダーウィン『人間の由来』(『ダーウィン著作集1人間の進化と性淘汰』(長谷川真理子訳、文一総合出版、1999年)
- Charles Darwin, *The Origin of Species* (1859; Ware: Wordsworth Classics, 1998) チャールズ・ダーウィン『種の起原』(上下巻、渡辺政隆訳、光文社、2009年)など
- Daniel Defoe, *The King of Pirates* (1719; London: Hesperus Classics, 2002)
- Chris Dercon (ed.), *Carlo Mollino: Maniera Moderna* (Cologne: Walther König, 2011)

参考文献

- Stanley Abercrombie, *George Nelson: The Design of Modern Design*（1995; Cambridge, Mass.: The MIT Press, 2000）
- Glenn Adamson and Jane Pavitt（eds）, *Postmodernism: Style and Subversion, 1970–1990*（London: V&A Publishing, 2011）
- Ray Anderson, *Confessions of a Radical Industrialist: How Interface Proved That You Can Build a Successful Business Without Destroying the Planet*（New York: Random House, 2010）
- Ed Annink and Max Bruinsma（eds）, *Gerd Arntz: Graphic Designer*（Rotterdam: 010 Publishers, 2010）
- Paola Antonelli, *Humble Masterpieces: 100 Everyday Marvels of Design*（2005; London: Thames & Hudson, 2006）
- Paola Antonelli（ed.）, *Design and the Elastic Mind*（New York: Museum of Modern Art, 2008）
- Paola Antonelli（ed.）, *Safe: Design Takes on Risk*（New York: Museum of Modern Art, 2006）
- Paola Antonelli（ed.）, *Talk to Me: Design and Communication between People and Objects*（New York: Museum of Modern Art, 2011）
- Marie J. Aquilino（ed.）, *Beyond Shelter: Architecture and Human Dignity*（New York: Metropolis Books, 2011）
- Phil Baines, *Penguin by Design: A Cover Story, 1935–2005*（London: Allen Lane, 2005）フィル・ベインズ『ペンギンブックスのデザイン1935～2005』（山本太郎監修、齋藤慎子訳、ブルースインターアクションズ、2010年）
- Reyner Banham, *Design by Choice*, Penny Sparke（ed.）（London: Academy Editions, 1981）レイナー・バンハム『建築とポップ・カルチュア』（岸和郎訳、鹿島出版会、1983年）
- Reyner Banham, *Theory and Design in the First Machine Age*（1960; Oxford: Butterworth Architecture, 1992）レイナー・バンハム『第一機械時代の理論とデザイン』（石原達二、増成隆士共訳、鹿島出版会、1976年）
- Stephen Banham, *Characters: Cultural Stories Revealed through Typography*（Melbourne: Thames & Hudson, 2011）
- Roland Barthes, *The Fashion System*（1967; Berkeley: University of California Press, 1990）ロラン・バルト『モードの体系』（佐藤信夫訳、みすず書房、1972年）
- Roland Barthes, *Mythologies*（1957; Frogmore, St Albans: Paladin, 1973）ロラン・バルト『神話作用』（篠沢秀夫訳、現代思潮新社、1967年）
- Jennifer Bass and Pat Kirkham, *Saul Bass: A Life in Film & Design*（London: Laurence King, 2011）
- Jean Baudrillard, *The System of Objects*（1968; London: Verso, 2005）ジャン・ボードリヤール『物の体系――記号の消費』（宇波彰訳、法政大学出版局、1980 年）
- Bauhaus-Archiv Berlin, Stiftung Bauhaus Dessau and Klassik Stiftung Weimar, *Bauhaus: A Conceptual Model*（Ostfildern: Hatje Cantz, 2009）
- Herbert Bayer, Ise Gropius and Walter Gropius（eds）, *Bauhaus 1919–1928*（New York: Museum of Modern Art, 1938）
- Honor Beddard and Douglas Dodds, *Digital Pioneers*（London: V&A Publishing, 2009）
- Marshall Berman, *All That Is Solid Melts into Air: The Experience of Modernity*（London: Verso, 1990）
- Anthony Bertram, *Design*（Harmondsworth: Penguin Books, 1938）
- Regina Lee Blaszczyk, *The Color Revolution*（Cambridge, Mass.: The MIT Press, 2012）
- Andrew Blauvelt and Ellen Lupton（eds）, *Graphic Design: Now in Production*（Minneapolis, Minn.: Walker Art Center, 2011）
- Florian Böhm（ed.）, *KGID Konstantin Grcic Industrial Design*（London: Phaidon, 2005）
- Olivier Boissière, *Starck®*（Cologne: Benedikt Taschen, 1991）
- Irma Boom（ed.）, *Irma Boom: Biography in Books*（Amsterdam: University of Amsterdam Press, 2010）

ウィンザー・スーパーマーケットの顧客
写真：Brad Feinknopf, 2011
提供：Project H Design

写真6

トーネットの研磨工程、ビストリチェ、1920年頃
提供：Thonet Gmbh

トーネット家具の倉庫、マルセイユ、1920年頃
提供：Thonet Gmbh

トーネット家具の輸送、ビストリチェ、1920年頃
提供：Thonet Gmbh

写真7

北京のカスタマイズ三輪車
写真：Alice Rawsthorn

写真8

トーマス・ガブズィル・リバティニー作「ハニカム・ベース」
写真：Raoul Kramer
提供：Tomáš Gabzdil Libertiny

ユリア・ローマン作カウ・ベンチ
提供：Julia Lohmann

クリスティン・メンデルツマとジュリー・ジョリアット
がデザインした本『Pig 05049』
提供：Christien Meindertsma

クリストフ・ビュッシェル
「Simply Botiful」(2006年)
インスタレーション、ロンドンの Hauser & Wirth
Coppermill にて
写真：Mike Bruce
© Christoph Büchel
提供：作家および Hauser & Wirth

写真9

マチュー・ルアヌールのデザインによる
「Objet Thérapeutique」の1つ
写真：© Véronique Huyghe
提供：Mathieu Lehanneur

マチュー・ルアヌールのデザインによる
「Objet Thérapeutique」プロジェクトの鎮痛剤投与ペン
写真：© Véronique Huyghe
提供：Mathieu Lehanneur

マチュー・ルアヌールのデザインによる
「Objet Thérapeutique」プロジェクトのレイヤー式抗生剤
写真：© Véronique Huyghe
提供：Mathieu Lehanneur

マチュー・ルアヌールによる「Tomorrow is Another Day」
写真：Felipe Ribon
提供：Mathieu Lehanneur

写真10

Booth Map 5
提供：The Library of the London School of Economics & Political Science

ヨーゼフ・フランクがウィーンの商工博物館のために
考えたモジュラーアイソタイプ展示会の構成、1929年頃
IC 6/2 N1751
提供：Otto and Marie Neurath Isotype Collection, Department of Typography & Graphic Communication, University of Reading

統計情報をマークで構成されたグラフィックに移し替え、
アイソタイプチャートを作成するマリー・ライデマイスター、
ウィーンにて　1930年頃
IC 6/4 N1708
提供：Otto and Marie Neurath Isotype Collection, Department of Typography & Graphic Communication, University of Reading

「人間対チンパンジー」
提供：Ben Fry

2012年7月24日のNASDAQ株式市場の取引の可視化
提供：ベン・フライ

写真11

FARM: Shop
提供：Something & Son

写真12

製作中の Stratigraphic Porcelain
写真：Kristof Vrancken
提供：Unfold

L'Artisan Életronique
写真：Kristof Vrancken
提供：Unfold/Z33 House for Contemporary Art

写真13

パーティシプルの「サークル」
写真：Hannah Maule-ffinch
(www.hannahmauleffinch.com)
提供：Participle Ltd.

写真14

Eco-fuel アフリカ
提供：Eco-fuel Africa

写真クレジット

写真 1

Hagar Qim Temple（ハジャーイム神殿）
©2006 Mariana Cook
マルタ島ハジャーイム神殿の古代石
出典：*Stone Walls: Personal Boundaries* by Mariana Cook

Limestone Field（石灰岩の土地）
©2005 Mariana Cook
アイルランド　イニシュマン島の石灰岩の石垣
出典：*Stone Walls: Personal Boundaries* by Mariana Cook

My Wall in Snow（雪に覆われた私の石垣）
©2007 Mariana Cook
マーサズヴィニヤード島チルマークにあるマリアナ・クックの家の空積みの石垣
出典：*Stone Walls: Personal Boundaries* by Mariana Cook

Stone Wall Detail（石垣のディテール）
©2003 Mariana Cook
スコットランド　シェットランド諸島の空積みの石垣
出典：*Stone Walls: Personal Boundaries* by Mariana Cook

写真 2

マンチェスター大学で製作されたコンピュータの実働モデル Mark I　1948 年
提供：University of Manchester

IBM 701 メインフレームコンピュータ
提供：IBM Corporate Archives. IBM の厚意により、許可を得て複製

IBM 701 メインフレームコンピュータの生産
提供：IBM Corporate Archives. IBM の厚意により、許可を得て複製

IBM System/360 メインフレームコンピュータ
提供：IBM Corporate Archives. IBM の厚意により、許可を得て複製

Apple iPad mini 2013 年
提供：Apple

写真 3

R・バックミンスター・フラーとジオデシックドームの模型。1948年ノースカロライナ州ブラック・マウンテン・カレッジにて
写真：Hazel Larsen Archer
提供：Black Mountain College Museum + Art Center and the Estate of Hazel Larsen Archer

ラズロ・モホリ＝ナギ、1945 年、シカゴにて
提供：The Estate of László Moholy-Nagy

ジョージ・ケペッシュ、1971 年、マサチューセッツ工科大学 Center for Advanced Visual Studies にて
写真：Nishan Bichajian
提供：György Kepes Foundation

ミュリエル・クーパー、自画像、1977 年、マサチューセッツ工科大学 Visible Language Workshop にて
写真：Muriel Cooper

写真 4

シリコン製の義足を履いたエイミー・マリンズ
© Jill Greenberg

マシュー・バーニー『クレマスター３』（2002年）
宣伝スチール
© 2002 Matthew Barney
写真：Chris Winget
提供：Gladstone Gallery, New York and Brussels

マシュー・バーニー『クレマスター３』（2002年）
宣伝スチール
© 2002 Matthew Barney
写真：Chris Winget
提供：Gladstone Gallery, New York and Brussels

アレキサンダー・マックイーンの 1999 年秋冬婦人服コレクションのファッションショーでエイミー・マリンズが履いた木製の義足
提供：Aimee Mullins

写真 5

Studio H を紹介する看板、ノースカロライナ州ウィンザー
提供：Project H Design

高校の自動車修理場を Studio H の教室に
提供：Project H Design

Studio H で授業をするマシュー・ミラー
提供：Project H Design

Studio H で授業をするエミリー・ピロトン
提供：Project H Design

ウィンザー・スーパーマーケットを建てる Studio H の生徒
提供：Project H Design

完成したウィンザー・スーパーマーケット
写真：Brad Feinknopf, 2011
提供：Project H Design

ウィンザー・スーパーマーケットの販売員
提供：Project H Design

謝辞

本書『HELLO WORLD』の執筆にあたり、多くの方々の助けや励ましをいただいた。それなしでは書き上げることができなかった。誰よりも、発行者として共感と情熱をもって接してくださったサイモン・プロッサー。彼やハミッシュ・ハミルトン社、ペンギンブックス社の方々、とくにアナ・ケリー、キャロリン・クレイグ、キャロリン・プリティ、マリッサ・チェンに、そして私の著作権エージェントのデレク・ジョーンズはじめＡＰワットのチームにたいへんお世話になった。

この本を出版するにあたって、私の大好きなデザイナーの一人、イルマ・ブームと仕事をする機会を得られたことも喜びの一つだった。彼女が本書のデザインを引き受けてくれたことが嬉しく、出来上がった本にも大感激している。すばらしいデザインをしてくれただけでなく、楽しく仕事ができたことに深く感謝している。また、貴重な時間と知識を使って、初期の原稿に目を通し、コメントをしてくれた親愛なる友人、パオラ・アントネッリにも特別の感謝を捧げたい。

『インターナショナル・ヘラルド・トリビューン』『ニューヨークタイムズ』メディアグループの同僚たち、そして本書の調査と執筆のプロセスをとおして私を支えてくれたすべての友人たちにお礼を述べる。そして、つぎの人々の貢献にとくに感謝申し上げる。スチュアート・カマー、ヒラリー・コッタム、エミリー・キングとマシュー・

スロートーバー、マイケル・マハラムとサビーヌ・シュタインマイアー、ファルシド・ムサヴィ、エイミー・マリンズ、ルイーズ・ネリ、ハンス・ウルリッヒ・オブリスト、エミリー・ピロトン。

本書の調査のために利用したつぎの各機関のスタッフの方々にもお礼を述べたい。ロンドンにある国立美術館テート・ブリテンのテート図書館内ハイマン・クライトマン読書室、ニューヨーク近代美術館内図書館、ロンドンのヴィクトリア&アルバート博物館内国立芸術図書館。

寛大にも、本書で画像の使用を許可してくださった個人や各機関に深く感謝したい。マシュー・バーニーとグラッドストーン・ギャラリー、ブラックマウンテンカレッジ・ミュージアム+アートセンターとエステート・オブ・ヘイゼル・ラーセン・アーチャー、クリストフ・ビュシェルとハウザー&ヴィルト、マリアナ・クック、ベン・フライ、ジル・グリーンバーグ、ＩＢＭコーポレートアーカイブズ、ジュリエット・ケペッシュ・ストーンとジョージ・ケペッシュ財団、マチュー・ルアヌール、トーマス・ガブズィル・リバティニー、ロンドン・スクール・オブ・エコノミクス&ポリティカルサイエンス内図書館、ユリア・ローマン、クリスティアン・メンデルツマ、エイミー・マリンズ、ハトウラ・モホリ=ナギとエステート・オブ・ラズロ・モホリ=ナギ、サンガ・モーゼスとエコフューエル・アフリカ、オットー・アンド・マリー・ノイラート・アイソタイプ・コレクション、レディング大学タイポグラフィ&グラフィックコミュニケーション学部、パーティシプル社、プロジェクトHデザイン、サムシング&サン、ステイメン、トーネット社、アンフォールド、マンチェスター大学、Ｚ３３。

私のデザインに対する考え方やデザインに関する執筆は、多くの著名なデザイナー、歴史家、評論家や他の分野のそうした人々にインスパイアされてきた。私は、そのすべての人々に多大な恩をこうむっている。とくに、ケン・アダム、デイヴィッド・アジャイ、アイ・ウェイウェイ、ゲイル・アンダーソン、リサ・アームストロング、エドワード・バーバー、ポール・バーンズ、デイヴィッド・バチェラー、イヴ・ベアール、バーグ、マイケル・ビェルート、イウォナ・ブラズウィック、アダム・ブライ、アヒム・ボルヒャルト=ヒューム、ロナン&エルワン・ブルレック、コンスタンティン&ローリン・レオン・ボイム、マイケル・ブラウンガート、ティム・ブラウン、イライザ・ブラウンジョン、バックミンスター・フラー研究所、マーガレット・カルバート、エミリー・キャンベル、マシュー・カーター、アリック・チェン、デイヴィッド&エブリン・チッパーフィールド、ナサニエル・コルム、マイケル・クレイグ=マーティン、イルゼ・クロフォード、イームズ・ディミトリオス、ファロック・デラクシャニ、クリス・ダーコン、デジタルフォーミング、アンソニー・ダン、ベン・エヴァンス、ヘレン・エヴェンデン、ロルフ・フェールバウム、ジェイミー・フォーバート、ストゥーディオ・フォーマファンタズマ、エレナ&ノーマン・フォスター、クリストファー・フレイリング、トビアス・フレール=ジョーンズ、ベン・フライ、深澤直人、トーマス・ガブズィル・リバティニー、ビアトリス・ガリリー、マルティノ・ガンパー、ピエロ・ガンディーニ、ニコラ・ジェスキエール、グラフィック・ソート・ファシリティー、コンスタンチン・グルチッチ、ジョセフ・グリマ、ヨースト・グローテンス、マルティギセ、スティーヴ・ハーケ、ピエール・アルディー、ハイメ・アジョン、トーマス・ヘザーウィック、ヒュー・ハー、ジョナサン・ヘフラー、リチャード・ホリス、ゲーリー・ハストウィット、キケ・ヴィット、インデクス、デザイン・トゥ・インプルーブ・ライフ、デイヴィッド・ジェームズ、ヘラ・ヨンゲリウス、フリス・カー、エリック・キンデル、クラム／ヴァイスハー、クレマンス&ディディエ・クルツエントフスキー、ヨーリス・ラーマン、マチュー・ルアヌール、アマンダ・レヴェット、アーマンド・リムナンダー、リウ・ジージー、エマ・ローデス、ユリア・ローマン、ウィリアム・マクダナー、ブレンダン・マクゲトリック、ジョン・マエダ、エンツォ・マーリ、ブルース・マウ、J・メイズ、クリスティン・メンデルツマ、アレッサンドロ・メンディーニ、アンディ・メリット、メタヘイヴン、M／M（パリ）、ビル・モグリッジ、ジャスパー・モリソン、マレー・モスとフランクリン・ゲッチェル、ニコラス・ネグロポンテ、マーク・ニューソン、エレイン・オハンラハン、ジェイ・オズガービー、オスカー・ペーニャ、ジェームズ・ピート、ジュリア・ペイトン＝ジョーンズ、フィービー・フィロ、ポール・ポラック、ポーション、フィオナ・ラビー、ディーター・ラムス、カルロ・ラッティ、デイヴィッド・デ・ロスチャイルド、リンディ・ロイ、ゾーエ・ライアン、サンガ・モーゼス、ピーター・サヴィルとアナ・ブレスマン、ポーラ・シェア、ルイーズ・ショーエンバーグ、リビー・セラーズ、トム・シェイクスピア、ブリッテ・ジーペンコーテン、ラフ・シモンズ、キャメロン・シンクレア、ポール・スミス、リサ・ストラウスフェルド、ストゥーディオ・ミュージアム・アキッレ・カスティリオーニ、ステファノ・トンチ、エドワード・タフティ、サニート・シン・トゥリ、アレクサンダー・フォン・フェゲザック、ウェッジウッド博物館、アラスデア・ウィリス、そして匿名を希望される方々、感謝申し上げる。

【著者】 アリス・ローソーン

『ニューヨークタイムズ』国際版、『インターナショナル・ニューヨーク・タイムズ』紙のデザイン評論家。週1回の「デザイン」コラムは、世界各国の新聞社に配給されている。アーツ・カウンシル・イングランド（芸術振興機関）、ロンドンにある現代美術館のホワイトチャペル・ギャラリー、マイケル・クラーク・カンパニーの理事、チセンヘール・ギャラリーの理事会議長を務める。イヴ・サンローランの人生を辿った著書が高く評価される。

【訳者】 石原薫

国内メーカー、英系ブランディング会社、米系デザイン会社勤務を経て、ビジネス書等の翻訳や企業向けの翻訳に携わる。おもな訳書に、『よい製品とは何か』、『ウーマン・エコノミー』、『CEOを育てる』（以上、ダイヤモンド社）、『未来をつくる資本主義』（英治出版）、『Sustainable Design』（ビー・エヌ・エヌ新社）などがある。

HELLO WORLD

「デザイン」が私たちに必要な理由

HELLO WORLD : WHERE DESIGN MEETS LIFE

初版　2013年10月25日
第2刷　2014年1月31日

著者	アリス・ローソーン
訳者	石原薫
日本語版編集	二橋彩乃
編集協力	櫻井拓
ブックデザイン	三浦佑介（shubidua）
DTP	近藤みどり
発行者	籔内康一
発行所	株式会社フィルムアート社 〒150-0022 東京都渋谷区恵比寿南 1-20-6 第21荒井ビル TEL 03-5725-2001 FAX 03-5725-2626 http://www.filmart.co.jp/
印刷・製本	シナノ印刷株式会社
	ISBN978-4-8459-1309-1 C0070